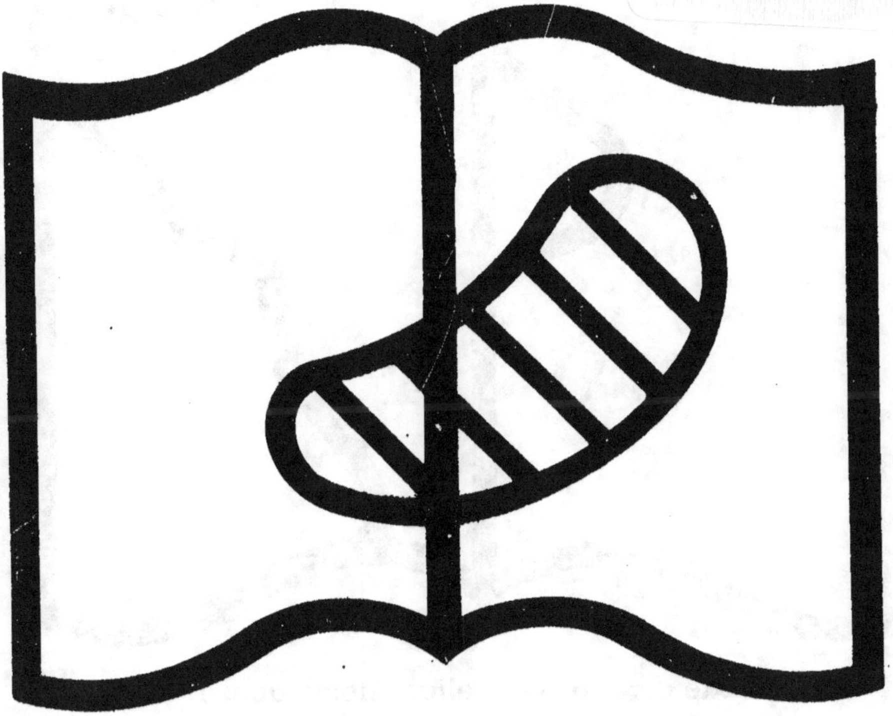

Original illisible

NF Z 43-120-10

Symbole applicable
pour tout,ou partie
des documents microfilmés

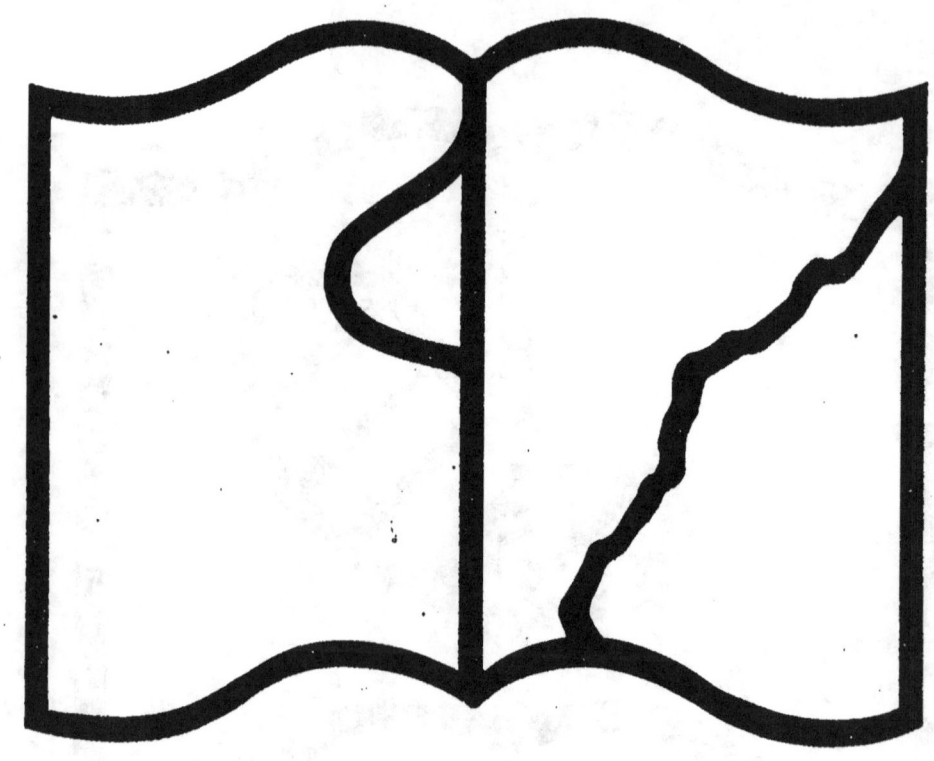

Texte détérioré — reliure défectueuse

NF Z 43-120-11

Symbole applicable
pour tout, ou partie
des documents microfilmés

BIBLIOTHÈQUE
DE PHILOSOPHIE CONTEMPORAINE

LE
MORALISME DE KANT
ET
L'AMORALISME CONTEMPORAIN

PAR

ALFRED FOUILLÉE

PARIS
FÉLIX ALCAN, ÉDITEUR
ANCIENNE LIBRAIRIE GERMER BAILLIÈRE ET Cie
108, BOULEVARD SAINT-GERMAIN, 108

1905

LE
MORALISME DE KANT
ET
L'AMORALISME CONTEMPORAIN

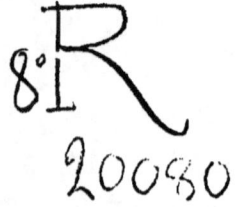

DU MÊME AUTEUR

La Philosophie de Platon. 2ᵉ édition. 4 vol. in-18 (Hachette). Chaque volume. 3 50
  Ouvrage couronné par l'Académie des sciences morales et par l'Académie française.
La Philosophie de Socrate. 2 vol. in-8° (Alcan). . . . . . 15 »
  Ouvrage couronné par l'Académie des sciences morales et politiques.
La Liberté et le Déterminisme. 5ᵉ édition. 1 vol. in-8° (Alcan). . . 7 50
Histoire générale de la Philosophie. 10ᵉ édition. 1 vol. in-8° (Delagrave), avec des chapitres nouveaux sur la philosophie contemporaine. . . . . 6 »
L'Idée moderne du droit en France, en Angleterre et en Allemagne. 4ᵉ édition. 1 vol. in-18 (Hachette). 3 50
La Science sociale contemporaine. 3ᵉ édition. 1 vol in-18 (Hachette). 3 50
La Propriété sociale et la Démocratie. 2ᵉ édition. 1 vol. in-18 (Hachette). . . . .
Critique des systèmes de morale contemporains. 7ᵉ édition. 1 vol. in-8° (Alcan). 7 50
L'Avenir de la Métaphysique fondée sur l'expérience. 2ᵉ éd. . . 5 »
La Morale, l'Art et la Religion selon Guyau. 5ᵉ édition très augmentée. 1 vol. in-8° (Alcan), avec portrait de Guyau. 2 75
Pages choisies des grands écrivains: J.-M. Guyau. 1 vol. in-18 (Colin). 3ᵉ édit. . . . . 3 »
L'Evolutionnisme des Idées-forces. 3ᵉ édition. 1 vol. in-8° (Alcan). 7 50
Descartes. 1 vol. in-18 (Hachette, *Collection des Grands Ecrivains français*). . . . . 2 »
L'Enseignement au point de vue national. 2ᵉ édition. 1 vol. in-18 (Hachette). 3 50
La Psychologie des Idées-forces. 2ᵉ édition. 2 vol. in-8° (Alcan). . 15 »
Tempérament et Caractère. 2ᵉ édition. 7 50
Le Mouvement idéaliste et la réaction contre la science. 2ᵉ édition. 7 50
Le Mouvement positiviste et la conception sociologique du monde. 2ᵉ édition. 7 50
La France au point de vue moral, ouvrage faisant suite à la *Psychologie du peuple français.* 3ᵉ édit. 7 50
Nietzsche et l'immoralisme. 3ᵉ édition. 1 vol. in-8°. . . . . . . 5 »
Les études classiques et la démocratie (A. Colin). In-8°. . . . . 3 »
La réforme de l'enseignement par la philosophie (A. Colin). In-18. 3 »
La conception morale et civique de l'enseignement. In-18 (Editions de la *Revue Bleue*). 2 50
Esquisse psychologique des peuples européens. In-8°. 3ᵉ édition. 10 »
Nietzsche et l'immoralisme. In-8°, 3ᵉ édition. . . . . 5 »
Les Éléments sociologiques de la morale. 1 vol. in-8°. 7 50

LE
MORALISME DE KANT

ET

L'AMORALISME CONTEMPORAIN

PAR

ALFRED FOUILLÉE

PARIS
FÉLIX ALCAN, ÉDITEUR
ANCIENNE LIBRAIRIE GERMER BAILLIÈRE ET Cie
108, BOULEVARD SAINT-GERMAIN, 108
—
1905

PRÉFACE

I

LE PROBLÈME CONTEMPORAIN

Depuis le moment où fut publiée la *Critique des systèmes de morale contemporains*, la situation morale est devenue beaucoup plus grave et plus aiguë ; je ne parle pas seulement au point de vue pratique, mais surtout au point de vue théorique. De nos jours, plus encore qu'il y a une trentaine d'années, c'est la morale même qui est en cause, soit en tant que *réelle,* soit en tant qu'*utile* et *nécessaire.*

J'ai lu avec le plus grand soin, pour m'éclairer sur ces hautes questions, ce que mes contemporains ont écrit dans les sens les plus divers et les plus contradictoires. J'ai essayé de me faire en quelque sorte une opinion sur toutes les opinions. Faut-il le dire ? J'ai trouvé dans le domaine moral un tel désarroi d'idées et de passions, un tel conflit de partis pris également extrêmes, une telle absence de méthode vraiment scientifique, même chez ceux qui se réclament de la « Science », qu'il m'a paru indispensable de mettre en lumière ce qu'on pourrait appeler la sophistique morale contemporaine, avant de rechercher les éléments de vérité qui me semblent pouvoir s'unir en une synthèse compréhensive. Dans cette forêt inextricable, *selva oscura,* il faut se livrer à un travail d'orientation préalable pour découvrir, tant bien que mal, son chemin propre.

Ceux qui consentiront à entreprendre l'examen

des théories en lutte reconnaîtront que les plus importantes se ramènent aux deux camps ennemis du moralisme et de l'amoralisme. Par moralisme, j'entends la doctrine qui fait reposer la morale sur elle-même et lui confère ainsi, avec l'indépendance, la « primauté ». Non seulement la morale existe et est nécessaire, mais encore elle subsiste *par soi*, norme spéciale de la pratique, sans dépendre ni des sciences positives, dont le domaine est autre, ni de la philosophie spéculative, qui demeure, prétend-on, hypothétique en ses principes et qui, en ses dernières conclusions, dépend elle-même de la morale. Telle est la conception de l'école kantienne, encore si vivante et si influente. Pour le moralisme, *science* et *philosophie théorique* ne pouvant fonder la morale, celle-ci est un ensemble de *croyances pratiques* qui reposent sur le principe original du devoir, seul doué d'une certitude propre et indépendante. La morale est la religion en son germe, la religion dans les limites de la raison, mais toute prête à franchir ces limites au profit de la foi transcendante.

Ce dogmatisme moral et religieux est au fond de ce que Kant a présenté comme une « critique de la raison pratique ». L'examen détaillé de cette prétendue « critique » aurait surchargé outre mesure le livre que je prépare sur la morale des idées-forces ; peut-être aurait-il fatigué ou détourné l'attention du lecteur. J'ai donc pensé qu'il valait mieux examiner à part le moralisme, en prenant Kant pour type du genre.

En face du moralisme s'est dressé d'abord le réalisme positiviste. C'est Auguste Comte qui en a établi les bases, bien qu'il ait fait une part énorme et à l'intelligence et au « cœur ». Mais, l'intelligence, dans sa doctrine, est comme découronnée de ses idées les plus hautes, ramenée à un empirisme terre à terre. Le cœur, d'autre part, est réduit à un altruisme instinctif, d'autant plus fort qu'il cherche moins à s'expliquer lui-même à lui-même. La partie intellectualiste et sentimentale du comtisme devait être bientôt jetée par-dessus bord. Nous voyons de nos jours la sociologie aboutir à un réalisme pur, esclave des faits et de l'histoire des faits. La « science des mœurs » se substitue à la théorie du bien idéal. Si Stirner, Nietzsche et ses disciples sont l'extrême gauche de l'amoralisme, le vrai centre en est constitué par beaucoup de sociologues contemporains, soit socialistes, soit libertaires ou anarchistes, qui remplacent la morale par la sociologie de leur choix.

C'est encore contre le kantisme que s'élèvent les adorateurs contemporains du plaisir ou de la force, les partisans de l'hédonisme ou du volontarisme « déployant sa puissance ». Tous nient la nécessité de la morale proprement dite; parfois même ils la prétendent nuisible au développement de l'espèce *homme* ou de l'espèce *surhomme*. Ainsi parlait Zarathoustra.

Nietzsche — qui se trouvera de nouveau sur mon chemin — a un grand mérite aux yeux du critique. Alors que tant de partisans de l'amoralisme n'aperçoivent pas les conséquences de leur doctrine ou, s'ils les aperçoivent, s'efforcent de les dissimuler, Nietzsche les exprime sans ménagement, met les points sur les *i*, prononce le mot que les autres taisent. C'est un type, c'est un « exemplaire ». A ce titre il m'a paru digne d'être étudié; je ne craindrai pas de revenir sur certaines de ses doctrines que je n'ai pu approfondir ailleurs. N'est-il pas un miroir de nos consciences affolées, miroir sentant qui souffre de ce qu'il reflète et où toutes les images finissent par se brouiller dans la folie? Nous devons tous nous estimer heureux de ne pas tomber comme lui dans ce que la médecine appelle la paralysie générale. Si d'ailleurs nous n'aboutissons pas à la paralysie de l'intelligence, nous aboutissons trop souvent à celle de la volonté. Les uns s'agitent comme des déments, les autres restent inertes comme des impuissants. Ni l'agitation ni l'inertie ne sont l'énergie du vouloir.

On voit quelle antithèse violente trouble et divise les esprits à notre époque. D'une part, le vieux règne de la *loi*, de l'autre, le vieux règne de la *nature*. Il semble que tout le bien soit d'un côté, tout le mal de l'autre : la loi ou la grâce seules empêchent la nature humaine d'être une nature exclusivement animale, étrangère à toute moralité. Kant lui-même n'est guère sorti de cette antithèse, qui devient chez lui une véritable antinomie. Ceux de nos contemporains que dégoûte le réalisme brutal de la jouissance ou celui de la puissance se rejettent avec Kant sur la loi vide du devoir, qu'ils remplissent ensuite avec la croyance et la foi, le plus souvent avec la foi religieuse. Ils en reviennent à l'antique adage : — Sans religion positive, l'homme n'est plus qu'un animal de proie qui, au lieu d'ongles, de cornes, de glandes à venin et autres instruments d'attaque ou de défense, possède une intelligence plus affilée que les griffes du tigre, plus venimeuse que les crochets de la vipère. Lutte pour la vie, lutte pour la puissance, lutte pour la jouissance, on ne voit partout que lutte : l'univers est un champ de bataille sanglant.

Kant n'est pas exempt de toute responsabilité dans les paradoxes des hédonistes et des adorateurs de la force, dont Stirner et Nietzsche se sont faits les plus audacieux défenseurs. En effet, Kant a représenté la sensibilité humaine comme de nature essentiellement « vitale » et animale, donc hédoniste et égoïste. Il a, d'une manière générale, décrit la *nature* humaine comme une puissance de développement amorale ou même anti-morale, et il a étendu la même description à la nature entière. En dehors de la « raison pure pratique », qui peut-être, chez personne, n'a jamais été, dit-il, ni vraiment *pure* ni vraiment *pratique*, l'homme ne peut que poursuivre son plaisir ou son déploiement de puissance ; aucune différence de *qualité* ou de *valeur* ne peut plus être établie entre les actions. Kant est ainsi resté luthérien, tout pénétré de la « corruption de notre nature mauvaise ». Seul un commandement intérieur, d'universalité formelle, pose une digue au torrent de l'égoïsme naturel et naturellement insatiable, qui aspire sans cesse au plaisir et à la force. Il y a là un dualisme qui rappelle de loin Ormudz et Ahriman. Dès lors, ceux qui rejettent comme problématique la *forme* rationnelle de Kant ne voient plus dans le fond psychologique et physiologique de l'homme que la poursuite de la « jouissance » ou de la « puissance », que le déploiement de l'individu en plaisir ou en force, gravitation constante du moi sur soi. Supprimez la raison pure pratique, et il restera l'amoralisme des hédonistes ou des dynamistes, de Stirner, de Nietzsche et de leurs pareils. Ce résultat tient aussi à l'influence du christianisme et surtout du protestantisme, des doctrines sur le péché originel ou radical, sur l'invincible corruption de la nature humaine, sur l'absence de toute liberté chez l'homme, sur la prédestination éternelle, sur l'impossibilité du salut sans la grâce. La grâce, c'est le noumène divin conférant au noumène humain la liberté intelligible, quoique au sein de la nécessité sensible.

Nietzsche, comme Stirner, voudra réagir contre le christianisme, contre le protestantisme, contre le kantisme. Il se croira libéré de théologie. En réalité, il sera encore plein des théories de Luther et de Kant sur la sensibilité « égoïste » de l'homme. Un jour que Kant causait avec son ami Hasse du péché originel : « Il n'y a pas grand'chose de bon dans l'homme », s'écria-t-il ; « chacun hait son voisin et cherche à s'élever au-dessus de lui, chacun est plein d'envie et de vices diaboliques. *Homo homini non Deus, sed diabolus.* » Nietzsche, non moins que Kant, admettra l'idée chrétienne de l'*homme tel qu'il est selon la nature,* selon le péché originel de sa naissance, au milieu d'une Nature elle-même corrompue. Mais, tandis que Kant condamne, Nietzsche mettra tout son « courage » à approuver cet « *homme par excellence* » qui, pour Stirner, était l'« Unique » ; Nietzsche sera heureux de voir « garanti par lui l'avenir de l'homme ». Et ce qu'il approuvera ainsi, ce n'est plus le ridicule et bonasse « homme de la nature » qu'avaient imaginé Rousseau et le XVIIIe siècle ; ce sera l'animal fort et terrible, l'Adam de la nature après le péché, l'Adam diabolique dont le fils aîné doit avoir assez de force et de « volonté de puissance » pour tuer son frère. Caïn est le vrai représentant de l'humanité et de ses puissances fécondes de haine, de vengeance, de guerre, de domination ; Abel n'était qu'un débile et féminin idéaliste.

En résumé, le moralisme des kantiens, refusant toute valeur aux considérations de perfection et d'idéaux, ne laisse plus subsister qu'une forme impérative qui attend son contenu ; les amoralistes de toute sorte, de leur côté, veulent s'en tenir aux faits et à leurs lois empiriques ; ils se défient de l'idéal ; ils vont même, avec les immoralistes tels que Stirner et Nietzsche, jusqu'à l'anathématiser. De là l'antinomie où nous nous débattons. Cette antinomie est intolérable et intenable : il est temps d'en sortir. Pour cela, selon nous, il faut trouver un idéal qui ait ses raisons dans la réalité même, un idéal qui soit plus que formel, plus que légal, plus qu'obligatoire, un idéal dont la force de persuasion soit empruntée à la conscience du moi éclairée par la science et par la philosophie. Une synthèse est nécessaire qui prenne de chaque part les vérités et qui les organise, en laissant les erreurs. Au lieu de subsister à l'écart et en soi, la morale doit devenir une application originale de toute la science et de toute la philosophie. La pratique doit être placée sous la dépendance d'*idées* qui, enveloppant des sentiments et des impulsions, seront nécessairement des *idées-forces*. Enfin, ces idées doivent former une hiérarchie scientifique et philosophique, c'est-à-dire organisée selon les conclusions les plus générales de la science et de la philosophie.

II

PLAN ET MÉTHODE DE CET OUVRAGE

I. — Conformément à l'ordre historique, et pour mieux montrer la genèse des idées contemporaines sur la morale, nous commencerons notre étude par l'examen de la doctrine kantienne. Ce n'est pas sans raison que le monde entier (j'entends le monde *pensant*) a récemment célébré le centenaire du grand novateur qui n'appartient pas seulement à l'Allemagne, mais à l'humanité. Avec le compas de la critique, Kant a essayé de mesurer la sphère de l'expérience, par cela même celle de la science, pour séparer ensuite la science théorique de la croyance morale. Je ne pense pas, pour ma part, que, dans la *Critique de la Raison pure*, il ait fait à l'expérience une part suffisante, ni qu'il ait assez approfondi l'expérience en elle-même, de manière à faire rentrer les prétendues *formes à priori* de la raison dans le *fond* le plus intime et le plus reculé de l'expérience et de la conscience. Je ne pense pas non plus que, dans la *Critique de la Raison pratique*, il ait solidement établi ni le principe purement formel sur lequel il veut fonder la morale, ni les postulats par lesquels il est ensuite obligé de compléter ce principe. Je me propose donc d'examiner ici le fondement même du moralisme kantien. Le suprême hommage aux grands génies philosophiques, c'est de les discuter en vue de les rectifier et de les compléter; la meilleure manière d'honorer Kant n'est pas de « revenir à Kant », c'est de le dépasser. Je rechercherai s'il a vraiment établi, indépendamment de toute doctrine scientifique et philosophique, une loi morale subsistant par sa seule forme, indépendamment de son contenu, constituant ainsi une « autonomie », c'est-à-dire une « causalité absolument spontanée de la raison ». On verra avec quelle logique se développe la doctrine kantienne, une fois admise l'*hypothèse* initiale d'une réalité possible au delà de la conscience, réalité inconnaissable en soi, mais dont nous connaîtrions cependant la *forme* par la raison pure et la *loi* de réalisation par la raison pratique. Dans la *Critique des systèmes de morale contemporains*, j'avais déjà objecté à Kant qu'il n'avait point fait la critique de la raison pure pratique; dans la première partie de ce livre, je montrerai qu'il aurait dû la faire; j'en tracerai moi-même l'esquisse et j'ébaucherai les principes d'une vraie et complète critique de la raison pure pratique.

Dans la seconde partie de ce livre, je traiterai de l'amoralisme sous ses deux formes essentielles; doctrine du plaisir, doctrine de la puissance ou de la force. L'hédonisme est, pourrait-on dire, l'amoralisme de la sensibilité; le culte anarchiste de la puissance pour elle-même est l'amoralisme de la volonté. A vrai dire, il n'y a pas d'amoralisme de l'intelligence, parce que la nature essentielle de la pensée est de saisir: 1° des objets; 2° des qualités; 3° des relations de causes et d'effets, de moyens et de fins, toutes choses qui aboutissent nécessairement à une classification quelconque de valeurs, à une éthique. L'intelligence, en nous enlevant plus ou moins au subjectif, qui est nous-mêmes, est la source de la moralité, expérimentale selon les uns, rationnelle selon les autres. Si, au contraire, vous ne considérez que la sensibilité seule, avec la jouissance, ou si vous considérez la volonté seule, avec la puissance qu'elle implique, vous anéantissez du coup l'élément moral par la suppression même de l'élément intellectuel. D'ailleurs cette complète suppression est une entreprise impossible, et c'est ce que nous montrerons dans ce livre. Nous y ferons voir d'abord que le plaisir, quand il n'est pas absolument brut, enveloppe des éléments représentatifs et qualitatifs, qui y introduisent, avec l'action de l'intelligence, les données essentielles de la classification, donc de l'évaluation. Nous verrons ensuite que ni la volonté, ni la puissance, ni la « volonté de puissance » ne sauraient se suffire, mais qu'elles appellent des éléments intellectuels, par cela même plus ou moins désintéressés et moralisateurs.

II. — Relativement à Kant, deux écueils de méthode sont à éviter : l'attaque superficielle, l'admiration béate et systématique. Kant a été l'objet, jusqu'en ces derniers temps, de dénigrements qui dénotent parfois l'ignorance ou l'inattention. Hegel lui-même interpréta souvent Kant à contre-sens. Schopenhauer, lui, était trop plein de soi pour être un interprète exact et juste. Quant à Spencer, c'est à peine si son intelligence étroitement anglaise a pu saisir le premier mot de la morale kantienne. Simmel, combinant les idées de Guyau et celles de Nietzsche avec celles des Anglais, a dirigé contre le moralisme et même contre la morale une longue série d'objections, où la dialectique se tourne continuellement en sophistique. Le plus récent et le plus frappant exemple d'interprétation à rebours reste celui de Nietzsche. On peut s'amuser, sinon s'instruire à la verve satirique du chantre de Zarathoustra. Frappant à tort et à travers, renversant toutes choses à coup d' « aphorismes », il n'a entrepris, en somme, ni analyse scientifique, ni synthèse philosophique. Selon lui, « Kant se trouve complètement en dehors du mouvement de l'histoire et n'a pas la moindre entente des réalités de son temps, par exemple de la Révolution ». — Étrange accusation chez Nietzsche, qui lui-même reproche sans cesse à Kant d'avoir trop admiré la Révolution française. Kant, ajoute-t-il, « n'est point touché par la philosophie grecque » ; c'est « un *fantasque* de l'idée de devoir ». A ce rationaliste invétéré qui fut Kant, Nietzsche attribue faussement l'épithète qui conviendrait le mieux à Zarathoustra lui-même : un « fantasque ». Chose plus étrange encore, nous apprenons que Kant est « un *sensualiste,* avec un penchant caché vers les mauvaises habitudes dogmatiques ». Encore une formule qui conviendrait mieux à Nietzsche qu'à Kant. Nietzsche n'en reproche pas moins à ce dernier de chercher « une théorie de la connaissance qui *trace des limites,* c'est-à-dire qui permette de *fixer à volonté* (?) un *au-delà de la raison*[1] ». Comment Nietzsche, qui dénie lui-même à l'homme toute connaissance de l'insondable océan des phénomènes, peut-il ainsi s'étonner qu'on veuille tracer des limites à la connaissance ? Et comment prétend-il que ces limites soient marquées « *à volonté* » ? — Kant, continue-t-il, « a rendu *possible* pour les Allemands le scepticisme des Anglais dans la théorie de la connaissance : 1° en y intéressant les besoins moraux et religieux des Allemands ; pour la même raison, les nouveaux académiciens de l'antiquité, Carnéade et Clitomaque, utilisèrent le scepticisme en tant que préparation au platonisme (voyez saint Augustin) ; de même encore Pascal se servit du scepticisme *moral* pour exciter, pour *justifier* le besoin de foi ; 2° en l'embrouillant de fioritures scolastiques pour le rendre acceptable au goût de la forme scientifique des Allemands (car Locke et Hume étaient, par eux-mêmes, trop clairs, trop lumineux, c'est-à-dire, d'après les évaluations conformes à l'instinct allemand, *trop superficiels*). » Il y a ici, de la part de Nietzsche, plus d'un mot qui frappe juste. Kant, ajoute-t-il, est « un piètre connaisseur des hommes et un psychologue médiocre » ; se trompant grossièrement, en ce qui concerne les grandes valeurs historiques (la Révolution française) ; « fanatique moral à la Rousseau, avec un courant souterrain de valeurs chrétiennes » ; « dogmatique de pied en cap, mais supportant ce penchant avec une lourde humeur, au point qu'il voudrait le tyranniser ; mais aussitôt il se fatigue même du scepticisme » ; « n'ayant pas encore été touché par le goût cosmopolite et la beauté antique » … « un *intermédiaire* ». « Il n'a rien d'original (il s'entremet et il sert de lien, comme *Leibnitz* entre le mécanisme et le spiritualisme, *Goethe* entre le goût du xviiie siècle et le sens historique,

---

[1]. *Volonté de puissance,* § 26.

qui est essentiellement un sens de l'exotisme; comme la *musique allemande* entre la française et l'italienne, comme *Charlemagne* entre l'Empire romain et le nationalisme; — c'est un *ralentisseur par excellence*). Les *critiques* [comme l'auteur de la *Raison pure*] sont les instruments du philosophe et, comme tels, ce ne sont pas des philosophes! Le grand Chinois de Kœnigsberg n'était lui-même qu'un grand critique » (*Par delà le bien et le mal*, § 200, trad. fr., p. 245). Dans ce résumé que fait Nietzsche des objections dirigées contre Kant en Allemagne et ailleurs, il y a un mélange de vrai et de faux qui a besoin d'être élucidé par une étude sérieuse du moralisme kantien. Nietzsche a beau appeler Kant un « Chinois », il a beau lancer contre lui des épigrammes aussi peu spirituelles que la suivante: « Kant, le *Cant* du monde intelligible », le philologue-poète de Bâle aurait eu besoin d'apprendre à interpréter Kant au lieu de l'injurier.

D'autre part, il faut bien le dire, les disciples de Kant ont poussé leur culte jusqu'à l'idolâtrie. Nous nous en sommes nous-même aperçu jadis quand nous fîmes la critique des principes moraux de Kant dans notre livre sur les *Systèmes de morale contemporains*. Si, d'une part, Guyau admit nos objections et les renforça encore, si Nietzsche (qui n'était étranger ni aux ouvrages de Guyau ni à ceux des autres Français ses contemporains) sembla parfois s'inspirer des mêmes réflexions et y ajouta ses paradoxes flamboyants, si, plus récemment, M. Brochard attaqua Kant avec vivacité, parfois avec excès, si, lui aussi, sous le nom d'*optatif*, opposa notre *persuasif* à l'impératif de Kant; d'autre part, bien des âmes dévouées au « Copernic » de la philosophie semblèrent contristées de nos critiques comme d'un sacrilège. D'autant plus que nous avions encore moins épargné l'école néo-criticiste française, alors en pleine faveur, mais qui, à notre avis, n'avait fait que mutiler le kantisme et y introduire des inconséquences. Grâce à la puissance et à l'originalité de son génie, Kant est devenu, pour certains disciples, ce qu'était Aristote au moyen âge, le Maître auquel on applique inconsciemment: l'*ipse dixit*. En vain leur fera-t-on remarquer, — avec M. Boutroux lui-même, admirable interprète de Kant, — que tout progrès en philosophie, depuis cent ans, s'est fait par l'abandon du point de vue kantien, la piété de certains disciples souffre avec impatience la contradiction. Pour tourner et retourner la pensée de Kant dans le bon sens, ils déploient la même subtilité, plus ou moins fidèle aux textes, que les péripatéticiens du moyen âge. C'est à Kant, quoiqu'il fût bien loin d'être indéterministe et anti-rationaliste, que prétendit se rattacher cette sorte de croisade dont nous fûmes témoins naguère en faveur de la *foi* opposée à la science. Il y avait là d'étonnants malentendus, un manque trop fréquent de définitions précises et de conclusions correctes. C'était la méthode *polémique* qui exagère et dénature, au lieu d'une méthode *scientifique* et vraiment *critique,* qui définit, détermine, déduit avec rigueur. Le pseudo-criticisme de certains partisans de la contingence voilait un réel dogmatisme et, quelquefois, une réaction en faveur de l'ontologie du moyen âge. Nous croyons, pour notre part, et nous essaierons de démontrer que ce qui est dû à la science, en morale, est infiniment plus considérable que ne le concèdent les kantiens et surtout les nouveaux « fidéistes ».

Renouvier, M. Boutroux, M. Darlu (pour ne pas parler des littérateurs comme MM. Brunetière, Faguet, Lemaître, Bourget) ont élevé de nombreuses objections contre toute morale scientifique. On sait que Renouvier suspendait non seulement la morale, mais les principes mêmes de la science positive à la croyance, et à la croyance *libre*. « La morale, dit à son tour un pénétrant admirateur de Kant, est une création du cœur humain ; on ne voit pas ce qu'elle pourrait avoir de scientifique. » « Ni la méthode positive, dit-il encore, ne nous aide à dépasser le fait actuel ou passé qu'elle constate, mélange inextricable de bien et de mal, pour nous imposer, à titre de *vérité,* la conception d'un *idéal* à venir tout différent, qui contredit le passé et le présent ; ni le criterium scientifique ne peut « *vérifier, si peu que ce soit,* un devoir de conscience et, à plus forte raison, le grand devoir, le devoir *social*[1] ». Cette thèse

---

1. M. Darlu, *Revue de métaphysique et de morale,* janvier 1897, p. 124, 126.

kantienne a été maintes fois soutenue dans la *Revue de métaphysique et de morale*. Beaucoup de jeunes philosophes s'y rallient, surtout ceux qui admettent la doctrine de la contingence. D'autres soutiennent une « nouvelle philosophie » qui semble un retour à l'orthodoxie catholique, bien qu'on orne certaines spéculations sans règle et sans loi du titre trompeur de « nouveau positivisme ». Si l'ancienne école métaphysique avait abusé du dogmatisme spéculatif, l'école « criticiste » n'a pas moins abusé du dogmatisme moral. Renouvier, allant plus loin encore que celui de Kant, prétendit, pour faire place à la *foi,* borner le domaine de la causalité à des lois générales qui souffrent *exception,* qui n'excluent ni les *commencements absolus* ni l'absolu *libre arbitre*. C'était là, en réalité, une brèche aux lois de la raison, sous prétexte de garantir les lois de l'action morale. Garantie illusoire. Kant eût rejeté un pareil abandon de la raison pure spéculative au nom de la raison pure pratique.

Tout en nous écartant de Kant et surtout de ses disciples contemporains, plus ou moins infidèles, nous nous efforcerons de pousser plus loin que Kant lui-même ne l'a fait la *critique* des idées directrices de la morale, — non pas, certes, pour le plaisir de les ébranler ou de les renverser (nous laissons cet exercice aux nietzschéens), — mais parce qu'un tel examen est lui-même œuvre de science et de philosophie, indispensable à l'établissement de la morale sur des fondements scientifiques et philosophiques. La tâche de notre époque, c'est de soumettre à l'épreuve tous les fondements de l'édifice, non pour le ruiner, mais, au contraire, pour l'établir plus solidement sur ses vraies bases et lui permettre d'élever plus haut son faîte. Ce ne sont pas les « destructeurs », comme s'intitulait Nietzsche avec orgueil, ce sont les constructeurs qui seront vraiment utiles à la société future. Kant fournit de nombreux et importants éléments à une morale complète, mais il a besoin d'être transposé en langage plus scientifique et même plus philosophique, avec élimination des restes de théologie scolastique et luthérienne. En exposant plus tard la morale des idées-forces, nous tâcherons de faire à la doctrine kantienne sa vraie part dans une synthèse compréhensive, mais nous rejetterons ce que nous considérons comme les parties caduques du kantisme, c'est-à-dire certaines négations, selon nous outrées, soit en fait de science, soit en fait de métaphysique et même d'éthique. Platon, Aristote, Descartes et Leibniz ne sont point, après les rudes coups que Kant a cru leur porter, aussi malades qu'ils en eurent l'air. N'ont-ils pas d'ailleurs revécu chez tous les successeurs allemands de Kant? Ce dernier a beau être un iconoclaste autrement vigoureux qu'un Nietzsche, bien des vérités de la *perennis philosophia* ont résisté à sa critique. Ne soyons ni kantiens ni d'aucune autre école, soyons libres, soyons sincères. Peut-être nous apercevrons-nous alors que le kantisme, à côté de hautes vérités, a introduit dans la philosophie plus d'une erreur qui pèse encore sur nous comme un mauvais rêve[1].

III. — La pensée large et puissante de Kant avait déjà pressenti l'amoralisme de la *puissance* et de la *jouissance*. Dans l'opuscule intitulé *Idées sur une histoire de l'humanité au point de vue cosmopolite* (1784), qui fit une si grande impression sur Auguste Comte, Kant prête à la Nature, ou plutôt à la Providence, l'intention de poursuivre le bien pour l'espèce à travers le mal chez l'individu. Les prétentions égoïstes lui semblent utiles pour empêcher les hommes de tomber dans la plénitude de l'union, du contentement béat, de l'*amour réciproque*. Il rend grâce à la nature, « pour les luttes de la vanité malveillante, pour la cupidité insatiable, même pour la *passion de commander*, sans lesquelles les excellentes qualités qui sont dans l'humanité dormiraient éternellement ». « L'homme veut la concorde, mais le sage Créateur veut la discorde. » Kant, sans doute, ne va pas jusqu'à fonder la civilisation, comme Mandeville, sur les sept péchés capitaux; mais il croit que les vices sont utiles à l'harmonie de l'ensemble. Gare, dit-il, « à cette existence

---

1. Kant ayant une exposition extrêmement complexe et tortueuse, qui revient cent fois sur soi, nous serons obligé de ne pas toujours suivre nous-même une voie rectiligne et rapide : nous serons amené à une dialectique tournante par les mouvements tournants du grand philosophe.

de bergers d'Arcadie, où les hommes, doux comme les brebis qui paissent, procureraient à peine à leur existence plus de valeur que n'en a celle du bétail ». A travers la lutte confuse des individualités en concurrence, il y a « un dessein de la nature qui tend à réaliser un ordre meilleur[1] ». Voyez les arbres de la forêt ; chacun s'efforce de dépasser ses voisins pour atteindre l'air et la lumière, et c'est de cet antagonisme des intérêts ou des forces que résulte la prospérité de la forêt. L'homme veut l'union ; mais la nature prévoyante et rusée veut la discorde. Il faut seulement bien comprendre quelle est, pour Kant, la raison de cette sorte de ruse. C'est pour que les égoïsmes ennemis soient obligés de chercher dans la société civile une forme supérieure de la sécurité : la liberté par l'égalité, la justice par le droit. « La constitution d'une société civile qui administre le droit universellement », voilà donc la suprême fin que la nature même contraint *(zwingt)* l'espèce humaine à poursuivre, à travers la concurrence et l'inimitié. — On voit que le darwinisme social est ici esquissé, et même le système de Nietzsche. Mais Kant aboutit sagement à une conclusion qui est l'opposé de celle de Zarathoustra.

J'ai déjà étudié, dans un livre antérieur, la forme la plus radicale de l'amoralisme, celle qui non seulement nie l'existence de la morale comme telle, mais en nie l'utilité et prêche, en vue du progrès, tout ce qu'on a jusqu'à ce jour flétri sous le nom d'immoralité « esprit de domination, esprit d'orgueil, esprit de volupté ». Ces prétendus vices, selon Zarathoustra, sont les ressorts mêmes de la vie pour l'espèce humaine, surtout pour l'espèce surhumaine dont nous entrevoyons l'aurore. Une telle doctrine n'est plus seulement de l'amoralisme : elle s'intitule, non sans raison, immoralisme. On sait que Nietzsche et ses disciples, parlant d'eux-mêmes avec vanité, se donnent à chaque instant ce titre de ralliement : « Nous autres immoralistes. »

Quand Nietzsche annonce à sa sœur son intention d'écrire un grand ouvrage résumant sa philosophie, il

---

1. *Idée d'une histoire universelle*, t. IV. Hartenstein, p. 294.

ajoute : « Le titre est déjà à *faire frémir* : *La volonté de puissance, essai d'une transmutation de toutes les valeurs* ». L'ambition de tout bouleverser, de donner aux hommes le frisson de la grande ruine et de la grande restauration, est manifeste chez Nietzsche. Ses idées, nous l'avons vu, n'ont cependant pas le caractère « inouï » qu'il leur suppose. Il a du reste résumé excellemment l'amoralisme qui doit rester chez tout partisan de Kant lorsqu'on décapite la *Raison pure* : « *Première proposition : Il n'y a pas du tout d'actes moraux* ; ceux-ci sont purement imaginaires. Non seulement ils ne sont pas démontrables, ce que Kant a concédé et le christianisme aussi, mais ils sont même *impossibles*. » Bien plus, l'amoralisme, par une sorte de croissance naturelle, aboutit à l'immoralisme. « D'après ce mode d'évaluer qui a mis en cours l'opposition entre *moral* et *immoral*, il faudrait dire : *Il n'y a que des intentions et des actes immoraux.* » Deuxième proposition ; le libre arbitre n'existant pas ; il n'y a donc en réalité « ni actes moraux ni actes immoraux ». Pour traduire exactement sa pensée, Nietzsche eût pu dire : il n'y a que des actes *amoraux*. Enfin Nietzsche aboutit à une troisième proposition, la plus étonnante : à savoir que les actes faussement dits immoraux sont précisément les meilleurs, les plus utiles à l'individu et à l'humanité, les plus conformes à la volonté radicale de l'être. « Conclusion. — Toutes les passions peuvent se déduire de la même volonté de puissance : leur essence est identique. » L'idée de vie est la vraie règle : dans les contradictions apparentes (« bien et mal ») expriment des « *instincts aux degrés de puissance variables* », des « hiérarchies momentanées, sous lesquelles certains instincts sont tenus en bride ou pris au service ».

Tel est l'amoralisme nietzschéen. Il se déduit de sa psychologie et de sa métaphysique, que nous n'avions pas examinées tout au long dans notre précédent ouvrage, mais qui nous ont paru mériter dans le présent volume une étude approfondie. Le nitzschéisme résume excellemment le travail de démoralisation qui s'accomplit dans l'âme contemporaine. Il ne faut jamais dédaigner l'examen des paradoxes qui renversent ou retournent les opinions reçues. Les idées ressemblent à ces hydres d'eau douce que Trembley retournait à l'envers et qui continuaient de vivre. Nietzsche et ses pareils accomplissent la même opération et, grâce à ce qu'il peut y avoir de vital dans une idée, on y retrouve encore, quand ils l'ont retournée à l'envers, une part de vérité.

Tous les paradoxes égotistes et même égoïstes, qui ont été naguère à la mode sur la culture du moi, le redeviennent aujourd'hui chez les littérateurs et esthètes qui s'inspirent de Nietzsche. Seulement, ces cultivateurs du moi devraient commencer par s'en former un, au lieu de s'en tenir à ce « snobisme » qui n'est que la culture du moi extérieur et social, du moi superficiel et vain. Ce dernier se pose et *pose* devant *autrui*: il voudrait faire croire à sa réalité profonde, à sa plénitude intime, alors qu'il est trop souvent vide de toute acquisition personnelle, uniquement plein des préjugés reçus, des conventions de caste, de classe, de nationalité. Que d'écrivains croient cultiver leur moi et ne cultivent que l'opinion de leurs lecteurs ! Ils veulent provoquer l' « ébahissement du philistin » ou du « bourgeois »; ils ne voient pas que le centre de l'homme « excentrique » est tout entier dans l'opinion des autres. Avant de *paraître,* le moi aurait besoin d'*être* ; le plus souvent il s'en dispense, tant il est difficile de se créer soi-même par sa propre idée, par l'idée de son vrai moi. Nietzsche, il est vrai, l'a essayé. Y est-il parvenu ? Il s'est imaginé qu'il suffisait de se mettre au-dessus du troupeau humain et, nouveau don Quichotte, de rompre des lances contre tous les moulins à vent de la morale. Ni lui ni ses disciples ne se sont demandé si l'individuation arrivée à son plus haut degré n'impliquerait pas l'universalisation.

Pour excuser Nietzsche, on a fait observer que, si les siècles futurs voient surgir un nouveau Néron, avec la prétention d'être un surhomme, ce n'est probablement pas la lecture de Zarathoustra qui l'aura induit en tentation. — Cependant, répondrons-nous, si les idées sont des forces, les idées immoralistes ne peuvent pas ne pas être des forces immoralisantes. Combien de Marats et de Borgias au petit pied se croiront grandis à leurs yeux par des théories qui répandent sur les

« fleurs du mal » la poésie réservée au bien, qui même attribuent au mal plus de valeur qu'au bien pour le développement de l'espèce en jouissance, en puissance, en grandeur ? — Nulle doctrine, dit-on, n'échapperait à une critique « fondée sur les excès où elle peut amener des fous et des exaltés » ? — Mais il n'y a besoin d'être ni fou ni exalté pour être un Lebief. Ce personnage avait le cœur froid et le sang froid. De plus, ce n'est pas simplement l'excès de la doctrine amoraliste qui est immoral, c'est la doctrine même, la doctrine comme telle, puisqu'elle est la négation de toute morale. Or, quelle est la tâche du philosophe ? C'est d'examiner chaque théorie *en soi*, dans sa valeur de vérité, non pas dans ses conséquences sociales ou même morales. C'est à ce point de vue que la psychologie et la métaphysique amoralistes doivent être démontrées fausses, si elles le sont ; et comme elles entraînent précisément la condamnation de la morale, c'est cette condamnation qui sera alors condamnée. Nous ne nions pas pour cela ce qu'il peut y avoir d'observations fines et exactes dans les paradoxes amoralistes. Nous sommes pour la tolérance la plus absolue à l'égard des idées et des doctrines ; mais ni un arithméticien ne saurait être tolérant pour des erreurs de calcul, ni un philosophe pour une série de raisonnements où les conclusions dépassent sans cesse les prémisses, quand elles ne vont pas jusqu'à les contredire. Nous ne voyons pas pourquoi, en psychologie et en morale plus qu'en géométrie, on se dispenserait de faire la chasse aux erreurs[1].

---

[1]. Les sectateurs de Nietzsche ont une tactique commode. Si vous réfutez sérieusement et méthodiquement leur « maître », ils s'écrient : — Tant d'argumentation contre ce beau chanteur, ce beau jongleur, ce beau danseur qui « danse plus haut que sa propre tête » ! c'est offenser les muses. — Et si vous traitez Zarathoustra en citharède sans importance scientifique, les nietzschéens vous reprochent de ne pas prendre au sérieux le prophète des temps lointains, le philosophe de la future anarchie ou, selon d'autres, du futur socialisme libertaire. Pour notre part, nous traiterons sérieusement des paradoxes de Nietzsche, non à cause de Nietzsche lui-même, mais à cause de tous ceux qui érigent en théorie ou mettent en pratique des sophismes semblables aux siens. Et nous ne les réfuterons pas seulement parce qu'ils sont dangereux, mais, encore un coup, parce qu'ils sont faux. Cette raison est suffisante et n'a rien qui doive offenser les Muses ; si d'ailleurs elle chagrine Terpsichore, elle charmera Uranie.

IV. — En résumé, le moralisme et l'amoralisme ont tous les deux pour postulat une foncière antithèse entre la moralité et la nature. Le moralisme affirme, en vertu de cette antithèse, l'existence d'une moralité supranaturelle ; l'amoralisme, n'admettant rien au-dessus de la nature, est logiquement obligé, en vertu du même postulat, de nier toute moralité. De là l'antinomie dont souffre notre époque : ici un idéalisme qui semble contredire la nature et la science ; là, un naturalisme qui, sous prétexte de science positive, exclut tout idéal. Selon nous, idéalisme et naturalisme sont conciliables par le moyen terme des idées-forces, parce que celles-ci sont l'idéal agissant et se réalisant dans la nature par la pensée même de soi. Le moralisme des kantiens n'est pas assez philosophique et constitue une survivance des religions ; l'amoralisme des partisans du plaisir ou de la puissance n'est pas plus scientifique et constitue une interprétation incomplète des conclusions de la science. Le moment est venu de démêler, dans les systèmes adverses, les éléments frappés de caducité. Cette opération suppose une analyse critique du moralisme et de l'amoralisme, en vue d'une conciliation finale. C'est à des idéaux que l'esprit aspire, non seulement pour les penser, mais pour les aimer ; c'est un idéal qu'il s'agit de réaliser dans l'humanité par le moyen de la science et de la philosophie ; c'est donc bien un système d'idées-forces qu'il faut proposer à l'esprit et au cœur. Idéalisme scientifique et fondé en *nature,* voilà ce que réclame la conscience moderne pour demeurer une conscience et ne pas sombrer dans les appétits matériels de la brute, qui, pour être devenue ratiocinante et savante, n'en demeurerait pas moins brute.

Notre morale des idées-forces, synthèse du naturalisme et de l'idéalisme, renfermera d'abord une partie tournée vers les objets et plus proprement scientifique : c'est la partie où l'on utilise les éléments biologiques, sociologiques et cosmologiques de la morale. Ce sera l'objet de notre prochain volume. Mais il y a une autre partie psychologique et philosophique, qui est plutôt tournée vers le *sujet pensant* et vers les autres sujets qu'il *pense* nécessairement en même temps qu'il se pense. Là se trouvent, selon nous, les vrais et derniers fondements d'une morale des idées-forces. Ce grand problème, qui est le cœur même de la question, a une telle importance que nous lui consacrerons un volume entier. Nous aurons ainsi achevé notre œuvre morale, bonne ou mauvaise ; nous aurons, autant qu'il est en nous, présenté tous les aspects d'une éthique vraiment scientifique et philosophique, en les coordonnant autour de la grande loi des idées-forces, principe de toute vraie synthèse entre le réel et l'idéal.

INTRODUCTION

CHAPITRE PREMIER

MORALE RATIONNELLE RÉELLE. — L'ANTIQUITÉ ET LE CHRISTIANISME.

Il importe d'abord de savoir jusqu'à quel point est essentielle à la raison humaine l'idée fondamentale du moralisme: celle de devoir conçu comme loi impérative et catégorique par elle-même, comme acte nécessaire de la raison, se révélant par le fait d'un ordre attaché à la forme d'une législation universelle. L'étude de la morale antique peut nous apporter ici de grandes lumières. Elle nous montrera jusqu'à quel point est applicable à l'humanité entière la description de l'impératif catégorique que le moralisme nous a donnée. Rappelons donc très sommairement de quelle manière les anciens ont conçu le rapport du bien à la volonté raisonnable.

I. — La moralité antique n'est pas supra-naturelle, elle consiste dans la conformité à la vraie nature : c'est son premier caractère. Obéir à la nature, pour l'homme, c'est obéir à la société humaine, qui est elle-même un produit de la nature. Si le sage arrive à se dégager parfois de l'obéissance à la société, c'est en tant que la société où il vit, n'exprimant pas suffisamment la vraie nature, offre des éléments anti-naturels. Le sage est alors celui qui revient à la nature. Le second caractère de la morale antique est d'être éminemment rationaliste : raison et nature ne font qu'un. La moralité est la suprématie pratique de la raison se réalisant dans la nature, c'est-à-dire la sagesse. Pour en avoir le type le plus parfait, il faut considérer le philosophe s'adressant à la raison des autres philosophes et, tous ensemble, réalisant dans leurs actions la même dialectique que dans leurs discours. Selon Socrate, la morale consiste à donner de toutes choses, par ses actes, des définitions exactes, à respecter pratiquement les lois ou rapports logiques, scientifiques et philosophiques qui existent entre les choses ou entre les personnes; le faux, c'est le mal; le vrai, c'est le bien. La vertu est le respect de la vérité, le vice est une erreur ou un mensonge en action. Distribuer toutes choses selon leur véritable classification, selon leur véritable définition, éviter ainsi le mensonge en acte comme en parole, observer la dialectique λέγῳ καὶ ἔργῳ, telle était la conception intellectualiste de Socrate[1].

Pour Platon comme pour Socrate, dans le vice et dans le mensonge il y a non seulement une atteinte à l'intérêt social, mais encore une désharmonie intime, une faute de lèse-intelligence et de lèse-vérité. Dans le mensonge, la volonté entre en conflit avec la raison; il en est de même dans le vice. Mensonge et vice sont une opposition à ce qui *est,* à ce qui est *vrai*. Dans le mensonge, notre sens du vrai est blessé par la contradiction entre la pensée et la proposition où elle s'exprime; il est blessé par le renversement des méthodes, des principes, des conclusions; enfin il est choqué par le désaccord d'une volonté individuelle avec la vérité universelle. C'est là une sorte de révolte de la partie contre le tout, du passager contre l'immuable, de l'intérêt plus ou moins égoïste contre la pensée désintéressée, contre la volonté désintéressée, contre la parole désintéressée. Ce n'est pas tout; le sens du beau est heurté par toute cette désharmonie à la fois logique et philosophique. L'aversion pour la discorde et la laideur se retrouve dans l'horreur que le vice inspire. Au point de vue métaphysique, l'esprit découvre en lui-même, selon Platon, une série de valeurs idéales, de biens en soi, d'Idées au moyen desquelles la pensée juge la réalité sensible et auxquelles elle attribue une réalité intelligible; les *idéaux* sont les vraies réalités. L'homme aperçoit dans sa raison, par

---

1. Voir notre *Philosophie de Socrate* et notre thèse latine sur l'*Hippias minor*.

exemple, des lois d'égalité, d'équilibre et d'harmonie, qu'il objective dans le monde, qu'il réalise même au-dessus du monde visible en un éternel principe d'unité, d'égalité, de nombre, de mesure, de rythme, de justesse et de justice. Ainsi se révèle dans la raison consciente et maîtresse de soi un principe de progrès, d'accroissement de valeur, qui se manifeste ensuite dans l'ordre social, dans la République. Pour Aristote, les valeurs redeviennent en grande partie des choses d'expérience, y compris l'expérience intime, qui est la pensée ; et c'est la pensée même qui est le premier des biens. Pour Aristote comme pour Platon, il y a identité profonde entre la vraie nature et la raison.

Un troisième caractère de la morale antique, c'est de ne jamais oublier le *bonheur*. Toutefois, il faut se garder ici de certaines exagérations. Selon M. Darlu, la morale philosophique des anciens n'aurait poursuivi que le bonheur et ne serait que la science rationnelle du bonheur. De son côté, M. Brochard nous dit que tous les philosophes de l'antiquité, divisés sur tant de points, sont unanimes à considérer la morale comme la « recherche du bonheur », et que, quand on a défini le bonheur, il est absurde d'ajouter que nous sommes *tenus* de le chercher ou que nous *devons* le chercher. « On n'a jamais eu besoin de contraindre les gens à chercher leur bonheur. Ils y vont bien d'eux-mêmes. » — D'abord, nous remarquerons qu'il ne s'agit pas ici de contraindre, mais de dire simplement: vous *devez* rechercher le vrai bonheur et, pour cela, y réfléchir, vous en faire une idée exacte, préférer l'idéal d'une joie durable au plaisir du moment, ce qui exige un effort. La morale du bonheur n'exclut donc pas un *impératif conditionnel*, dont la condition, de plus, est *posée en fait* et affirmée assertoriquement comme inévitable pour tous les hommes. C'est là, comme dira Kant, un *impératif hypothétique assertorique*. De plus, il reste toujours à savoir ce qu'on entend par *le bonheur*. Est-ce le bonheur de tous les êtres, ou seulement le bonheur individuel? Sans doute les anciens n'ont pas conçu un bonheur universel qui n'envelopperait point le bonheur particulier; ou, si vous voulez, ils n'ont pas conçu un bien en soi qui n'envelopperait pas aussi le bien de l'agent. Mais, pour eux comme pour les modernes, la question subsistait de savoir si, en cas de conflit, il n'y a pas supériorité du bien objectif sur le bien subjectif. On peut, à ce propos, lire tout ce que Platon met dans la bouche de Socrate en prison ou encore de Socrate devant ses juges. La morale antique, chez les philosophes, est essentiellement *objective* : elle est à la recherche d'un bien qui soit bon objectivement, non pas seulement de ce bien subjectif qu'on nomme plaisir ou même bonheur. Au reste, le bonheur apparaît toujours aux anciens comme l'inévitable effet subjectif du bien objectif : ils ne peuvent admettre de vraie et définitive contradiction entre les deux. Il n'est donc pas exact de dire que tous les anciens sont purement et primitivement *eudémonistes*. Ils sont avant tout partisans du bien en soi, qui est aussi le vrai et le beau. Ils sont essentiellement *finalistes,* et, ce qu'ils poursuivent, c'est le « souverain bien », impliquant naturellement et rationnellement le bonheur ; ce n'est pas le bonheur pur et simple, sans considérations de ses causes et objets.

Un quatrième trait de la morale gréco-romaine est le caractère conditionnel de ses préceptes. Certes, le rapport de la raison à la volonté et à la passion est souvent exprimé par les anciens sous la forme d'un commandement : la raison ordonne : *jubet* ; la volonté doit obéir, *parere* ; mais ce sont là, pour les anciens, des métaphores. L'obéissance pure, au sens propre, n'est qu'un rapport de volonté à volonté ; or, ce qui peut donner à « l'obéissance » proprement dite une valeur morale, ce n'est pas le seul fait d'obéir à la *loi* qu'une autre volonté impose. Cette autre volonté n'est ou ne doit être qu'un intermédiaire, qui éveille l'idée et le sentiment du tout où la partie se trouve engagée, ainsi que du lien réel et rationnel qui unit les diverses volontés à ce tout. Celui qui commande n'est, pour Socrate, Platon, Aristote, Zénon, qu'un traducteur et un interprète de la raison et de la nature ; toute la valeur de son commandement est dans sa rationalité plus ou moins entrevue par celui qui obéit, fût-ce un enfant. Le bien réel, y compris le bien de celui à qui on commande, fonde donc seul la valeur de l'ordre. Les anciens n'ont jamais admis la loi *formelle*, la loi pour la loi, la loi précédant la détermination du bien et rendant seule possible cette détermination. L'idée d'impératif catégorique, de devoir pour le devoir, d'obligation valable par elle-même et pour elle-même, ne fut pas connue des anciens, surtout de la conscience populaire. Sans doute *on doit* faire telles choses, τὸ δέον; il y a des *nécessités* morales et sociales, des *il faut*; mais c'est toujours en vue d'une *fin,* qui est surtout sociale et qui, pour les philosophes, devient même cosmique. L'impératif est donc toujours plus ou moins hypothétique, en ce sens qu'il est subordonné à des conditions qui, pour l'analyse, sont ou sociologiques, ou biologiques, ou ontologiques, ou, pour mieux dire, les trois à la fois. *Conditionnel,* d'ailleurs, ne signifie pas *arbitraire,* mais *conditionnellement rationnel,* et le rationnel plonge toujours dans la réalité et l'être.

Un cinquième caractère de la moralité chez les anciens, c'est qu'ils identifient, en grande partie, le bien avec le beau. Aux yeux des modernes, le beau proprement dit, le beau esthétique est désintéressé de toute fin, soit intellectuelle, comme la vérité, soit volontaire, comme l'utilité personnelle ou sociale. Ce n'est pas, d'ordinaire, cette beauté-là que les moralistes antiques appellent τὸ καλόν. Ils nomment ainsi le plus souvent la beauté liée au *vrai* pour l'intelligence, à l'*utilité personnelle* et surtout *sociale* pour la volonté. Le καλόν des Grecs, selon une remarque très juste de M. Darlu, désigne surtout ce qui est objet d'admiration collective et d'estime collective, ce qui plaît à l'intelligence universelle. La beauté morale est plus dans ce qui est loué par l'opinion que dans ce qui est commandé par la loi écrite ou même non écrite; elle est dans le superflu bienfaisant plutôt que dans le strict nécessaire: *Pulchrum et decorum est pro patria mori.* C'est ce genre de beauté qui deviendra un jour l'*honneur,* mais il offre, chez les anciens, une forme plutôt sociale qu'individuelle. S'il est laid et honteux de mentir, c'est d'abord, nous l'avons vu, pour ce que la vérité offre d'universel à l'esprit individuel; c'est ensuite pour ce que la véracité offre de nécessaire à l'harmonie de la vie sociale. La honte vient ici surtout du blâme que l'individu attend d'autrui, quoiqu'elle vienne aussi du sentiment intime de discordance et de désharmonie.

La conscience morale n'a pas pour les anciens le caractère d'intimité personnelle qu'elle a pour les modernes. C'est seulement à une époque où l'individu, épris de justice, se séparait d'une société corrompue et tyrannique que Sénèque a pu dire : *Mea mihi conscientia majus est quam omnium sermo.* L'idée d'une complète responsabilité individuelle, liée à un libre arbitre tout individuel, est étrangère à la pensée antique, du moins avant les Stoïciens. Enfin, l'idée du libre arbitre, comme pouvoir de choisir entre des contraires également possibles au même instant, entre des futurs également contingents, ne se rencontre que chez quelques philosophes de l'antiquité. Aristote n'y insiste guère et ne détermine pas exactement ce qu'il entend par là. Socrate et Platon, surtout Socrate, sont franchement déterministes, ainsi que les Stoïciens. Si Épicure transporta le *clinamen* dans la volonté, ce n'était pas pour fonder une responsabilité morale chez l'homme, placé entre l'obéissance ou la non-obéissance à la loi ; Épicure ne poursuit que la possibilité de se « détourner » de la douleur et de se retourner toujours vers le plaisir.

La vertu fondamentale de la morale dans l'antiquité fut la justice ; la philanthropie même est une forme de la justice parce qu'elle rend à son objet, l'homme raisonnable, ce qui lui est dû rationnellement. La bienfaisance enveloppe en soi cette foncière harmonie qui est constitutive du juste. La tolérance, autre forme de la justice, résulte de la liberté spéculative et dialectique, qui, pour le sage, est illimitée. Un Socrate discutera avec les sophistes sur la négation des vérités les plus évidentes, des vertus les plus nécessaires. C'est que la « raison » doit s'exercer en tous sens et sur toutes choses. Elle ne doit rejeter systématiquement aucune opinion ; elle est liberté en elle-même et par elle-même, non en ce sens qu'elle envelopperait l'indéterminisme, mais, au contraire, parce qu'elle enveloppe un déterminisme qui va spontanément au vrai et n'a besoin que d'être dégagé des obstacles pour l'atteindre. Si les anciens avaient connu l'aiguille aimantée, ils n'auraient pas manqué de lui comparer la raison se tournant spontanément vers la vérité.

D'autre part, la justice a en elle-même sa vraie sanction morale, puisqu'elle est harmonie et que l'harmonie est bonheur. *Virtutis præmium ipsa virtus.*

II. — La morale chrétienne, rompant sur tous ces points avec la tradition gréco-romaine, élève le surnaturel au-dessus de la nature. Elle prend appui sur un commandement de Dieu, sur la foi en une loi divine historiquement révélée. La nature est mauvaise; elle doit être contredite, abolie au profit du règne de la grâce.

L'idée métaphysique dominante du christianisme est celle de la vie éternelle. Certes la notion de l'éternel avait déjà joué un rôle considérable dans le judaïsme; mais le christianisme conçut l'homme comme pouvant participer au mode d'existence de l'être éternel. Le règne de Dieu ne fut d'abord représenté, il est vrai, que comme une venue du Fils dans un temps très proche, comme une rénovation des cieux et de la terre; mais, par le mélange des idées orientales avec les idées grecques, le côté métaphysique de la doctrine se dégagea. La vie éternelle devint une sorte d'abîme mystique où, par un changement à vue, l'âme peut se plonger, se perdre pour se retrouver. Dès lors, le devoir fut essentiellement un rapport entre la vie éternelle et la vie temporelle, rapport tel que la première s'impose à la seconde comme loi absolue et obligatoire : meurs à la vie du temps pour vivre de la vie éternelle. Comme l'éternité n'est autre que l'existence divine, la loi du devoir est la voix de Dieu se faisant entendre en nous. Pour laisser de côté les métaphores, elle est la loi de l'existence divine s'imposant à l'humaine existence, le règne de Dieu se subordonnant tout ce qui n'a de valeur que temporelle et humaine. Le règne de Dieu commence en nous par le sacrifice des biens sensibles, par le refus de l'âme aux choses de ce monde, par son don aux choses du monde éternel. Renoncement, sacrifice, tel est le côté négatif du « salut ». Mais le salut a aussi un côté positif, que le christianisme a toujours eu soin de mettre en pleine lumière : l'amour de Dieu et l'amour des hommes en Dieu, la « charité ». La vie éternelle devient alors l'éternelle société des esprits unis dans l'Esprit. Cet amour de Dieu et des hommes, étant la vraie activité de l'âme, est aussi sa vraie félicité. Jamais le christianisme ne sépara l'idée de félicité de l'idée d'amour et de sainteté; la vie éternelle fut toujours conçue comme un bonheur sans fin produit par la vue de Dieu ou vision béatifique. L'impératif chrétien n'est donc pas une *loi* pour la *loi*; il est une loi en vue d'un bien éternel qui enveloppe la béatitude éternelle.

Alors se pose la question; ce bien éternel est-il certain et, en conséquence, la loi qui s'y appuie est-elle certaine? — Le christianisme répond en admettant comme donnée une double révélation. La première a lieu dans la raison même de tout homme, puisque le Verbe éclaire tout homme venant en ce monde: l'homme est ainsi lui-même sa propre loi. La seconde est la révélation *messianique,* certaine en vertu des règles du témoignage historique. Aussi le christianisme s'est-il toujours gardé de nier la valeur de la raison et de ses trois principales applications: 1° établissement d'une distinction entre le bien et le mal; 2° établissement des preuves rationnelles d'un premier principe; 3° établissement des preuves historiques d'une révélation positive. Certains apologistes qui, de nos jours, professent le scepticisme à l'égard de la raison et de la science, comme aussi à l'égard de la certitude historique, se croient peut-être de bons chrétiens; en réalité, ils sont hérétiques au premier chef et tombent sous les condamnations d'une longue série de conciles. Quand on veut apprécier et prêcher le christianisme, encore faut-il le prendre tel qu'il est, au lieu de fabriquer un christianisme arbitraire. Dans le vrai christianisme, le devoir est fondé sur la certitude d'une loi divine révélée à la fois par la raison et par la parole de Jéhovah dans l'ancien Testament, du fils de Dieu dans le nouveau.

La première condition de toutes les vertus chrétiennes est le « sacrifice », qui commence en nous l'abolition de la nature; la seconde est la charité, qui est l'ordre surnaturel. Malgré l'introduction d'éléments helléniques touchant la Raison devenue *Verbe,* le christianisme resta avant tout une morale d'amour, non proprement rationnelle. La charité n'est pas conçue comme justice ni même comme limitée par la justice; elle est le libre amour d'un même père céleste et des enfants de ce père.

Bien plutôt qu'aux savants et aux philosophes, la morale chrétienne s'adresse aux ignorants, aux humbles d'esprit et de cœur ; elle ne raisonne ni ne démontre ; elle sent, elle aime, et l'action suit. Ce qu'elle prêche n'est plus proprement la *sagesse,* cette unité naturelle et rationnelle que les anciens avaient établie entre la plus parfaite explication théorique et la plus parfaite application pratique ; c'est la *sainteté,* qui n'a pas besoin de science. Le christianisme va jusqu'à concevoir la « charité », dans bien des cas, comme rationnellement aveugle et, qui plus est, comme rationnellement « absurde ». La vertu de la « foi », se fondant sur le mystère, prend son point d'appui non dans la connaissance, mais dans l'impossibilité même de connaître et de comprendre. L' « espérance », enfin, repose tout entière sur des sentiments moraux et religieux, non sur des preuves.

Malgré ses grands côtés, la charité chrétienne versa facilement dans l'intolérance : un amour irréfléchi et inexplicable est bien vite un amour tyrannique. L'absence de fondement rationnel pour la foi devait entraîner la méconnaissance du droit de raisonner et de demander aux autres des raisons. Au rationalisme des gréco-romains s'opposa de plus en plus le sentimentalisme mystique des chrétiens. Une fusion des deux tendances se produira sans doute à la longue : on discutera sur le λόγος, sur l'intellectualité de la lumière qui éclaire tout homme venant en ce monde ; on mêlera au christianisme le platonisme et l'aristotélisme ; en réalité, les inspirations les plus profondes de toutes ces doctrines resteront très opposées.

Cette différence éclate jusque dans la conception du mal. Le mal est une *erreur,* disait l'antiquité grecque ; le mal est un *péché,* dit le christianisme. — Maladie, reprennent les uns, maladie de l'intelligence et de l'âme entière, comme aussi du cerveau, dont il faut chercher les remèdes dans une éducation meilleure, dans un savoir plus complet, dans une hygiène du corps et de l'esprit. — Mal volontaire, répondent les autres, amour du mal pour le mal, haine de Dieu parce qu'il est Dieu, acte de liberté se révoltant contre le principe éternel, imitation de Satan et de l'orgueil satanique ; — mystère par conséquent, mystère insondable, qui aboutit à cet autre mystère non moins terrible, le *dam*, l'éternité de la haine et de la révolte, conséquemment de la peine divine et de la haine divine. D'où l'impuissance pratique de la raison et de la science pour sauver l'homme ; la transmission mystérieuse et inéluctable du péché sous forme originelle aux descendants, la nécessité d'un acte de Dieu aussi *gratuit* que l'est, dans le fond, le péché même. Péché, c'est refus de grâce et d'amour sans vraie raison ; salut, c'est don de grâce et d'amour sans raison appréciable à notre intelligence. Au-dessous de la raison, il y a le naturel ténébreux, au-dessus de la raison il y a le surnaturel, non moins ténébreux pour nous. Le christianisme finit par fondre les deux ténèbres, les deux abîmes : les nécessités physiologiques deviennent à ses yeux des mystères théologiques ; les fatalités de la nature deviennent des actes d'une liberté surnaturelle.

La séparation chrétienne du spirituel et du temporel, ayant pour principe l'opposition de Dieu et de César, divisa la conscience en deux parties désormais distinctes, l'une individuelle, l'autre sociale. Celle qui se développa d'abord sous l'influence chrétienne, par réaction contre l'influence antique, c'est la partie individuelle : par la *foi intérieure*, l'âme est en présence de Dieu et n'entend que la voix de Dieu, indépendamment des sociétés où sa vie extérieure est mêlée. Il y avait là, assurément, le germe de la liberté de conscience en face du pouvoir temporel ; mais ce germe ne se développa pas, étouffé par le dogmatisme du pouvoir spirituel. La tolérance n'a réussi que de nos jours à se christianiser, je veux dire à pénétrer dans le christianisme, à s'imposer au christianisme ; mais, en définitive, elle s'est établie malgré le christianisme, d'abord catholique, puis protestant. Le protestantisme n'est devenu tolérant que par intérêt d'abord, puis par raisons *philosophiques*. C'est de même au mouvement philosophique qu'on doit l'abolition effective de l'esclavage, quoique le prix infini attribué à toute âme par le christianisme fût une préparation à cet affranchissement. Tant que l'Église crut proche la fin de ce monde, elle ne pensa pas qu'il valût la peine d'en chasser l'esclavage. Quand elle vit s'éloigner la catastrophe imaginaire et la venue du Fils de Dieu, elle continua de prêcher que, dans le royaume futur du ciel, les esclaves trouveraient compensation ; et elle conclut que, en attendant mieux, ils devaient se tenir tranquilles ici-bas, accepter leurs devoirs sans revendiquer des droits. Qui avait dit : *Servi sunt, imo homines ?* Est-ce un chrétien, ou un stoïcien ? Qui avait reconnu jusque dans l'homme de la condition la plus vile la persistance de l'universelle raison, grâce à laquelle cet homme est un membre de la cité universelle ? Qui avait même placé à l'intérieur de tout homme un « dieu », dont la présence est justement ce qui le fait homme ? A ceux qui prétendent que la Grèce n'a eu que du mépris pour les petits, M. Brochard a répondu que, sans doute, l'Église chrétienne ne méprisait pas les humbles (c'étaient d'ailleurs, ajouterons-nous, ses principaux clients), mais qu'elle n'estimait guère en eux que leur *humilité*: la vie d'esclavage, à ses yeux, avait l'avantage d'être la matière d'un continuel sacrifice. De là à réclamer l'affranchissement de l'esclave, il y avait loin. On a rappelé encore à ce sujet que l'Église ne reçut jamais parmi ses prêtres un esclave ; tout au plus reçut-elle des affranchis. Elle se montra ainsi plus aristocratique que les Epictète et les Marc-Aurèle. A force de mépriser la nature, le christianisme ne prenait plus le soin de la transformer sur le modèle de la céleste patrie. A quoi bon ? Comment l'exilé qui va rentrer au foyer dépenserait-il sa peine pour embellir le lieu d'exil d'un jour.

III. — Descartes, dans sa morale, fond la pensée antique de la *sagesse* avec la pensée chrétienne de l'*amour*[1]. Même fusion chez Leibniz. La fin morale de la vie est la *félicité*, et la félicité est la perfection jouissant d'elle-même. La connaissance seule, sans le sentiment, n'y suffirait pas. Le sentiment seul serait encore plus insuffisant sans la connaissance. Pour nous, hommes, le vrai bonheur est une joie raisonnable, un plaisir accompagné de lumière ; et, comme nous ne sommes pas parfaits, c'est, dit Leibniz, un progrès perpétuel à de nouveaux plaisirs et à de nouvelles perfections. La perfection complète est, pour nous, la réalisation de notre essence propre ; or, notre essence est la

---

1. Voir notre *Descartes* dans la Collection des grands écrivains, Hachette.

raison même : notre perfection enveloppe donc avant tout le développement de la raison par la connaissance de la vérité, qui est la sagesse. L'erreur n'acquiert de puissance sur nous qu'en imitant et simulant la vérité. La vérité est la grande force; elle est, malgré les apparences, ce qu'il y a de plus fort, pourvu qu'elle soit claire et distincte, comme le demandait Descartes. Là où nous voyons distinctement et clairement la vérité du bien, notre volonté s'incline par une *nécessité* interne, toute *morale*, de finalité et d'amour. Selon Leibniz, notre perfection *propre* n'est pas suffisante : notre esprit n'est-il pas un *miroir de l'univers?* Que l'homme perfectionne sa connaissance en acquérant des *perceptions* de plus en plus distinctes ; par cela même, il connaîtra mieux son rapport avec tous les autres êtres et sa place dans le tout. Par là aussi, il fera sienne la perfection des autres êtres, qui lui apparaîtra comme une des conditions de la sienne propre ; il se réjouira de la perfection et de la joie des autres êtres ; il *aimera*. « Aimer, c'est se délecter du bonheur d'autrui. » Cet *amour de la perfection* ne trouve son achèvement que dans l'amour de l'*être parfait* lui-même. Amour désintéressé puisqu'il n'est déterminé par aucun *attrait sensible,* amour souverainement conforme à notre *intérêt,* puisqu'il nous fait participer à la *perfection* divine elle-même et à la divine *félicité*. Nous aimons Dieu pour lui, non pour nous, et, par cela même, nous nous aimons d'un amour véritable. Telle est la réponse de Leibniz aux controverses sur le *pur amour*.

Pour Spinoza, plus fidèle à la pensée antique, les valeurs découlent de la détermination métaphysique du réel. Mais le réel infini n'est pas en dehors de la nature, il lui est immanent. La valeur ou *bien* n'est, selon Spinoza, qu'une partie du système entier de la nature ; aussi le bien ne peut-il être considéré ni comme absolu, ni comme absolument permanent par lui-même. Il résulte de là, sous un rapport, que les postulats et revendications de la conscience individuelle ne sont, du point de vue plus large qui embrasse le système total de la nature, que des besoins humains et en partie illusoires. Mais, d'autre part, Spinoza admet que les dictées de la conscience ont leur vérité profonde, objective, conforme à la nature éternelle des choses. Enfin Spinoza finit par se rencontrer avec Leibniz et Descartes dans la conception de « l'amour intellectuelle », comme dit Descartes, *amor intellectualis*. Cet amour est la conformité de notre volonté et de notre sentiment à la valeur objective des réalités, que notre intelligence classe hiérarchiquement et qu'elle ramène finalement à leur divin principe. Au point de vue de la réalité universelle, autant que nous pouvons embrasser cette réalité, le jugement d'appréciation des biens ou valeurs se ramène, pour la philosophie moderne prékantienne comme pour l'antiquité, à une appréciation de la vraie *réalité* des objets. La valeur absolue, c'est ce qui est absolument réel; la valeur relative, c'est ce qui se rapproche plus ou moins de l'absolue réalité. Le mauvais est, en somme, partiellement illusoire et faux; il manque de vérité en même temps que de réalité. La morale, ainsi conçue, n'est indépendante ni de la science, qui a pour objet la réalité visible, la *natura naturata*, ni de la philosophie, qui a pour objet la réalité invisible, la *natura naturans*. Le « moralisme » n'est pas encore formulé: nul, avant Kant, n'a considéré la loi morale comme commandant par sa seule forme indépendamment de ses objets.

CHAPITRE II

MORALE FORMELLE DE L'ENTENDEMENT LOGIQUE.

Nous avons vu que l'antiquité entière et les philosophes modernes antérieurs à Kant avaient fait de la morale une application de la raison, une réalisation dans la pratique de la vérité rationnelle. Mais la « Raison » peut s'entendre de diverses manières, ou comme simple faculté logique de raisonner, de généraliser, d'universaliser, c'est alors plutôt l'entendement; ou comme faculté de concevoir des principes *purs* de tout élément expérimental, c'est la raison proprement dite. Il y a donc une morale de l'entendement logique et une morale de la raison. Occupons-nous ici de la première.

I. — L'identité, la compensation, l'échange des choses et des avantages, qui devient aussi un échange des maux, l'égalité de talion, voilà pour la morale formelle de l'entendement le fond de l'idée de justice[1]. — Mais on peut objecter que cette notion logique d'égalité entre les choses implique une notion supérieure, celle d'égalité entre les personnes. Pourquoi la justice réclame-t-elle la balance entre ce qui est donné d'une part et ce qui est donné d'une autre? Pourquoi exige-t-elle aussi la balance entre les actions et les sanctions, quels que soient les individus? Cela suppose qu'il est indifférent que ce soit *telle* personne déterminée qui donne, telle autre qui reçoive, telle personne ou telle autre qui ait violé la loi et doive une compensation. Si

---

[1]. Cette doctrine qui remonte à Pythagore et à Aristote a été soutenue par Littré.

les choses doivent être égales, c'est que les personnes sont préalablement posées comme égales. Or, l'égalité n'existe pas en fait entre les hommes. Mathématiquement, un homme n'en égale pas un autre, sinon par une abstraction qui s'appliquerait aussi bien à l'égalité d'*un* homme et d'*un* cheval. Il n'y a pas de raisons *mathématiques* de l'égalité des hommes.

Dès lors, on sera obligé de dire : si l'égalité n'existe pas, il *faut* l'inventer, il faut la réaliser. L'égalité devient alors une idée. Mais pourquoi, au point de vue mathématique, l'idée d'égalité serait-elle préférable à celle d'inégalité? $A = A$ n'a pas plus de valeur mathématique que $A <> A$. Là où l'inégalité existe, elle est la réalisation d'une idée mathématique au même titre que l'égalité. Et là où l'égalité n'existe pas, il n'y a aucune raison mathématique pour la rétablir. Les mathématiques constatent, elles ne réparent pas. Le mot de compensation offre sans doute une apparence mathématique : la compensation se *constate* ou se *mesure* par les mathématiques; mais ce ne sont pas les mathématiques qui la rendent *nécessaire*. Les mathématiques posent simplement une inégalité et elles ajoutent : — Pour que telle partie devienne égale à telle autre, il faut prendre à l'une et donner à l'autre, etc. Ce n'est pas là une idée morale. On répondra : — Il faut que les mathématiques règnent. — Pourquoi ? En fait, l'inégalité qui existe dans le monde a déjà des raisons mathématiques ; en fait, les nombres régissent le monde et, quoi que vous fassiez, le régiront toujours. La mathématique n'a rien à désirer au delà.

Ferez-vous appel à une idée plutôt *logique* que mathématique ? On a en effet prétendu que le précepte : « agis conformément à la nature », signifie : « sois conséquent, sois logique », et qu'il revient à donner une forme impérative au principe logique d'identité. — « *Je suis ce que je suis*, est toute la logique. *Sois ce que tu es*, c'est tout le devoir, dit Secrétan. Nous voyons la morale s'enraciner dans la logique. » — Il y a là un paralogisme produit par l'ambiguïté des termes. Si ce que je suis était identique logiquement à ce qu'on me commande d'être, le commandement n'aurait plus de sens. Ce qu'il s'agit de réaliser, c'est une nature tout idéale, qui n'est point liée par une identité purement logique avec ma nature réelle, car alors le « moi intelligible » se réaliserait selon l'absolue nécessité du principe de contradiction. Le lien du sujet et de l'attribut, dans la prétendue identité que Secrétan formule, est un lien *métaphysique* et *moral* entre deux termes logiquement différents. D'ailleurs, quand l'égoïste agit en égoïste, il est ce qu'il est, égoïste ; il est donc moral !

Hobbes et Spinoza avaient invoqué des raisons de logique tout aussi impuissantes pour nous engager à respecter les contrats. Vous voulez vivre en société, nous dit Hobbes ; logiquement, vous devez désirer les moyens d'arriver à ce but : or le contrat est un de ces moyens, donc vous devez le respecter. — Celui qui viole un contrat, dit à son tour Spinoza, est en contradiction avec lui-même ; il désire et ne désire pas à la fois vivre en société. — Mais la contradiction invoquée par Hobbes et Spinoza n'est qu'apparente : elle recouvre une identité réelle de l'égoïsme avec soi. Mon intérêt étant ma loi selon Hobbes, je ne contracte qu'en vue de mon plus grand intérêt ; le jour où le contrat ne me satisfait pas, je romps ce contrat. La société n'est pas pour moi un but, elle est un moyen. L'apparente contradiction se résout donc en une identité fondamentale : moi = moi, mon intérêt = mon intérêt. C'est le triomphe de la logique.

Kant verra, lui aussi, une contradiction dans la violation des promesses et contrats, mais ce sera une contradiction avec le principe de l'universalité des maximes, qu'il rattachera, comme forme, à un monde supra-sensible.

Mon entendement logique est sans doute en partie satisfait quand je préfère à mon bonheur celui de la société, mais ma sensibilité propre est-elle satisfaite ? Mon intelligence même est-elle entièrement satisfaite ? La faculté de généraliser a son plein effet, soit ; mais la faculté de distinguer et d'individualiser, nullement. La logique me laisse donc suspendu entre le général et le particulier, éléments aussi peu négligeables logiquement l'un que l'autre. Il faut dépasser la logique pure pour attribuer une valeur suprême, non pas seulement au « général », mais à l' « universel ».

Quand je serais capable de me mettre « à la place des autres », quand ma vue n'éprouverait aucun trouble de cet entier changement de situation, il resterait toujours, au point de vue du pur entendement, une raison pour ne pas respecter le droit d'autrui : c'est, en retournant la belle parole de Montaigne, que ce serait autrui et que ce serait moi. Les motifs purement intellectuels seraient semblables pour haïr comme pour aimer. Près d'atteindre ce but final que tous les êtres poursuivent avec une inégale ardeur, l'amour, la logique expire impuissante ; il semble qu'il faille dire avec Pascal : « cela est d'un autre ordre. »

Quand on généralise la morale de l'entendement, on en vient à soutenir, avec Wollaston, que c'est l'absurde qui constitue le mal. — Jouffroy a répondu qu'une chose absurde peut ne pas être immorale : il est absurde de se chauffer devant un bloc de glace ; est-ce immoral ? — On pourrait répondre à Jouffroy qu'un tel acte n'est pas absurde si celui qui se chauffe ne sait point que c'est de la glace. S'il le sait, l'acte peut devenir plus ou moins immoral, contraire à « la dignité de l'être raisonnable », qui ne doit pas agir en fou. — Jouffroy dit encore : « Si je donne de l'arsenic à quelqu'un pour l'empoisonner, je respecte les lois qui président aux propriétés de l'arsenic ; cela est donc logique, pourquoi serait-ce mauvais ? Si je donne de l'arsenic comme remède, je suis encore logique. » — Wollaston pourrait répondre à Jouffroy qu'il ne s'agit pas, en morale, des vérités concernant les propriétés de l'arsenic. Il s'agit des vraies relations entre les hommes, qu'il faut respecter ; et c'est le manque de logique dans ces relations qui, selon la doctrine dont nous parlons, constitue l'absurdité et l'immoralité. Il est vrai que l'on pourra répondre encore : — J'empoisonne un ancien ami : si l'amitié n'est qu'un concert de passions, dès que la passion cesse, je ne suis obligé à rien et mon acte redevient logique.

A vrai dire, aucun fait, aucun acte n'est logiquement absurde, puisqu'il a toujours ses raisons. Il ne devient absurde moralement que si on admet en principe la moralité, pour montrer ensuite que la conséquence contredit le principe admis. Mais, si vous vous en tenez à des relations particulières entre des idées sans y introduire, comme les anciens, l'idée d'un bien suprême, ou, comme Kant, l'idée d'une loi universelle, vous ne pouvez fonder une morale, même purement intellectuelle. C'est pourquoi Socrate et surtout Platon ont élevé, au-dessus des « définitions » de toutes choses, l'idée du souverain bien.

Selon certains philosophes, au lieu du seul axiome d'identité, il faut invoquer en morale le principe que les mêmes causes ont les mêmes effets. Transporté dans l'ordre pratique, ce principe s'y exprimera par le précepte : mêmes actions, mêmes réactions ou sanctions[1]. — Nous revenons ainsi, par la *causalité,* à des résultats qui rappellent ceux que Littré poursuivait par l'*identité*. Mais, qu'il s'agisse de *compensation* mathématique ou de *sanction* causale, qu'il s'agisse de principes et de conséquences, ou de causes et d'effets, la logique pure ne nous dit ni quel *principe,* ni quelle *cause* il faut poser pour y ramener tout le reste et obtenir une mesure des biens. La logique peut enchaîner des sentiments, des actions, des réactions égales aux actions, mais leur qualité lui reste profondément indifférente. La théorie de l'induction, comme celle de la déduction, ne peut déterminer aucune « valeur », sinon celle d'un bon raisonnement, qui ne devient moral que quand il sert à un but moral. L'égoïste, pour le plaisir de satisfaire son instinct logique, qui n'est qu'un penchant spécial et un simple élément particulier de son bonheur, se gardera très logiquement de sacrifier son bonheur tout entier, ses instincts les plus profonds et les plus vitaux, bien plus, sa vie même.

En résumé, comme l'antiquité l'a cru, la moralité est la vie selon l'intelligence et même, si l'on veut, selon la raison ; mais tout dépend de ce qu'on entend par raison. Si celle-ci n'est que la faculté logique d'abstraire et de généraliser, ou même la faculté de concevoir l'universelle identité et l'universelle causalité, elle n'a encore aucune valeur vraiment *constitutive*: elle n'établit ou ne constitue rien de moral. Diverses issues sont

---

[1]. M. Lapie, *Logique de la volonté.*

ouvertes pour sortir de là. La première est d'en appeler, comme les platoniciens, à la finalité idéale, qui classe les êtres selon leurs types de perfection. La seconde est de considérer, avec les modernes, la finalité idéale comme une extension de la finalité réelle, objet de science psychologique et biologique. La morale de la raison sera alors obligée de revenir aux conclusions de la biologie, de la sociologie et surtout de la psychologie ; elle sera obligée de devenir morale de l'expérience et de la conscience. Si on ne veut pas suivre cette voie expérimentale (la meilleure à nos yeux), il ne reste qu'une troisième ressource : la morale de la *raison pure a priori,* supérieure à la logique et à l'expérience, ainsi qu'à toute finalité que l'expérience pourrait déterminer. C'est la morale de Kant, qui est le moralisme proprement dit.

CHAPITRE III

LE FAUX KANTISME. — LES NÉO-CRITICISTES ET LE « DEVOIR-FAIRE ».

I. — Certains disciples infidèles de Kant ont pris une position intenable entre la morale de l'entendement logique et celle de la raison pure *a priori*. On sait que Charles Renouvier faisait reposer sa « science de la morale » sur l'idée « universellement admise » d'un « devoir-faire » et sur « la liberté *apparente* », non moins universellement admise. « Le *jugement réfléchi*, d'un côté, la liberté *apparente* ou que l'on *croit* être, de l'autre, s'appliquent à des phénomènes de sensibilité, d'entendement et de passion qui aboutissent toujours, à l'égard d'un acte, quel qu'il puisse être, à présenter une certaine fin *désirable* à atteindre. Cette fin est toujours représentée comme un bien pour l'agent, et l'agent ne se détermine jamais, en fait, que pour obtenir ce qu'il pense être *son bien*. On doit dire, par conséquent, qu'il est *tenu* d'agir en vue *du bien*, généralement parlant[1]. » Il y a là un nouvel essai de déduction *logique*. De ce que chacun cherche *son bien*, on prétend conclure que chacun est *tenu* de chercher le bien, généralement parlant. Sidgwick avait dit de même : « Chacun cherche son bonheur ; donc le bonheur, généralement parlant, est désirable, donc chacun doit chercher le bonheur *général*. » Il espérait ainsi, de la maxime égoïste, déduire « par analyse » la maxime du désintéressement ! Il identifiait mon bonheur dont je jouis et le bonheur d'autrui dont je ne jouis pas, la loi naturelle qui me fait chercher *généralement* mon bonheur et la loi morale qui

---

1. *Science de la morale*, ch. 1.

me commande de chercher le bonheur général. C'était une prestidigitation de logicien. Le raisonnement de Renouvier ne semble pas plus topique. « Nul n'a dit avoir rencontré des hommes qui n'eussent point la notion d'un *devoir-faire* ou d'un *devoir-s'abstenir* en des choses qu'ils regardent comme également possibles, celles-ci *désirables pour eux-mêmes,* et celles-là *dangereuses...* Or, c'est bien là l'*essence* de ce que nous appelons le *devoir* tout court, idée que jamais autre animal que nous ne songea à opposer à son appétit, à sa passion dominante » (*Critique religieuse*, avril 1880, p. 21). A cette transformation, par pure analyse, d'un devoir-faire qui n'est que le *plus désirable* en un « devoir catégorique », nous avons opposé jadis qu'elle pouvait s'appliquer aux animaux comme à l'homme. Si les héros de La Fontaine pouvaient parler, « ils nous diraient sans doute qu'ils ont la notion d'un *devoir-s'abstenir,* en présence du rôt ou du fromage, lorsqu'ils prévoient les coups de bâton du maître, qui font que ce qui est *désirable* est en même temps *dangereux* [1] ». Les animaux conçoivent en effet, eux aussi, que le rôt est désirable *généralement parlant* pour les autres comme pour eux, et c'est précisément pour cela qu'ils tâchent de se l'approprier *avant* tous les autres. Voilà pour eux le *devoir-faire.*

Pour établir le caractère prétendu « synthétique » du « devoir-faire » admis par Renouvier, M. Darlu a soutenu que, quand le sentiment du devoir est réfléchi, c'est un jugement, « et comme il lie l'idéal à l'action, le *devoir-être* au *devoir-faire,* on doit dire que c'est un jugement synthétique qui exprime la forme même de notre conscience, qui constitue notre nature morale [2] ». Je demande de nouveau ce qu'il faut entendre par *devoir-être* et *devoir-faire.* Ce qui *devrait être* désigne ordinairement le *meilleur*, le *plus parfait* conçu par notre intelligence, ou le *plus désirable* par rapport à notre sensibilité ; ce n'est pas la « loi morale » de Kant. De même, le *devoir-faire* que nous lions au *plus parfait* ou au plus *désirable* fût-il vraiment l'objet d'un jugement synthétique, par lequel nous unirions le *faire* au *penser,* la volonté à

---

1. *Critique des systèmes de morale contemporaine,* p. 91.
2. M. Darlu, *Revue de métaphysique,* janv. 1904, p. 3.

l'intelligence, ce serait là une synthèse tout expérimentale, qui n'a rien de commun avec la synthèse *a priori* de l'impératif catégorique selon Kant. Le bon Socrate ferait remarquer que le *devoir-être* d'une table est d'avoir ses pieds de longueur égale et que le *devoir-faire* du menuisier est de leur donner cette longueur. En rattachant le *devoir moral* à un *devoir-faire* indéterminé, ou qui n'est déterminé qu'empiriquement, on prend pour accordé ce qui est en question. L'impératif kantien et l'impératif des néo-criticistes ne constituent nullement la seule « catégorie morale » possible. D'une part, l'impératif de Kant est conçu comme non dérivé d'une considération de bien, comme primitif et se posant *a priori* par soi ; si un tel impératif était la seule catégorie morale, la morale n'aurait commencé qu'à Kœnigsberg, avec Emmanuel Kant. D'autre part, le pseudo-impératif du devoir-faire n'est que la supériorité *quelconque* d'une conduite sur une autre, d'une « technique » sur une autre ; s'il n'y avait rien de plus en morale, tous les moralistes seraient d'accord depuis la plus haute antiquité jusqu'à nos jours.

En vain les disciples de Renouvier invoqueront-ils le consentement universel : « Tout homme ne distingue-t-il pas un bien ou un mal, un faire et un « devoir faire[1] ? » — La question n'est pas de savoir s'il y a pour tous les êtres pensants un bien ou un mal *quelconques*, mais s'il y a pour eux, comme le prétend le moralisme, une *loi* consistant uniquement dans la conception pure et *a priori* d'une raison qui, *sans aucun motif ou mobile, sans aucune intuition pure ou expérimentale*, imposerait à la volonté la *forme d'une législation universelle*. La question n'est pas de savoir s'il y a un *devoir-faire* au sens équivoque de Renouvier : ce n'est là que la banale distinction entre ce qui vaut mieux ou vaut moins, distinction applicable à l'épicuréisme lui-même, à la « morale sans obligation ni sanction » de Guyau, à l'immoralisme de Nietzsche, à l'amoralisme de MM. Durkheim et Lévy-Bruhl. La question — il faut le redire en présence de tant de malentendus — est de savoir si, sous le nom

---

1. Cantecor, La morale ancienne et la morale moderne. *Revue de mét.*, septembre 1901, p. 573.

d'impératif catégorique ou de devoir absolu, il existe, comme le soutient le moralisme kantien, une loi rationnelle qui, en elle-même, serait indépendante : 1° de toute idée de *bonheur,* particulier ou général ; 2° de toute *qualité réelle,* observable et constatable, des choses ou des actions dans le monde de l'expérience ; 3° de toute *perfection idéale* conçue par la pensée ; 4° de toute affirmation d'une *perfection réelle* dans un monde supra-sensible. C'est ce devoir pur et auto-suffisant, entendons-nous bien, qui est *en cause* dans le moralisme et que n'admettent ni les Épicure, ni les Zénon, ni les Bentham, ni les Stuart Mill, ni les Spencer, ni Renouvier en personne, au moment où il prétend poser l'impératif catégorique. Les doctrines platonicienne, aristotélique, cartésienne, leibnitzienne ne conçurent pas davantage ce devoir auto-suffisant ; toutes, de la première à la dernière, érigent le *bien* en principe et ne voient dans le *devoir* qu'une conséquence du bien préalablement conçu comme objectif. Oui, « l'homme soumet naturellement sa conduite à des règles », oui, il conçoit des règles de conduite « par cela seul qu'il est intelligent » ; mais le cyrénaïque ou l'épicurien, lui aussi, conçoit des règles qu'il trouve fort compréhensibles et plus conformes à la nature que celles du stoïcien, lequel prétend, de son côté, se conformer mieux au bien naturel. Nous voilà loin du moralisme.

On dit : « Les règles de conduite, dès qu'elles sont conçues (et l'histoire montre que l'humanité a de tout temps *ordonné* la *pratique selon des lois*) s'imposent comme *obligatoires*[1]. » C'est encore là, supprimer la difficulté à la façon du devoir-faire des néo-criticistes. La méthode philosophique consiste à distinguer ce qui est distinct, non à tout confondre. Or, *obligatoire* n'a nullement le même sens pour Aristippe, Épicure ou Helvétius que pour Kant. *Raisonnable* n'a pas non plus le même sens. L'épicurien qui ordonne bien sa conduite en vue de son bonheur et de son repos est « raisonnable », au sens d'intelligent et même d'animal ratiocinant ; l'immoraliste qui considère la morale comme nuisible à l'humanité et cherche le déploiement

---

[1]. Cantecor, *ibid.*

de la « puissance » se croit raisonnable; mais sa raison n'est pas la *raison pure* du kantien. La loi, selon Kant, n'est valable que si elle est la forme d'une causalité *intelligible,* appartenant au monde *intelligible,* que si elle exprime non pas seulement l'ordre réel de la nature, ni même l'ordre *idéal* de la nature, mais un ordre *supra-naturel* et *nouménal*. On ne peut donc se dire kantien et parler d'impératif catégorique, comme fait Renouvier, quand on commence par nier le fond même de la doctrine kantienne, qui est la distinction des phénomènes et des noumènes et le caractère pratique *a priori* d'une raison *pure* et *formelle,* posant impérativement l'inconditionnel moral comme *objectif*. Si vous enlevez à l'Uranie de la Raison pure sa couronne d'étoiles, je veux dire de noumènes, ce n'est plus la muse de Kant. Le néo-criticisme français eût semblé à ce dernier le contraire de sa doctrine. Il reste bien, dans ce criticisme, de l'*a priori*; mais que peut désigner cet *a priori* dans un phénoménisme pur où tout ce qui est supérieur aux phénomènes a disparu? L'*a priori* n'ouvre plus aucune sphère supérieure : il est une « loi de phénomènes », et la liberté est une « absence de loi »; si bien que les lois et les « exceptions aux lois » forment un monde hétérogène et hétéroclite que Kant n'aurait pu concevoir. Kant n'aurait jamais admis non plus que le rejet d'un premier commencement absolu fût « contradictoire » en vertu d'une prétendue identité entre *infinité innumérable* et *nombre infini*. Il n'aurait pas admis que l'on pût, dans les antinomies, établir à jamais les thèses et réfuter à jamais les antithèses au nom d'une prétendue « loi du nombre » qui lui eût semblé un « schème » tout humain. Dans le néo-criticisme de Renouvier, qui n'est pas un progrès sur Kant, l'influence de Hume finit par réduire le rationalisme kantien à de pures formules sans contenu; et la raison, cette faculté d'*unité* que Renouvier invoque encore, va se perdre à la fin dans l'éparpillement universel des phénomènes, tantôt régis par des lois, tantôt se dérobant aux lois et réalisant l'imprévisible *clinamen* d'Épicure. Commune brèche à la raison et à l'expérience, ce système, quelle qu'en soit la valeur intrinsèque, ne saurait être considéré comme du kantisme et, en tout cas, son « *devoir-faire* » n'est pas le *devoir*. Je ne prétends pas pour cela que le kantisme soit vrai, mais je soutiens que l'obligation du philosophe est de ne pas s'en tenir au sens amphibologique du *devoir-être* ou du *devoir-faire*[1].

1. Dans l'œuvre de Renouvier, le plus remarquable essai de moralisme qu'on ait tenté en France, il y a une philosophie théorique, une philosophie morale et politique, une philosophie religieuse. Nous étions jeune encore quand nous avons commencé de contredire la théorie du phénoménisme exclusif, les *a priori* consistant en simples lois de phénomènes, les trous au réseau des lois sous les noms de premiers commencements, de contingence, de hasard, d'indétermination des futurs dans les « loteries », de libre arbitre, de croyance libre et de jugement libre, la catégorie du *nombre* imposée à toutes choses et excluant toute infinité, etc., etc. Pas plus que les principes théoriques de Renouvier, nous n'approuvions ses procédés de polémique, qui l'entraînèrent jusqu'à traiter Paul Janet de philosophe salarié, sauf à se « radoucir » plus tard, selon l'expression de Ravaisson, quand le néo-criticisme aspira à dominer du dehors la philosophie universitaire comme Cousin l'avait régentée du dedans. Nous ne pouvions davantage nous ranger à ses idées religieuses, à un protestantisme inconséquent, à une « eschatologie », qui nous semblait pure mythologie. Enfin les principes de la morale du « devoir-faire » étaient, à nos yeux, un recul et une altération de la morale kantienne. Celle-ci nous semblait infiniment supérieure, bien que nous ne l'admissions pas pour notre compte. Seules les hautes opinions politiques et sociales de Renouvier avaient en grande partie notre assentiment, sans nous paraître, néanmoins, offrir une véritable originalité à l'époque des Michelet, des Quinet et des Proudhon. Cette divergence profonde de vues ne nous a jamais empêché de rendre justice à ses rares qualités de logicien, à sa vaste érudition philosophique, à la noblesse d'une vie consacrée tout entière au travail ; mais nous considérons son œuvre théorique et pratique comme fragile, caduque et, en somme, rétrograde. Une profession de « moralisme » qui serait digne de Cousin est celle que fit Renouvier dans ces derniers « entretiens » dont le point de vue est si exclusif, si fermé, si étroitement personnel : — « Notre doctrine est belle, elle est consolante, elle est *la vérité*. » Il y a là un curieux exemple de dogmatisme chez un « criticiste ». Le « sage », si bien dépeint par M. Prat et si regretté de tous est parti de ce monde avec l'admiration de son système et le dédain de tout ce qui n'était pas le « personnalisme », c'est-à-dire son propre moralisme. Il se flattait même d'avoir monopolisé la « logique » et la « méthode », puisqu'il déclarait, avant de mourir, n'en plus voir autour de soi et en dehors de soi « aucun exemple ». Il prenait la petite chapelle néo-criticiste pour le temple universel. On reconnait encore l'esprit du « moralisme » dans les passages où Renouvier se rend cette justice qu'il n'a pas, en sa vie, « écrit une ligne sans la penser », — comme si l'on pouvait citer un seul vrai philosophe qui ait jamais exprimé, fût-ce pendant quelques lignes, le contraire de sa pensée ! C'est voir de la vertu dans les choses les plus simples. Après avoir jadis prêché « l'immatriculation » au protestantisme, Renouvier finit par rêver l'immatriculation au néo-criticisme, au personnalisme, « philosophie-religion, religion rationnelle ». La manière peu tolé-

II. — L'auteur d'un remarquable livre sur l'*Expérience morale* paraît, lui aussi, s'appuyer sur la même amphibologie que Renouvier pour réduire la morale à une « technique indépendante ». — « La foi en un idéal et un *devoir-faire*, dit-il, s'impose parfois à l'homme avec la même irrésistibilité que la croyance aux lois naturelles. » — Ici encore, il faudrait définir les mots *idéal* et *devoir-faire*, qui désignent un *désirable* quelconque. Ce désirable n'est « irrésistible » que comme le sont toutes les impulsions dominantes. — « Pas plus dans le cas des lois naturelles que dans le cas des lois morales », ajoute M. Rauh, l'homme n'a « d'autre preuve de la vérité que l'irrésistibilité de sa croyance. C'est là ce qu'après Hume a si bien montré Kant ». — Je ne pense pas que, pour Kant, l'*a priori* fût simplement ce qui, de fait et dans l'expérience, est pour nous irrésistible, ou dont le contraire dépasse « notre imagination intellectuelle ». Ne confondons pas l'habitude contraignante dont parle Hume, ni l'inconcevabilité dont parle Spencer, avec la nécessité rationnelle que Kant admet, que Renouvier prétend admettre aussi avec Kant, quoiqu'il la réduise à une loi ou « fonction » de phénomènes. Une nécessité sentie, et encore moins une « commodité » sentie (comme dirait M. Poincaré) n'est pas une nécessité raisonnée. — « Dès lors, continue M. Rauh, pourquoi l'homme accepterait-il ce mystère de l'*irrésistibilité* dans un cas et non dans l'autre ? » — Parce que, répondrons-nous, l'homme a une intelligence qui lui permet de tout critiquer, notamment de critiquer un impératif pratique et un moralisme « indépendant » dont son intelligence ne verrait pas la raison. — « Il doit accepter telles quelles les différentes formes de sa certitude. » — Je ne le pense pas. Selon moi, l'homme doit analyser, contrôler, critiquer toutes ses certitudes ou prétendues certitudes, ses *nécessités* et

---

rante dont il concevait sa philosophie-religion, fondée sur un moralisme intransigeant, n'était guère faite pour donner l'envie de s'y inféoder. Nous ne croyons pas que l'avenir soit à des doctrines en réaction contre l'irrésistible mouvement des sciences modernes, de la psychologie, de la sociologie et de la cosmologie fondées sur les données de l'expérience.

Revue de métaphysique et de morale, Dernier entretien, p. 184.

ses *commodités*. — « L'homme, insiste M. Rauh, doit croire qu'il a quelque chose *à faire* quand il agit, car il y a un *ordre* dans les choses *faites* ou, plus généralement dans les *choses*, quand il contemple la nature. » — Certes, personne ne doute que, quand nous faisons quelque chose, nous avons quelque chose *à faire*, qu'il y a un *ordre* dans les choses *à faire* comme dans les choses *faites*; par exemple un ordre à suivre pour lancer une torpille, un ordre à suivre pour niveler les parties successives d'un terrain en pente, etc. Toute technique est un ordre d'opérations. Mais en quoi ces choses *à faire* constituent-elles le *devoir* ? — « La fonction de l'esprit, conclut M. Rauh, est aussi bien de croire que de constater. » — Sans doute, mais tout dépend de ce qu'on appelle *croire* et *constater*. Je crois que je mourrai, mais c'est parce qu'on a toujours constaté la mort et que, de plus, la nécessité de la mort se déduit des lois constatées ou vérifiées de la vie animale. L'imprécision du terme *croire* permet seule d'y faire entrer, comme on le fait trop souvent, les états d'esprit les plus disparates. En tout cas, s'il est quelque chose que nous devions critiquer, ce sont nos « croyances ». La croyance aux *lois* du réel est sans doute « irrésistible », mais c'est parce qu'elle se ramène à la croyance de notre intelligence en elle-même et en l'existence de son objet. Nous subissons une sorte de poussée intérieure, d'élan non pas aveugle, mais clairvoyant, non pas obscur, mais lumineux, qui nous porte à la recherche du lien entre un fait et un autre, bien que, selon l'excellente remarque de M. Rauh, le lien proprement causal et substantiel nous échappe *(vinculum substantiale)* et que nous soyons réduits à saisir de simples rapports dans le temps ou dans l'espace. Les lois du réel, nous les concevons comme indépendantes de nos propres plaisirs ou douleurs, de nos désirs ou aversions, de notre prétendu « libre arbitre », de nos « *croyances* », de ce qu'il y a de propre à nous dans nos sensations, dans nos désirs et même dans nos pensées. Nous acquérons ainsi l'idée de l'*objectivité*.

Quand il s'agit, non plus de ce qui est déjà *donné* indépendamment de nous, mais de ce que nous *pouvons donner* nous-mêmes, c'est-à-dire produire en vertu de l'idée-force et du sentiment-force que nous en avons, une première question se pose : — N'y a-t-il pas là aussi une *loi*, qui ne sera plus simplement loi du réel, mais loi du possible et du meilleur, ou de l'idéal? — Une telle loi existe; c'est là le point sur lequel tout le monde est d'accord, c'est là ce qu'on peut, si l'on y tient, exprimer par un « *devoir-faire* » quelconque, au sens le plus large du mot. Mais alors se pose une seconde question, qui seule est le grand problème moral où l'on se divise : l'idéal et sa loi ne sont-ils, en réalité, que des *formules de plaisirs ou de douleurs possibles*, des formules du simple *désirable*? Ou renferment-ils encore un élément *intellectuel*, et de quelle nature, rationnelle ou expérimentale? Y a-t-il une certaine *objectivité* dans nos idéaux, malgré leurs éléments subjectifs? Pour ma part, je réponds affirmativement. J'admets dès le début, contrairement à Kant, le côté *objectif* que le bien manifeste, parce que je crois que le bien est fondé, d'une part, sur notre propre *conscience de nous-mêmes* et de notre activité intellectuelle; d'autre part, sur les qualités et relations connaissables des *objets* ainsi que sur les limites de notre connaissance objective. Il en résulte que l'idéal est loin d'être, à mes yeux, entièrement subjectif et arbitraire, mais qu'il a ses lois objectives conformes à *notre nature* et à *la nature,* à notre *science* et aux *bornes* de notre science. Ces lois ne peuvent nous laisser indifférents et entraînent un intérêt supérieur, à la fois intellectuel et sensible. Mais ce n'est plus là l'impératif catégorique formel du moralisme indépendant. La loi de l'idéal ainsi entendue, avec son caractère souverainement *persuasif*, n'est pas le « devoir » sans contenu primitif de Kant, pas plus qu'elle n'est le devoir-faire à tout faire qu'on veut identifier avec l'impératif kantien. Ce n'est pas en unifiant les morales opposées sous l'étiquette neutre de ce *devoir-faire* qu'on fera avancer le problème moral. L'introduction de l'amphibologie dans la philosophie serait un manquement à la vraie méthode. Au lieu de s'en tenir aux termes trop élastiques de « technique morale », de « science des mœurs », d' « autorité de la conscience », de « caractère pratique de la raison », etc., il est essentiel d'en venir à des déterminations plus précises, afin de savoir si l'on admet ou non un principe de moralité, soit réel, soit formel, mais offrant, par rapport aux autres principes, une originalité propre. Il faut savoir encore si, comme le soutiennent les Kantiens, ce principe est vraiment primitif et « ne peut être déduit », ce qui est la proposition fondamentale du moralisme. Les Kantiens répètent sans cesse : « Le devoir est une *donnée*, il est *la donnée* dont il faut partir. » Mais le devoir absolu et se suffisant à lui-même, loin d'être la donnée de la morale, n'est-il point au contraire ce qu'il faudrait établir et critiquer ? A moins qu'on ne prenne de nouveau le mot devoir au sens commode de devoir-faire, ce qui réduit la prétendue évidence apodictique à cette proposition : « Puisque nous allons agir, il y a un mode d'agir préférable ! » La question reparaît alors tout entière : — Que convient-il de préférer, et pourquoi ?

Au lieu de s'en tenir à la « technique » et à la pratique, à « l'expérience morale » acquise par la pratique même (et si finement décrite par M. Rauh), à la « science des mœurs » acquise par l'étude des sociétés, si bien exposée par M. Durkheim et M. Lévy-Bruhl, le moraliste proprement dit doit avoir le courage de regarder en face la seule question qui soit la question morale. Les hommes de bonne volonté finiront toujours par s'entendre suffisamment sur les « applications », dont je suis loin de nier la valeur, sur la « technique », que la science perfectionnera de plus en plus, sur « la démocratie », sur les limites du « droit de propriété », sur les « mœurs » et institutions sociales, dont la variété, d'ailleurs, ne me semble pas un si grand mal. L'important est que les hommes aient, les uns à l'égard des autres, la *bonne* volonté. Ils ne l'auront que s'ils voient des raisons de l'avoir. Ce sont ces raisons, et non le reste, qui constituent la morale. Pour édifier une maison les maçons sont aussi nécessaires, peut-être plus que les architectes ; cependant, on trouvera toujours de bons maçons, le difficile sera toujours d'avoir de bons architectes.

M. Rauh et M. Lévy-Bruhl, architectes eux-mêmes, s'élèvent cependant à la fois, pour des raisons très différentes, contre les constructions et philosophies morales. Que M. Lévy-Bruhl veuille s'en tenir aux faits et aux mœurs, rien de plus naturel; mais je m'étonne que M. Rauh reproche aux « théories morales » de supprimer la catégorie de l'idéal, de ce qui est *à faire*, au profit du *tout fait*, la différence entre le réel et l'idéal, entre l'être et l'agir (*L'expérience morale*, p. 2). — Toute théorie qui comporte des applications pratiques me semble au contraire, par définition même, une exposition du possible et de l'idéal, non pas seulement du réalisé. La théorie de l'architecture implique que les maisons ne sont pas faites, mais *à faire*; il en est de même pour la théorie des actions vraiment morales ou désintéressées. A ce propos, me permettra-t-on de répondre aux paroles de M. Rauh dans son livre d'inspiration si élevée : — « La conception des idées-forces de M. Fouillée, dit-il, diffère de la nôtre en ceci qu'il semble mesurer la valeur de *l'idéal uniquement par ses effets*. La question de l'idéal reste pour nous une question de conscience » (p. 212). — Nous aussi, nous avons toujours cherché et marqué dans la conscience l'origine de l'idéal; nous n'en avons jamais mesuré la valeur « uniquement par ses *effets* ». Nous la mesurons, tout au contraire, 1° par sa *causalité originelle*, 2° par ses qualités propres *objectives* et objets d'expérience, 3° par ses qualités *subjectives* d'intelligibilité et d'amabilité, qui produisent sa *fécondité en nous et en autrui,* sa *force de réalisation*. Nous avons toujours soutenu que l'idéal n'est pas une « donnée » externe ou interne, mais un « donnable », qui devient en nous et par nous un « donnant ». Mais nous croyons, contrairement au moralisme indépendant, que l'idéal est toujours en relation déterminée avec le donné, et cette relation est l'objet d'une « théorie », sans laquelle il n'y aurait pas de *règle* morale quelconque. Cette théorie n'exclut pas, mais implique, au contraire, la *flexibilité indéfinie* de l'auto-déterminisme *réel et réalisable*, que nous avons constamment défendue sans jamais consentir à lui donner le nom ambigu et vide de contingence.

Concluons que la doctrine du « devoir-faire » est absolument impuissante à fonder une morale plutôt qu'une autre. Le « devoir-faire » pose simplement ce truisme que l'homme poursuit toujours plus ou moins sciemment une *fin* quelconque, laquelle peut s'exprimer, comme dirait Kant, par un impératif, hypothétique ou catégorique ; mais, de ce que tout le monde admet des impératifs, on ne peut conclure que tout le monde admette l'impératif catégorique. Tel est pourtant le paralogisme qui fait le fond de la doctrine du « devoir-faire ».

Il est temps de poser en termes précis la vraie question morale, qui semble aujourd'hui un peu oubliée au profit de la « science des mœurs », de la « technique » et autres intéressants succédanés de la morale proprement dite.

PREMIÈRE PARTIE
Le Moralisme.

LIVRE PREMIER
LE DOGMATISME MORAL

CHAPITRE PREMIER
MORALE FORMELLE DE LA RAISON PURE. — CARACTÉRISTIQUE DU MORALISME KANTIEN.

Pour Kant, la raison ne saisit pas le bien en soi-même, le bien supra-sensible. D'autre part, les objets d'expérience ne deviennent moralement des biens que quand la raison leur confère un caractère d'universalité. Sinon, ils demeurent simplement des fins matérielles et objectives, qui peuvent agir sur les volontés, mais qui précisément n'agissent, selon Kant, que par l'agrément *non moral* qu'ils apportent ou promettent. Il faut donc exclure toute considération de fins en dehors de la loi universelle pour elle-même et pour elle seule. Il n'y a de moralement *bon* que la volonté déterminée par la *loi* morale, et cette loi n'est elle-même, selon Kant, que la *forme universelle* des actions, *moralement indifférentes* sans cette forme. Moralité = légitimité. Selon les paroles mêmes de Kant, le concept du bien et du mal ne doit pas être déterminé antérieurement à la loi morale ; il doit être déterminé seulement *après* cette loi et *par* cette loi. Nous avons *conscience*, sans savoir *comment* ni *pourquoi*, de notre raison et de son pouvoir pratique, puisque cette raison pose pour nous comme *nécessaire* un ordre de choses intelligible à forme universelle, qui n'existe pas en fait et que n'amèneraient pas les nécessités de fait. Nous nous attribuons du même coup un *pouvoir* de réaliser le devoir, et ce pouvoir constitue notre liberté intelligible. Mais qu'est-ce que cette liberté, comment agit-elle, comment trouve-t-elle moyen, des cimes de l'intelligence, de réaliser ses effets dans la série déterminée des objets sensibles ? C'est, selon Kant, ce que nous ne pouvons *savoir* ni même *conjecturer* d'aucune manière. La fenêtre ouverte par la loi morale sur le monde des *réalités* en soi ne nous permet pas de jeter le moindre regard indiscret sur cet *au-delà* qui, pourtant, nous *constitue* vraiment *nous-mêmes*. Les deux mondes ont simplement une *forme* commune, l'universalité. Ne pouvant, du côté intelligible, savoir ce que cette forme recouvre, notre seule tâche est de donner la même forme au monde sensible et d'y agir en vue de l'universel, loi de ce monde intelligible que nous ignorons d'une ignorance radicale. La morale est ainsi, pour Kant, la seule participation à l'existence divine, la seule échappée de la terre sur le ciel.

On le voit, le moralisme kantien pose comme point de départ l'existence d'une raison pure, mais qui ne contient que des formes universelles et nécessaires. Il lui retire le pouvoir constitutif de poser ou de révéler le fond du réel; il lui laisse le pouvoir législatif, le pouvoir de statuer une législation universelle de la conduite. Les formes régulatrices de notre intelligence restent, dans leur usage spéculatif, frappées de relativité, puisqu'elles manifestent notre constitution humaine, qui peut n'être pas celle des réalités. Mais, dans son usage pratique, la raison a un pouvoir régulateur qui suffit, à *lui seul*, sans aucun pouvoir *constitutif*, pour *commander*. Le commandement de la *raison*, sans *intuition* ni pure ni empirique, par conséquent sans aucune connaissance scientifique ou métaphysique, commandement qui a lieu au nom d'une simple *forme* pure dont le fond échappe, voilà, selon Kant, l'idée du devoir; la voilà dans sa certitude intime et immédiate, n'eût-elle jamais été réalisée de fait et fussions-nous condamnés à ne jamais comprendre comment elle est réalisable.

Plus d'un critique, parmi les plus éminents, a fait de la morale kantienne une simple morale de la raison opposant à la sensibilité l'idée de l'universel, — ce qui la rapprocherait de la morale antique. M. Boutroux, entre autres, la présente parfois sous cette forme. C'est là, si nous ne nous trompons, laisser échapper la double caractéristique du kantisme, qui est 1° la réduction du noumène à un simple *problème* au point de vue théorique, 2° *l'admission du noumène* comme *certain au point de vue moral,* mais seulement à ce point de vue, et d'une certitude toute pratique. Ce n'est donc pas n'importe quelle « Raison », ni une idée quelconque d'universel que Kant oppose à la sensibilité; c'est une « raison pure » posant des principes pratiques purs, inconditionnels, tout formels, qui entraînent comme conséquence l'affirmation d'une liberté inconditionnelle et transcendante, attribut d'un moi-noumène lié à un univers-noumène. Sans la *forme* du supra-naturel, qui seule entraîne moralement la réalité du fond, il n'y a point de kantisme. Ce que Kant veut, c'est élever le concept de la législation morale, avec la liberté qui s'y rattache, au-dessus des concepts de la *nature* et de la connaissance *théorique* des phénomènes, laquelle dépend elle-même de la nature. Et Kant ajoute que le concept de la liberté, avec sa législation pratique, n'étend en rien notre *savoir* (*Cr. du jugement,* introd.). De là l'opposition entre les deux sortes de concept : moral et scientifique; de là aussi l'opposition entre le règne de la nature et le règne de la liberté, entre le monde phénoménal et le monde intelligible. En dehors de ces points, il n'y a plus de kantisme, plus de véritable morale indépendante et autonome, plus de « moralisme ».

Pour Kant, comme pour Platon et pour le christianisme, la vie supra-sensible est, en définitive, la vraie réalité; la vie sensible n'est qu'apparence. Le « noumène de nous-mêmes », c'est notre être considéré sous l'aspect de l'éternité; le noumène de l'humanité, c'est l'être éternel de l'humanité; le noumène-Dieu, c'est ce qui fonde cette éternité. On reconnaît la théorie des Idées platoniciennes. Mais tout ce qui paraissait à Platon et aux chrétiens objet d'affirmation théorique, soit comme essence de la raison, soit comme révélation rationnelle ou historique du verbe divin, est désormais, pour la *critique* kantienne, d'une incurable incertitude. La connaissance métaphysique des *biens* est impossible et la science des *utilités* ou des *plaisirs* est toute relative. Que va devenir alors la *loi* morale ? Si la raison est frappée de subjectivité, si, d'autre part, les preuves historiques d'une révélation divine sont ce qu'il y a de plus sujet à caution, ce Verbe qui, selon les platoniciens, parle au fond de toute raison et qui, selon la tradition chrétienne, aurait pris la voix de Jésus, ne va-t-il pas devenir lui-même problématique ? Kant n'accepte point cette situation, ou du moins il ne l'accepte que dans le domaine de la théorie ; dès qu'il s'agit de la pratique, il restitue d'un seul coup à la raison l'objectivité que la critique avait mise en doute. La loi catégoriquement impérative et toute formelle de la raison devient un *fait* indépendant et absolument certain qui va rendre la certitude à tout le reste, du moins au point de vue pratique. Nous n'avons aucune connaissance, comme celle que Platon nous attribuait, ni du bien intelligible, ni de la vie éternelle, ni du bonheur éternel ; d'autre part, les biens sensibles et temporels ne sauraient nous commander le renoncement à eux-mêmes ; et cependant nous trouvons en nous, dit Kant, abstraction faite de toute idée de bien intelligible ou sensible, une *loi* inhérente à notre raison et qui, étant loi de la volonté, loi *pratique,* non plus théorique, est certaine, quoique nous ne sachions même pas préalablement si nous avons la *liberté* nécessaire pour l'accomplir. La loi morale se posant et s'imposant par elle seule, il ne reste plus qu'à l'accepter. C'est un christianisme de la loi, au lieu d'être un christianisme de l'amour. L'amour ne vient qu'ensuite et demeure subordonné au respect. Ainsi naît l'idée de légalité pure, de devoir pour le devoir et non pour le bien.

En présence des *impulsions* sensibles, essentiellement égoïstes selon Kant, la loi morale apparaît comme contraignante ; en présence des *représentations* sensibles ou empiriques, elle apparaît comme raison pure et spontanée ; en présence des autres intelligences ou raisons, elle apparaît comme un ordre de raisons individuelles où chacune est à la fois auteur et sujet de la loi valable pour tous. Telle est la belle économie de la doctrine kantienne.

Maintenant, n'y a-t-il point dans cette grande doctrine un abandon non justifié de la pensée critique en faveur du moralisme ? C'est ce que nous devons examiner. Kant lui-même nous y convie en marquant les trois difficultés de sa doctrine, les trois « énigmes » de la critique. La première, selon lui, est de savoir « comment on peut, dans la spéculation, *dénier* la réalité objective à l'usage supra-sensible des catégories et cependant la leur *reconnaître* relativement aux objets de la raison pure pratiques[1] ». La seconde difficulté, c'est « la prétention paradoxale de se considérer comme noumène en tant que sujet de la liberté, mais en même temps comme phénomène dans sa conscience empirique et par rapport à la nature[2] ». Enfin la troisième difficulté et la plus profonde, selon Kant, c'est l'établissement d'une vraie raison pure. Ce grand penseur a donc parfaitement vu et les points essentiels de son système et la triple difficulté de les établir : 1° Peut-on appliquer les catégories aux objets de la raison pure pratique ? 2° Peut-on être libre dans le noumène et nécessité dans le phénomène ? 3° Y a-t-il vraiment une raison pure capable de devenir pratique par sa seule vertu ? Nous examinerons tous ces points et nous verrons si Kant a éludé les difficultés qu'il avait si bien aperçues. Nous commencerons par la question fondamentale : — Y a-t-il une raison pure capable de devenir pratique par sa seule vertu ?

1. *Raison pratique*, préface, trad. Picavet, p. 5 et 7.
2. *Ibid.*, p. 7.

CHAPITRE II

L'EXISTENCE DE LA RAISON PURE *PRATIQUE* ET DU DEVOIR EST-ELLE ÉTABLIE.

I. — L'EXISTENCE DE LA RAISON PURE EST-ELLE ÉTABLIE.

I. — Une vraie critique de la raison pratique (dont nous ne pouvons donner ici qu'une esquisse très générale) devrait avant tout établir l'existence et la valeur d'une raison pure capable de jugements synthétiques *a priori,* puisque l'impératif rationnel formel est précisément un principe de ce genre. Or, en premier lieu, la *position* même de la raison pure n'est, chez Kant, ni assez justifiée, ni assez critiquée. Kant s'avance sur un terrain brûlant lorsqu'il dit, avec une remarquable perspicacité : « Ce qui pourrait arriver de plus fâcheux pour ces travaux, ce serait que quelqu'un fît cette découverte imprévue qu'il n'y a nulle part et qu'il ne peut y avoir aucune connaissance *a priori* ». Mais Kant se rassure aussitôt et ajoute : « Il n'y a aucun danger de ce côté. Ce serait tout à fait comme si quelqu'un voulait prouver par la raison qu'il n'y a pas de raison. » — Cela est bientôt dit. L'argument de Kant est tout au plus valable pour les axiomes essentiels de toute démonstration, qui se ramènent à celui d'identité : nous ne pouvons pas raisonner sans présupposer la forme logique de tout raisonnement. L'axiome d'identité exprime simplement, non l'action d'une « raison » supérieure à la conscience, mais la conscience se posant elle-même ; cet axiome est, au fond, l'affirmation de la conscience. Par lui on formule, comme condition de toute expérience à nous concevable, l'expérience qui est pour nous la plus fondamentale de toutes, celle de nous-mêmes, de nos états et de nos actes. La *condition* n'est donc pas ici au-dessus et en dehors de l'expérience : elle est l'expérience même s'affirmant par le fait et par l'idée, l'expérience ne pouvant concevoir autre chose que soi.

Le raisonnement par *déduction* n'implique essentiellement que cet axiome d'identité. Pour l'*induction*, il faut sans doute ajouter le principe de causalité. Mais ce dernier, sous la forme que Kant lui donne, est-il évident *a priori*, alors que tant de philosophes, doutant de son évidence et de son universalité absolue, ont admis des exceptions décorées du nom de « spontanéité », « libre arbitre », *clinamen*, « hasard », « contingence », « premiers commencements » et autres noms plus ou moins dénués de sens ?

Kant, d'ailleurs, ne s'est pas contenté en morale de faire appel aux principes d'identité et de causalité, qui ne lui auraient servi à rien pour établir un impératif. Il a posé à part l'impératif lui-même. Or, la suppression d'un tel principe, manifestement, n'entraînerait pas la suppression de tout « usage de la raison ». De plus, Kant a meublé la raison d'un mobilier de jugements synthétiques *a priori* tellement compliqués qu'ils ne peuvent pas ne pas inspirer des doutes. A quoi bon rappeler, outre les « intuitions pures » de l'espace et du temps, outre les douze « catégories », toutes les « idées » de la raison, qui, fussent-elles admises, n'entraîneraient nullement l'impératif moral, c'est-à-dire une proposition synthétique *a priori* reliant nos actes à l'idée d'une législation universelle ? Il y a en tout cela tant d'*a priori* qu'on éprouve de l'inquiétude. Qui croira qu'il faille admettre une telle quantité de choses pour poser la « raison », et qu'on ne puisse rien contester de tout cela sans prétendre « prouver par la raison la non-existence de la raison » ? Le cercle vicieux où Kant veut nous enfermer est imaginaire : l'impératif catégorique n'est en rien une condition de rationalité pour la pensée.

II. — Quant aux systèmes possibles sur l'*origine* des idées rationnelles, Kant en fait une énumération incomplète, qui enlève toute valeur à sa conclusion en faveur de l'origine *a priori*. En fait d'explication par la nécessité *subjective*, il ne connaît que l'explication de Hume, tirée de l'*habitude*; or, qui ne sait que l'habitude peut être étendue à l'espèce, dont Kant ne s'occupe pas ? En outre, on peut et on doit admettre chez l'individu des nécessités organiques, natives et constitutionnelles, qui ne sont pas ses « habitudes », même spécifiques ; ce sont des manifestations primitives de vie et d'activité, antérieures à toute habitude de l'espèce et de l'individu.

La « Raison » n'aurait d'originalité et de spécificité que si elle était, comme le supposait Platon, une intuition de l'absolu, supérieure à la conscience, supérieure à ses lois ou formes plus ou moins conscientes. Celles-ci sont explicables par la causalité psycho-physique, faisant partie elle-même de la causalité cosmique; la Raison, au contraire, est une causalité « spontanée » *a priori*, c'est-à-dire supra-sensible. Donc ou nous sommes certains de notre causalité intelligible et alors nous avons une Raison, qui est la Raison éternelle de Platon ; ou nous ne le sommes pas (ce que Kant admet), et alors nous n'avons et ne pouvons avoir que la conscience, avec l'expérience où elle se détermine et se développe selon des formes qui sont elles-mêmes un résultat des lois du monde. La base du moralisme pur, la raison *pure*, qui implique une « spontanéité » de l'intelligence, se dérobe sous nos pieds. Kant n'a pas critiqué *en elle-même* cette Raison pure : il ne l'a pas critiquée dans sa *possibilité* et dans son *existence*. Si donc de la Raison pure *non établie* et aussi *impossible* à établir, *par définition* même, que la causalité spontanée dont elle est la forme intellectuelle, nous passons à la raison pure *pratique*, comment celle-ci pourra-t-elle être mieux établie ?

II. — L'EXISTENCE DE LA RAISON PURE PRATIQUE EST-ELLE ÉTABLIE.

Nous avons vu que certains kantiens, infidèles à la vraie pensée du maître, comme Secrétan et Renouvier, ont enlevé à l'impératif sa certitude apodictique, pour en faire une « croyance » qui serait elle-même un devoir. Mais « le devoir de croire au devoir » est contradictoire. S'il n'y a aucune loi de devoir rationnellement évidente, posée indépendamment de notre acceptation volontaire, on ne peut plus dire : nous avons le *devoir* de croire au devoir. Il faut dire simplement que nous *voulons* bien, nous, croire à l'existence d'un devoir. Kant eût repoussé cette interprétation de sa doctrine : il est éminemment dogmatique en morale. Selon lui, la *loi* est *posée* par notre raison même et ne fait qu'un avec notre raison ; or, l'admission de la raison pure pratique n'est pas un devoir ; elle est, selon Kant, essentielle à notre nature d'êtres raisonnables. La réalité de la loi morale, dit Kant, est un « axiome[1] ». La loi morale « n'a besoin elle-même d'aucun principe pour sa justification ; » elle « se soutient par elle-même[2] ». Elle a « la certitude apodictique[3] ». Elle est un « fait de la raison pure, dont nous sommes conscients *a priori*, et qui est apodictiquement certain ». Elle s'établit, « à vrai dire, par un fait (factum), dans lequel la raison pure se manifeste *(sich beweist)* comme réellement pratique en nous, à savoir par l'autonomie dans le principe fondamental de la moralité, au moyen duquel elle détermine la volonté à l'action[4] ». Il s'agit seulement de savoir, dit Kant, « comment la raison peut ainsi déterminer la maxime de la volonté, si c'est seulement par le moyen de *représentations empiriques* comme principes de détermination, ou si la raison *pure* est également pratique et forme une *loi* d'un ordre *naturel possible*, qui ne peut *absolument* être *connu empiriquement*[5] ».

1. — *L'existence du devoir ne peut se montrer par aucun exemple.*

On ne saurait, remarque d'abord Kant, montrer par aucun « exemple », l'existence d'un impératif catégorique. Voici un homme qui s'abstient d'une promesse

1. *Logique*, trad. Tissot, p. 135.
2. *Raison pratique*, trad. Picavet, p. 80.
3. *Ibid.*, p. 79.
4. *Ibid.*
5. *Mét. des mœurs*, trad. Barni, p. 56.

trompeuse parce qu'il regarde une telle promesse comme mauvaise en soi ; « je ne puis pourtant prouver avec certitude, par aucun exemple, que la volonté est ici uniquement déterminée par la loi, sans qu'aucun autre mobile agisse sur elle, quoique la chose *paraisse* être ainsi. » En effet, il est toujours possible que « la crainte du déshonneur, peut-être aussi une vague appréhension d'autres dangers, exerce une influence secrète sur la volonté[1] ». Comment, d'ailleurs, prouver par l'*expérience* l'absence d'une certaine cause, « puisque l'*expérience* ne nous apprend rien de plus sinon que *nous ne la percevons pas*[2] ? » Remarque profonde, qui peut, selon nous, s'appliquer aussi au prétendu libre arbitre de Reid et de Renouvier, à la liberté conçue comme indépendance de toute cause ou même comme indépendance des causes sensibles. L'expérience, pourrait-on dire, et c'est ce que nous avons dit dans un autre ouvrage[3], l'expérience nous apprend que nous ne *percevons* pas d'autre *cause* à notre action que celle-ci ou celle-là, mais elle ne nous apprend point qu'il n'*existe* réellement aucune cause. De même, au cas où l'expérience nous apprendrait que nous ne *percevons* d'autre cause de notre action que la pure idée du *devoir*, il pourrait cependant exister d'autres causes réelles. De fait, nous percevons toujours en même temps d'autres motifs: amour du rationnel, habitude d'y conformer nos actes, amour de nous-mêmes dans notre intelligence et dans notre dignité, amour de l'ordre universel, amour des autres hommes, sympathie qui fait que nous nous mettons à leur place, possibilité par nous conçue d'un ordre de choses supérieur à l'ordre visible, possibilité d'une vie sensible future autre que la vie sensible actuelle, possibilité d'une vie future *suprasensible,* intemporelle, éternelle, etc. — Qui sait, se demande l'agent moral, s'il n'y a pas une justice quelconque immanente au monde, laquelle enveloppperait, en vertu de quelque loi de la nature ignorée des hommes, la sanction de mon action mauvaise et

---

1. *Raison pratique,* Picavet, p. 75 et suiv.
2. *Mét. des mœurs,* trad. Barni, p. 56.
3. Voir *La liberté et le déterminisme.*

le triomphe de la bonne? Qui sait même s'il n'y a pas une justice transcendante et divine? — Toute action a une quantité de motifs et de mobiles inextricables, en grande partie inconscients, qui échappent à une analyse exhaustive, mais qui n'en sont pas moins naturels et font partie de la causalité naturelle. Donc la *pure moralité* supra-naturelle est aussi *insaisissable pour l'expérience* que la *pure liberté,* avec laquelle elle se confond. La moralité pure, dirions-nous pour notre part, ne peut être, relativement à l'expérience, qu'un idéal, une idée-force qui se réalise plus ou moins en se concevant ; mais nous ne savons jamais jusqu'à quel point elle est réalisée en nous et réalisée pour elle-même, pour elle seule, par sa seule vertu et par notre seule vertu. Kant va plus loin encore que nous et se représente la « force » ou causalité dont cette idée est douée comme une causalité supra-naturelle, par cela même invérifiable.

2. — *L'existence du devoir ne peut se prouver par induction.*

Si l'existence du devoir ne peut se prouver empiriquement par aucun exemple, où il serait réalisé avec certitude en sa pureté sublime, elle ne peut non plus se rattacher à aucune cause ou loi appréciable pour l'expérience, ni y trouver sa preuve. Sur ce point, il est vrai, la pensée de Kant semble flottante. Selon lui, par un heureux privilège que ne possède pas la métaphysique, la morale change « l'usage transcendant de la raison en usage immanent » parce que « la raison est elle-même, par ses idées, une cause efficiente dans le champ de l'expérience[1] ». Il semble, à lire ces lignes, que nous soyons ici en présence d'un cas d'idées-forces, c'est-à-dire d'une action des idées appréciable pour l'expérience même. En d'autres termes, lorsque Kant admet que « la raison, par ses idées, est une cause efficiente dans le champ de l'expérience », il semble admettre avec nous que la raison et ses idées ont quelque force immanente, du genre de celles qui agissent dans le champ de l'expérience externe ou interne. Y

[1]. *Raison pratique*, p. 81.

aurait-il donc vraiment, selon Kant, interférence de la raison *pure* dans les phénomènes physiques ou psychiques? — Non. Et ce n'est là qu'une apparence de la doctrine kantienne. D'après Kant, la raison n'agit que dans le monde des noumènes, du haut de l'intemporel; seuls ses effets, liés à tout le reste, viennent prendre leur place au nombre des phénomènes, qui se déroulent dans le temps par l'action de l'intemporel. Kant nous dit lui-même que la causalité de la raison, qui est le devoir, ne peut être une causalité *empirique,* soumise aux lois de la nature. C'est pour cela qu'elle échappe à toute connaissance par les causes que nous en voudrions prendre.

Aussi le caractère *pratique* de la raison pure est-il posé comme absolument *inexplicable*. Il nous est impossible à nous autres hommes, dit Kant, de comprendre comment une loi qui n'est qu'une forme pure de législation peut, sans intuition rationnelle ou expérimentale, déterminer cependant la *volonté* et intéresser la *sensibilité*. Nous trouvons cet intérêt en nous, selon Kant, sous la forme de l'*impératif catégorique,* mais nous ne pouvons en rendre compte. Rendre compte, ce serait remonter aux causes; or, encore un coup, la causalité efficiente que la loi morale possède, soit sur la volonté, soit sur la sensibilité, ne peut être une causalité empirique, qui n'offrirait aucun caractère rationnel de nécessité et d'universalité. Elle ne peut donc être qu'une causalité intelligible; elle est même la seule révélation pour nous de l'existence d'une causalité intelligible. Elle se dérobe ainsi à toute explication tirée de l'expérience ou des idées. L'intelligible a beau agir dans la raison par sa forme et s'y manifester par la loi morale, il garde son fond caché dans le nuage. Il tient d'ailleurs pour *nulle*, à son point de vue, qui est celui de la causalité intelligible, toute la causalité naturelle et nécessaire qui lie réellement nos actes à leurs conditions empiriques.

3. — *L'existence du devoir ne peut se prouver par déduction.*

De même qu'il ne peut se prouver empiriquement

par l'*exemple,* de même qu'il ne peut s'*expliquer inductivement* par des causes, par des forces physiques ou psychiques, notamment par des idées, l'impératif catégorique ne peut se *déduire* de quelque principe plus élevé. De quoi, en effet, dans une morale de la raison pure pratique, pourrait-on déduire le principe moral ? De la *liberté*? Nous n'avons de celle-ci, selon Kant, aucune intuition, aucune conscience; c'est, au contraire, la liberté qui devra, d'après lui, se déduire de la loi morale. — D'une idée quelconque du *bien* ? — Cette idée, selon Kant, ne pourrait être qu'empirique, et, à l'en croire, détruirait par cela même la moralité pure qu'elle prétendait fonder. — D'une *existence supra-sensible* quelconque? — Nous ne pouvons, selon Kant, en saisir aucune. Seule au contraire, nous venons de le voir, la moralité nous ouvrira le monde supra-sensible, du moins quant à la *forme* de ce monde, sans nous en faire connaître le contenu. — D'une *intuition empirique de nous-mêmes?* — Nous retomberions, selon Kant, dans le sensible, qui ne peut fonder le moral. — D'une *intuition pure de nous-mêmes* ou d'une conscience de notre vraie réalité ? — Kant, en dépit de Descartes, en dépit de l'expérience universelle, ne nous en accorde pas, sinon une conscience *formelle* saisissant la simple forme du moi pur. Toutes les issues nous sont donc fermées. Le devoir demeure absolument isolé en lui-même, se posant par soi et pour soi, sans se rattacher à rien d'autre, ni dans le domaine des faits, ni dans celui des principes : *mole suâ stat.* Voilà le moralisme posé en toute sa rigueur.

Kant s'appuie sur ce que « toute pénétration humaine est à son terme, lorsque nous sommes arrivés aux forces ou aux *pouvoirs* fondamentaux[1] », c'est-à-dire à la causalité même des causes, à leur action intime, à leur *modus operandi* et à leur *operatio* ; car la possibilité du lien qui relie l'effet à la cause, du *vinculum* non seulement *substantiale,* mais, si on peut parler ainsi, *causativum,* « ne peut être *conçue* par aucun moyen, pas plus qu'elle ne peut être arbitrairement inventée et admise ». Que nous reste-t-il donc à faire ? Dans l'usage *théorique*

---

1. *Raison pratique,* trad. Picavet, p. 79.

de la raison, il faut consulter l'*expérience* et voir si elle nous autorise à admettre telle cause, tel pouvoir, telle force. On en est alors réduit à des preuves empiriques, au lieu d'*une déduction* qui partirait « de sources *a priori* de connaissance », et qui descendrait démonstrativement à la chose donnée pour en expliquer la causalité. La preuve empirique, au fond, n'est, selon Kant, qu'un expédient ou un succédané *(surrogat)*. Mais, quand il s'agit de la morale, cet expédient même est enlevé. En effet, toute chose qui a besoin de rechercher dans l'expérience la preuve de sa réalité doit être une chose dont la possibilité a son fondement dans les principes mêmes de l'expérience : si je prétends qu'une machine destinée à nous faire voler dans l'air est possible et réalisable, c'est en m'appuyant sur des principes de l'expérience. Mais, quand il s'agit de savoir si la raison pure est pratique, je ne puis faire dépendre son caractère pratique de principes d'expérience qui le rendraient possible ; car alors ce ne serait plus la raison *pure* qui, par elle-même, agirait et se révélerait *cause, pouvoir, force active*. D'ailleurs, Kant ne se lasse pas de le redire, le caractère pratique *a priori* de la pure loi morale doit subsister « en supposant même qu'on ne puisse alléguer, dans l'expérience, aucun exemple où elle ait été exactement suivie ». Par conséquent, « aucune déduction, aucun effort de la raison théorique », qu'elle reste toute « spéculative » ou qu'elle s'aide de l'expérience *(empirisch unterstützten)*, « ne peuvent prouver la réalité objective de la loi morale ». Par conséquent encore, « si même on voulait renoncer à la certitude apodictique » et se contenter de moins, par exemple d'une preuve empirique *surrogatoire*, la certitude de la loi « ne pourrait être confirmée par l'expérience et prouvée ainsi *a posteriori* ».

4. — *L'existence du devoir comme fait de raison est-elle établie.*

Il nous reste à voir si nous pouvons accepter comme « certaine » la position d'une loi de la causalité intelligible, alors que cette causalité même est incertaine. On a soutenu, avec M. Boutroux et M. Delbos, que

Kant a le droit d'admettre *en fait* la moralité comme il avait admis en fait la science, pour chercher ensuite quelles sont les *conditions* de la *moralité*, une fois son existence admise, de même qu'il avait cherché quelles sont les *conditions* de la *science*, une fois son existence admise. Mais alors se présente une grave objection. Entre science et moralité il y a une différence capitale. La science ne peut pas se nier : il suffit de monter en chemin de fer, d'envoyer une dépêche, de tourner le bouton d'un bec électrique, pour être convaincu que la science existe et marche. La moralité, au contraire, — si on l'entend comme *obéissance absolument désintéressée à une législation universelle et purement formelle de la raison, sans considération de bien en soi, empirique ou intelligible*, — peut être mise en doute ou interprétée d'une autre manière. C'est donc une pétition de principe que d'admettre en fait la moralité ainsi conçue.

Une seconde manière de justifier la position kantienne du devoir, c'est l'appel aux notions communes, appel qu'on trouve chez Kant comme chez Renouvier. MM. Rauh et Cantecor le déclarent légitime. Au fond des notions communes, disent-ils, Kant découvre le devoir et il a le droit de l'accepter. — Mais, répondrons-nous, on n'a pas le droit d'accepter sans critique ni les notions morales communes, ni le devoir à sens divers qu'elles présupposent. De plus, le moralisme de Kant n'est nullement la traduction exacte des notions communes : son impératif rationnel formel n'est pas le devoir tel que le conçoit le genre humain. Le « devoir » kantien, encore un coup, a pour condition nécessaire et suffisante la *forme* de la loi universelle en tant qu'objet de conception et d'affirmation, ou de commandement. Le devoir, au contraire, tel qu'on l'avait conçu jusqu'à Kant, offrait sans doute un caractère d'universalité formelle, mais c'est parce qu'il avait *préalablement* ou *simultanément* le caractère de « bien réel et absolu », d'où *dérivait* cette universalité. Nous ne sommes plus ici dans le pur moralisme. Lorsque Kant rejette le bien en soi ou le met à la suite du devoir, on ne peut plus soutenir, avec MM. Boutroux et Delbos, qu'il traduit le *fait* de la conception morale commune à tous les hommes. Loin d'être répandu dans l'humanité, le moralisme est, au sens littéral du mot, un « paradoxe » : la loi déterminant le bien, au lieu du bien déterminant la loi. La charrue est un fait, les bœufs sont un fait, mais la charrue devant les bœufs n'exprime nullement ces deux faits. A tort ou à raison, l'humanité a toujours compris le devoir comme un rapport exactement inverse du rapport exprimé par l'impératif catégorique formel, pur et *a priori*. La conception de cet impératif, — causalité du noumène en sa forme, sans intuition de son fond ni d'aucun bien réel, — n'est donc ni un *fait* évident, ni une *vérité* « essentielle à la raison ». Cette conception est absente chez tous les membres des églises chrétiennes, pour ne parler ni des Juifs, ni des Bouddhistes, ni des Mahométans, etc. Au point de vue théologique, l'orthodoxie de Kant n'a pas été admise des théologiens de profession. La complète incertitude répandue par lui sur la réalité du monde supra-sensible, de ce suprême Idéal que Platon et les chrétiens élevaient au-dessus de notre monde, son phénoménisme exclusif dans l'ordre de la connaissance, sa négation de toute intuition ou conscience en nous d'une réalité autre que des phénomènes sensitifs et matériels, de toute intuition d'une action « spirituelle », par cela même « immortelle », tout cela a paru aux croyants un demi-scepticisme, prêt à se tourner en scepticisme complet. Comment la formule : « Tout est x, hormis les phénomènes tombant sous les sens », n'eût-elle pas sonné étrangement aux oreilles des chrétiens ? Ceux-ci n'avaient-ils pas essayé, dès le début du christianisme, de fondre tant bien que mal le platonisme et l'aristotélisme avec les idées bibliques et orientales ? Un philosophe absolument détaché de tout dogme peut donc et doit nier que l'histoire des religions, comme celle des philosophies, reconnaisse chez Kant l'interprétation fidèle de la conscience humaine.

On a soutenu encore, en faveur du kantisme, que la raison pure pratique est une condition *sine qua non* d'*intelligibilité* pour les faits de la pratique et que, à ce titre, elle défie toute négation — Mais un acte n'est-il compréhensible que s'il est accompli *par devoir* absolu ? Contraire au devoir, conforme à l'intérêt ou à la passion, l'acte s'explique encore. Bien plus, c'est précisément l'acte accompli en vue d'un impératif formel, sans contenu sensible ni suprasensible, qui est inexplicable, et Kant en est convenu. Quant au « devoir » dérivé du bien, tel que l'humanité le conçoit d'ordinaire, il n'est pas inexplicable. Celui qui préfère à la vie la mort par dévouement envers sa patrie peut donner des raisons de son acte, tirées du rapport naturel entre le citoyen et la patrie. En outre, la réalisation de cet acte ou de l'intention qui le motive a, dans le monde de l'expérience, des causes concrètes, que Kant reconnaît d'ailleurs ; cette intention et cet acte sont conformes à toutes les lois, même mécaniques, de *causalité*, comme ils sont conformes à la *finalité* dans les limites de l'agent. Nous avons donc là une action parfaitement coordonnée *aux lois de la nature*. Mais, s'il en est ainsi, la « raison pratique » de Kant ne ressemble nullement à la raison théorique. Celle-ci *fonde*, au gré de Kant, la *science de la nature* et ne vaut pas *au-dessus de la nature*. La raison pure pratique, telle que Kant l'entend, ne fonde nullement la possibilité et l'intelligibilité du vouloir *naturel* ni de la pratique naturelle. Elle réclame une *sur-nature* ; le premier pas qu'elle fait, c'est un pas hors de la nature ; le premier mot qu'elle prononce, c'est une négation de l'ordre de la nature : *tu dois* formellement, absolument, inconditionnellement, sans connaître ni aucun bien naturel, ni même aucun bien supra-naturel qui motive cet impératif ; *tu dois*, en dépit de la nature qui nécessite tes moindres actes et prédestine le plus léger mouvement du bout de ton index. On ne peut donc plus dire que la raison pure pratique *conditionne le vouloir et l'action, comme la raison pure conditionne la pensée et la théorie.* Elle ne conditionne qu'une seule espèce d'action, la supra-naturelle, qui peut-être, selon Kant, n'a jamais été accomplie en fait ; elle ne conditionne qu'une seule espèce de vouloir, le supra-naturel et le libre, qui n'est peut-être qu'une idée. Et Kant soutient qu'il n'y a de moralité vraie, s'il y en a, que dans ce mode unique et transcendant d'agir, que dans la *liberté intemporelle du vouloir* malgré la *nécessité temporelle des actes*. Comment une telle doctrine s'imposerait-elle comme la *seule condition d'intelligibilité* dans la pratique ?

Que feront d'ailleurs les partisans du moralisme absolu s'ils se trouvent en présence de négateurs aussi audacieux que les Stirner et les Nietzsche, qui ne craindront pas de dire : — Votre idée de devoir pur, outre qu'elle est illusoire, est nuisible. Vous vous imaginez rendre service à l'humanité en prêchant votre loi intransigeante ; de fait, vous empêchez l'humanité de développer sa puissance selon sa vraie loi de nature ; vous l'empêchez de devenir de plus en plus forte, intelligente, sentante ; vous l'empêchez de « se dépasser elle-même » et de préparer une espèce supérieure. Votre idéal d'Anti-Physis est un idéal à rebours : en croyant marcher vers l'aurore du progrès humain, vous marchez vers le crépuscule et la décadence. Votre idée de bien, vue d'en haut et de loin, est une idée de mal.

Si cette négation des bienfaits de la morale semble un paradoxe dû à la violence de la réaction contre le moralisme, que diront les partisans de Kant d'une situation beaucoup plus tenable, parce qu'elle est entre les extrêmes, je veux parler de la doctrine qui soutient l'*anomie*, la « morale sans obligation » et sans *loi* proprement dite ? Guyau n'érige nullement, comme le fait Nietzsche, le vice en vertu, l'immoralité en utilité humaine ; mais, tout en reconnaissant l'utilité et la nécessité de la morale, il lui enlève le caractère de *légalité*, même *intérieure*. En conséquence, il dénie une valeur objective à tout impératif catégorique en tant qu'*impératif* et en tant que *catégorique*. Que dire enfin d'une autre position, la nôtre, qui consiste à voir dans la moralité non une « forme » à la manière de Kant, mais un contenu idéal fondé sur la science et la philosophie, sur le prolongement total de l'expérience intérieure ou extérieure, si bien que l'idéal acquiert, pour notre intelligence, pour notre sensibilité, pour notre volonté, un caractère souverainement *persuasif* ?

Sentant combien sa position est difficile et paradoxale, Kant finit par se demander lui-même si le concept du devoir, tel qu'il l'entend, ne serait point « vide de sens[1] ».

1. *Mét. des mœurs*, trad. Barni, p. 64.

Il reconnaît la nécessité de « *prouver a priori* que cet impératif *existe* réellement, qu'il y a une loi pratique qui commande par elle-même *absolument* et sans le secours d'aucun mobile[1] ». Il faut, dit-il, pour que le devoir ait un sens, « qu'il y ait *quelque chose* dont l'*existence* ait *en soi* une *valeur absolue,* et qui, comme *fin en soi,* puisse être le fondement de lois déterminées[2]. » Nous voilà en plein dans la question, qui est excellemment posée. Tout ce que Kant avait mis en avant pour se dispenser de prouver, tout ce que ses plus récents commentateurs ont accumulé d'excuses pour échapper à cette nécessité, tombe du même coup. Kant va enfin *prouver* que le devoir « existe » et qu'il n'est pas « vide de sens ». On peut dire que, pour qui comprend la gravité du problème, le moment est solennel. Malheureusement, Kant ne répond que par une affirmation gratuite. « Or, *je dis* que l'homme et en général tout être raisonnable existe comme *fin en soi,* et non pas seulement comme moyen. » *Je dis* ! Il ne suffit pas de le *dire,* il faut le démontrer. La seule raison que Kant donne est la suivante : « *Autrement, rien* n'aurait une valeur absolue. Mais, si toute valeur était conditionnelle, par conséquent, contingente, il n'y aurait plus pour la *raison* de *principe* pratique suprême[3]. » En d'autres termes, 1° il n'y aurait point de devoir absolu et suprême si l'être raisonnable n'était pas une fin absolue, 2° l'être raisonnable est une fin absolue parce que, sans cela, il n'y aurait point de devoir absolu et suprême. Kant tourne sur soi sans avancer.

Il ne sort de là que par un appel aux apparences, appel dont la *Raison pure* avait cependant montré l'inanité. « Tout homme, dit-il, se représente ainsi sa propre existence. » — Mais tout homme aussi se représente comme libre et comme ayant quelquefois agi avec désintéressement, par pur devoir ; or, Kant nous a montré que cette représentation du sens intime n'implique, à elle seule, ni la liberté ni le désintéressement. Comment donc notre représentation de nous-même à nous-

---

1. *Ibid.*
2. *Ibid.*
3. *Ibid.*

même comme fin en soi (ce qui, d'ailleurs, suppose *liberté*) serait-elle une preuve que nous sommes réellement fin en soi? Enfin, est-il bien vrai que tout homme, fût-il sauvage, fût-il anthropophage, se représente à lui-même comme une fin en soi et les autres hommes, qu'il mange peut-être, comme des fins en soi? La preuve mise en avant par Kant n'est pas plus admissible que celles qu'il a tout à l'heure rejetées : exemples, induction, déduction, etc.

« *J'admets*, dit Kant, qu'il y a *réellement* des lois morales *pures* qui *déterminent* tout à fait *a priori* (indépendamment de tout mobile empirique, c'est-à-dire du bonheur) le *faire* et le *ne pas faire*, c'est-à-dire l'*usage* de la *liberté* d'un être *raisonnable* en général; que ces lois *commandent absolument* (non pas seulement d'une manière hypothétique sous la supposition d'autres fins empiriques) et que, par conséquent, elles sont *nécessaires* à tous égards. Je puis *présupposer* à juste titre cette proposition en invoquant, non seulement les preuves des plus *célèbres moralistes*, mais encore le jugement moral de *tout homme*, quand il veut concevoir clairement une telle loi [1]. » Nous avons donc ici une *présupposition,* fondée : 1° sur l'autorité des moralistes, 2° sur le consentement universel de tous les hommes qui réfléchissent sur leurs jugements moraux. Malheureusement, ni les grands moralistes ni le vulgaire n'ont jamais admis, au vrai sens où Kant l'admet, l'impératif catégorique formel. L'existence de la raison pure pratique, répond Kant, « est *indéniable* ». On n'a qu'à analyser le jugement que les hommes portent sur la *conformité à la loi* des actions qu'ils accomplissent. « On trouvera toujours que, quoi que puisse objecter le penchant, leur raison, incorruptible et se contraignant elle-même *(durch sich selbst gezwungen)*, compare toujours la maxime de la volonté dans une action à la volonté pure, c'est-à-dire à elle-même en se considérant comme pratique *a priori* [2] ». — Ce qui est « indéniable », répondrons-nous, c'est que l'humanité compare toute réalité à un idéal de bien, mais non à une *raison pure*

---

1. *Raison pure*, II, p. 362, trad. Barni.
2. *Raison pratique*, trad. Picavet, p. 52.

pratique a priori qui n'aurait d'autre caractère que d'imposer sa *forme* d'universalité indépendamment du contenu.

A vrai dire, Kant serait inconséquent avec lui-même s'il prenait au sérieux les preuves précédentes, puisque, pour lui, le devoir est un *fait* de raison, non un objet de preuve. — « La réalité objective d'une volonté pure ou, ce qui est la même chose, d'une raison pure pratique est, dans la loi morale, donnée *a priori* comme par un fait *(factum)*, car on peut appeler ainsi une détermination de la volonté qui est *inévitable,* bien qu'elle ne repose pas sur des principes empiriques[1] ». — Mais on peut répondre que la conception du devoir pour le seul devoir n'est pas *inévitable*. Le fût-elle, on peut toujours se demander si une idée inévitable, — comme celle de l'espace et celle du temps, — est une idée objective.

Qu'est-ce qu'un fait au sens propre ? — C'est toujours un ensemble plus ou moins confus de réalités et d'apparences, où nous sommes obligés, par la réflexion et par l'affirmation après réflexion, d'introduire une multitude de choses qui, elles, ne sont plus vraiment des faits. C'est un fait que le lis est blanc ou que je le sens blanc. Malgré cela, que de discussions possibles à propos de ce fait, qui a besoin d'être analysé et critiqué, en dépit de sa brutale évidence ! Aussi, pour Kant, l'impératif n'est-il pas « un fait empirique ». M. Cresson, dans son examen de la morale kantienne, semble s'être mépris sur ce point.

Comment donc, se demande Kant, « est *possible* la *conscience* de la loi morale ? » Et il répond : « Nous pouvons avoir conscience de lois pratiques pures comme nous avons conscience de principes théoriques purs, en *observant* la *nécessité* avec laquelle la raison nous les impose et en faisant abstraction de toutes les conditions empiriques qu'elle nous impose. » Quant au concept d'une *volonté pure*, ayant pour attribut la *liberté,* « il tire son origine des lois pratiques pures, comme la conscience d'un entendement pur la tire des principes théoriques purs ». C'est-à-dire que l'observation de la nécessité nous donne conscience du principe pur

---

1. *Raison pratique*, trad. Picavet, p. 95, 96.

pratique (loi morale), qui, à son tour, nous donne conscience de la volonté pure ou liberté. La prétendue « *conscience* de la loi morale », d'après ce qui précède, se réduit donc à l'*observation* (assurément consciente) du caractère de *nécessité* avec lequel la raison nous impose son principe. La conscience d'un « entendement pur », est simplement l'observation de la nécessité avec laquelle nous concevons certains principes dont nous ne pouvons nous défaire ; elle n'est pas la conscience d'une réelle faculté « spontanée », d'un pouvoir causal ; elle n'est que la conscience d'une impuissance où nous sommes de douter, de concevoir le contraire. Dès lors, *entendement pur* est un terme abstrait sans valeur réelle. De même, nous n'avons pas vraiment conscience d'une volonté pure, ni d'une liberté pure, mais seulement d'une nécessité imposée à la raison, celle de n'être satisfaite que par une loi valable pour tout être raisonnable ; d'où nous déduisons cette conséquence : puisque telle règle est nécessaire pour ma raison, il faut donc qu'elle soit *possible* et que j'aie un pouvoir de l'exécuter. La *conscience* proprement dite d'un tel pouvoir, nous ne l'avons pas. La loi morale n'est donc, à aucun point de vue, un fait de conscience. L'impératif n'est pas plus un objet d'intuition empirique que d'intuition pure. C'est la raison qui se pose elle-même comme législatrice sans avoir besoin de l'intermédiaire d'aucun attrait ; là se trouve le *fait unique* de la raison, — le fait parce qu'il s'agit de pratique et que la raison, commandant pratiquement, commande en *fait*. Il n'y a pas d'autre fait à chercher dans la raison, qui est une faculté des *principes*, qui est raison pure ; elle n'enveloppe que ce fait d'être par elle-même *pratique*, sans intuition ni pure ni empirique qui correspondrait à la *forme* de la loi qu'elle pose. Elle se décerne ainsi à elle-même et le *droit* et le *pouvoir* de régler les actions, sans mobile sensible, par une liberté intelligible, conformément à la loi universelle qu'elle conçoit. L'expérience devra ensuite remplir le cadre vide de cette loi au moyen d'un contenu qui en sera le « type ».

Kant convient que la chose est « étrange » et sans équivalent dans tout le reste de la connaissance pratique ; car, dit-il, « la pensée d'une législation universelle *possible,* pensée qui est, par conséquent, simplement *problématique,* est réclamée *inconditionnellement* comme *loi,* sans emprunter quoi que ce soit à l'expérience ou à une volonté extérieure ». — « On peut appeler la *conscience* de cette loi fondamentale un fait *(factum)* dè la raison, parce qu'on ne saurait le tirer, par le raisonnement, des données antérieures de la raison, par exemple de la conscience de la liberté (car cette conscience ne nous est pas donnée d'abord); mais parce qu'elle s'impose à nous *par elle-même* comme une proposition *synthétique a priori,* qui n'est fondée sur aucune *intuition* ou pure ou empirique... Cependant, pour ne pas se méprendre en admettant cette loi comme *donnée,* il faut bien remarquer qu'elle n'est pas un fait empirique, mais le fait unique de la raison pure qui s'annonce par là comme originairement législative *(sic volo, sic jubeo)*[1] ».

Comment, demanderons-nous, peut-il y avoir dans la raison pure un fait *(factum),* fait qui n'a rien d'empirique, qui n'est même pas un fait véritable ? Quel *fait* peut établir le *pouvoir* de causalité qu'on attribue à la raison pure ? Il n'y a devant nous qu'un seul fait, à savoir que nous, hommes civilisés et *socialisés,* nous *concevons* un devoir, lui attribuons un pouvoir de réalisation par notre intermédiaire et éprouvons une *impulsion* corrélative, qui réussit en une certaine mesure. C'est cette conception, cette impulsion et ce pouvoir qu'il s'agit précisément d'examiner, pour voir s'ils ne s'expliqueraient pas autrement que par la causalité supra-sensible et par l'objectivité d'une loi formelle universelle. Il faudrait prouver que c'est bien la raison *pure* qui *cause* à elle seule la détermination de la volonté appelée devoir, sans le moindre secours du sentiment, de l'habitude, de l'hérédité, etc. Il faudrait prouver que c'est bien la seule *universalité* de la loi qui, *indépendamment de son contenu, cause* un intérêt intellectuel et rend ainsi la raison pure *pratique par le fait;* que c'est bien la forme seule qui agit comme *cause,* pour déterminer le vouloir indépendamment de toute *matière*

---

[1] *Raison pratique,* trad. Picavet, p. 50, 51.

et de toute fin : tu *dois*. Or, ce pouvoir causal de la raison *pure* est contesté par la totalité des écoles autres que celle de Kant, aussi bien par les Platon, les Descartes et les Leibniz que par les Mill ou les Nietzsche. De plus, répétons-le encore une fois, Kant a admis tout à l'heure qu'on ne peut pas savoir si, *en fait*, une volonté a jamais été déterminée par le seul pouvoir causal de la loi, sans aucun mélange secret d'intérêt sensitif. Il a admis aussi que, *théoriquement*, il nous est absolument impossible de *comprendre* comment l'universalité d'une loi a, comme telle, le pouvoir de causer un intérêt. Voilà donc, en définitive, une loi formelle universelle dont nous ne pouvons savoir ni, *a priori*, à quoi elle répond, d'où elle vient, ce qu'elle est et par quel pouvoir elle peut causer des déterminations ; ni, *a posteriori*, si jamais elle en a causé, si même elle a le pouvoir d'en causer dans ce monde soumis à la causalité du mécanisme universel. Et Kant veut nous faire croire qu'elle prouve sa causalité et, du même coup, son objectivité « par le fait » !

Pour admettre ce fait « étrange », il faudrait être bien sûr qu'aucun fait vraiment expérimental, emprunté aux lois de la conscience, aux lois de la vie, de l'hérédité, de la société, etc., ne peut rendre compte du fait de *commandement* et lui enlever son caractère de *rationalité* pure. Il faudrait être bien sûr que le *factum* contient un résidu irréductible à toutes les tentatives d'analyse et de synthèse psychologique, physiologique, sociologique ; qu'enfin, tout fait qu'il soit, il est le fait d'une faculté précisément étrangère aux faits et qui ne pose que des principes. A y regarder de plus près, le « fait de la raison » n'est, comme fait, qu'un fait empirique, comme raison, qu'une forme rationnelle qui peut n'avoir pas d'application possible pour nous. La valeur même de l'idée est, comme toute valeur des formes constitutionnelles, relative à notre constitution. Enfin, la liberté indispensable à la position et à l'exécution de la loi est problématique.

Selon Kant, la critique spéculative nous a enjoint « de ne voir dans les objets de l'expérience pris comme tels et comprenant notre propre *sujet*, que des phénomènes *(Erscheinungen)*, mais en même temps de leur laisser comme *fondement* des *choses* en soi » — Kant n'a nullement démontré cette thèse, d'autant plus que la catégorie de *fondement* est inapplicable sous forme affirmative aux choses en soi. D'autre part, continue-t-il, la critique spéculative nous a enjoint « de ne prendre ni tout objet supra-sensible pour une fiction, ni son concept pour un concept vide ». — Soit : le supra-sensible est peut-être autre chose qu'une fiction, mais je n'en sais rien. — La raison pratique, répond Kant, va résoudre le problème ; elle va le résoudre « par elle-même et sans s'être concertée avec la raison spéculative ». Kant aime à changer ainsi nos facultés en personnages distincts et finit par être quelquefois dupe de sa propre dramaturgie. « La raison pratique, en effet, *accorde de la réalité* à un objet supra-sensible de la catégorie de la causalité, à la *liberté* (quoiqu'elle ne la lui accorde, comme à un concept pratique, que pour un usage pratique) et *confirme* ainsi par un *fait* ce qui, dans le cas précédent, pouvait être simplement *pensé* (gedacht)[1]. » Ici le *factum* de la raison pure consiste en ce que la raison accorde de la réalité objective à la liberté ou causalité intelligible. Du même coup, le moi intelligible et toutes les autres conditions du monde moral se trouvent posées ; nous faisons invasion dans le monde intelligible, ou plutôt nous déclarons que nous y étions déjà par la racine même de notre être. Ce que la connaissance n'avait pu faire, la pratique l'accomplit et déchire d'un seul coup le voile qui nous dérobait à nous-mêmes. Laissons donc de côté la métaphore inexacte du *factum rationis* et convenons qu'il s'agit d'une *activité libre de la raison,* qui, problématique pour la théorie, se révèle pratiquement par sa *forme,* non par son fond.

Dans la deuxième édition de la *Raison pure,* Kant déclare que, par le principe de la volonté autonome, nous pouvons nous considérer comme une « spontanéité pratique » déterminant par des lois *a priori* notre propre existence, par conséquent comme une « liberté ». Selon lui, si toutes les tentatives pour découvrir le principe de la moralité ont échoué, c'est qu'on voyait

1. *Ibid.,* p. 7.

bien l'homme lié par son devoir à des lois, « mais on ne s'avisait point que c'est seulement à sa *législation propre*, législation néanmoins aussi *universelle*, qu'il est soumis, et qu'il n'est obligé d'agir qu'en accord avec sa propre volonté, mais avec sa volonté constituant, selon la fin de la nature, une législation universelle[1] ». D'où il suit qu'il est soumis à sa propre loi et libre. Tel est le principe de l'autonomie, où est posée une indissoluble connexion entre la liberté et la loi de la raison. M. Delbos a parfaitement montré que toute la doctrine kantienne tend vers cette idée d'autonomie, qui elle-même se résout en spontanéité pure. De là il résulte, selon nous, que, sous la triple affirmation d'une loi impérative pour les penchants de la *sensibilité*, d'une raison pure pratique supérieure à l'*expérience*, enfin d'un ordre des Raisons ou « règne des *fins* », on retrouve la perpétuelle et radicale affirmation de la *spontanéité*.

Mais alors revient une question autrement radicale que toutes les précédentes : — Avons-nous, comme l'exigerait la conscience du devoir, *conscience* d'une *activité spontanée* et *autonome* de notre raison, s'exerçant *a priori* sans être soumise aux lois de la causalité empirique? Si nous en avons conscience, nous avons cette intuition d'une causalité supra-sensible que Kant nous a refusée. Si nous n'en avons pas vraiment *conscience*, pouvons-nous en avoir du moins et la *conception* et même la *connaissance*, sous la forme de la *connaissance* du devoir, qui est la causalité spontanée de la raison pure se faisant pratique?

Kant a bien vu la difficulté, mais il ne l'a vue qu'incomplètement et ne l'a pas aperçue là où, selon nous, elle est le plus grave. « L'énigme de la critique, dit Kant, est de savoir comment on peut, dans la spéculation, *dénier* la réalité objective à l'usage supra-sensible des *catégories*, et cependant la leur *reconnaître* relativement aux *objets* de la raison pure pratique[2]. » Mais Kant et ses critiques (y compris nous-même dans notre livre sur les *Systèmes de morale contemporains*) se sont

---

1. *Fondements de la métaph. des mœurs*, Hertenstein, IV, p. 280.
2. *Raison pratique*, préface, trad. Picavet, p. 5 et 7.

occupés seulement de savoir si on pouvait appliquer le concept de causalité aux « *objets* » de la raison pure pratique, c'est-à-dire à la liberté, au souverain bien, à Dieu, à l'âme, à l'immortalité. Ils ne se sont pas demandé si l'on pouvait appliquer la catégorie de causalité à la *conception* même et à l'*affirmation* de la loi morale, de la raison pure considérée comme *cause* spontanée, c'est-à-dire comme pratique. Or, c'est là, selon nous, le problème fondamental, qui seul nous transporte devant la difficulté première d'où toutes les autres dépendent : conception et affirmation de la causalité supra-sensible. Un tel problème, bien qu'il ait été trop négligé, mérite l'examen le plus attentif; on peut dire que toute l'œuvre de Kant est suspendue à sa solution. Et ce problème se subdivise en deux autres : 1° Est-il vrai que la raison *théorique* puisse *concevoir* en fait, au moyen des catégories, une *loi* pure de la causalité intelligible ? 2° Est-il vrai que la raison, se déclarant *pratique*, puisse *affirmer* certainement et apodictiquement la réalité objective de cette conception ?

5. — *La conception du devoir pur est une application des catégories au supra-sensible.*

Rien de plus laborieux que le puissant effort de Kant, dans l'*analytique de la raison pure* pratique, pour échapper à la contradiction avec les résultats de la *Critique de la raison pure*. Il a bien senti qu'il risquait, en morale, d'employer la *causalité* d'une manière que la *Raison pure* avait condamnée. Il a dépensé son inépuisable subtilité à concilier les deux points de vue, l'un théorique, qui *proscrit* tout emploi d'une causalité intelligible, l'autre pratique, qui *prescrit* cet emploi.

Exposons d'abord la vraie doctrine kantienne sur les catégories et sur leur application légitime.

Selon Kant, la raison ne peut *connaître* que ce qui est *donné* à l'*expérience*; mais, indépendamment de son application à l'expérience, la raison a une activité propre, une « faculté » de produire et de lier des concepts, même de poser des objets *en idée*[1]. Kant a dit,

---

1. *Raison pure*, éd. Hartenstein, III, 311.

dans un important passage en note à la 2ᵉ édition de la *Critique* : — « Les catégories dans la *pensée* ne sont pas bornées par les conditions de notre intuition sensible ; elles ont, au contraire, un champ illimité. *Seule* la *connaissance* de ce que nous nous représentons par la pensée, la *détermination* de *l'objet*, a besoin d'une *intuition*. En l'absence de cette intuition, la *pensée* de l'objet peut du reste avoir toujours encore ses conséquences *vraies* et *utiles* pour *l'usage de la raison par le sujet*. Or, comme cet usage n'a pas pour fin la détermination de *l'objet* et, par suite, la connaissance, mais la *détermination* du *sujet* et de son *vouloir*, le moment n'est pas encore venu d'en traiter[1]. » D'une part donc, selon Kant, la raison n'est pas tout entière réductible à *la raison empiriquement conditionnée,* d'où provient le *savoir* ; d'autre part, il n'est pas exact de croire qu'un *savoir* doive accompagner tout exercice régulier et légitime de la raison, toute application des catégories, toute conception des idées[2]. Cet exercice régulier de la raison peut être une *croyance* morale, portant non sur le donné, mais sur les conditions de ce que nous *devons* donner et réaliser nous-mêmes. Toutefois, la croyance morale, selon Kant, doit reposer sur une *connaissance* première qui lui serve de base, la connaissance certaine du devoir. Comme telle, la croyance ne porte que sur les *objets* et les *sujets* du devoir. Quant à la connaissance du *devoir* même, elle se réduit à celle d'une pure forme, indépendante des objets et sujets ; elle constitue une connaissance toute formelle, cependant certaine et apodictique, la connaissance de la raison pure comme pratique par sa seule forme universelle.

Il résulte de là que la catégorie pure, détachée de toute intuition sensible, reste pour Kant un procédé original de l'esprit, par lequel il conçoit non plus un objet particulier, mais un *objet* en *général*. Seulement, cet objet transcendantal « ne se laisse en aucune façon *séparer* des données *sensibles*, parce qu'alors il ne

---

1. *Critique de la raison pure*, Hartenstein, t. III, p. 135.
2. Voir l'ouvrage de M. Delbos, qui a excellemment mis en lumière ce point de vue kantien.

'resterait *rien* pour le faire *concevoir*¹ ? » La catégorie ne s'en étend pas moins au delà de ce que fournissent les sens; mais elle ne s'y étend qu'*en pensée*, idéalement ou, comme on l'a fort bien dit, par une abstraction de tout ce que fournissent les sens, abstraction qui aboutit au *concept vide* d'un *objet en général*². En dehors des objets sensibles, les « catégories, dit Kant, peuvent s'appliquer encore, mais sans donner aucune connaissance des objets supra-sensibles³.

Si maintenant il existe des *propriétés* en relation avec les catégories, « propriétés qui, appartenant au mode de représentation *théorique* des choses *supra-sensibles*, pourraient être jointes aux catégories » (comme les propriétés et attributs de la liberté, de l'esprit, de la divinité, de l'immortalité, etc.), « il faut admettre et *supposer* ces propriétés dans leur ensemble, comme se rattachant non au *savoir*, mais au *droit*, à la *nécessité au point de vue pratique* ». Il en est ainsi même quand on admet des êtres supra-sensibles (comme Dieu) « d'après une *analogie*, c'est-à-dire d'après un *rapport de la raison pure* dont nous nous servons *pratiquement* relativement aux êtres sensibles ». Par cette application au supra-sensible, qui n'a lieu qu'à un point de vue pratique, on ne donne pas, selon Kant, le moindre prétexte à la raison pure théorique « de se perdre dans le transcendant⁴ ». La raison théorique n'a rien de plus à faire que de *concevoir* simplement les objets intelligibles « au moyen des catégories ». Et elle le fait fort bien, dit Kant, « sans avoir besoin d'intuition (sensible ou supra-sensible), parce que les catégories ont leur *siège* et leur *origine* dans l'entendement pur, indépendamment de toute intuition et antérieurement à toute intuition.⁵ » « Le monde intelligible n'est rien que le concept d'un monde *en général* dans lequel on fait abstraction de toutes les *conditions* de l'*intuition* de ce monde, et au regard duquel, par conséquent, il n'est aucune *proposition syn-*

---

1. *Raison pure*, Hartenstein, III, 217, note.
2. Delbos, *Essai sur la formation de la philosophie pratique de Kant*, p. 195.
3. *Raison pratique*, trad. Picavet, p. 97.
4. *Ibid.*, p. 98.
5. *Raison pratique*, trad. Picavet, p. 99.

thétique, ni *positive*, ni *négative*, qui soit *possible*[1]. »
L'entendement pur, dès lors, est « exclusivement considéré comme le pouvoir de *concevoir (zu denken)* », et ses *catégories* « désignent toujours seulement *un objet en général*, de quelque manière qu'il puisse nous être donné[2] ». L'entendement « rapporte d'abord ses concepts » non à des objets *sensibles*, mais « à des *objets* en général, fussent-ils supra-sensibles ». C'est donc seulement la *connaissance* de ces objets, non leur *conception* ou *pensée*, qui, selon Kant, suppose, outre la catégorie, une intuition et un schéma. L'intuition nous étant donnée pour le monde sensible, avec le schéma temporel, nous pouvons *connaître* ce monde. L'intuition nous étant refusée pour le monde supra-sensible, nous ne pouvons le connaître; mais nous pouvons selon Kant, le *penser* et le supposer existant ou même l'affirmer pour les besoins de la pratique et seulement au point de vue pratique[3]. Certes, si le concept de causalité contenait « quelque chose qu'il est partout impossible de *penser, denken* », comme le soutient Hume, aucun usage de ce concept illusoire ne serait possible. Mais, selon Kant, loin d'être impensable, la causalité est une *condition* de la *pensée* même; elle est une *pensée* qui, s'appliquant aux intuitions sensibles par l'intermédiaire du schéma temporel, produit la connaissance appelée expérience. Dès lors, selon Kant, en dehors de son application empirique, cette pensée subsiste comme une conception non contradictoire; elle exprime même une forme essentielle de la pensée.

De là le problème final : — Qui sait si, au delà des objets sensibles, que nous n'avons pas le droit de déclarer le *tout* du possible et du réel, la pensée de la causalité ne deviendrait pas applicable *dans le cas où*, par hypothèse, nous aurions une *intuition* autre que l'*intuition* sensible, qui n'est pas évidemment et nécessairement la seule? Au point de vue de la connaissance *théorique*, de la *science*, jamais ce point d'interrogation ne nous fera faire un seul pas, car

---

1. *Raison pure*, édit. Hartenstein, III, 311.
2. *Raison pratique*, trad. Barni, p. 308.
3. *Critique de la raison pratique*, trad. Picavet, p. 92, 93. *Ibid.*, p. 94.

nous n'avons point l'intuition supra-sensible qui serait requise; nous ne poserons donc ainsi qu'un *pensable* (νοούμενον) problématique. Mais, selon Kant, au point de vue purement pratique, nous pouvons user du concept de causalité non empirique pour *concevoir* et *affirmer* une condition de la pratique morale, sans d'ailleurs la déterminer théoriquement ou scientifiquement et en ne la déterminant que dans son rapport avec la pratique. « Qu'arrivera-t-il, dit Kant, de l'application de cette catégorie de la *causalité* (et aussi de toutes les autres, car, sans elles, on ne peut avoir aucune *connaissance* de ce qui existe) aux choses qui ne sont pas des objets d'expérience possible, mais qui sont placées *au delà des limites* de l'expérience? Car je n'ai pu déduire la *réalité objective* de ces *concepts* que par rapport aux objets *d'expérience possible*. Mais le fait même de les avoir sauvés du moins dans ce cas, et d'avoir prouvé que des *objets* peuvent être *pensés (denken sich lassen)* par leur moyen, quoique non déterminés *a priori*, leur donne une place dans l'*entendement pur*, par lequel ils sont rapportés à des objets *en général* (sensibles ou non sensibles). Si quelque chose manque encore, c'est la condition de l'*application* de ces catégories, et notamment de celle de la causalité, à des objets, à savoir l'*intuition*, qui, là où elle n'est pas donnée, en rend l'application impossible *en vue de la connaissance théorique de l'objet* comme *noumène* et, par conséquent, l'interdit complètement à quiconque ose la tenter (comme cela s'est produit aussi dans la raison pure)[1]. »

D'après ce qui précède, il n'est pas exact (quoiqu'on le répète sans cesse depuis Jacobi et Schopenhauer) que la catégorie de causalité, prise en soi, ne puisse s'appliquer, selon Kant, qu'aux phénomènes. Elle ne peut, il est vrai, fournir une « *connaissance* » que si elle s'unit à une *intuition*; d'où il suit que nous ne pouvons avoir *connaissance* d'une autre causalité que celle des phénomènes, auxquels seuls correspond en nous l'*intuition*. Bien plus, selon Kant, la catégorie de causalité ne peut pas s'appliquer directement à ces phénomènes dont nous avons l'intuition; nous sommes obligés de

---

[1]. *Critique de la raison pratique*, trad. Picavet, p. 92, 93.

recourir à un trait d'union, produit de l'imagination sensible, qui est le *schème*. Or, nous n'avons pas plus de schème possible que d'intuition possible pour la *chose en soi*; donc, encore un coup, nous ne pouvons *connaître* en elle une *causalité* quelconque, pas plus que nous ne pouvons connaître en elle la réalité, la possibilité, la qualité, la quantité, la relation. Mais Kant nous a dit que nous pouvons du moins *concevoir* en idée ou *penser* la causalité intelligible. Au moyen des catégories, on obtient le concept d'une causalité intelligible, d'une volonté libre. 1° Ce concept ne se contredit pas lui-même, pas plus que celui du noumène en général. 2° Comme il est complètement « tiré de l'entendement pur *(entsprungen)* » et en même temps « assuré par la déduction », il a « de la réalité objective relativement aux objets *en général* »; c'est-à-dire qu'il n'est pas une illusion ni une impossibilité : c'est une manière inévitable et légitime de penser les objets en général, de façon à rendre possible la connaissance objective elle-même, avec la réalité objective qu'elle implique. 3° Étant admis que, « par son origine », le concept de causalité est « indépendant de toutes conditions sensibles », Kant en conclut que ce concept n'est pas « limité par lui-même aux phénomènes (si ce n'est là où on en veut faire un usage *théorique déterminé*) ». Il s'ensuit de nouveau, selon Kant, que la catégorie de causalité peut être « appliquée aux choses qui sont des êtres de l'entendement pur *(Dinge als reine Verstandeswesen)* », c'est-à-dire aux choses purement intelligibles[1].

On voit quelle est la position théorique de l'esprit humain au sujet des catégories. Alors vient la loi pratique, qui donne « de la réalité » aux idées qui n'étaient d'abord que des pensées non contradictoires de l'esprit. « Il ne s'agit pas, dit Kant, de la connaissance théorique des *objets* de ces idées, mais uniquement de savoir si elles *ont des objets en général*. La raison pure pratique leur procure cette réalité[2]. »

Telle est la vraie doctrine de Kant, qui n'a pas toujours été bien comprise. Reste à en examiner la valeur.

1. *Raison pratique*, trad. Picavet, p. 96.
2. *Raison pratique*, tr. Picavet, p. 96.

6. — *Illégitimité de l'application des catégories à la conception du devoir.*

Selon nous les diverses affirmations sur lesquelles reposent les conséquences morales que tire Kant ne sont pas justifiées.

1° Kant lui-même nous a appris que l'absence de contradiction apparente dans le concept de causalité *intelligible* ne prouve pas la *possibilité* de ce concept;

2° Aucune « déduction », aucune induction, aucune analogie ne peut ajouter, même *en idée*, une causalité *intemporelle* et *inconnaissable* aux éléments connus et des lois de l'expérience;

3° Il n'est pas vrai que le concept de *cause* soit une catégorie étrangère à l'expérience; c'est une image affaiblie de notre expérience soumise au *nexus* de l'effort, que nous sentons en nous-mêmes. Kant n'a nullement prouvé que le concept de cause soit « indépendant de toutes conditions sensibles » : supprimez l'espace, le temps et, avec le temps, la simultanéité ou la succession; supprimez surtout le sentiment d'activité, d'effort, d'appétition; et le concept de cause ne désignera plus qu'un lien purement logique ou mathématique de principe à conséquence, qui n'est plus vraiment la causalité.

Pour établir que nous pouvons tout au moins *concevoir* une *loi* de la *causalité intelligible*, Kant vient d'affirmer que les catégories, y compris celle de causalité, ont leur siège dans l'entendement *pur, indépendamment* de l'expérience et *avant* l'expérience; d'où il a conclu qu'elles peuvent servir à *concevoir*, quoique non à *connaître*, des objets qui n'auraient rien d'expérimental[1]. — Mais, répondrons-nous, ce sont là des métaphores sensibles, mêlées d'abstractions qui sont elles-mêmes des extraits du sensible : siège (métaphore) dans l'*entendement pur* (abstraction extraite du fait concret de penser, auquel Kant superpose une *faculté* de penser, pure entité), *indépendamment* de toute intuition (*relation de non-dépendance*, qui suppose la *causalité*

---

[1]. *Raison pure*, trad. Barni, p. 305.

empirique, ne fût-ce que pour la nier par hypothèse), *antérieurement* à toute intuition (relation de temps et d'apparition dans le domaine de l'expérience). Toute « catégorie » déterminée et définie, comme le sont celles de causalité, d'action réciproque, de substance, d'accident, etc., est un résidu d'idées expérimentales, un extrait fluide de l'expérience. La « causalité », en particulier, nous venons de le voir, n'a aucune espèce de définition possible en dehors de l'expérience extérieure ou intérieure, de la *succession régulière* dans le *temps* et de l'*effort* psychique ou physiologique.

4° Dire que les catégories sont des « fonctions » de l'esprit, des « procédés » de l'esprit, des « processus », des « opérations », etc., ce n'est pas leur donner la vertu de s'appliquer au delà de l'expérience. Les mots *fonction, procédé,* etc., n'expliquent rien. Ils désignent encore simplement des faits de conscience, d'où nous tirons par généralisation des modes généraux de penser; et il est clair que ces modes, si généraux soient-ils, sont toujours des procédés de l'expérience même, non des moyens de sauter au delà.

Non seulement les catégories, mais les « intuitions » perdent tout *sens* en dehors de l'expérience. Sans doute il peut et il doit exister des intuitions autres que les nôtres; mais cette possibilité est une induction expérimentale, analogue à celle qui nous fait croire que les habitants de Sirius peuvent avoir des *sens* que nous n'avons pas. On ne sort pas pour cela de l'expérience interne ou externe; on imagine d'autres formes de conscience, mais c'est toujours de la conscience. Donc, concevoir une autre « intuition », fût-elle « intellectuelle », c'est faire une hypothèse qui n'a de *sens* qu'en termes d'expérience.

5° La causalité empirique est bien une « manière inévitable et légitime de penser les objets en général » dans le monde de l'expérience; mais, au-dessus de l'expérience, la causalité perd tout sens : le mot « en général » ajouté par Kant au mot « objet » n'a pas la vertu de transporter véritablement l'objet au delà du monde de l'expérience.

6 Le concept de causalité intelligible ne peut donc être posé comme « ayant de la réalité objective par

rapport aux objets en général »; car il est impossible de comprendre ce que peut être la réalité objective d'un concept étranger aux choses de l'expérience, seules choses à propos desquelles, selon Kant, nous puissions affirmer la catégorie de « réalité ». La « réalité objective par rapport à des objets en général » n'a pas de signification. On ne sait même pas ce que peuvent être des objets en général, ni comment l'objet en général peut être multiple et se diviser en « objets » particuliers, tombant ainsi sous la catégorie de la quantité, qui n'a de valeur que pour le sensible.

Kant répète que « la réalité objective du concept (de causalité) subsiste toujours »; et il peut même être *employé à l'égard des noumènes*, mais sans qu'on puisse le *déterminer théoriquement* le moins du monde et par là produire aucune *connaissance*. — Mais nous répèterons de nouveau qu'on ne voit pas ce que peut être la réalité objective du concept de causalité, à moins qu'il ne s'agisse de sa réalité objective dans le monde de l'expérience. Au delà, la réalité objective n'a plus qu'un sens abstrait et général qui, sous son abstraction et sa généralité, continue d'être un extrait de l'expérience.

7° Kant n'est pas d'accord avec sa propre théorie. Séparé du monde de l'expérience, le concept de cause n'est, Kant lui-même nous l'a dit, qu'une *pensée formelle*, une pensée des conditions mêmes de la pensée, des opérations constitutives de la connaissance : il n'a donc plus de réalité que *dans la pensée,* comme simple expression de sa nature ou de son processus. Nous pensons *causalement,* en ce sens que, pour les besoins de la connaissance et de l'action, nous lions les *phénomènes* de telle sorte que l'un contienne à nos yeux l'antécédent déterminé et déterminant de l'autre, suivant une règle dans le temps appelée loi. Qu'est en lui-même ce *lien* ? nous ne le savons. Ce lien est-il vraiment, outre un rapport logique, un *nexus causal,* au sens d'une *action,* soit transitive, soit immanente, comme celle que nous exerçons ou croyons exercer nous-mêmes dans l'effort de la pensée ou dans celui des muscles ? Nous ne le savons pas. C'est simplement *ex analogia hominis* que nous transportons par la pensée dans les éléments extérieurs un *nisus* quelconque, un infiniment petit de notre effort humain ou animal. A plus forte raison est-ce par une analogie tout humaine que nous supposons une causalité prétendue intelligible. « Nous ne pouvons, reconnaît Kant, *définir* une seule des catégories sans en revenir aux conditions de la *sensibilité,* par conséquent à la *forme* des *phénomènes,* auxquelles elles doivent être *restreintes* comme à leur *seul objet*[1]. » — Nous ne pouvons donc concevoir d'une manière *définie* la causalité sans en revenir aux conditions de la sensibilité, aux formes d'espace et de temps qui s'imposent aux *phénomènes,* au schème de la succession temporelle. De plus, la causalité doit être *restreinte à ces phénomènes* comme à ses *seuls objets.* « Otez en effet ces conditions de la sensibilité, les catégories n'ont plus de *sens,* plus de rapport à aucun *objet,* et il n'y a plus d'*exemple* qui puisse nous rendre saisissable ce qui est proprement pensé dans ces concepts. » — Mais alors, de l'aveu de Kant, la causalité n'a plus d'emploi définissable, plus d'objet, plus de sens, plus d'exemple si vous la transportez hors du monde sensible. Elle n'a pas non plus de « signification déterminée[2] »: elle a seulement une signification indéterminée, celle d'un *quelque chose conçu en général,* dont vous ne savez pas s'il faut lui appliquer *telle* ou *telle* fonction de l'entendement. « Quant à savoir *quelles* sont les choses relativement auxquelles on doit se servir de *telle* fonction plutôt que de telle autre, c'est ce qui reste ici tout à fait *indéterminé.* Par conséquent, sans la condition de l'intuition sensible, dont elles contiennent la synthèse, les catégories n'ont *aucun rapport à un objet.* Elles n'en peuvent donc *définir* aucun, elles n'ont point par elles-mêmes la valeur de concepts *objectifs.* » — Dès lors, comment *concevrez*-vous, d'une manière définie et *objective,* la causalité intelligible de la loi morale, de manière à appliquer ici la fonction *causale* de l'entendement, plutôt que les fonctions qui consistent à penser la *substance,* la *réalité,* la *possibilité,* etc.? Une fois les intuitions sensibles ôtées, il reste, sans doute, la conception d'un objet autre que les objets sensibles;

---

1. *Raison pure,* trad. Barni, p. 308.
2. *Ibid.,* note, p. 311.

mais cet objet est absolument indéterminé et la conception en est elle-même indéterminable; vous ne pouvez donc pas le nommer cause, loi, loi morale, loi pratique, devoir, pas plus que substance, que réalité, que possibilité, etc. Vous devez ici appliquer vos propres paroles : « Je n'en ai aucun *concept*, sinon celui de l'*objet* d'une intuition sensible en *général*, qui, par conséquent, est le *même pour tous les phénomènes*[1]. » Il est donc le même pour les phénomènes dits de passivité que pour les phénomènes dits d'activité, pour les phénomènes dits de contrainte que pour ceux dits de spontanéité, pour les phénomènes dits actions égoïstes que pour les phénomènes dits actions désintéressées et vertueuses. « Il n'y a point de catégorie qui me fasse *concevoir* cet objet », pas plus la catégorie de causalité qu'une autre, car, Kant le répète à satiété, « les catégories ne s'appliquent qu'à l'intuition sensible, qu'elles ramènent à un *concept d'objet en général.* » Nous nous imaginons sans doute concevoir, outre la *causalité naturelle* des idées et sentiments, je ne sais quelle relation supra-sensible qui déterminerait la volonté sans motif ou mobile empirique d'aucune sorte; mais, à y regarder de plus près, c'est là un emploi de la catégorie de la relation et une détermination empirique du noumène; c'est une introduction dans x de valeurs quelconques a, b, c, etc., empruntées au monde de l'expérience et de l'action. Nous ne sommes plus dans le pur noumène ni dans la raison pure : nous faisons des hypothèses en vue de la pratique, et ces hypothèses tombent, comme tout emploi de l'intelligence, sous la critique théorique.

Si donc la *catégorie*, chez Kant, est tout à fait générale et peut s'appliquer à tout, même à ce qui n'est pas sensible, c'est à la condition qu'elle ne puisse s'appliquer à rien *en particulier*, qu'elle ne puisse rien *définir*, qu'elle ne puisse désigner un *devoir* plutôt qu'un *non-devoir*, une liberté plutôt qu'une non-liberté, une cause plutôt qu'une substance, le conscient plutôt que l'inconscient, le raisonnable plutôt que l'irraisonnable; bref, qu'elle réponde uniquement à un je ne sais quoi

---

[1]. *Raison pure*, trad. Barni, p. 317, note.

qui n'a de nom dans aucune langue et dont on ne peut concevoir qu'une chose toute négative, à savoir que, si, par hypothèse, ce je ne sais quoi *existait*, il *ne* serait *pas* ce que saisissent les intuitions sensibles.

La conclusion morale que veut tirer Kant de ses prémisses tombe *ipso facto*; appliquer le concept de causalité, même simplement *en pensée* et sans affirmation, à de prétendus « êtres de l'entendement », êtres tout fictifs, c'est jouer avec des abstractions, qui ne sont elles-mêmes que des silhouettes effacées des objets de l'expérience. Au lieu de raison pure, nous n'avons ici que de l'imagination subtilisée et quintessenciée, de l'imagination métaphysique.

Kant veut cependant nous persuader que nous pouvons très bien concevoir *divers objets supra-sensibles* au moyen des catégories « sans avoir besoin d'intuition sensible ou supra-sensible [1] ». Mais, d'après ce qui précède, il est impossible de concevoir *divers objets déterminés* autrement que par des emprunts à l'expérience. Le fait même que nous concevrions des catégories réellement *pures* et sans mélange de notions empiriques ne nous permettrait nullement de concevoir, sous une forme déterminée, sans appel à l'expérience, des « *intelligences* pures », des « *volontés* pures », des « *intuitions pures* », des lois pures du *désir*, des « *facultés de désirer* supérieures », etc.. Les catégories ne désignant « qu'un objet en général », pour concevoir tous ces objets *particuliers* et empiriquement spécifiés qu'on nomme penser, vouloir, désirer, il faut faire appel à l'expérience. Kant a beau joindre à ces objets l'épithète de *pur*, cela ne les purifie pas de tout emprunt au sens intime. S'ils étaient absolument purs, ils seraient pour nous zéro. Un triangle pur de tous côtés et de tous angles est un triangle qui peut aussi bien s'appeler carré ou cercle, et qui, à vrai dire, n'est rien. Kant n'a donc pas le droit de soutenir que, en dehors des objets d'expérience, les catégories peuvent encore « servir à *concevoir* des êtres en tant qu'*intelligences* », et qu'elles peuvent même exprimer, dans ces intelligences, « les rapports de la *raison* et de la *volonté* ».

---

1. *Raison pratique*, trad. Picavet, p. 97.

Intelligence, raison, volonté, avec leurs rapports, sont, encore une fois, des manières d'être que nous ne connaissons que par la conscience de nous-mêmes, par l'expérience du fait de penser et de comprendre, du fait de désirer et de vouloir. Nous ignorons absolument si, en dehors du monde de l'expérience, il *existe* ou *peut* exister des intelligences, des volontés, des facultés à l'état de noumènes. Nous ne pouvons même les *concevoir* que par l'application hypothétique de nos catégories intellectuelles ou procédés de penser à des intelligences et volontés conçues sur le patron de la nôtre, objet d'expérience. En croyant ainsi concevoir quelque cause supérieure à l'expérience, nous ne concevons toujours, nous l'avons fait voir, qu'un *nexus* expérimental, une *volonté intelligente*, c'est-à-dire des objets de conscience et d'expérience intérieure. Nous avons beau réduire les linéaments des choses d'expérience à des lignes de plus en plus ténues et insaisissables, c'est toujours une esquisse expérimentale que nous traçons sur notre tableau intérieur.

Kant, pour prouver que les lois morales sont conçues *pures* de tout élément empirique, dit qu'elles excluent la considération du *bonheur*[1]. Mais de cette exclusion d'une idée empirique particulière peut-on déduire qu'il ne reste plus rien d'empirique ni dans l'idée de *loi*, ni dans l'idée de loi *morale* réglant la *volonté* de l'*homme*, ni dans l'idée même de *volonté*, ni dans l'idée d'un *animal* raisonnable, d'une *raison* appartenant à un *être* particulier dans le *temps* et dans l'*espace* et aux *autres* êtres de ce *genre*? D'une part, si on n'élimine pas tous ces éléments de l'expérience, il est impossible de soutenir qu'on a quelque chose de pur; d'autre part, si on purifie à ce point l'idée de loi morale, il ne restera plus rien qui soit moralité plutôt qu'autre chose. Le devoir posé comme impératif en dehors de tout objet d'expérience ou d'intuition rationnelle, en dehors de tout mobile, de tout amour, quel qu'il soit, fût-il amour du bien, amour de l'humanité, amour de l'Être infini, etc., le devoir, dis-je, ainsi conçu comme « *causalité* de la raison pure concevant la forme d'une législation

[1]. *Raison pure*, trad. Barni, II, p. 367-368.

universelle », sera ou une idée pseudo-pure, ou une idée pure inconcevable et indéterminable, une pseudo-idée.

En résumé, d'après tout ce qui précède, la notion d'une causalité de la raison pure, qui est une législation valable pour tous les êtres doués de pensée et de volonté, n'est nullement une idée *pure*. Tous les éléments nous en ont paru tirés de l'expérience. En premier lieu, l'action causale est, nous venons de le voir, une chose dont nous trouvons ou croyons trouver le type dans l'expérience de ce que Kant appelle notre « faculté de désirer », et dans l'expérience des effets ou apparents effets qui l'accompagnent au sein du temps. Ces « effets » ne sont peut-être, en réalité, que des *concomitants*. Comme l'idée de cause active, celle de *fin* est un emprunt à l'expérience. « Des lois pures pratiques, dit Kant, dont le *but* serait donné tout à fait *a priori* par la raison, et qui ne commanderaient pas d'une manière empiriquement conditionnelle, mais absolument, seraient des produits de la raison *pure*. Or telles sont les lois morales ». — Mais un *but* ne peut être « donné *in concreto* tout à fait *a priori* ». Ce but ne serait alors que la forme *pure* de la loi, et il est impossible à une volonté de poursuivre réellement comme but une forme pure, une simple universalité, sans aucune considération du contenu et des fins, qui seules sont de vrais buts. La notion d'une *législation* et celle d'un *commandement* sont d'ailleurs expérimentales. L'idé de la *forme d'une législation* est un abstrait de l'expérience. Celle d'une application de cette forme aux êtres *pensants* et *voulants* est un nouvel emprunt à notre intime expérience de la pensée et de la volonté. Celle même d'une *totalité* ou *somme achevée* d'êtres *pensants* est encore une abstraction de l'expérience, un reflet de la société humaine, tout comme la somme achevée de mes dix doigts est une image affaiblie de groupes réels qui sont mes mains.

Comment donc pouvez-vous, je ne dis pas encore connaître, mais simplement *concevoir* une *loi* supranaturelle? Vous ne sauriez, par aucune catégorie, concevoir d'une façon déterminée et définie le « rapport pratique pur de la raison à la volonté », puisque, selon vous, ce rapport pur serait « supra-sensible », indépendant de toute loi naturelle, de tout pouvoir causal naturel et de toute fin naturelle. En croyant ici concevoir quelque chose de positif, vous ne concevez plus qu'une négation, la négation de tout ce que nous appelons loi de nature, pouvoir naturel, causalité naturelle, finalité naturelle, action consciente, expérience de vouloir, de désirer, d'agir en pensant et en se proposant un but dont on jouit d'avance.

En un mot, y eût-il réellement des catégories dominant l'expérience, nous venons de voir, en nous appuyant sur Kant lui-même, qu'elles perdent tout *sens* et toute *définition* en dehors des objets d'expérience ; donc la loi morale n'a pas de sens ni de définition, même comme simple *conception,* en dehors du fait de l'expérience intérieure et en dehors des catégories de l'expérience, c'est-à-dire des fonctions ou procédés de penser dont nous avons l'expérience lorsque nous pensons par leur moyen des objets d'expérience quelconques. La loi morale est un concept « vide » s'il est pur, ou un concept d'expérience interne s'il n'est pas vide.

7. — *Illégitimité de l'application des catégories à l'affirmation du devoir.*

Admettons cependant que vous puissiez concevoir une *loi* de la causalité intelligible imposant sa seule *forme* pour seule *fin* ; supposons que ce ne soit pas là purement et simplement, comme nous venons de l'établir, la *négation* creuse et abusive de toute loi, de toute causalité, de toute finalité à nous connues, pourrez-vous passer de cette conception problématique à l'affirmation « catégorique » ?

« Il ne restait à trouver, répond Kant, qu'un principe de causalité *incontestable* et, à vrai dire, *objectif,* qui exclût toute condition sensible de sa détermination ; c'est-à-dire un principe dans lequel la raison n'invoque aucune *autre chose* comme principe déterminant relativement à sa causalité, mais le contienne déjà elle-même, et où, par conséquent, elle soit elle-même pratique comme raison *pure.* Mais ce principe n'a besoin ni d'être *cherché,* ni d'être *découvert* ; il est depuis longtemps dans la raison de tous les hommes et incorporé à leur nature : il est le principe de la moralité[1]. » La loi morale, « bien qu'elle ne nous en donne aucune *vue*, nous fournit cependant un *fait* absolument inexplicable par toutes les données du monde *sensible* et par tout le domaine de notre usage *théorique de la raison*, fait qui annonce (*Anzeige giebt*) un *monde de l'entendement pur*, qui le *détermine* même *positivement* et nous en fait connaître quelque chose, à savoir une loi[2]. » « Nous avons *conscience*, par la *raison*, d'une *loi* à laquelle toutes nos maximes sont soumises, comme si un *ordre naturel* devait être *enfanté* par notre *volonté*[3]. » Cet ordre naturel, c'est « la *nature intelligible* », le *monde* des *libertés*, dont la nature sensible doit être l'expression.

A cette haute construction de la pensée on peut faire diverses objections. 1° Il est impossible que nous ayons positivement *conscience* d'une *loi*, quelle qu'elle soit, la conscience n'enveloppant pas le général et encore moins l'universel ; 2° une loi est une *catégorie* de la relation, plus spécialement de la *causalité*, et l'*affirmation* d'une loi se fait par l'application d'une autre catégorie, celle de *réalité* ; par conséquent, l'affirmation d'une loi implique une double application des catégories. Cette affirmation est possible pour les lois de la nature sensible, parce que, outre les catégories, nous avons encore ici les intuitions sensibles et le schème du temps. Mais l'*affirmation* et la *connaissance* d'une loi est impossible s'il s'agit d'une loi supra-sensible. En effet, si nous avons bien ici les catégories (à l'état de pensées vides), nous n'avons toujours aucune intuition pour les remplir et aucun schème de temps applicable à l'intemporel. Donc nous ne pouvons avoir ni la *conscience*, ni la *connaissance* d'une loi de la nature intelligible, de manière à l'*affirmer*. Nous ne pouvons même pas *savoir*, nous l'avons vu, si la simple *supposition* d'une telle *loi* de la *causalité* intelligible n'est pas un amas d'impossibilités. La *loi* pratique pure, conçue à la façon de Kant, ne peut donc être ni « apodictique » ni « asserto-

---

1. *Raison pratique*, trad. Picavet, p. 190.
2. *Ibid.*, p. 72.
3. *Ibid.*, p. 74.

rique ». Elle ne peut exister qu'à l'état d'idée ou de construction mentale, peut-être fictive, opérée avec les données de l'expérience, simple extension de l'expérience, selon les procédés de penser qui s'appliquent à l'expérience. Mais elle ne peut être *connue* et *affirmée*, 1° comme *objective* en soi ; 2° comme *pouvant* être objectivée par nous dans nos actions, ce qui supposerait conscience ou connaissance de notre liberté ; 3° comme *devant* être objectivée dans nos actions, ce qui supposerait préalablement établies et l'objectivité intrinsèque de la conception et l'objectivité intrinsèque du pouvoir correspondant ou de la liberté.

Sans doute, répond Kant, « je n'ai aucune *intuition* qui en détermine la *réalité théorique objective* (*objective theoretische Realität*) ; mais ce concept de causalité intelligible n'en a pas moins une application réelle qui se montre *in concreto* dans des intentions ou des maximes, c'est-à-dire une réalité *pratique* qui peut être *indiquée* (*angegeben*)[1] ». Et, selon Kant, cela suffit « pour justifier le concept, même par rapport aux noumènes ». — Mais cette conclusion est, d'après tout ce qui précède, inadmissible. Le concept de volonté pure n'a nullement une application réelle *in concreto* qui puisse être posée comme *certaine* « dans des intentions et maximes » : nous ne *savons* pas, en fait, s'il y a des intentions conformes à la volonté pure. Donc le concept reste problématique pratiquement, comme il l'était théoriquement ; il n'est justifié ni « par rapport aux noumènes », ni par rapport à sa validité propre, ni par rapport aux phénomènes qu'il doit conformer à soi. Il n'est ni une *loi* pure de la raison pure, ni un *fait* de l'expérience, ni un fait de la raison. En un mot, l'illégitimité de l'usage positif des catégories dans le supra-sensible s'applique à l'*affirmation* de la loi supra-sensible encore plus qu'à sa conception. Nous n'avons pas le moindre droit d'appliquer comme *réel*, à ce qui est en dehors de l'expérience et de la nature, l'usage déterminé de rapports de causalité et de législation qui ne sont valables que dans les limites de l'expérience ou de la nature. Comment donc pourrions-nous poser *catégoriquement* et *assertoriquement* la causa-

---

1. *Raison pratique*, trad. Picavet, p. 96.

lité *intelligible* et supra-naturelle de la raison sous la forme de *loi* morale? Celle-ci, nous l'avons fait voir, pourrait se définir : la causalité du noumène. Si la raison est pratique par soi, sans mobile empirique, il en résulte que c'est le noumène intelligible qui agit par soi et en dehors de toute condition sensible : devoir signifie action causale de la volonté pure. Le devoir n'existe donc et n'est connu que si la causalité de l'intelligible existe et est connue. Or, elle ne l'est pas. Donc le devoir, tel que Kant l'entend, n'est pas et ne peut être *connu* ni *affirmé*.

8. — *Insuffisance de la distinction entre le point de vue théorique et le point de vue pratique.*

Kant et ses disciples contemporains croient répondre à toutes les objections par la distinction du point de vue théorique et du point de vue pratique.

Pour Kant, on s'en souvient, la raison n'est vraiment théorique que quand elle s'appuie sur une intuition ; or la faculté pratique n'a aucune espèce de pouvoir d'intuition : elle ne peut, en particulier, saisir par intuition la liberté, elle n'est donc plus proprement théorique au sens de Kant. Malgré cela, selon Kant, elle aurait sa certitude apodictique.

Mais la distinction que fait Kant du théorique et du pratique est le plus souvent artificielle ou, quand elle a quelque valeur, elle n'autorise pas la démarcation profonde qu'il veut établir. La pratique, si elle n'est pas aveugle, est de la pensée en action : elle implique donc *conception* et même *connaissance*. Le moraliste doit, avant tout, prouver que les conceptions pratiques ou les connaissances pratiques ne sont pas sans valeur et sans signification comme *conceptions* et comme *connaissances*, c'est-à-dire qu'elles ne sont pas sans objectivité théorique.

La définition même du « pratique », par opposition au théorique, est ou une pétition de principe ou l'expression d'un simple fait empirique. « J'appelle pratique, dit Kant, tout ce qui est possible par la liberté[1]. » Mais

---

1. *Raison pure*, p. 598, trad. Picavet, p. 361, 368.

de quelle liberté s'agit-il ? Est-ce seulement de la liberté empirique du vouloir, telle que l'expérience nous la révèle, liberté réductible au déterminisme psycho-physiologique des idées-forces, notamment de l'idée même de liberté ? Alors la raison pure n'est pas *pratique* en tant que raison *pure*. S'agit-il de la vraie liberté transcendantale ? Alors nous ne savons ni si nous sommes libres, ni si la raison pure est pratique. Kant ne peut passer à l'affirmation qu'en prenant pour accordé ce qui est en question.

Il espère « abolir la science au profit de la croyance pratique »; mais la croyance elle-même ne peut se fonder que sur un savoir quelconque. Il faut *savoir* que nous concevons vraiment certaines choses d'une conception positive; il faut *savoir* que, si elles existaient, elles auraient telles et telles qualités ou relations connaissables; il faut *savoir* que nous avons telles raisons connaissables d'affirmer la *possibilité* ou la *probabilité* de ces choses; il faut *savoir* que nous avons telles raisons connaissables de les désirer et de vouloir qu'elles soient.

Certes, si la science est une conformité de nos idées aux choses, la pratique est une conformation des choses à nos idées, une force des idées. Mais cette conformation doit elle-même être en harmonie avec la réalité des objets et avec la réalité du sujet qui pense, qui sent, qui veut, qui agit. La pratique enveloppe donc nécessairement de la science plus ou moins claire. La croyance est un savoir incomplet, confus, mêlé de sentiments et d'impulsions. D'ailleurs, nous l'avons remarqué, Kant ne fait pas du devoir un objet de croyance; il le présente comme un objet de connaissance, ce qui fait renaître toutes les objections. Si, dans la pratique, Kant ne considérait que l'*idée* d'universel présente *en fait* et nos *déterminations empiriques* également présentes *en fait*, nous aurions un cas vraiment pratique d'idée-force rentrant dans les lois générales de la psychologie. Mais Kant a posé en principe pratique que la raison *pure*, concevant une forme de législation universelle, possède une vraie causalité « non empirique » sur une volonté *pure* qui elle-même n'est pas empirique; or, la causalité non empirique est bien celle d'une chose en soi; la causalité de la raison pure et de la volonté pure est bien une causalité transcendante. — « A un point de vue purement pratique et moral », répète Kant. — Qu'importe le point de vue, qui ne change pas la nature de la causalité ? Il reste vrai que le rapport de causalité intelligible, interdit par la raison pure, est rétabli par la raison pratique sous une forme *déterminée* entre la raison pure et la liberté nouménale. De plus, il faut admettre *pratiquement* une causalité *déterminée* de cette liberté nouménale sur les phénomènes de ma conscience empirique, quelque liés qu'ils soient par la nécessité naturelle entre eux et avec la nature entière. Nouvelle causalité du noumène sur le phénomène, quoique admise à un point de vue purement pratique. Kant veut que nous *connaissions* avec certitude le *fait* d'une loi intelligible régissant la causalité intelligible, le fait du devoir. C'est ce qu'il ne peut ni prouver, ni constater. Il tranche le nœud gordien d'un coup d'affirmation.

Outre la *réalité* du devoir, qui est admise théoriquement et au point de vue de la connaissance, Kant soutient, nous l'avons vu, que certaines « propriétés » et « attributs supra-sensibles », comme « la liberté, la spiritualité, l'immortalité, la divinité », peuvent « être jointes *théoriquement* aux catégories, de manière à fournir un mode de représentation *théorique* des choses supra-sensibles », quoiqu'on n'en puisse faire qu'un *usage pratique*[1]. Cette restriction nous semble derechef insoutenable. D'abord, il y a là une nouvelle contradiction avec ce principe que les catégories ne font concevoir au delà des phénomènes, fût-ce pour les besoins de la pratique, que la simple idée indéterminée d'un objet en *général*, non celle d'un objet ayant des propriétés déterminées comme liberté, divinité, etc. S'il est possible en vue de la pratique, comme le croit Kant, de lier « théoriquement » ces attributs supra-sensibles avec les catégories, celles-ci n'ont donc plus seulement de valeur pour le monde sensible ; certaines *spéculations* théoriques redeviennent légitimes pour la pratique, certaines *analogies* transportées aux êtres supra-sensibles ne sont

---

[1]. *Raison pure*, p. 598, trad. T., p. 361, 363. *Raison pratique*, trad. Picavet, p. 97-98.

plus frappées d'inanité ; la raison pure théorique n'est plus bornée exclusivement à l'usage empirique des catégories, surmonté d'un simple x indéterminé sous le nom de noumène et d'objet en général. Si, au contraire, nous ne pouvons rien dire de la liberté, de la spiritualité, de la divinité qui offre théoriquement un sens et une valeur, ne fût-ce que comme combinaison d'idées, de thèses, d'hypothèses, de représentations inductives et analogiques, de déductions idéales, etc., alors il sera encore plus impossible de donner un sens *pratique* à ce qui n'aura aucun sens théorique. Bref, quand la raison admet « pratiquement » une liberté supra-sensible, une spiritualité supra-sensible, une immortalité supra-sensible, ou elle sait ce qu'elle dit, ou elle ne le sait pas. Si elle le sait, ses conceptions ont une valeur théorique quelconque, sans laquelle elles n'auraient aucune valeur pratique. Si elle ne le sait pas, ce n'est point la pratique qui donnera du sens à ce qui est non-sens.

La transformation si radicale admise par Kant lorsqu'il passe du point de vue théorique au point de vue pratique ne peut se soutenir. Pour Kant, au point de vue théorique, non seulement on ne peut rien affirmer des noumènes, mais on ne peut pas même faire à leur sujet des suppositions. Toutes les doctrines des Platon, des Aristote, des Descartes, des Leibniz sont condamnées en bloc, non pas seulement parce qu'elles contiennent des affirmations, mais parce qu'elles contiennent des hypothèses relatives au monde intelligible, des constructions de la pensée, des essais d'explication du monde, en un mot des spéculations, de quelque genre qu'elles soient. Mais, si tout est faux dans ces spéculations, dans ces rapports établis entre des idées (ces idées fussent-elles sans objet certain pour nous, sans objet accessible à notre humaine intuition), sera-t-il possible pour Kant, fût-ce simplement en vue de la pratique, de spéculer à son tour sur la liberté, Dieu, l'âme, l'immortalité, etc. ? Si encore Kant se contentait de dire : « Je dois, donc je puis, quoique je ne sache pas comment je puis »; on pourrait accepter cette situation, qui laisserait indéterminée la nature du pouvoir au service du devoir. Mais Kant ne s'en tient pas là. Il va édifier, quoique en vue de la seule morale, toute une théorie sur la liberté intelligible, sur le caractère intelligible, sur le rapport de ce caractère au caractère empirique, sur la possibilité de concilier le déterminisme de la nature avec la liberté de la chose en soi, sur le péché radical des choses en soi, qui s'exprime dans la nature, sur le rapport des choses en soi créées à leur créateur, sur Dieu, sur l'immortalité et la vie éternelle. Ou il y a quelque chose de déterminable et d'appréciable dans ces théories qui doivent secourir la pratique, quelque chose qui peut se juger et se raisonner, et alors elles ont, même au point de vue purement théorique, une valeur qui n'est pas nulle ni identique chez tous les systèmes, quoique ces systèmes ne puissent pas s'établir *scientifiquement*. Ou rien n'est déterminable dans le monde des noumènes, ni par construction idéale, ni par déduction, ni par induction, ni par analogie, ni par aucun des procédés méthodiques de la pensée ; et alors ce n'est pas la pratique qui permettra de déterminer, fût-ce seulement dans sa forme, ce dont le fond et conséquemment la vraie forme est indéterminable par nature.

Pour échapper à cette objection, qui ramène l'ordre pratique à un ordre théorique plus ou moins connu et excitant des sentiments corrélatifs aux idées, Kant intervertit la relation de la pensée et des objets. Il fait observer que, dans la pratique, il ne s'agit plus de savoir si une idée a un objet, mais de savoir si elle peut *produire* son objet et le réaliser dans les actions. Nous revenons ainsi au problème des idées-forces.

Mais, pour avoir une force, c'est-à-dire un mode de causalité, il faut d'abord que l'idée ne soit pas en elle-même sans objet ou *connu* ou au moins *conçu*. Sous ce rapport, l'idée est soumise à la critique *théorique*. Par exemple, si l'idée de devoir pur est sans objet non seulement connaissable, mais concevable, cette idée ne pourra pas réaliser son objet, par la bonne raison qu'elle n'aura pas d'objet du tout. L'idée de *Regdimeda* ne produira jamais rien, sinon un mouvement de mes lèvres, parce que *Regdimeda* est un mot sans aucun sens. La pratique raisonnable n'est donc jamais qu'une mise en œuvre d'idées-forces ayant par elles-mêmes une valeur théoriquement déterminable. Aussi Kant, tout à l'heure, a-t-il été obligé de nous attribuer une *conception* positive et une *connaissance* apodictique de la loi morale pure, pour pouvoir soutenir maintenant que l'idée de loi morale pure est *pratique*. Elle n'est donc effectivement pratique que parce qu'elle est théorique et en tant que théorique, à moins qu'elle n'agisse par l'aveugle impulsion des sentiments et tendances. Elle est, dirions-nous, pour notre part, une théorie pratique par elle-même.

« Les lois d'après lesquelles l'existence des choses dépend de la connaissance, dit Kant, sont les lois pratiques[1]. » Rien de plus vrai, mais la dépendance des choses et des actions par rapport à la connaissance est une application de la loi expérimentale des idées-forces, non une application de la catégorie de causalité à une existence transcendante. — Les principes de l'entendement pur théorique, comme celui de la causalité, se rapportaient, continue Kant, à des objets d'expérience possible, à des phénomènes, et l'on pouvait prouver que ces phénomènes « ne peuvent être *connus* comme objet de l'expérience que s'ils sont rangés sous les catégories ». Par conséquent, toute expérience possible doit être conforme aux lois de causalité, de substance, etc. Mais, dit Kant, « je ne puis suivre cette marche pour la déduction de la loi morale ». « Il ne s'agit plus de *connaître* la nature d'*objets* donnés à la raison par une autre source, par l'intuition sensible ; » il s'agit « d'une *connaissance* qui peut devenir le *fondement* de l'existence des objets eux-mêmes, et par laquelle la *raison*, dans un être raisonnable, a de la *causalité*, c'est-à-dire la raison *pure*, qui peut être considérée comme un *pouvoir* déterminant immédiatement la *volonté*[2]. » — Je réponds que notre connaissance ne peut produire directement aucun objet et produit seulement des actes. Les objets ne viennent qu'ensuite et leur production est soumise à toutes les lois objectives de la nature. La question est donc dans le rapport de la connaissance à la volonté, comme d'ailleurs Kant le dit lui-même.

---

1. *Raison pratique*, trad. Picavet, p. 78.
2. *Ibid.*

Mais alors revient l'éternel problème non résolu : la raison a-t-elle vraiment de la causalité autrement qu'en vertu de la loi expérimentale des idées-forces ? C'est, quoi qu'en dise Kant, ce que nous ne pouvons « *connaître*[1] ». — « La différence entre les lois d'une nature à laquelle *la volonté* est *soumise* et celle d'une nature *soumise à une volonté* (eu égard au rapport de cette volonté à ses actions *libres*) consiste en ce que, dans la première, les *objets* doivent être *causes* des représentations qui déterminent la volonté, tandis que, dans la seconde, la volonté doit être *cause* des objets, si bien que la causalité de la volonté a son principe déterminant exclusivement dans la *faculté* de la raison *pure,* qui, pour cette raison, peut aussi être appelée une raison pure *pratique*[2]. » Il semble encore ici, au premier abord, que Kant pose le principe des idées-forces, nécessaire, selon nous, à la solution du problème moral. Les idées-forces, en effet, supposent que la volonté est « cause des objets par ses représentations ». Si nous avons vraiment une raison pure, la « faculté » active de cette raison, son pouvoir causal, sa causalité, sa force devra déterminer, au moyen d'*idées*, des *actions*. Mais toute cette causalité des idées, telle que pour notre part nous la représentons, fait partie de l'expérience intérieure : elle est une causalité soumise à des lois psychiques déterminées, quoique d'une flexibilité protéiforme, d'une plasticité, d'une perfectibilité indéfinies. Kant, au contraire, veut s'élever au-dessus de l'expérience, même intérieure. Il ne peut donc entendre au même sens que nous la force des « idées de la raison ». Des idées absolument pures, selon Malebranche, ne remueraient pas un fétu ; pour Kant, au contraire, il faut que la raison pure agisse par une causalité qui soit supérieure à l'expérience et à la nature, quoique ses effets fassent partie de l'expérience et de la nature. Alors se redresse, obstinée, la grande et fondamentale objection : toute application de la catégorie de causalité ou de *force* est impossible en dehors de la nature, seul objet de l'expérience ; comment donc la raison pure, avec

---

1. *Raison pratique*, trad. Picavet, p. 72.
2. *Ibid.*, p. 75.

ses idées, qui ne sont plus des *forces* de l'*expérience*, peut-elle être posée comme ayant une causalité supranaturelle et une faculté active, une force qui est le devoir répondant à la liberté? Le fait que, dans la pratique, les choses ou plutôt les actions dépendent des idées, non les idées des choses, ne confère point la certitude à des idées purement problématiques.

Il est bien vrai que, sous un certain rapport, il y a renversement de l'ordre quand on passe de la théorie à la pratique. La théorie veut connaître des objets donnés, la pratique veut, au moyen de la connaissance, puis de la volonté, produire et donner des objets non donnés : c'est la loi même des idées-forces, sur laquelle nous avons tant insisté. Mais, 1° la production intelligente des objets donnés doit être elle-même conforme aux catégories; 2° La connaissance de la loi morale, nécessaire à sa réalisation, doit être ou conforme aux catégories ou supérieure aux catégories. Si elle y est conforme, elle ne peut être connaissance et action intelligente que par son application à des objets d'expérience; à moins qu'elle ne soit la position même de quelque catégorie, auquel cas elle demeure purement formelle et sujette à tous les doutes relativement à la valeur des catégories en dehors de l'expérience. Si elle est supérieure aux catégories mêmes, elle est encore ou simplement problématique, ou affirmative d'un noumène *en général*, qui ne peut être que x, et cette affirmation de la réalité du noumène est elle-même un emploi de la catégorie de *réalité*, sans compter celle de *causalité*; or ces catégories n'ont de valeur cognitive que pour la *connaissance* des phénomènes et, en dehors, restent de pures pensées vides : elles ne peuvent donc, encore une fois, nous faire *connaître* la loi de l'intelligible, la loi morale.

L'usage théorique de la raison, remarque Kant, portant sur la faculté de connaître des objets, était exposé à se perdre parmi des « objets inaccessibles »; dans l'usage pratique, au contraire, on s'occupe des principes déterminants de la volonté. La volonté elle-même est « un pouvoir ou de produire des objets correspondant aux représentations, ou de se déterminer soi-même à réaliser ces objets (que le pouvoir physique soit suffisant ou non), c'est-à-dire de déterminer sa causalité[1] ». La loi de la causalité par liberté est un principe pratique pur qui forme ici de toute nécessité « le point de départ » et « qui détermine les objets auxquels il peut seulement être appliqué[2] ». — Il détermine les objets, soit ; mais il a besoin lui-même préalablement de n'être pas *sans objet* et d'être la vraie loi d'une vraie causalité par vraie liberté. Loi, causalité, liberté, voilà trois catégories qui ne peuvent produire de connaissance que dans l'expérience. En elles-mêmes, nous connaissons que nous les concevons ou croyons les concevoir ; mais nous ignorons, dans la pratique comme dans la théorie, si elles ont une réalité objective pure et supérieure à l'expérience, c'est-à-dire intelligible et inconditionnelle[3].

— Mais, dit Kant, s'il est possible que « la raison suffise à la détermination de la volonté », elle aura toujours « de la réalité objective en tant qu'il s'agit uniquement du vouloir[4] ». — Kant veut dire que, si la raison suffit à déterminer l'intention, qui est proprement la causalité volontaire, « elle aura sous ce rapport de la réalité objective, sans qu'il soit besoin, comme pour la connaissance, de chercher d'autres objets[5] ». Mais on peut répondre que ce déplacement de la réalité objective, qui pose l'objet comme effet de la loi au lieu de chercher un objet à la loi même, laisse subsister toute la difficulté. Qu'une illusion sans objet détermine la volonté ; cette illusion acquerra, en un certain sens, une « réalité objective », car elle sera partiellement réalisée dans la volonté même : c'est encore là une application de la loi des idées-forces. Mais cela ne prouvera nullement qu'en elle-même cette illusion ait une valeur objective *a priori* et une vérité intrinsèque. Son *effet* n'est pas un *objet* ; son efficacité n'est pas une *vérité* : il est une réalité, et une réalité d'expérience[6]. Il reste donc

---

1. *Raison pratique*, p. 78, trad. Picavet.
2. *Ibid*.
3. *Raison pratique*, trad. Picavet, p. 21, 22.
4. *Raison pratique*, trad. Picavet, p. 24.
5. *Ibid*, p. 21-22.
6. On a fait un étrange contresens sur la théorie des idées-forces en supposant que l'idée de liberté, préalablement reconnue « illusoire et sans objet

toujours à savoir si la *loi* morale, indépendamment de sa réalisation expérimentale, au moins partielle, a par soi et en soi une réalité objective. D'ailleurs, sa réalisation même est incertaine, de l'aveu de Kant : rappelons-le une fois de plus, nous ne savons pas si la loi morale a jamais déterminé et déterminera jamais une action par elle seule. Cette « réalité objective » lui est donc refusée. Il ne lui reste que sa réalité de loi *conçue*. Dès lors, la vraie question d'objectivité subsiste tout entière, puisque, nous l'avons vu, cette loi est la forme du noumène x, dont nous ne savons ni s'il est objectif, ni s'il est réalisable par notre liberté également nouménale et également x. En somme, Kant a beau retourner le problème en tous sens et intervertir finalement l'ordre des objets, la réalité objective de la détermination par une loi morale est elle-même subordonnée à la réalité objective de la loi morale comme telle, c'est-à-dire du devoir et du pouvoir correspondant, de la loi pure et de la volonté pure.

Nous avons vu que, pour Kant, le point de vue pratique et moral est « l'*usage* de la raison par le *sujet* ». A cet égard, selon Kant, la simple *pensée* de certains *objets* intelligibles, quoique ne constituant pas une connaissance, peut cependant encore avoir « des conséquences vraies et utiles sur l'*usage* de la raison par le *sujet...* » Seulement, ajoute Kant, cet usage n'a plus pour fin « la détermination de l'objet et par suite la connaissance, mais la détermination du *sujet* et de son *vouloir* ». Par là, Kant espère de nouveau échapper à l'illégitimité de l'usage des catégories dans le transcendant. Refuge illusoire. La « détermination du *sujet* » est aussi impossible à établir que celle de l'objet, parce que le sujet en soi est lui-même aussi insaisissable que l'objet en

possible », se réalise cependant, selon nous, en actions. Nous avons toujours soutenu, au contraire, que ce qui se réalise, c'est ce qu'il y a de définissable, de déterminable, de vrai et de réalisable dans l'idée de liberté. Nous ne nions pas d'ailleurs que les illusions mêmes, qui offrent toujours quelques éléments objectifs pour n'être pas sans aucune signification, sont partiellement réalisables en ce qu'elles ont de non-illusoire et de conforme aux lois de l'expérience. L'idée de loi morale est à coup sûr une idée-force qui a ses éléments objectifs et objectivables ; mais il s'agit, pour Kant, de poser cette loi en dehors et au-dessus de la loi psychologique des idées-forces, dans le monde de la *causa noumenon*. C'est ce dont nous voulons démontrer l'impossibilité.

soi. Pareillement, la détermination du « vouloir », s'il s'agit du vouloir *libre*, seul moral, est non moins impossible à établir. Donc on reste enfermé dans l'insoluble dilemme : ou il s'agit du sujet phénoménal et du vouloir phénoménal, et alors l'influence des idées et catégories rentre dans la loi expérimentale des idées-forces, sur laquelle Kant eût refusé d'appuyer sa morale ; ou il s'agit du sujet noumène et du vouloir nouménal, c'est-à-dire de la liberté intelligible, et alors toutes les affirmations relatives à ce « *sujet* » ou à sa « liberté » sont aussi transcendantes, aussi illégitimes que les affirmations relatives aux *objets* du monde intelligible : l'application des catégories est aussi illicite pour le sujet que pour les objets.

Nous ne saurions donc accorder à M. Boutroux et à divers autres critiques l'excuse qu'ils invoquent en faveur de Kant : — La raison théorique, disent-ils, prétendait connaître *a priori* des *objets* qu'elle trouverait devant soi comme donnés *du dehors* ; il y avait donc lieu de chercher si sa prétention à l'objectivité était justifiée ; mais, dans l'ordre *pratique*, la raison étant *posée d'abord*, il y a simplement lieu de chercher, non plus si elle a des objets, mais si elle peut, au point de vue purement pratique, produire des déterminations. — Nous venons de montrer que « le pouvoir pratique pur de détermination », attribué à la raison pure, est tout aussi *supra-sensible* que les *objets* supra-sensibles « présomptueusement » poursuivis, dit Kant, par la raison pure. En outre, ce pouvoir de détermination devient lui-même un *objet* pour la réflexion. En tout cas, s'il n'est pas un *objet*, ce pouvoir pratique pur constitue un acte du *sujet* même, du sujet *nouménal*, qui est aussi inaccessible que n'importe quel objet nouménal. La raison pratique, en s'attribuant un pouvoir supra-naturel de détermination *par elle seule*, dépasse donc le monde de l'expérience et « se dépasse elle-même » tout aussi bien que la raison pure. Elle risque d'être aussi « présomptueuse » et donne lieu exactement aux mêmes doutes.

9. — *Impossibilité du problème pratique tel que le pose Kant.*

Pour confirmer et résumer tout ce qui précède, voyons si Kant, dans la *Critique de la raison pratique* et alors qu'il prétend parler au seul point de vue pratique, ne présuppose pas encore la possibilité *théorique* de résoudre une foule de questions déclarées par lui insolubles et, plus généralement, la possibilité d'un emploi déterminé des catégories au delà du monde sensible.

Kant, dans la *Raison pratique*, s'adresse la question suivante sous le titre de *Problème* II : « Supposé qu'une volonté soit libre, trouver la loi qui seule est capable *(tauglich)* de la déterminer nécessairement. » — C'est là un problème tout aussi théorique que pratique. Kant y répond par ce théorème éminemment théorique : « Puisque la matière de la loi pratique, c'est-à-dire un objet de la maxime, ne peut jamais être donnée qu'empiriquement, mais que la volonté *libre*, en tant qu'indépendante des conditions empiriques (c'est-à-dire des conditions qui appartiennent au monde des sens) *doit* cependant *pouvoir* être *déterminée*, il *faut* qu'une volonté *libre* trouve, indépendamment de la matière de la loi, et pourtant dans la loi, un principe de détermination. Or il n'y a, outre la matière, rien de plus dans la loi que la forme législative. Donc la *forme* législative, en tant qu'elle est renfermée dans la maxime, est l'*unique chose* qui *puisse* fournir un *principe* de *détermination* de la *libre* volonté (*Willens*)[1]. » — Par malheur, toute la critique de la *Raison pure* défend d'adhérer soit à l'énoncé du problème, soit aux différentes parties de la démonstration. « Supposé qu'une volonté soit libre » signifie pour Kant, comme il le dit : « totalement indépendante de la loi naturelle des phénomènes dans leurs rapports mutuels, c'est-à-dire de la loi de la causalité[2] ». Or, une volonté qui appartient au monde nouménal et n'est pas soumise à la catégorie de la causalité, pas plus qu'aux autres catégories, ne peut être

---

1. *Raison pratique*, trad. Picavet, p. 47.
2. *Ibid.*, p. 16.

conçue comme ayant une « *loi* » capable de la « *déterminer* », encore moins « de la déterminer *nécessairement* ». Les idées de loi et de nécessité ou n'expriment rien, ou expriment des rapports de causalité, des *relations* quelconques rentrant dans la catégorie de la relation, elle-même solidaire de toutes les autres catégories. D'une volonté supposée libre au sens de Kant, je n'ai rien à dire. Je ne sais même pas si elle est libre autrement qu'au sens négatif, qui signifie : elle n'est aucune des causes ou effets connaissables, elle n'est peut-être pas même une cause, elle n'est peut-être rien. Ce sens négatif n'offre aucune « signification » déterminable. Enfin je ne sais pas ce que c'est qu'une « volonté » qui n'aurait rien de commun avec le vouloir intérieur dont j'ai ou crois avoir en moi l'expérience. Je ne sais pas davantage ce que peut être, en dehors de l'expérience, une *législation*, avec sa *forme* législative. Tous les termes de l'énoncé, depuis le premier jusqu'au dernier, sont donc dépourvus de sens positif, pour la pratique comme pour la théorie, à moins qu'on ne leur donne un sens *expérimental*, qui n'est plus celui où Kant veut les prendre. Trouver la loi pratique d'une liberté nouménale est aussi dénué de signification que trouver la loi et législation pratique d'x, y, z. Kant, dans sa démonstration, prétend cependant que « la volonté libre *doit* pouvoir être déterminée » ; pourquoi ? qu'en savez-vous ? Si elle est libre, elle n'est pas déterminée. Si vous voulez dire qu'elle *se détermine elle-même*, cela n'a aucun sens intelligible, sinon le sens de l'*arbitraire* et du *hasard*, dont Epicure, Clarke, Reid et Renouvier croient trouver des exemples dans l'expérience. Vous êtes le premier à sourire de cette naïveté selon laquelle la liberté n'aurait pas de loi et serait une « exception aux lois ». Vous voulez imposer à la liberté intelligible une loi intelligible, sans d'ailleurs définir ce que vous entendez par *loi*, et vous dites que, la *matière* de la loi étant exclue, il ne reste plus que la « *forme* législative ». Mais, nous l'avons montré, l'idée d'une forme législative est tout aussi empruntée à l'expérience que l'idée d'une matière législative ; elle est un amas de catégories relatives à l'expérience, n'ayant pas l'ombre de sens en dehors de l'expérience. Une *loi valable* pour tous les *individus* est une loi ou *relation* (catégorie) subissant elle-même une *relation constante* (deux catégories) avec la *totalité* (catégorie de quantité) des *individus* (objets d'expérience) doués de *volonté* (objet d'expérience) et d'*intelligence* (objet d'expérience), sans compter la *sensibilité* (objet d'expérience), à laquelle il faut opposer une *résistance* (objet d'expérience) au moyen d'une *idée* (objet d'expérience), etc. La démonstration de Kant est aussi impraticable, soit théoriquement, soit pratiquement, que l'était l'énoncé du problème, lequel revenait à dire : — Déterminer pour la pratique ce qui, théoriquement et par définition, est à jamais indéterminable.

10. — *Résumé et conclusion.*

En résumé, la loi d'une causalité nouménale ne peut être ni exhibée par l'exemple, ni démontrée par induction ou déduction, ni établie comme fait d'expérience ou fait de raison, ni concevable comme loi possible, ni connaissable comme loi donnée, ni capable de produire pratiquement des objets, parce qu'il faudrait qu'elle eût d'abord elle-même un objet et fût en elle-même objective. Malgré son but critique, le moralisme kantien demeure une admirable spéculation sur le noumène, notamment sur la causalité supra-empirique, que supposent et la causalité de la raison pure pratique (ou devoir) et la causalité de la liberté, alors que la catégorie de la causalité avait été déclarée par Kant, comme toutes les autres, d'un emploi inapplicable au noumène et sans aucune signification positive dès qu'on veut la transporter au-dessus du monde connaissable. Le *passage au point de vue pratique* constitue précisément, par la *conception* et par l'*affirmation* de la loi, ce *transport au monde inconnaissable* devant lequel la critique de la raison pure dressait son *veto*. Sans évidence et sans preuve, Kant attribue une valeur objective, absolue, universelle à la raison pure pratique et à elle seule : c'est le postulat nécessaire pour qu'il y ait un devoir réductible à une loi purement et exclusivement rationnelle, à une loi d'universalité toute formelle. La raison pure prétend se poser elle-même comme loi suffisante pour la volonté, donc objective et apodictiquement certaine ; mais Kant a frappé lui-même la raison pure de suspicion : il a représenté ses principes, ses idées, ses idéaux, ses prétentions objectives comme tenant à notre humaine nature et ne pouvant rien *constituer*, rien déterminer de *réel*. Il faut donc que cette même valeur surhumaine de la raison ou de ses formes qui a été (à ce que croit Kant) démontrée *subjective* et *relative* pour la connaissance, devienne tout d'un coup objective et absolument certaine pour l'action. Kant aura beau répondre : — Ce n'est pas sous le même rapport que la raison est relative à l'homme et qu'elle est absolue ; — est-ce que la raison pure pratique n'enveloppe pas la raison pure *théorique*? Si l'idée d'universel, d'infini, d'inconditionnel perd toute valeur certaine quand je veux lui attribuer un objet, quand je veux affirmer qu'il y a, qu'il peut y avoir, qu'il doit y avoir au fond des choses de l'universel, de l'infini, de l'absolu, comment acquerra-t-elle une valeur certaine et sans suspicion lorsqu'elle me commandera catégoriquement, à moi *homme*, de sacrifier mon bonheur réel et ma vie réelle à la pure idée formelle d'universel et d'inconditionnel, dont la validité objective et le contenu objectif ont été déclarés problématiques?

Au lieu d'invoquer un impératif *catégorique*, Kant n'a le droit que de faire appel à notre bonne volonté pour conférer pratiquement une valeur absolue à la raison pure et à ses ordres. « Agis *comme si* ta raison pure avait, par elle seule, une valeur objective, comme si la forme d'universel n'était pas une simple manière de mettre de l'ordre dans tes pensées humaines et tes actes humains. Kant n'arrive pas à restaurer pratiquement, sous forme *impérative* et *catégorique*, ce qu'il a de ses propres mains renversé spéculativement. Il est obligé d'avoir recours à notre consentement : — Voulez-vous admettre en pratique, ἔργῳ, que le devoir absolu, sans condition et sans contenu expérimental, n'est cependant pas une forme « vide », que votre raison pure pratique n'est pas purement humaine, que l'universel a, dans l'éternelle réalité des choses, une valeur supérieure à toutes les individualités éphémères?—L'admission de ce principe ne peut être qu'une croyance, et cette croyance elle-même doit se fonder sur des raisons, objets de connaissance. Mais précisément les raisons ou connaissances spéculatives à l'appui de cette croyance ont toutes été jetées par Kant à la grande mer. Si on ne parvient pas à en retirer un certain nombre du naufrage, il n'y aura plus de *devoir* moral au sens absolu, même comme objet de simple croyance, et il ne restera qu'un « devoir-faire » débile et impuissant, qui n'aura rien de moral. On pourra bien, comme Renouvier, établir ce devoir-faire au sens vague, mais il sera également valable pour tous les hommes de tous les systèmes et même pour tous les animaux, qui n'ont aucun système ; la morale ne sera pas fondée. D'autre part, le *devoir* pour sa seule forme, au sens particulier de Kant, n'est établi ni comme « *connaissance* apodictique et assertorique », ni même comme simple *conception* d'une loi vraiment possible et réalisable ; la morale n'est pas davantage fondée.

CHAPITRE II

LA RAISON PURE PRATIQUE DOIT-ELLE ÊTRE CRITIQUÉE.

Il y a longtemps que j'ai reproché à Kant de n'avoir ni critiqué la raison pure pratique, ni déduit, ni expliqué la loi morale, ni même justifié la simple existence de la raison pure pratique, bien plus, de la raison pure spéculative. Mais, depuis cette époque, la question a été reprise, dans le même sens, d'abord par Guyau, puis par Nietszche et par M. Simmel, enfin par MM. Brochard, Cresson, etc. ; dans un sens opposé, par divers philosophes, notamment M. Boutroux, M. Darlu, M. Delbos, M. Cantecor. Je crois donc nécessaire de fortifier et surtout de compléter mes observations sur le dogmatisme de Kant. Je dois pour cela me placer à un point de vue plus central, qui soit le cœur même du système, afin de voir ce qui y est encore vivant, ce qui y est inerte et mort. Le moralisme n'est, à mes yeux, que l'antichambre de la vérité. Ses partisans se bornent à montrer que les mœurs *de fait* et les sciences *positives* de la *nature* ou de la *société* ne suffisent pas à constituer l'ordre proprement *moral* ; et de là ils concluent que cet ordre subsiste par soi, indépendant. Je pense qu'il faut aller plus loin, qu'il faut fonder la morale sur les principes et conclusions de la science entière et de la philosophie entière.

Examinons si Kant aurait dû critiquer la raison pure pratique comme il a critiqué la raison pure spéculative et si les excuses récemment fournies par ses disciples le justifient de cette omission.

I. — *Insuffisance de la méthode kantienne.*

Selon Kant non seulement le devoir ne peut être établi et expliqué par déduction ou par induction, mais encore il ne peut être *critiqué*. Aussi, remarquons-le bien, la *Critique de la raison pratique* n'est pas intitulée : « Critique de la raison *pure* pratique », mais seulement d'une manière générale : « Critique de la raison pratique ». Kant ne traite que de l'intelligence appliquée à la conduite et, par une tactique inattendue, c'est la valeur pratique de l'*expérience* qui est seule critiquée, nullement la valeur pratique de la raison pure, valeur selon lui indiscutée et indiscutable. Nous avons donc ici un dogmatisme original, en ce qu'il est borné au seul « fait de raison pratique ». Concevant la forme de l'universel, la raison impose absolument cette forme à la conduite sans qu'on puisse discuter cette imposition impérative. Kant finit par l'exprimer énergiquement dans la formule suprême du moralisme : *Sic volo, sic jubeo*. Il aurait pu ajouter : *sit pro ratione ratio ipsa*. La loi morale est ainsi la grande exception à la critique : elle ne peut tolérer aucune mise en question, parce que, si elle n'est pas à elle-même son seul et unique soutien, tout autre soutien lui ayant été préalablement enlevé par Kant, elle tombe d'une chute irrémédiable et mortelle.

— « La critique de la raison pratique *en général*, dit Kant, a l'obligation d'ôter *à la raison en tant que soumise à des conditions empiriques* la prétention de vouloir fournir exclusivement à la volonté son principe de détermination[1]. » La morale du plaisir et du bonheur, la morale de l'imperfection, la morale de l'ordre universel, la morale de la sympathie, la morale fondée sur l'expérience extérieure et intérieure, etc., voilà donc ce que Kant va critiquer, et il appelle cela critiquer la raison. A vrai dire, c'est critiquer l'expérience ; critique nécessaire,

---

1. *Raison pratique*, début de l'Introduction.

assurément, mais qui n'est que la moitié d'une critique de l'intelligence appliquée à la pratique.

La vraie critique de la raison pure pratique, et même celle de la raison pure théorique est, dans les livres de Kant, remplacée par une méthode de simple analyse, sujette à mainte objection. C'est une sorte d'anatomie abstraite, qui découvre les éléments et procédés du jugement moral, comme elle avait découvert ceux du jugement scientifique. Mais une anatomie n'est ni une *explication* causale au point de vue de la science, ni une justification et *évaluation* au point de vue de la pratique. « L'idéalisme formel » de Kant, pour employer ses propres expressions dans les *Prolégomènes*, n'est au fond qu'une description, un dessin abstrait; il n'est ni une genèse explicative ni une confirmation objective. Il n'apporte ni l'établissement ni la critique du devoir. Il est simplement l'analyse des conditions du devoir, *supposé qu'il y en ait un,* supposé que, psychologiquement et sociologiquement considérée, l'idée de devoir ne s'évapore pas en d'autres idées.

La méthode de Kant ressemble à celle même contre laquelle ses disciples voudraient l'ériger aujourd'hui : je veux dire la méthode sociologique formelle. Les kantiens objectent aux sociologues : — Etant donné le fait que nous vivons en société, vous analysez l'ensemble des conditions *sine quibus non* de la vie sociale; vous faites une statistique sociale et une dynamique sociale; soit, mais il reste toujours à savoir si je veux vivre en société ou si, tout en y voulant vivre, je veux sacrifier à la société mon intérêt personnel, mon bonheur, ma vie. — La même objection tombe sur Kant. Il cherche les conditions de la moralité, la décompose en ses éléments, en marque les lois formelles; mais il reste à savoir si je veux la moralité ou même si je *dois* la vouloir; il reste à savoir si cette « moralité » n'est pas réductible, pour une part, à la socialité, pour l'autre part, à la conscience que j'ai 1° de mon intelligence incapable de penser en dehors de tout; 2° de ma sensibilité, incapable de jouir en dehors du tout; 3° de ma volonté, incapable de vouloir en dehors du tout.

M. Delbos, qui reproche à la sociologie son formalisme, a précisément essayé lui-même de justifier la mé-

thode kantienne par des comparaisons avec la société :
« — Ce qui se passe dans la société, dit-il[1], n'explique pas mieux finalement la société que ce qui se passe dans l'expérience n'explique l'expérience. La société n'est concevable que sous l'idée d'un système de règles, exprimées ou tacitement admises, qui définissent les rapports entre les personnes ; un phénomène qui n'est pas compris sous cette idée n'est pas social, pas plus qu'un phénomène imaginé hors de l'empire du principe de causalité n'est un phénomène physique. » — Assurément, répondrons-nous, la physique suppose l'existence de lois ; mais la constatation et l'analyse formelle de la *causalité selon les lois* ne constituera jamais ni une explication physique, ni surtout une critique de la science physique. De même, une société suppose des règles d'action quelconques ; mais la constatation et l'analyse de cette condition formelle n'expliquera jamais aucun fait social ; elle n'expliquera pas la société elle-même ; encore moins la jugera-t-elle. Objecter que ce n'est point ce qui se passe dans la société qui explique la société, c'est fabriquer un cercle vicieux artificiel : ce qui se passe dans la société s'explique par ce qui se passe réellement *dans* les hommes et *entre* les hommes. Nous ne trouverons aucune explication dans une analyse formelle de ce principe que toute société a des règles et un « devoir-faire » quelconque. M. Delbos soutient, par analogie avec la société, que ce qui se passe dans l'expérience n'explique pas l'expérience ; mais, d'abord, on ne peut justifier l'assimilation de la société, fait dérivé, à l'expérience, fait primordial ou voisin des faits les plus primordiaux. De plus, nous répondrons que ce qui se passe dans l'expérience, par exemple le tonnerre, s'explique toujours par d'autres faits qui se passent dans l'expérience, non par les conditions formelles de l'expérience en général. Ces conditions mêmes, ce n'est pas les *expliquer*, encore moins les *critiquer*, que d'en faire le tableau et de les attribuer à un *a priori* qui est le refus même de toute explication et de toute critique.

Selon M. Delbos, la tendance de nos sociologues « à

---

[1]. *Revue de métaph. et de morale*, mars 1900, p. 142.

fonder une conception complète de la société humaine sur la généralisation de telle ou telle partie de son contenu matériel », imitation, sympathie, besoins vitaux ou intellectuels, division du travail, etc., « ne saurait aboutir qu'à une ontologie sociale ». — Je concède que l'explication de la société par les *formes* sociales, comme chez M. Simmel et parfois même chez M. Durkheim, aboutit à de l'ontologie : mais c'est précisément parce que ce sont des *formes*. Vous, au lieu des formes sociales, vous mettez la forme générale de toute société, c'est-à-dire le besoin de régulation dans les rapports réciproques ; mais alors vous expliquez encore moins, vous êtes en pleine abstraction et en plein formalisme. Au contraire, si vous en venez au contenu *psychique* du social, comme nous avons jadis essayé de le faire dans la *Science sociale contemporaine* et comme Gabriel Tarde l'a fait à son tour; si même vous en venez au contenu *physiologique* et vital des faits sociaux, vous expliquerez alors l'expérience sociale par ce qui se passe dans l'expérience psychologique et physiologique. Et alors seulement vous aurez donné une explication vraie ; — non complète et dernière, sans doute, mais de quoi avez-vous la dernière et complète explication ? Ce n'est assurément pas des « formes *a priori* ». Celles-ci ne s'expliquent point elles-mêmes et n'expliquent pas davantage l'expérience ; elles en tracent simplement les conditions abstraites, une fois qu'elle est donnée. Le schéma général du vertébré n'a jamais ni *expliqué* ni *évalué* le vertébré.

« La *matière* de la vie sociale, dit encore M. Delbos, c'est l'action des hommes en commun pour la satisfaction de leurs besoins, quels qu'ils soient; la *forme*, c'est le régime juridique sous lequel cette action s'accomplit. » Et, selon M. Delbos, c'est la forme, c'est « la règle qui rend la société intelligible en fin de compte ». — Mais, s'il nous paraît légitime de considérer en sociologie le régime juridique aussi bien que le régime des besoins et tendances de toutes sortes, qu'est-ce qui prouve que ce système des règles juridiques n'est pas lui-même dérivé du système des besoins et aspirations? Est-ce le code civil qui explique la société française, ou est-ce la société française, avec ses tendances de toutes sortes, qui explique le code civil ? La forme ne dérive-t-elle pas du contenu, n'est-elle pas un simple aspect du contenu, ou même un élément commun au tout ? Selon nous, les lois et règles sociales, écrites ou non écrites, font partie du *contenu* social. *Forme* n'est qu'un mot. Kant, en morale, érige la forme en principe absolument indépendant sous le nom de loi impérative; mais la question est précisément de savoir si la forme universelle a une valeur quelconque, autrement que de logique et de symétrie, abstraction faite de son contenu. La valeur d'une chose consiste 1° dans sa nécessité pratique pour nous, 2° dans sa nécessité objective. La connaissance, par exemple, est *pratiquement nécessaire* pour l'homme et même, à un degré élémentaire, pour tout animal : si un chien, après s'être brûlé le museau au feu, ne sait pas encore que le feu brûle, il est en grand danger de ne pas vivre. De même, d'une manière générale, la pratique *volontaire* est *nécessaire* de fait à l'homme et aux animaux. D'ailleurs, elle ne se sépare pas de la connaissance, elle est la connaissance même et le sentiment en action. Mais il ne résulte pas de là que la conduite proprement *morale*, que le *devoir* comme impératif catégorique soit pratiquement nécessaire à la vie individuelle : il la gêne plutôt. Il a sans doute son utilité et sa nécessité pour la vie *collective*, mais alors les sociologues demanderont si sa valeur sociale ne se réduit pas à une condition de notre société encore imparfaitement ordonnée et réglée. Le problème de la nécessité pratique du devoir *comme tel* et *en soi* subsiste donc toujours; Kant et ses disciples ne l'ont pas résolu.

Quant à la *nécessité objective* de la morale, elle est encore moins facile à établir par la méthode analytique que sa nécessité pour nous. C'est, dit M. Delbos après M. Boutroux, « en retirant, par décomposition, de la conscience morale commune ce qui en est la *forme* », que la méthode kantienne « découvre l'idée d'une législation universelle pratique pour tous les êtres raisonnables »; et M. Delbos ajoute que c'est là « ce qui lui permet de prétendre *en droit* à l'*objectivité* ». Nous ne saurions admettre cette conclusion. L'analyse du préjugé de caste ne permet pas d'affirmer que l'idée de caste est objective. Supposez qu'on analyse les conditions formelles de toute religion, — dogme, culte, rites, etc., — on n'aura pas pour cela démontré la nécessité objective ni même la nécessité pour nous du jugement religieux. L'anatomie de la religion n'en sera nullement la justification philosophique : une décomposition d'idée ne permet jamais de conclure à la valeur et à l'objectivité de cette idée.

— Mais, répond-on, le kantisme présuppose simplement « que la science est acceptée comme science, la moralité comme moralité, que ni l'une ni l'autre ne peuvent être *construites* dans leurs données, ni *réduites* à autre chose qu'elles ». — Autant dire que la moralité, ainsi posée comme ne pouvant être ni *construite*, ni *réduite*, est une double pétition de principe. La science elle-même, d'ailleurs, peut être « réduite à autre chose qu'elle », expliquée psychologiquement par la réduction aux lois de la perception, du raisonnement, de la pensée ; elle peut être aussi « construite en ses données ». A plus forte raison doit-on se demander si la moralité peut se construire, se réduire à autre chose, se déduire d'autre chose. Si elle ne le peut, il faut le prouver. Si on réussit vraiment à le prouver, il restera toujours à se demander si cet « irréductible », demeuré au creuset de l'analyse, est une vérité objective ou seulement un instinct subjectif de notre nature, et jusqu'à quel point cet instinct est conforme à la réalité des choses. Nous pouvons donc conclure que la méthode de Kant et de ses disciples n'est ni explicative ni vraiment appréciative : elle n'est pas une « critique », elle est une dispense de critique.

II. — *Légitimité, nécessité et objet d'une vraie critique de la raison pure pratique.*

Kant a bien senti le besoin de justifier cette absence de critique d'une raison *pure* pratique ; ses commentateurs d'aujourd'hui ne feront que répéter ses propres arguments. Écoutons-le donc d'abord. « Nous n'avons pas, dit-il, à faire une critique de la raison pure pratique, mais seulement de la raison *pratique en général.* Car la raison *pure,* quand une fois son existence est établie, n'a pas *besoin* de critique. Elle trouve en elle-même la règle de la critique de tout son usage[1]. »

Lorsque Kant dit ainsi que la raison trouve en elle-même « les règles de la critique de tout son usage », n'abuse-t-il point de l'ambiguïté et du mot *usage* et du mot *raison*? Il prend la raison au sens vulgaire et vague, comme pouvoir de poser : 1° les principes formels d'identité et de contradiction ; 2° le principe réel de raison suffisante, de causalité empirique, de conditionnement réciproque universel. En ce sens, l'intelligence trouve effectivement en elle-même *les principes* qui lui permettent de *critiquer* son propre *usage,* d'y découvrir, s'il y a lieu, soit des contradictions, soit des manques de raison suffisante, soit des indéterminations, etc. Est-ce à dire que la raison pure, même une fois son *existence* établie, n'ait pas *besoin d'être critiquée*? Loin de là. Kant a représenté la raison pure comme la faculté des *principes,* qui cherche en tout l'*unité inconditionnelle* et qui ainsi aboutit aux *idées*: âme, monde, Dieu. En quoi cette faculté de concevoir l'inconditionnel n'a-t-elle aucun besoin de critique? Kant l'a amplement critiquée, quoique d'une manière encore insuffisante, car il s'est arrêté en chemin. — Il l'a critiquée « *dans son usage* ». — Soit, dans son usage spéculatif, en tant que posant l'inconditionnel âme, l'inconditionnel Dieu, etc. Mais, d'abord, comment distinguer la raison de son usage, où elle s'actualise ? La raison n'est pas une entité, elle est un procédé essentiel, une démarche constante de l'esprit, un mode de penser et d'agir intelligemment, un « usage ». La raison *théorique,* considérée dans ses principes formels et même réels, est un instrument d'intelligibilité et, par cela même, d'intelligence, instrument nécessaire à tous. Elle nous dit : — Pensez selon l'identité ou ne pensez pas ; essayez de comprendre selon la causalité ou n'essayez pas de comprendre ; si vous voulez connaître, vous ne pouvez connaître que sous des conditions d'exercice déterminées et en restant d'accord logiquement avec l'usage de votre pensée. Ainsi dirigée,

---

1. *Raison pratique,* début de l'Introduction.

la connaissance réussit en fait ; la science existe, incomplète, mais pourtant sûre et toujours en progrès. La critique semble donc ici, jusqu'à un certain point, désarmée. Et encore ! Il faut tout critiquer, selon nous, il faut tout examiner, même le principe de contradiction ; sinon, on ne saura jamais ce qui résiste, ce qui est inébranlable. Que, nous autres hommes, nous ne puissions penser un monde où existeraient des contradictions, cela est incontesté ; nous pouvons cependant nous demander si, dans le fond dernier des choses, il n'y a pas quelque unité des contraires supérieure à cette contradiction que repousse notre esprit humain.

On a répondu que nul ne peut demander le *droit* de la raison à *énoncer un principe,* parce qu'il n'y a rien *au-dessus de la raison* qui puisse servir à la juger et par rapport à quoi elle puisse être dite *vraie* ou *fausse, légitime* ou *usurpatrice* : elle est parce qu'elle est et elle est ce qu'elle est[1]. — Théorie commode, mais paresseuse, qui aboutirait à ne rien critiquer ni réformer, pas plus que ne voulait être réformée la société de Jésus : *Sint ut sunt aut non sint.* Nous ne saurions admettre cette fin de non recevoir. A notre avis, la critique spéculative doit, en premier lieu, examiner la vraie *nature* des principes, ainsi que notre droit à les énoncer de telle manière ; elle doit pour cela en faire l'analyse radicale et la synthèse complète. En second lieu, la critique spéculative doit poser la question de l'*objectivité* des principes ou de leur conformité au réel. En troisième lieu, elle doit chercher leur *origine* causale. Or, la raison ne roule nullement sur elle-même lorsqu'elle analyse la *nature* de ses principes ; elle n'y roule pas davantage lorsqu'elle se sert de ses principes propres, supposés provisoirement objectifs, pour critiquer le degré d'*objectivité,* la portée et le domaine de ces principes ; elle y roule encore moins quand elle recherche leur *origine,* question bien différente de la valeur objective. Y eût-il réellement cercle, il faudrait y circuler pour s'en rendre compte et pour en mesurer la circon-

---

1. Cantecor, La morale ancienne et la morale moderne. *Revue de métaphysique,* septembre 1901, p. 573.

férence. Si, par exemple, la raison pure aboutit à des antinomies et se retourne contre soi, il faudra bien regarder son objectivité absolue comme douteuse ; n'est-ce pas ce qu'a fait Kant ? Donc, en résumé, une fois que les principes dits *formels* sont admis en commun pour la discussion, comme inhérents à notre constitution cérébrale et mentale, rien ne nous empêche de nous demander : 1° si, en fait, il y a bien une « faculté » telle que ce qu'on nomme la *raison pure,* et ce que c'est que cette fameuse *pureté*; si une telle faculté n'est point réductible, dans son *fond,* à quelque espèce d'expérience radicale et constante (problème de l'existence et de la nature) ; 2° si, en supposant que la raison existe à part, qu'elle soit démontrée irréductible à toute cause connue ou connaissable par l'expérience, tel principe donné comme *a priori* est bien un principe provenant de *cette raison* pure et explicable *uniquement par son action* (problème de l'origine) ; 3° si ce principe est *valable* pour la *réalité,* comme il est ou semble valable à mon *esprit,* esprit de civilisé du xx° siècle ; et si, appliqué à la réalité, il n'aboutit point à des conflits avec lui-même ou avec d'autres principes (problème de la validité objective). Les questions nous pressent de toutes parts, elles sont légion, et on veut nous persuader que nous sommes en pleine certitude !

— La critique, prétend-on encore, ne porte jamais que sur le *rapport* de la *forme* du savoir à la *matière* du savoir ; il ne s'agit pas d'examiner si nous avons raison d'entendre l'intelligible et le vrai comme nous le faisons, mais si les *objets* qui sont la *matière* de la connaissance peuvent être rendus intelligibles et vrais. — Je réponds que la distinction kantienne de la matière et de la forme est elle-même en question ; que, dès le premier abord, cette distinction semble scolastique et, en tout cas, doit être critiquée[1] ; 2° que l'on peut fort bien se demander si l'intelligibilité est *en soi* comme elle est *pour nous* (et Kant s'est lui-même posé des questions de ce genre), si *notre* vérité est *la vérité* et *la réalité.* Nous pouvons avoir des raisons d'en douter, de dresser devant nos « connaissances », devant nos « principes »

---

1. Nous y reviendrons plus loin.

mêmes (raison suffisante, causalité, identité, etc.), de grands points d'interrogation.

A plus forte raison la critique est-elle légitime devant l'idée de l'*universalité comme loi du vouloir indépendante de toute matière,* c'est-à-dire devant la raison pure pratique. La situation est bien plus difficile pour la raison *pratique* que pour la théorique. La raison pure *pratique* est la faculté de poser à la *volonté* un principe d'action inconditionnel, absolument indépendant de l'expérience et ayant un caractère de nécessité *a priori*; or, c'est là un « usage pratique » de la raison pure qui non seulement admet, mais encore exige la critique, à l'aide des principes rationnels de tout usage. Rien ne prouve que cette application particulière de la raison à la volonté soit légitime, que l'idée de l'inconditionnel, qui était en suspicion sous les noms de Dieu, de l'âme, de la liberté, devienne tout d'un coup indiscutable dès qu'elle prend le nom d'impératif catégorique impliquant lui-même liberté inconditionnelle.

D'ailleurs, est-il vrai que les principes de la raison, même théorique, ne puissent être critiqués *en soi* aussi bien que dans leur « usage »? — Ce serait là, répète-t-on, un *cercle vicieux*. — Cela n'est soutenable, répéterons-nous à notre tour, que pour les principes purement *formels,* comme le principe de contradiction. — Vous vous servez alors de votre raison pour mettre en doute votre raison! Cercle vicieux. — Pas le moins du monde. Si, dans l'ordre théorique, la raison peut, en dépit des prétendus cercles vicieux qu'on lui oppose, trouver des raisons contre soi, des raisons de douter de sa valeur absolue et de son origine *a priori,* la raison pratique n'est-elle pas encore plus obligée à chercher des raisons qui la justifient? Ce n'est pas sous le même aspect que je considère la raison dans les deux cas : ici dans son rapport à la *volonté,* là sous le rapport de la *pensée*. Ma raison impose de fait à ma *pensée* des nécessités qui ont pour moi un caractère *universel,* puisque je ne puis penser avec une pensée autre que la mienne; mais, appliqué à une action simplement possible, l'universel ne s'impose plus de fait à ma *volonté,* à mon *activité*. Les deux cas ne sont pas du tout les mêmes. Si la raison s'imposait *ipso facto* à mon activité, le problème du devoir n'existerait pas. Le problème du devoir existe ; il y a donc des raisons universelles d'agir qui, valables pour mon intelligence, ne déterminent pas par cela seul mon activité. Ma raison théorique trouve intelligible que je me voue à la mort plutôt que de prêter un faux serment ; ma raison appliquée à la conduite et devenue volonté trouve intelligible que je dise : *primo vivere*. Dans le premier cas, le motif est universalisable, dans le second, il est individuel ; mais c'est toujours un motif, il est même généralisable, et mon action est toujours conforme à une loi générale ; seulement, ce n'est pas la loi d'une législation *universelle*. Me voilà donc partagé entre des motifs divers. Bien plus, l'impératif rationnel suppose lui-même des raisons qui le rendent objet intelligible d'une volonté. « J'entends crier de toutes parts, remarque Kant : *Ne raisonnez pas !* L'officier dit : Ne raisonnez pas, mais faites l'exercice ; le ministre des finances dit : Ne raisonnez pas, mais payez ; le prêtre dit : Ne raisonnez pas, mais croyez... Il est si commode de rester mineur ! N'ai-je pas un livre qui a de l'esprit pour moi, un directeur qui a une conscience pour moi, un médecin qui juge pour moi de mon régime ?... Je n'ai pas besoin de penser pourvu que je puisse payer[1]. » Paroles pleines d'esprit et de sens, mais qui peuvent se retourner contre le moralisme. L'impératif catégorique dit, lui aussi : Ne raisonnez pas, obéissez. Il est vrai qu'il est lui-même la raison, selon Kant, mais, comme il n'est que raison pure et formelle, non la plénitude de la raison et des raisons, son ordre est à moitié clairvoyant et à moitié aveugle. Il reste donc soumis à la critique.

III. — *La nature et l'origine de l'idée de devoir ont besoin d'être critiquées.*

C'est précisément dans sa *Critique de la raison pratique* que Kant fait cette remarque profonde : — L'homme ne peut savoir si une action qui lui semble faite sous l'idée pure du devoir (c'est-à-dire de la forme de légis-

---

[1] *Qu'est-ce que les lumières ?* trad. Barni, p. 281, 283, 286.

lation universelle) est en effet réellement pure, désintéressée de tous points, accomplie par pur devoir. Nous allons, pour notre part, faire usage de cet argument pour le transporter à l'*idée* du devoir elle-même. Comment pouvez-vous savoir, je ne dis plus si vous réalisez, mais si vous *concevez* de fait, en dehors de toute expérience, un devoir *pur,* une universalité valable par elle seule et indépendamment de toutes les conditions empiriques ? Vous ne pouvez être sûr de *concevoir* là une *idée* étrangère par nature à tout élément quelconque de l'expérience et de ne vous faire à ce sujet aucune illusion. Vous ne pouvez être certain que, vidée de tout emprunt à l'expérience intérieure ou extérieure, l'idée pure de devoir ne serait pas, comme vous vous l'êtes demandé à vous-même, « vide de sens ». La question de la vraie *nature,* de la vraie pureté d'une telle idée appelait donc impérieusement la critique.

De même pour la question de son *origine*. Eussiez-vous vraiment cette idée pure, à l'état de conception de votre esprit, il faudrait toujours savoir si elle n'est pas, comme toutes les autres idées, l'effet d'un déterminisme cérébral et mental ; si elle émane vraiment d'une « causalité intelligible » qui dominerait, comme du haut du ciel, le torrent du sensible, sans en troubler le cours nécessaire dans le temps et dans l'espace. Qui dit origine et genèse dit, au fond, *causalité*. La morale kantienne implique une série de rapports de causalité ; or tous les rapports de ce genre appellent l'examen. 1° Il y a d'abord la causalité de la raison pure pratique purement « formelle » sur la *volonté* et, par la volonté, sur le *monde sensible*. 2° Il y a la causalité qui a produit les idées de la raison pratique, et qui, selon Kant, les a produites sans être conditionnée par la causalité empirique. On ne voit pas la plus légère « *contradiction* » pour la raison à se demander : — Parmi mes principes, outre ceux qui sont nécessaires à la pensée et au savoir, y en a-t-il un autre, n'ayant plus trait au savoir, mais à l'action : 1° qui doive vraiment son *origine* à une *causalité spontanée* de la raison ; 2° qui doive son *action* impérative à cette même *causalité spontanée* de la raison agissant par elle seule sur la volonté, sur la « faculté de désirer » ; 3° qui doive à un pouvoir de liberté pure son influence causale sur la conduite empirique ? Prétendre, devant ces séries de causes et d'effets, que toute question est superflue et même contradictoire, c'est abandonner en un instant ce sens critique auquel la *Raison pure* elle-même avait donné une irrésistible impulsion.

La principale question d'origine que Kant aurait dû s'adresser, en morale non moins qu'en métaphysique, est la suivante : — L'*universalité* des principes rationnels et, en particulier, du principe moral, ne serait-elle point simplement le dérivé et l'expression intellectuelle d'un instinct profond de l'intelligence, de la volonté, disons mieux, de la vie ? Cet instinct agirait sur tous : 1° au profit de l'individu ; 2° au profit de l'espèce ; 3° dans le sens du monde entier. Nous nous trouverions alors devant une condition d'existence, devant une forme constitutive du vouloir-vivre, chez un être dont le vouloir-vivre individuel est indissolublement lié au vouloir-vivre social. Avec les siècles, la vie en société, jointe à l'action du Cosmos, a dû imposer aux cerveaux humains une soudure progressive dans le sens de l'action en vue de l'universel, comme, selon Darwin et Spencer, l'instinct social est devenu inné au cerveau de l'abeille ou de la fourmi. Alors reparaît le grave argument que nous avons exposé plus haut et qui, après s'être appliqué aux principes théoriques, va s'appliquer maintenant au principe pratique pur. Kant a reconnu que toutes nos actions, y compris les plus morales, fût-ce le consentement de Jésus au supplice de la croix, ont des *causes psychologiques* et *physiologiques* qui en rendent compte *scientifiquement*, comme on rend compte d'une *éclipse de soleil*. L'a *priori* moral, en admettant qu'il existe dans le *punctum stans* de l'éternité, doit donc correspondre, au sein du temps, à une série de *conditions* ou causes *cérébrales natives*, qui rendent compte scientifiquement de notre irrésistible tendance à poser des lois universelles pour la pratique. Le commandement moral de la raison pure doit avoir été inscrit lui-même en notre tête par des voies expérimentales ; il doit avoir pour *cause* un ensemble de conditions psychiques, sociologiques, cosmologiques, qui, pour une science plus complète, seraient déterminables dans la série des choses d'*expérience*. L'impératif doit encore, dans cette même série, avoir pour *effet* une impulsion naturelle fondamentale, qui elle-même doit être liée à d'autres impulsions antécédentes. Kant a nié que le supra-phénoménal fasse jamais des trous dans le réseau des phénomènes, que la *raison pure* ou la *liberté pure* y introduise des premiers commencements. Les rêves étranges d'un Renouvier lui auraient paru, tout comme ceux d'un Épicure, la plus scandaleuse négation de la raison même. Il ne peut donc admettre ni que les *connaissances a priori* dominant la science, ni que la *législation pratique a priori* dominant la morale soient des espèces de trouées subites et sans antécédents temporels, opérées par les *réalités supra-sensibles* au beau milieu du sensible. Mais alors la même question que nous avons posée revient toujours : l'*a priori* moral ne serait-il point, comme tout autre *a priori*, le transport dans le noumène d'une certaine espèce d'*a posteriori* que l'on envisage sous un aspect métaphysique et intemporel, *sub specie æterni* ? Ne constitue-t-il point, comme nous l'avons dit, un monde aussi impossible à établir et à connaître que le monde intelligible de Platon, avec lequel il ne fait qu'un ? Kant ne veut pas se contenter de la conscience, seule immanente ; son *a priori* moral, au fond, est d'origine transcendante, il est le transcendant lui-même. Or, nous l'avons vu, pour que vous fussiez certain d'avoir une idée du devoir *a priori* ayant pour cause une « activité spontanée » appelée « raison », il faudrait que vous fussiez certain de votre liberté transcendante, de votre activité absolue et initiale, de votre causalité supérieure à l'expérience. Mais vous n'en êtes pas certain : l'absence de causes empiriques à vous connues prouve seulement, a dit Kant lui-même, que vous ne les percevez pas, non qu'elles sont absentes, non que seule est présente une cause *intelligible*. Donc vous n'êtes pas plus sûr de votre raison pure *causante* et *pratique* que de votre liberté pure ; vous n'êtes pas plus sûr de votre causalité *a priori* sous le rapport de la *pensée législative* que de votre causalité *a priori* sous le rapport de la volonté exécutive. De même que vous ne *savez* pas s'il *existe* un principe de législation universelle valable par lui seul, vous ne savez pas davantage si ce que vous *concevez* sous ce nom n'a point pour origine un subtil mélange, un résidu sublimé, une quintessence de notions empruntées à l'expérience (intérieure et extérieure), ainsi que d'instincts précédant toute expérience et lentement déposés en vous par le Cosmos. Vous ne savez pas, en d'autres termes, si les causes de cette idée morale qui éclaire à la fois votre intelligence et votre volonté ne sont pas uniquement des causes qui seraient accessibles à une expérience complète, comme le sont celles de la flamme qui éclaire vos yeux. En vain voulez-vous bondir au-dessus de votre conscience, de votre expérience profonde ou superficielle, ainsi que de ses conditions internes et immanentes ; en vain voulez-vous vous attribuer une causalité transcendante, que ce soit sous le nom de *liberté* ou que ce soit sous le nom de *raison pure théorique*, ou que ce soit sous le nom de *raison pure pratique* ; tout ce que vous pensez, comme tout ce que vous faites, a son origine dans la totalité des raisons déterminatrices de ce qui est, fut et sera. Vous le reconnaissez d'ailleurs vous-même, mais vous ajoutez que vous *concevez* autre chose. Soit ; cette *conception* est encore, comme telle, un produit d'expérience : elle ne tombe pas dans votre tête sans une série de causes qui sont du domaine de l'expérience possible, sinon de la vôtre, du moins d'une expérience plus exhaustive. Homme, vous ne sortirez jamais de l'expérience interne ou externe; vous ne sortirez jamais de la *conscience,* sinon par une négation O ou par une interrogation problématique X, qui elle-même n'a aucun sens que celui qui lui est conféré positivement par les données de la conscience.

Concluons que l'idée du « devoir » pur, tel que Kant l'entendait, aurait dû être critiquée dans ses causes de toutes sortes. Il eût fallu voir préalablement si elle n'avait pas son origine, soit dans une illusion naturelle, soit dans une conception problématique de métaphysicien spéculant sur l'*a priori,* soit dans un reste de ces dogmes religieux selon lesquels la voix de Dieu parle au fond de nos âmes, soit dans une restauration inattendue et illégitime du noumène par le philosophe qui semblait l'avoir à jamais éliminé. En tout cas, il y avait lieu d'en rechercher les sources. Soutiendra-t-on que

Kant l'a fait, qu'il a d'avance répondu aux Mill, aux Auguste Comte, aux Darwin, aux Spencer, etc. ? Nous ne lui faisons pas un crime de n'avoir pas prévu les philosophies à venir ; mais que du moins les kantiens d'aujourd'hui n'essaient pas de nous donner le change et de soutenir qu'il n'y a rien à demander au delà du pur : *Tu dois*.

IV. — *La réalité objective de l'idée du devoir a besoin d'être critiquée.*

Après les questions de l'existence, de la nature et de l'origine, le grand pas à franchir, pour une critique de la raison pure pratique comme pour une critique de la raison pure théorique, c'est le passage à l'objectif. Pas de devoir si la législation universelle n'est pas *objectivement* valable. Voyons donc de quelle manière Kant s'efforce de conférer l'objectivité à la forme du devoir, dont le fond se dérobe. Nous venons de rappeler que, selon lui, — et c'est le résultat de la critique de la raison pure, — au-dessus de la causalité mécanique et sensible *peut* exister, sans contradiction, une causalité intelligible, « inconditionnée sensiblement », par cela même libre. — Qu'il n'y ait là aucune contradiction pour nous, soit ; mais qu'il n'y ait aucune contradiction objectivement et que la *possibilité* soit ici objective, Kant ne l'a nullement démontré. Passons cependant sur ce point, qui n'est pas la question présente. En ce moment, il s'agit de savoir par quel moyen on peut *changer* cette possibilité, gratuitement admise, en réalité (*Sein*) ? Comment, du même coup, pénétrer dans le monde supra-sensible ? — Il faudrait pour cela, répond Kant, « prouver *dans un cas réel*, comme par un *fait*, que certaines actions supposent une telle causalité (la causalité intellectuelle, sensiblement inconditionnée), qu'elles soient *réelles* ou uniquement *ordonnées*, c'est-à-dire nécessaires objectivement et pratiquement. Nous ne pouvons espérer de rencontrer cette connexion étonnante en des actions réellement données dans l'*expérience*, comme événements du monde sensible, puisque la causalité par liberté doit toujours être cherchée en dehors du monde sensible, dans l'intelligible¹ ». Or, en dehors des êtres sensibles, il n'y a rien qui puisse être donné à notre *perception* et à notre observation; de ce côté, impossible de trouver une ouverture sur les réalités intelligibles. Il ne reste donc qu'à découvrir, conclut Kant, « un *principe* de causalité incontestable et, à vrai dire, objectif, qui exclue toute *condition sensible* de sa détermination, c'est-à-dire un principe dans lequel la raison n'invoque aucune *autre chose* comme *principe déterminant* relativement à la causalité, mais contienne déjà elle-même ce principe et où, par conséquent, elle soit elle-même pratique comme raison pure ». Ce principe est celui de la loi morale universelle. « Donc la causalité inconditionnelle et son pouvoir, la liberté, et avec celle-ci un être (moi-même), qui appartient au monde sensible et qui cependant appartient en même temps au monde intelligible, ne sont pas simplement conçus d'une façon indéterminée et problématique (ce que déjà la raison spéculative pouvait trouver praticable), mais même, relativement à *la loi* de leur causalité, déterminés et *connus assertoriquement*. Ainsi nous a été donnée la réalité du monde intelligible, *déterminé* au point de vue pratique². »

Kant, on le voit, voulant passer à l'objectif, pose en principe qu'il suffit que certaines actions, « sans être réelles, soient *ordonnées* » pour que cet ordre acquière l'objectivité. Nous lui répondrons qu'il y a un abîme entre le réel et le commandé. Le commandement, dit Kant, est un *fait*, un fait de la raison. Mais, nous l'avons vu, ce fait peut être une illusion : je puis croire à tort que l'obéissance à une loi universelle, pour le seul motif de son universalité, est chose nécessaire et chose réalisable ; je ne sais pas, Kant l'a dit cent fois, si je suis libre, capable de réaliser la loi comme loi et sans autre motif. — Vous le savez par le commandement même. — Non, ignorant si je *peux*, j'ignore si je suis vraiment « commandé » (notion d'ailleurs tout empirique) ; j'ignore si je dois *inconditionnellement* ou si je dois seulement sous la *condition* où je serais libre,

---

1. *Crit. de la R. prat.*, trad. Picavet, p. 190 et suiv.
2. *Crit. de la R. prat.*, trad. Picavet, p. 190 et suiv.

c'est-à-dire appartenant à ce monde intelligible dont on veut me démontrer l'existence. La pétition de principe est de nouveau manifeste. Kant s'appuie expressément sur ce qu'il faut démontrer, c'est-à-dire sur « la réalité objective de la *causalité* appartenant à la raison », causalité tout *intelligible,* causalité transportée en un monde où Kant nous a dit que nous n'avons pas le droit de transporter la causalité. Que la raison puisse être à la fois pure et pratique, c'est-à-dire cause par elle-même, et que la volonté puisse aussi être pure, cause d'actions libres n'ayant d'autre motif que la loi même comme loi, c'est ce que le fait d'un commandement apparent et phénoménal ne suffira jamais à établir, d'autant plus que le commandement cesse de nous paraître tel et de nous concerner dès que nous ne nous concevons plus comme libres.

Kant insiste et dit : « Pour que la raison puisse donner des lois, il faut qu'elle ait simplement besoin de se supposer elle-même, parce que la règle n'est objective et n'a une valeur universelle que si elle est valable sans aucune des conditions subjectives et accidentelles qui distinguent un être raisonnable d'un autre[1]. » — Il y a ici plusieurs questions mêlées. Pour que la raison puisse donner des lois, il ne faut pas seulement qu'elle puisse se supposer elle-même : il faut encore qu'elle puisse poser en principe sa propre objectivité et celle de la *forme* législatrice. Il ne suffit pas, pour que cette forme soit objective, qu'elle soit débarrassée des « conditions subjectives et accidentelles qui distinguent un être raisonnable d'un autre ». Dans ce dernier cas, elle sera sans doute valable pour tous, mais seulement si elle est d'abord valable en elle-même et si son objet, la forme universelle indépendamment du contenu, a une valeur par soi. Kant ne fait aucune de ces distinctions ; sa conclusion n'est donc pas prouvée. « La première question ici, dit-il lui-même, est de savoir *si* la raison pure suffit à elle seule à déterminer la volonté, ou si elle ne peut en être un principe de détermination que comme dépendant de conditions empiriques (*empirisch-bedingte*). Un concept de la causalité, justifié par la *Cri-*

---

1. *Raison prat.*, trad. Picavet, p. 30.

tique de la raison pure, mais non susceptible, à la vérité, d'une représentation (*Darstellung*) empirique, intervient ici : c'est le concept de la *liberté*. » — Kant reconnaît donc bien que la causalité pratique attribuée à la raison, pour être réelle, implique la liberté, puisque la raison doit déterminer la volonté indépendamment des conditions empiriques. « *Si* nous pouvons maintenant découvrir des moyens de prouver que cette propriété (la liberté) appartient en fait à la volonté humaine (et ainsi également à la volonté de tous les êtres raisonnables), il sera *montré* par là, non seulement *que la raison pure peut être pratique*, mais qu'elle seule, et non la raison limitée empiriquement, est pratique d'une façon inconditionnée (*unbedingterweise*)[1]. » Autrement dit, la raison pure sera pratique *si* on peut prouver la liberté. Mais Kant ne prouvera la liberté qu'en admettant comme *évident* (contre ce qu'il vient de dire), que la raison pure est causale. Kant, en effet, ne reconnaît pas de validité à la persuasion de notre liberté ; il ne reconnaît de valeur à l'idée de liberté qu'en tant qu'elle est liée comme condition à la loi morale. Nous voilà donc de nouveau dans le cercle tant de fois reproché à Kant : — La raison pure serait pratique par elle-même si nous étions libres, et nous serions libres si la raison pure était pratique par elle-même. Mais, notre liberté étant incertaine, il ne peut être certain objectivement que la raison pure soit pratique ; inversement, la puissance pratique de la raison pure étant incertaine et subordonnée à notre liberté, il ne peut être certain objectivement que nous soyons libres.

Kant répond que les deux points de vue diffèrent, en ce que l'un est celui de l'*être* et l'autre celui du *connaître*. D'une part, dit-il, « la liberté est la *ratio essendi* de la loi morale », mais, d'autre part, la loi morale est la *ratio cognoscendi* de la liberté ; elle est « la condition sous laquelle nous pouvons d'abord devenir *conscients* de la liberté ». Au point de vue de l'être, « s'il n'y avait pas de liberté, la loi morale ne *se trouverait nullement en nous* » ; au point de vue du connaître, « si la loi morale n'était d'abord clairement conçue dans notre rai-

---

1. *Raison prat.*, trad. Picavet, p. 21.

son, nous ne nous croirions jamais autorisés à admettre une chose telle que la liberté (quoiqu'elle n'implique pas contradiction)[1] ». Par cette distinction scolastique, Kant s'évade-t-il réellement du cercle vicieux ? Il faudrait avoir mal profité de ses propres leçons pour admettre cette séparation radicale entre *ratio essendi* et *ratio cognoscendi*. Lui-même nous l'a enseigné, nous n'atteignons l'être (si nous l'atteignons) qu'à travers le *connaître* et en le déformant par notre connaissance même. La *ratio essendi* n'est donc, pourrait-on dire, que notre *ratio cognoscendi rationem essendi*. Si la liberté est par moi conçue comme raison de la *réalité* du devoir, il faut, pour que je *connaisse* objectivement la réalité de mon devoir, que je connaisse la réalité de ma liberté. Autrement, je ne conçois qu'un devoir en l'air, un devoir possible au point de vue de la logique formelle en ce qu'il n'implique pas contradiction, mais qui ne serait réellement possible et surtout ne serait réellement *mon* devoir que si *moi* j'étais libre. — En fait, répond Kant, vous vous attribuez des devoirs réels. — Oui, tout le temps que je m'imagine être réellement libre. Mais, dès que vous mettez en doute théoriquement ma liberté, vous mettez *ipso facto* en doute, dans la même mesure, mon devoir pur pratique ; nulle distinction entre *ratio essendi* et *ratio cognoscendi* ne me sauvera de ce doute. En un mot, je *connais*, selon vous, que ma liberté est pour mon devoir pur une condition d'existence ; si donc je ne *connais* pas l'existence de ma liberté, je ne *connais* pas davantage l'*existence* de mon devoir. Or, la critique de la raison pure a prouvé que je ne puis être libre dans le monde de l'expérience et que, si je suis libre, je ne puis l'être que dans le monde des noumènes. Donc, aussi, je n'ai de devoir pur, si j'en ai, que dans le monde éthéré des noumènes ; et, comme votre critique a réduit cet empyrée à un problème, mon devoir est lui-même un problème. Le seul « fait » qui reste, ici encore, c'est que je conçois ou crois concevoir le monde supra-sensible ; je suis en présence d'une *idée*, et même d'une idée-force, mais je ne *sais* pas si elle répond à une réalité.

---

[1]. *Raison prat.*, trad. Picavet, p. 3, note.

Kant, d'ailleurs, a lui-même posé toutes les raisons de doute qui doivent s'élever devant la validité absolue de son impératif inconditionnel. Si l'inconditionnel théorique est peut-être un simple « besoin de la pensée », nous incitant à remonter de conditions en conditions, qu'est-ce qui m'assure que l'inconditionnel *pratique* n'est pas, lui aussi, un simple besoin de l'action, un ἀνάγκη στῆναι provisoire ? Nous l'admettons pour pouvoir agir ; sans quoi, en attendant la certitude absolue et suprême, nous n'aurions plus qu'à nous croiser les bras. Quand on a lu toute la *Critique de la raison pure*, quand on a vu Kant, par sa « dialectique », renverser de ses propres mains tant d'idoles, soutenir la subjectivité du temps et de l'espace pour ce fait même qu'ils sont *nécessaires* à notre esprit, ramener la causalité à une simple catégorie, nécessaire seulement pour notre expérience et valable seulement pour elle, réduire les idées nécessaires de la raison à de simples idéaux, réduire la liberté à un inconditionnel invérifiable qui ne peut exister dans le monde de l'expérience où nous vivons et agissons, comment croire que, tout d'un coup, après une telle critique des nécessités de la raison théorique, le philosophe va se prosterner sans la moindre arrière-pensée devant les nécessités de la raison pratique lui disant : *tu dois* ? Comment croire qu'il n'osera pas demander au préalable : *Puis-je* ? est-il même sûr que je *doive* absolument ? est-il sûr que ce que je prends pour une nécessité *conçue a priori* ne soit point une nécessité *sentie a posteriori,* condition en quelque sorte innée de la vie sociale, sentiment d'une constitution plus développée chez l'homme que chez l'animal, révélation d'une ère de l'évolution plus avancée, etc. ?

« Les idées de la raison pure, répliquera Kant, ne peuvent jamais être dialectiques *en elles-mêmes* ; seul l'abus qu'on en fait est nécessairement cause qu'il y a en elles une source d'apparence trompeuse pour nous. Car elles nous sont données par la *nature* de notre raison ; et il est *impossible* que ce suprême tribunal de tous les droits et de toutes les prétentions de notre spéculation *renferme lui-même des illusions* et des *prestiges originels*. Il est donc *probable* qu'elles auront une *destina-*

tion bonne et appropriée à leur fin dans la constitution naturelle de notre raison[1]. » Kant ne pousse pas jusqu'au bout sa propre critique. Bien plus, il en efface ici du doigt les résultats. Il avait montré tout au long que notre sensibilité, que notre entendement même peuvent être trompeurs et renfermer des illusions constitutionnelles ; et maintenant il prétend *impossible* que notre raison pure, à nous *hommes,* en contienne. Qu'en sait-il ? Comment peut-il cesser d'être homme pour établir une telle « impossibilité » ? Pourquoi les idées de Dieu, de l'âme, de la liberté, etc., ne pourraient-elles contenir en elles-mêmes des « prestiges originels » ? Il les a critiquées tellement qu'il semble bien qu'elles soient prestigieuses, au moins en partie. L'idée du devoir pour le devoir l'est peut-être aussi. La seule réponse, — par trop banale, — que donne Kant, c'est que la raison est le « tribunal suprême ». — La raison purement logique et formelle, oui ; mais, encore un coup, on peut fort bien raisonner sans présupposer Dieu, l'âme, la liberté, le devoir. Kant s'appuie, en définitive, sur le principe de finalité, qui est lui-même une pure hypothèse. Il est « probable », en vertu de cette hypothèse, que les idées de la raison ont une « fin » appropriée. Il semble probable aussi que l'appendice vermiculaire a une fin ; cependant, si on pouvait nous l'enlever à tous, nous serions délivrés de l'appendicite.

On le voit, la pensée de Kant demeure flottante entre la vieille métaphysique finaliste et la nouvelle méthode critique. La loi morale fût-elle vraiment, comme telle, une *nécessité* de ma constitution intellectuelle, je puis toujours me demander jusqu'à quel point elle est valable en soi. Fût-elle un *fait,* je puis me demander ce que vaut ce fait, et comment une loi de raison peut être un fait, et comment le simple fait que je conçois une loi obligatoire confère à cette loi la validité absolue.

— Moins encore dans l'ordre de la pratique que dans celui de la théorie, a-t-on dit pour excuser Kant, nous pouvons nous interroger sur la *validité* de la raison, « puisqu'ici les principes n'énoncent pas une condition de vérité, une connaissance, d'ailleurs toute formelle,

---

[1]. *Raison pure,* Hartenstein, III, p. 450, 451.

dont on pourrait se demander à quoi elle répond hors
de la pensée qui l'affirme : il s'agit d'un *acte*, d'une *exi-
gence pratique*, dont on ne peut *évidemment* demander
si elle est *conforme à un objet*[1]. » — Je nie cette évidence. Avant d'agir *universellement* et pour la seule
universalité, je ne puis pas ne pas me demander si l'universalité répond à quelque *objet* ou *sujet*, si elle a
quelque *contenu*, si elle exprime une *vérité* et même
une *réalité* quelconque, bref, si elle a une *valeur objective* et *sur quoi* est fondée cette valeur. La loi morale
formelle n'exprime une condition d'activité qu'à la condition d'exprimer auparavant une « condition de *vérité* »,
d'exprimer une *connaissance,* « formelle » si on veut,
mais dont je me demande nécessairement : — Cette forme idéale, que je prends pour une forme rationnelle et
qui est peut-être expérimentale, répond-elle à quelque
chose de réel ou de vrai hors de ma pensée qui la conçoit ? — Les interrogations surgissent innombrables ;
prétendre qu'on est là devant une évidence comme
A = A, prétendre que la raison pure pratique se dégage
sans voiles, dans une sorte de lever de soleil aveuglant,
c'est s'aveugler soi-même, c'est « se crever agréable-
ment les yeux. »

Déplaçant la question, Kant s'efforce de nous persuader, — on s'en souvient, — que ce sont les morales
expérimentales dont la valeur a besoin d'être critiquée,
parce qu'elles sont *transcendantes* et poursuivent des
objets transcendants, tandis que la morale de l'impératif
catégorique serait seule immanente. « L'usage de la
raison *pure*, dit-il, quand son existence est démontrée,
est *immanent* ; l'usage qui est soumis à des conditions
empiriques et qui s'arroge la souveraineté est, au contraire, *transcendant*, et il se révèle par des prétentions
et des ordres qui sortent tout à fait de sa sphère »,
— par exemple, l'ordre d'être *heureux*, d'atteindre
la *perfection* de nos *facultés*, de contribuer au *bien
social*, etc. C'est l'hédonisme et l'eudémonisme qui
sont, selon Kant, un emploi transcendant de nos
facultés ! N'y a-t-il point là quelque prestige ? Est-il
sûr qu'un Bentham ou un Spencer usent de principes

---

1. Cantecor, *ibid.*

qui appartiendraient à une sphère transcendante ? D'autre part, est-il vrai que la raison *pure*, en commandant à l'homme d'agir comme s'il était législateur universel dans le règne transcendant des fins, comme s'il était membre d'un monde intemporel, égal à x pour la spéculation, ne fasse d'elle-même qu'un *usage pratique tout immanent*? Nous avons plus haut démontré le contraire. L'idée d'une loi universelle et impérative par elle-même est transcendante, puisqu'elle implique l'affirmation de la raison comme valable objectivement, absolument, universellement. L'idée de la *personne* intelligible et libre, à laquelle s'adresse cette loi, est transcendante, puisque nous n'avons, selon Kant, l'expérience que d'un moi phénoménal. Enfin l'idée du monde archétype, dont la loi morale nous impose de réaliser au moins la forme, est celle d'un noumène donnant la loi au phénomène : elle est le transcendant même s'imposant à l'immanent. Toutes ces notions se ramènent, nous l'avons vu, à celle d'une causalité transcendante : causalité de la raison, causalité de la volonté, causalité du noumène. La seule affirmation, la seule conception de la loi morale est déjà une affirmation ou conception transcendante. On ne peut donc pas dire que la loi morale soit l'unique principe qui nous permette de ne pas sortir de nous-même. Cela n'est vrai que si le *nous-même* est déjà présupposé transcendant et identique au *noumène*. — « La détermination spéciale des devoirs, comme devoirs des hommes, dit Kant, n'appartient pas à une critique de la raison pratique en général, qui n'a qu'à indiquer d'une manière complète les principes de la *possibilité*, de l'*étendue* et des *limites* de la raison pratique, *sans référence* spéciale à la nature *humaine*. » Un tel point de vue présuppose donc bien que la raison pratique est, en son essence, supérieure à l'homme, que sa valeur objective est absolue et universelle. Comment une telle présupposition pourrait-elle être justifiée par le simple fait de *concevoir* l'impératif? Cette conception implique le caractère surhumain de la raison humaine, et il reste toujours à savoir si elle est vraie. Or, Kant a poussé la critique spéculative, non seulement des sens, mais de la conscience, jusqu'à prétendre que nous ne pouvons rien connaître du monde intelligible, absolument rien, pas même s'il existe ou s'il est possible : il n'est qu'un *vacuum*. En nous, la pensée de l'être que nous croyons poser en disant : *Cogito*, se ramène à une forme. Nous ne plongeons nulle part dans l'être, emportés que nous sommes dans le fleuve des phénomènes, dont les formes *a priori* ne sont que les rives en apparence immobiles. L'être même n'est qu'une idée conçue par cette faculté de formes qu'on nomme la raison. Et maintenant Kant veut nous persuader qu'il suffit à la raison, au point de vue pratique, de poser une *loi* apparente à la volonté, pour que nous lui accordions par un coup de théâtre une valeur absolue et absolument objective, impliquant l'affirmation de la réalité du monde supra-naturel, de notre liberté intemporelle, de notre personnalité intemporelle, de notre existence intemporelle, de notre vie éternelle ! La loi intelligible imposée par notre intelligence n'a de valeur absolue et certaine que si l'intelligible existe, ce que nous ne savons pas ; donc nous ne savons pas si l'impératif a vraiment une valeur absolue et certaine.

Outre qu'il suppose une cause supra-sensible, le devoir proprement dit suppose une *fin* supra-sensible, supra-terrestre, supra-humaine ; il suppose que cette fin est la meilleure, la seule fin, le souverain bien ; de plus, il suppose que cette fin est possible et réelle, sans quoi le devoir serait problématique et se changerait en idéal persuasif. Or, Kant a admis que nous ne pouvons établir avec certitude aucune fin supra-sensible. Donc, sous tous les rapports, le devoir pur n'est pas « apodictiquement certain », mais subordonné à une réalité qui n'est pas objectivement donnée.

Kant, d'ailleurs, de ses propres mains, renverse tout son dogmatisme moral lorsqu'il dit dans la *Critique de la raison pure* : « La Raison se voit forcée ou d'admettre un Dieu, ainsi que la vie dans un monde que nous devons concevoir comme futur, ou de regarder les lois morales *comme de vaines chimères*, puisque la conséquence nécessaire qu'elle-même rattache à ces lois (le bonheur) s'évanouirait sans cette supposition. Aussi chacun regarde-t-il les lois morales comme des *commandements*, ce *qu'elles ne pourraient être* si elles ne rattachaient *a priori* certaines *suites* à leurs règles, et si, par conséquent, elles ne renfermaient des *promesses* et des *menaces*. Mais c'est aussi ce qu'elles *ne pourraient faire* si elles ne résidaient dans un *être nécessaire*.[1] » Et à la page suivante : — « Sans un *Dieu* et sans un *monde* qui n'est pas *visible pour nous*, mais que nous *espérons*, les magnifiques *idées* de la moralité peuvent bien être des *objets* d'*approbation* et d'*admiration*; mais ce ne seraient pas des mobiles d'*intention* et d'*exécution*, parce qu'elles n'atteignent pas *tout ce but, naturel à tout être raisonnable,* qui est déterminé *a priori* par cette même raison pure et qui est *nécessaire* : le bonheur. » Ainsi Kant nous avait dit d'abord : — La loi morale est un *commandement* valable par lui-même et par lui seul, en vertu de la seule forme universelle de la loi, indépendamment de toute matière, de toute « suite », de tout but, et en particulier du bonheur, quelque naturellement et fatalement que, en fait, le bonheur soit désiré par tous. Et maintenant Kant nous dit : — La loi morale ne peut être un *commandement* valable, un impératif, que si elle nous *promet* une suite, une conséquence, une fin atteinte, le bonheur; elle ne peut être une obligation si elle n'a une sanction; elle n'est plus qu'une noble *idée* si elle n'atteint pas *tout notre but,* lequel *tout* comprend le bonheur. On peut demander à Kant comment la raison, par sa seule forme universelle, peut avoir une valeur définitive et *absolue* si, par ailleurs, elle a besoin de l'addition du bonheur pour constituer le souverain bien ? Platon appelait l'absolu le *suffisant*, τὸ ἱκανόν; la *raison* suffit-elle, oui ou non, à remplir notre idée de fin absolue et parfaite, de valeur suprême ? Kant ne le croit pas, puisqu'il déclare le bonheur absolument « nécessaire » et que la raison finit par n'être pour lui qu'un moyen d'être *digne du bonheur*. Comment alors est-elle une fin absolue et suffisante ? Elle est, si vous voulez, un élément essentiel et intégrant de la fin absolue, de la perfection et de la béatitude; mais il est impossible d'admettre que ce qui est une simple partie du *satisfaisant absolu* soit l'absolu satisfaisant de tous points.

Sans doute le *bonheur* n'est ici présenté que comme

---

1. *Raison pure*, trad. Barni, t. I, p. 371.

suite nécessaire, prétendue déterminée *a priori* par la raison pure elle-même (ce qui est insoutenable, la raison ignorant la sensibilité et le bonheur), non comme *antécédent* et *condition* de la loi rationnelle. Il n'en demeure pas moins vrai que la loi rationnelle est déclarée *insuffisante* à elle seule et ne peut constituer un véritable *impératif* sans sa suite, le bonheur. D'où le dilemme : — Ou la loi rationnelle d'universalité est, par sa *forme* seule, un impératif absolu, en soi et pour soi, et alors sa valeur dépend d'elle seule, advienne que pourra, sans exiger comme complément la joie suprême, dont on ne trouvera jamais l'idée, quoi qu'en dise Kant, dans la raison pure. Ou la loi morale ne vaut et ne commande que si elle est déjà conçue — fût-ce de derrière la tête — comme impliquant joie et bonheur, à titre de valeur intégrante ou complémentaire du bien ; et alors, elle n'est pas, à elle seule, absolue et catégoriquement impérative. Elle ne deviendrait impérative que si elle était connue non comme voix de *notre* raison, mais comme voix d'une *Raison universelle* qui voudrait le *bonheur universel* et qui aurait la *puissance* de l'assurer ; et c'est ce qu'on appelle la « voix de Dieu ». Mais alors, la validité de la loi morale est liée à celle de l'idée de Raison universelle et souverainement bonne, que la *Critique de la raison pure* a précisément réduite à *x*. Au lieu d'un *principe* « apodictiquement certain » et valable *a priori,* nous n'avons donc qu'une conséquence dont la certitude et la valeur sont conditionnées par une condition elle-même incertaine. Il faudrait, en effet, que la raison, souveraine de notre pensée et de notre conduite, ne fût pas seulement représentation, mais fût acte, acte causal, acte spontané, acte libre.

Quelque effort que fasse Kant, le point de vue pratique ne saurait rendre apodictique ce qui ne l'est pas. Que nous consentions à agir *comme si* la vie éternelle existait, je l'admets ; mais que la vie éternelle, incertaine théoriquement, devienne pratiquement et apodictiquement *certaine* dès qu'elle nous semble *commander* des actes supra-naturels, c'est là un changement à vue qui ne peut, sinon par un coup de baguette dialectique, métamorphoser le doute en dogme. Dites-nous de *croire* à un devoir absolu et intemporel comme vous nous dites de croire à la vie supra-sensible dont il est la manifestation ; mais ne dites pas : — Le devoir pur, le devoir pour le seul devoir, comme forme imposée par la vie éternelle à la vie temporelle, est *apodictiquement certain* et *absolument valable.*

En résumé, que valent les diverses excuses de Kant pour nous faire admettre, à tous les points de vue possibles, que la critique de la raison pratique consiste à ne pas même essayer de critiquer la raison comme règle de conduite et à critiquer uniquement l'expérience ? Elles constituent une vaste *ignoratio elenchi* en même temps qu'une vaste *petitio principii*. Le titre même du livre est trompeur, puisqu'il devrait s'intituler : Critique de l'expérience comme pratique, avec admission sans critique d'une raison pure *pratique par elle-même*. Par toutes les voies, dans la discussion précédente, nous avons abouti au même résultat : la Raison pure pratique est un problème, l'impératif *a priori* est un problème. Nous, hommes, nous nous demandons *si* les motifs sensibles sont tout, et nous élevons au-dessus l'idée d'un motif supérieur ; nous construisons un idéal sublime, bien haut au-dessus de nos têtes, avec des matériaux empruntés à la réalité connue dans notre conscience ; mais il n'y a là aucun *a priori*. Il y a une expérience profonde et radicale de notre pouvoir de penser, que nous opposons à tous ses objets extérieurs. Kant a manqué aux règles de la critique qu'il avait si magistralement posées, en ne soumettant au doute méthodique ni l'existence, ni la nature, ni l'origine expérimentale de l'idée du devoir, ni sa prétendue origine rationnelle dans une causalité intelligible de la Raison qui serait une causalité nouménale, ni enfin l'objectivité et la validité absolue de l'idée du devoir. Le plus essentiel caractère de l'impératif catégorique, qui est d'être rationnel *a priori* et valable par soi, n'a pas été établi par Kant, et sa « raison pure » demeure une simple hypothèse, qui, à l'analyse, se résout en impossibilité.

« A l'égard de la nature, répond Kant, c'est l'expérience qui nous fournit la règle et qui est la source de la vérité ; mais, à l'égard des lois morales, c'est l'expérience (hélas!) qui est la mère de l'apparence ; et c'est une tentative au plus haut point condamnable que de vouloir tirer de ce qui *se fait* les lois de ce que je dois faire, ou de vouloir les y réduire[1]. » Cette condamnation de l'expérience est vraie ou fausse selon l'étendue où on prend l'expérience même. Entendez-vous par là, uniquement, ce qui *se fait, s'est fait, se fera*, sans y introduire ce que *je puis* faire en concevant telle *idée* et éprouvant telle *inclination*, en pensant et en aimant ; alors, oui, l'expérience brute, réduite aux faits tels quels, aux faits dits positifs, fussent-ils « sociologiques », est impuissante à fournir une règle qui dépasse le donné, le modifie, le transfigure. Mais, selon nous, il faut prendre l'expérience au sens intégral ; il faut y introduire la conscience ou expérience intérieure, l'expérience de nos idées et de nos amours, l'expérience du pouvoir inspirateur et initiateur par lequel, s'appuyant sur ce qui est, l'intelligence invente ce qui n'est pas encore et commence en idée le meilleur, pour le continuer en acte. Alors il devient faux de dire que l'expérience est mère de l'apparence, de l'erreur, de la faute ; elle est, au contraire, avec toutes les idées-forces où elle se prolonge, mère de la moralité.

1. *Raison pure*, éd. Hartenstein, t. III, p. 260.

LIVRE DEUXIÈME

LE FORMALISME MORALISTE

CHAPITRE PREMIER

L'UNIVERSALISATION DES MAXIMES, COMME CRITERIUM MORAL

On n'a pas toujours bien compris en quoi consiste le formalisme kantien, qui contient à la fois de hautes vérités et des inexactitudes.

Il faut bien le remarquer, la forme universelle de la loi morale n'exclut point, aux yeux de Kant, mais, au contraire, appelle une matière, comme suite et conséquence ultérieure : la loi est essentiellement la forme rationnelle d'une matière tombant sous l'expérience et qu'il s'agit d'y introduire. C'est ce que Kant a soin de dire. Seulement, il ne veut pas que la matière même, telle que notre bonheur ou le bonheur d'autrui, détermine la volonté ; car, selon lui, elle ne la déterminerait que par un désir égoïste ; la volonté serait donc hétéronome et obéirait à la sensibilité. Il faut que ce soit le caractère *universel* du bonheur qui *seul* détermine rationnellement le vouloir et lui donne ainsi un caractère de moralité. Il faut que ce soit la raison seule qui pose la loi et dise : telle intention doit exister pour l'unique motif qu'elle est universalisable et que le rationnel doit être *universel*. Il faut aussi que ce soit la raison seule, non un penchant quelconque, pas même la joie immédiatement attachée à la conception rationnelle de l'universel, qui détermine la volonté. Est moral celui qui *veut* pour cette unique raison qu'il *doit* vouloir universellement, quels que soient d'ailleurs tous les sentiments, bons ou mauvais, et tous les motifs empiriques qui accompagnent en fait sa décision. Si, par hypothèse, tous ces mobiles et motifs empiriques ne suffisent pas à expliquer complètement son acte de volonté droite, s'il faut encore ajouter à ces mobiles un acte de la raison se réalisant par elle-même, il y a alors moralité ; sinon, non. Vous pourrez dire que cet homme a la meilleure *nature*, qu'il est sympathique, qu'il est aimant, qu'il est bienveillant, qu'il est bienfaisant ; mais cette bonne nature ne sera pas la bonne volonté, la moralité. Il faut vouloir par raison *pure*, absolument pure, et conséquemment par raison concevant l'*universel*; alors toute la matière de la volonté se moralise, et la volonté elle-même devient morale.

Dans cette haute doctrine, il y a deux affirmations distinctes : 1° ce qu'on nomme la moralité implique la forme universalisable des intentions ; 2° cette forme n'a aucun contenu primitif et constitue à elle seule la *loi* morale. Nous acceptons la première affirmation; mais, — on doit s'y attendre après la discussion précédente, — nous rejetons la seconde affirmation, qui seule, à nos yeux, constitue le moralisme formaliste.

I. — Côté vrai de la méthode d'universalisation.

A l'universalisation des maximes, comme criterium moral, on a fait des objections qui ne sont pas justes. — L'esprit ne peut, disent les hégéliens, tirer des règles morales du simple principe logique de contradiction. — Sans doute, mais Kant ne prétend pas le faire. Il pose en principe, à l'imitation de tous les moralistes, la volonté de l'universel comme constituant la volonté morale et il prescrit pour règle de ne pas contredire, dans ses *maximes* ou *intentions*, cette volonté de l'universel, conséquemment d'adopter des maximes qui soient toujours universalisables, alors même que les actions qui en résultent ne le seraient pas toujours. Ces actions peuvent fort bien et doivent même demeurer *relatives* à un système social, formé par des individus en corrélation avec d'autres individus. La volonté universalisable peut et doit aboutir, pratiquement, à des règles sociales de toutes sortes dont aucune n'est absolue, ni même universelle, et dont chacune n'acquiert sa pleine valeur que dans sa *relation* avec toutes les autres qui la complètent. Ce que Kant veut donc, c'est *éprouver* chaque maxime particulière en l'universalisant. — Mais, objectent les hégéliens, lorsque nous regardons les règles particulières d'une action dans le concret, nous trouvons que, précisément, nous ne pouvons universaliser *aucune* règle de ce genre sans contradiction. « Faire de la propriété ou de la vie une fin absolue, c'est élever une chose particulière au rang d'universel, c'est traiter la partie comme si elle était le tout[1]. » — Quelque vérité qu'il y ait dans la conception de la moralité sociale comme système organique et même hyper-organique, cette vérité n'est nullement en contradiction avec la pensée de Kant, qui ne concerne que la *maxime* des actions et l'intention même de l'agent. La moralité implique que chaque élément de la vie soit regardé simplement tel qu'il est ; cet élément doit sa valeur à la place qu'il occupe dans un tout organique déterminé par un seul principe ; ce qui suppose qu'il n'est pas voulu sans considération des autres éléments particuliers, mais en relation avec eux[2]. Cette relation avec les autres éléments concrets n'empêche pas la relation avec la volonté de l'universel, pour laquelle le système lié des actions n'est qu'un moyen et une expression pratique.

II. — Objections de Hegel, de Renouvier, de Guyau et de Nietzsche.

Ce n'est pas, d'ailleurs, l'action (toujours particulière), mais c'est la *maxime* de l'action qui doit pouvoir être érigée en loi universelle[3]. Il ne s'agit pas, par exemple, de transformer *la conservation de la vie* en précepte absolu, mais d'universaliser la *maxime* par laquelle un homme désespéré se résout à vivre ou un soldat courageux à se faire tuer. Or, comme l'a remarqué quelque part M. Darlu, un des meilleurs interprètes de Kant, il n'y a nulle contradiction entre ces diverses

---

1. E. Caird, *Critical philosophy of Kant*, II, 89.
2. Caird, *Critical Philosophy of Kant*, ibid.
3. Voir, pour plus de détails, notre *Critique des systèmes de morale contemporains*, p. 206 et suivantes.

maximes. L'une consiste, en effet, à vouloir attendre la mort naturelle, malgré le désir qu'elle vienne le plus tôt possible ; l'autre consiste à vouloir servir son pays par sa vie et par sa mort, malgré le désir de vivre. L'une et l'autre maximes s'accordent en ceci, qu'elles subordonnent des intérêts sensibles différents au *même* intérêt moral. Bien plus, dit M. Darlu, si on veut considérer simultanément plusieurs maximes et les lois de la nature par lesquelles, selon la méthode kantienne, il faut les traduire pour en apprécier la valeur, il est possible que les lois ne se *superposent* pas exactement (c'est le cas précédent), *parce qu'elles n'ont pas la même matière* ; et s'il en résulte des difficultés de casuistique (ce n'est pas le cas précédent), c'est qu'elles correspondent à un *conflit entre des devoirs*. Mais, précisément, l'universalisation des maximes permet de résoudre ces conflits. En effet, au-dessus des devoirs particuliers, variables, relatifs, elle élève un devoir qui est constamment le même : le devoir de se déterminer (tantôt à une action, tantôt à une autre, peu importe) par la considération de la valeur toujours universelle des maximes particulières. En résumé, la *matière* de la maxime ne peut jamais être universelle ; mais il n'en résulte pas que la *forme* d'une *maxime particulière* conçue (par fiction) comme une loi de la nature — toujours particulière — ne soit point universelle, du moins en tant que valable pour toute volonté raisonnable.

On dira, avec Hegel, que l'égoïsme peut être généralisé aussi bien que le désintéressement. C'est mal comprendre le criterium de Kant. Ce dernier avait lui-même répondu d'avance : « En donnant à la volonté pour principe l'intérêt personnel, on a tout juste le *contraire* de la moralité. » En effet, si tous les hommes agissaient toujours par le principe de l'intérêt, comme l'intérêt personnel est *tel* en ce qu'il diffère de l'intérêt d'autrui, tous les hommes agiraient par des maximes personnelles. Chacun dirait : — J'agis ainsi parce que cette action *m'est agréable ou utile*. La forme de cette maxime serait *identique* pour tous, mais elle serait personnelle encore, non *universelle*. Or, Kant veut que chacun dise : — J'agis ainsi parce que cette action est un objet convenable pour *toute* volonté raisonnable. L'*universalité* dont parle Kant est donc tout autre qu'une généralité de fait. Voici un passage décisif de Kant : « Que, par exemple, la matière soit *mon* bonheur personnel ; si j'attribue à chacun le même désir (comme je puis le faire à l'égard des êtres finis), le bonheur ne peut être une loi pratique *objective* — (c'est-à-dire *universelle* ou valable pour tous) — que si j'y comprends le bonheur d'autrui. *La loi qui ordonne de travailler au bonheur d'autrui* ne résulte donc pas de cette supposition que le bonheur est un objet de *désir* pour chacun, mais *de ce que la forme de principe universel, dont la raison a besoin comme d'une condition nécessaire pour donner à une maxime de l'amour de soi la valeur objective d'une* LOI, est le principe déterminant de la volonté[1]. »

L'universalité des maximes ne se ramène pas non plus à la simple identité de la pensée ou de la volonté avec soi. La loi d'identité ou de contradiction est un axiome de logique formelle, une équation vide. On en retire seulement ce qu'on y met. Si on y enferme l'individuel, il n'en sort que l'individuel. Si donc on suppose d'abord une volonté particulière et mauvaise, elle ne se contredit pas en restant mauvaise et particulière, mais elle ne s'universalise pas davantage. Or Kant *pose d'abord la volonté universelle* comme étant le principe du bien moral, et il demande ensuite que, *une fois posée, cette volonté ne se contredise pas*. Sans doute Kant parle de la *contradiction* de la volonté comme d'un critère pratique du mal moral ; mais il entend d'ordinaire, malgré quelques inconséquences, la contradiction d'un vouloir particulier avec la volonté universelle, avec la raison. Et il met la moralité dans l'universalité de la raison, comme Platon, comme les stoïciens, comme les chrétiens ; avec cette différence capitale que, pour lui, la raison n'est pas intuitive, mais simplement formelle, ce qui l'exposera à toutes les objections dirigées contre le formalisme.

L'impératif de Kant, prétend Hegel, c'est la voix tonnante qui dit : *tu dois,* mais qui ne peut aboutir à formuler aucun décalogue, ni même un seul devoir déterminé : tu dois *faire ceci.* — Cette objection tombe à faux ; la *forme*, à elle seule, ne détermine pas pour Kant la ma-

---

1. *Raison pratique,* Barni, p. 179.

tière des devoirs, mais, cette matière étant donnée, Kant y applique la forme et, d'après son criterium, conclut que nous devons faire *ceci* et ne devons pas faire *cela*. Nous pouvons poursuivre notre bonheur si notre manière de le poursuivre peut être érigée en loi valable pour tous et si, par conséquent, elle est compatible avec le bonheur d'autrui comme avec le nôtre.

Selon Renouvier, « l'impératif catégorique pur, ou de théorie », avec son universalisation absolue, est pratiquement inapplicable en sa généralité et dans sa rigueur », parce qu'il suppose « la notion de l'égalité morale et de la réciprocité des droits et des devoirs entre les personnes », réciprocité qui n'existe pas en fait. « Dans une société empirique, *une société donnée* », il est de fait « que les membres ne peuvent pas compter les uns sur les autres comme devant répondre à des actes conformes à l'impératif pratique par des actes subordonnés à la même loi, — à la justice par la justice[1]. » L'impératif kantien convient seulement, ajoute Renouvier, à l'état idéal de paix, non à l'état réel de guerre entre les hommes. — Quelque vraie que soit la distinction entre l'état de paix de l'état de guerre, Kant n'eût pas admis qu'elle changeât la règle de l'universalisation des maximes. Celle-ci ne repose pas sur la réciprocité de fait entre les hommes. Que, pour votre compte, vous observiez ou n'observiez pas la loi qui commande d'agir en vue de l'universel, je dois toujours, moi, agir de telle sorte que mon action puisse être érigée en loi valable pour tous. Si cette action est elle-même une précaution ou une défense contre votre injustice, il s'ensuit simplement que c'est une maxime juste de compter avec l'injustice, de ne pas agir parmi les loups comme si on était au milieu des agneaux.

Il est d'ailleurs certain que Kant a souvent mal déduit les applications de sa loi. N'a-t-il pas prétendu qu'on ne doit point, en cachant par un mensonge la présence d'un innocent poursuivi par des meurtriers, sauver la vie à cet innocent? Benjamin Constant objectait avec raison : la vérité n'est due qu'à ceux qui y ont

---

1. *Nouvelle Monadologie*, p. 264, 265.

droit, non à ceux qui vont s'en servir pour assassiner. Kant, dans son petit écrit : *D'un prétendu droit de mentir par humanité,* répond qu'au-dessus de ce droit s'élève le devoir vis-à-vis de soi-même et de l'humanité en général de ne jamais appliquer vainement la faculté de penser à autre chose qu'à la vérité, et ce devoir est absolu. — Mais Benjamin Constant aurait pu répliquer qu'il ne s'agit nullement ici de la faculté de penser; il s'agit de la faculté de parler, d'adresser la parole aux autres pour les renseigner sur un fait dont ils vont faire un usage criminel. Cette faculté est un simple moyen, comme la main est un *moyen* de frapper qui devient légitime en cas de défense. Si, ne pouvant défendre l'innocent de la main, je réponds *non* de la bouche aux questions des assassins, je me sers de la parole comme d'un moyen de protection au service de cette vérité supérieure : les assassins ne doivent pas tuer les innocents. Une telle vérité est plus importante à sauvegarder que celle qui consiste à affirmer ce fait : — Oui, celui que vous voulez assassiner est caché dans ma cave. — Ce renseignement donné aux assassins ferait de moi leur complice. — Toute cette casuistique prouve que la loi purement formelle et vide est insuffisante comme loi *morale,* malgré l'utile criterium qu'elle peut fournir. Il faut toujours en venir à considérer des *fins* concrètes, il faut se demander, par exemple, si la protection d'un homme innocent contre des assassins en guerre avec la société est une fin plus importante que l'adaptation générale de la parole à la fin d'exprimer aux autres la vérité. Si *je dois* d'une manière *générale* la vérité à tous, même aux assassins, je dois encore plus la protection aux innocents contre les assassins. Une fois les innocents tués, il n'y aura plus de « vérité » pour eux ; je les aurai donc privés de la vérité en les laissant priver de la vie. La règle formelle de Kant est juste, mais elle laisse en dehors le fond même des choses.

Guyau a reproché au principe de l'universalité formelle de ramener en morale l'antique doctrine d'Ariston, qui n'admettait aucune différence de valeur, aucun degré entre les choses. « Un être humain, ajoute Guyau, ne se résignera jamais à poursuivre un but en se disant que ce but est au fond indifférent et que sa volonté seule de le poursuivre a une valeur morale : cette volonté s'affaissera aussitôt et l'indifférence passera des objets jusqu'à elle-même. L'homme a toujours besoin de croire qu'il y a quelque chose de bon non seulement dans l'intention, mais aussi dans l'action[1]. » Le rapprochement avec Ariston nous semble un peu forcé. Kant admet des différences matérielles et formelles entre les choses ; seulement il n'admet de bien proprement *moral* que dans et par l'*intention* qui a en vue l'*universel*. « L'aigle, dit Guyau, en s'élevant jusqu'au soleil, finit par voir toutes choses se niveler sur la terre ; supposons que, d'un point de vue assez haut, nous voyions se niveler pour l'univers toutes nos actions : bon nombre des intérêts et des désintéressements humains nous paraîtraient alors également naïfs. Malgré Zénon et Kant, nous n'aurions plus alors le courage de vouloir et de *mériter*[2]. » — C'est précisément pour cela, répondrons-nous, que Kant place le mérite et la bonne volonté au-dessus de la considération des biens *naturels*, qui, d'un point de vue suffisamment haut, se nivellent et se confondent : la bonne volonté consiste à négliger les particularités transitoires et périssables pour vouloir ce qui est universel, ce qui est plus haut que le soleil même et plus infini que sa lumière. La morale toute *naturaliste* est décourageante, selon Kant, par la petitesse et l'inanité de ses buts, et voilà la raison même pour laquelle il veut que, « par la bonne volonté », nous tendions nos efforts au delà de la nature visible, vers ce fond caché des choses où réside sans doute le seul vrai bien, où du moins nous devons tâcher de l'introduire.

Les plus récentes des objections faites à l'universalité des maximes sont celles de Nietzsche au nom de l'individualisme absolu. Nietzsche voit dans la règle de l'universalisation un obstacle au développement de la puissance individuelle, qui est pour lui la seule valeur. Imposer à tous une même morale dont les maximes seraient universelles, c'est passer le niveau sur les supériorités, c'est couper les pavots qui dépassent les

---

1. *Esquisse d'une morale sans obligation ni sanction*, nouvelle édition, p. 59.
2. *Esquisse d'une morale*, p. 60.

autres, c'est entraver les originalités fécondes. Autant d'individus, autant de morales, ou du moins autant de conduites. Celles qui réussiront le mieux seront les meilleures, non celles qui seront universelles.

Kant eût pu répondre que la loi de l'universalisation n'empêche nullement les supériorités de se produire. Tout au contraire, elle les protège par une loi de justice, grâce à laquelle leur développement interne est à l'abri de l'ingérence étrangère, sous la seule condition d'éviter la même ingérence dans le développement d'autrui. La justice du jardinier dans la distribution de l'eau fécondante n'empêche pas les hauts pavots de dépasser les autres, mais assure à tous des conditions égales d'humidité avec une même place au soleil.

Nietzsche méconnaît le côté rationnel du kantisme pour le ramener à un système tout sensitif et subjectif, par lequel l'homme prétendrait imposer à autrui soit sa volonté de puissance et de commandement, soit sa volonté d'obéissance et d'impuissance. « Abstraction faite de la valeur d'affirmations telles que : — Il y a en nous un impératif catégorique, — il est toujours permis de demander : une pareille affirmation, que dit-elle de celui qui l'affirme?... Certain moraliste aimerait exercer sur l'humanité sa puissance et ses fantaisies créatrices ; tel autre, peut-être précisément Kant, donne à entendre par sa morale : Ce qui est respectable en moi, c'est que je puisse *obéir*, et chez vous autres, il n'en doit pas être autrement que chez moi! Ainsi les morales ne sont-elles qu'un *langage figuré des passions*[1]. » Kant eût répondu par une négation énergique, en faisant observer que le fond même de sa morale est d'exclure absolument toute « passion » comme motif de détermination volontaire, même la passion du bien, même la passion du devoir, même la passion de l'universel. Selon lui, l'universel est une idée qui doit agir par elle seule, étant la raison en acte : la raison ignore les individus comme tels pour ne considérer que leurs relations universelles. La morale de la raison *pure*, mise en présence des mobiles tirés de la sensibilité, les limite et les dépasse.

---

1. Nietzsche, *Par delà le bien et le mal*, § 187, trad. fr., p. 103.

Il y a assez de choses contestables dans la doctrine de Kant pour qu'on n'adresse pas des objections à ce que cette doctrine contient de vrai. Quelque théorie qu'on adopte sur le fond du bien et sur la nécessité de le déterminer préalablement, il reste vrai que Kant a saisi la forme du *bien* et la méthode rationnelle pour le déterminer dans la pratique, méthode qui, d'ailleurs, n'est pas toujours suffisante pour le fond[1].

1. Tout dernièrement, on a fait à l'idée de l'universel des objections nouvelles. On a prétendu que ceux qui conçoivent l'universalité se la figurent comme un soleil central auquel chacun doit allumer son flambeau ; on a ajouté que cette conception a deux formes. La forme logique et scolastique consiste à dire : les vérités particulières sont incluses dans une loi universelle. La forme cartésienne consiste à dire : le principe premier n'est pas comme une proposition générale qui enferme les particulières, il est lui-même une vérité particulière (*essentia particularis affirmativa*) d'où les autres vérités dépendent *more geometrico*. Or, dit-on, l'esprit scientifique moderne s'oppose à l'une et à l'autre de ces deux conceptions. « S'il y a solidarité des diverses sciences, cette solidarité se découvre après coup : l'unité se fait entre elles par une sorte de raccord entre les sciences spéciales... Les notions communes aux diverses sciences sont conçues aujourd'hui comme *inter-idéales*[*]. » Autant qu'on peut saisir ces ingénieuses métaphores, l'universalité y est niée et réduite à un raccord empirique de conclusions similaires ou de principes similaires ; et on transporte en morale cette confusion de l'universel avec les généralités empiriques. C'est comme si on disait : en raccordant les mathématiques avec la physique et la chimie, on s'aperçoit qu'il y a entre ces divers domaines une proposition inter-idéale, à savoir que ce qui est ne peut, dans le même temps et sous le même rapport, ne pas être. De même, la fédération des diverses sciences force d'admettre que, généralement, les faits qui se produisent ont des conditions déterminées qu'on est convenu d'appeler *causes*. Enfin, dans la pratique morale, la fédération des sciences pratiques s'est aperçue que l'abstention du vol et l'abstention du meurtre se raccordent en ce que, dans les deux cas, on s'abstient de causer un tort à autrui ; mais tout cela est relatif et changeant. Selon nous, une telle théorie de l'universel laisse échapper la question, aussi bien en morale qu'en logique. Kant ne s'est nullement figuré l'intention universalisable comme une vérité scolastique enveloppant des vérités particulières, ou comme une vérité particulière dont on pourrait déduire d'autres vérités *more geometrico*. Il s'agit pour lui de savoir si la maxime par laquelle je motive mon vouloir quand je m'abstiens de voler ou de tuer est rationnellement valable pour tout autre volonté, aussi bien que pour la mienne. Si je m'abstiens de vous voler par *peur* de la prison, il est clair que ma maxime ne sera plus valable pour celui qui, absolument certain de ne pas être découvert, n'aura pas *peur* d'aller en prison. Ma maxime est donc alors personnelle et non universalisable. C'est pour cela, selon Kant, qu'elle est mauvaise moralement.

[*] M. Rauh, *Bulletin de la Société française de philosophie*, janvier 1904, p. 8.

CHAPITRE II

CRITIQUE DE L'IMPÉRATIF COMME FORME PURE SANS INTUITION.

Si le formalisme réussit, par le critère de l'universalité, à faire distinguer les intentions droites et non droites, suffit-il à *fonder* le caractère souverain du bien moral.

Une vraie critique de la raison *pure* pratique comprendrait la discussion de tous les caractères attribués à la loi pratique purement rationnelle. Le premier, nous l'avons vu, c'est que la loi morale est une *forme* universelle sans intuition ni empirique, ni supra-empirique, sans contenu donné avec elle. Le second, c'est qu'elle est un *impératif* s'exprimant dans une proposition *synthétique*. Le troisième, c'est qu'elle est *nécessaire* et *absolue*. Nous examinerons l'un après l'autre ces divers points.

Le défaut du kantisme n'est pas dans l'idée d'une règle universelle valable pour tous, dans la conception de la « volonté de l'universel » comme caractérisant la volonté morale; il est dans le formalisme qui laisse primitivement vides et l'idée de volonté et l'idée d'universel comme bases du devoir. Et ce formalisme n'est pas un accident dans la doctrine de Kant; il en est, au contraire, l'essentiel, car il résulte de la conception même de la « raison pure pratique ». Souvenons-nous que, selon Kant, celle-ci est et ne peut être que *formelle*, puisque aucune intuition de bien en soi ne lui est donnée et qu'aucune intuition de bien empirique n'a de valeur *morale*. La vertu pratique qui décide le vouloir ne peut, dès lors, être attachée qu'à l'unique *forme* rationnelle de l'*universel*, laquelle devient à elle-même son seul motif et son seul mobile. Là est le vrai nœud de la question. Quand donc nous disons que la morale de Kant est un *formalisme*, nous ne prétendons pas que Kant s'en soit tenu à la seule forme de la loi, sans y *ajouter* un contenu. Tout au contraire, il a déjà déterminé admirablement ce contenu en concevant le règne des fins et l'autonomie des volontés dans une société de personnes libres. Ce que nous voulons dire, c'est que, pour Kant, le *principe propre* de la morale, ce qui rend le devoir valable, c'est uniquement la forme, dont le contenu n'est déterminé qu'ensuite, après la forme et d'après la forme. Il s'agit donc, en dernière analyse, de savoir si la forme peut avoir *en elle-même* une valeur *souveraine* pour la *volonté* sans son contenu.

I. — La forme a-t-elle une valeur morale sans son contenu ?

La première critique à faire du moralisme formaliste doit porter sur la distinction scolastique de la matière et de la forme. Ce sont deux idées que nous avons déjà contestées plus haut et que Kant aurait dû *critiquer* avec plus d'attention. Qu'est-ce qu'une forme sans matière, qu'est-ce qu'une matière sans forme ? Ces métaphores empruntées à l'art du potier ou du statuaire ne sont guère philosophiques. Kant sait bien que ce qui est matière sous un rapport, argile ou marbre, est forme sous un autre rapport, l'argile et le marbre étant déjà *informés*. Un cadre sans aucune matière n'est même pas un cadre, sinon logiquement, mathématiquement, nominalement. Otez l'un après l'autre le tableau, puis le bois du cadre, l'or du cadre, etc., et il ne restera plus rien. Le mot de forme, dont on abuse depuis Kant, ne nous a semblé avoir aucun sens précis[1]. Quand on lui donne un sens, on voit que la forme et la matière sont également expérimentales et ne diffèrent que par le degré d'abstraction, d'appauvrissement de l'expérience. Si le mot forme désigne l'universalité, abstraction faite de tout contenu, il désigne une *quantité* supposée sans bornes ; or, répétons que la quantité, à son tour, enveloppe toujours quelque *qualité* qui lui sert de contenu ; elle est quantité de quelque chose de *défini* et de défini *par expérience*. Par exemple, il s'agit en morale : 1° de la quantité totale des êtres

---

[1]. Voir livre I, ch. I.

doués de la *qualité* conscience ou, si l'on veut, de la qualité raison ; 2° des actions volontaires de ces êtres, de la *qualité* intéressée ou désintéressée de leurs intentions, toutes choses qui sont objets d'expérience.

« Si, répond Kant, dans une *loi,* on fait abstraction de toute matière, il ne reste plus que la *forme* d'une législation universelle. Une loi pratique, que je reconnais comme telle, doit donc avoir la qualité d'un principe de législation universelle. C'est là une proposition *identique*[1]. » — Je réponds que, dans une loi, si on fait vraiment abstraction de toute matière, il ne reste plus rien qu'une notion vide. Si, dans la loi de Mariotte, on fait abstraction des volumes des gaz et des pressions, il ne reste plus rien qu'un « rapport inverse » abstrait, qui ne prendra de sens déterminé que par les choses entre lesquelles on l'établira. Si, dans la loi des volitions humaines, je fais réellement abstraction de toute matière, il faudra enlever la volition, l'intelligence, le sentiment, tout le sujet et tout l'objet ; que restera-t-il ?

En réalité, l'idée d'*universel,* qui semblait d'abord *rationnelle* et *pure,* se change subrepticement chez Kant en une idée expérimentale : « valable pour tout être raisonnable ». Valable, c'est-à-dire s'imposant comme fin à toutes les volontés, et la volonté est une notion d'expérience. On prend, il est vrai, le mot volonté au sens d'être raisonnable ; mais un « être raisonnable », c'est un être réel et concret que l'expérience montre doué d'une intelligence lui appartenant en propre, quoique capable de généraliser et d'universaliser. Tout raisonnable qu'il soit, un « être raisonnable » est un homme, où, par abstraction, on supprime la considération du corps, du tempérament, du caractère, des passions, etc. Si vous enlevez tout le physiologique et tout le psychologique, restera-t-il encore un esprit pur, une raison pure ? C'est ce que vous n'avez pas le droit d'admettre et de préjuger. « Valable pour les êtres raisonnables » n'est donc point une formule qui offre un sens en dehors des êtres concrets et vivants qui sont intelligents. Kant confond l'universalité de *législation,* qui est une notion expérimentale, avec l'*universel* abstrait

---

1. *Fondements,* Barni, p. 169.

de la logique, dont il fait une « forme rationnelle » sans élément empirique.

Nous opposerons à la légitimité de cette conception le théorème suivant : — L'attribution d'une *réelle universalité* à une *forme* ne serait légitime que si nous avions quelque intuition du *contenu*. En effet, pour être *universelle* et universellement objective, il faut que cette forme soit applicable au delà des limites de notre propre constitution humaine, ce que Kant admet. Mais nous ne pouvons dépasser ces limites que si nous saisissons, par intuition ou par conscience, quelque existence ou mode d'existence qui nous dépasse nous-mêmes en tant qu'êtres particuliers d'expérience. Kant rejette toute intuition d'un contenu de ce genre, dont il ne retient que la forme. Mais alors il est impossible de conserver à cette forme, fût-ce seulement en morale, une universalité *réelle* et *objective* indépendamment de tout contenu. En effet, une forme pure et sans matière demeure une forme de notre constitution subjective : elle exprime une impuissance où nous sommes, nous, de concevoir autrement ; mais cette impuissance peut venir des bornes et conditions *particulières* de notre constitution mentale ; elle n'atteint pas les choses mêmes. Donc, nous ne pouvons affirmer la valeur objective d'une loi formelle comme réellement *universelle, supra-humaine, supra-sensible*. Nous ne pouvons rien connaître du supra-sensible, son essence nous échappe, Kant l'a dit sur tous les tons ; sa forme n'est donc que la forme d'une idée problématique, qui, demeurant indéterminée, frappe la forme d'indétermination.

On répondra : — Si les formes de la connaissance entraînent la relativité de la connaissance, c'est qu'elles sont les formes des *intuitions sensibles,* relatives elles-mêmes. La législation universelle *a priori*, au contraire, est la forme de la liberté transcendantale ; donc elle implique, avec la transcendance de la moralité, son caractère absolu. — Mais précisément, répliquerons-nous, la liberté transcendantale est x. Nous avons donc toujours une forme dont le *contenu objectif* et le *sujet libre de la réaliser* nous échappent.

Admettons cependant qu'on puisse concevoir une

forme *pure*, sans aucun élément emprunté à l'expérience interne ou externe, et qui n'aurait absolument pas d'autre caractère que l'universalité. *Pourrons-nous* et *devrons*-nous *vouloir* cette forme sans autre but qu'elle-même? Kant a beau dire que l'impératif catégorique prescrit l'action conforme à l'universel « comme objectivement nécessaire *en soi* et indépendamment de tout autre *but*[1] », on peut se demander si un tel principe offrirait un sens. Je conviens qu'un homme doit être jugé d'après sa volonté intime et son intention; mais, d'autre part, une volonté doit vouloir *quelque chose*, et doit être qualifiée d'après ce qu'elle veut intentionnellement ; de plus, la qualité même de ce qu'elle veut et accomplit doit dépendre de ce qui lui est *donné* dans l'expérience. Ou on ne s'inquiétera pas de *ce que* quelqu'un veut, ou, au delà et au-dessus du pur vouloir, il faudra admettre quelque chose qui soit *qualitativement meilleur* que son contraire. En d'autres termes, l'action volontaire et intelligente a toujours quelque fin, et cette fin est toujours quelque condition, actuelle ou future, bonne à entretenir ou à produire, en tout ou en partie, chez quelque être réel, objet d'expérience. La volonté ne peut se désintéresser des *conséquences* bonnes ou mauvaises de l'action, entendues en ce sens; elle ne peut proprement vouloir indépendamment de toute conséquence, à moins d'agir machinalement et instinctivement, de ne plus *vouloir intelligemment*. Et une conséquence ou effet prévu est bien une fin. Toute action a donc un but; l'action en vue de l'*universel seul* aurait pour but l'universel seul; mais c'est ce qui est impossible. L'universel ne *vaut* que par le but qu'il enveloppe, lequel est l'universalité de *quelque chose*, par exemple de la perfection subjective et objective, impliquant entière jouissance de soi et d'autrui. Supprimez toute idée de perfection et de bonheur adéquat à la perfection, l'universalité redevient vide et formelle, et elle perd du même coup sa valeur souveraine.

Au fond, l'universalisation des maximes n'est qu'un moyen d'atteindre pour tous, partout et toujours,

---

1. *R. pratique, ibid.*, p. 48.

quelque chose, soit d'objectif soit de subjectif, et ce quelque chose, qui est la vraie fin, reste à déterminer par l'expérience. L'universalité est, comme nous l'avons reconnu, un excellent criterium en morale ; mais un criterium n'est pas une fin ; une pierre de touche n'est pas le trésor dont il s'agit de vérifier le titre. Or, Kant ne donne aucune *raison* du caractère *définitif* et *satisfaisant* qu'il attribue à la forme pure de l'*universalité*. Il peut bien sembler, au premier abord, qu'il n'y ait plus à remonter au delà de l'universel, ni à demander d'autres raisons ; mais c'est une simple apparence, et le *pourquoi* se dresse toujours. Je dois vouloir universellement, pourquoi ? Parce que la volonté pure, dégagée de mobiles sensibles, paraît se confondre avec la raison pure et que la raison pure tend à l'universel. — Soit, admettons toutes ces facultés scolastiques ; pour quelle raison la Raison même, en supposant qu'elle existe à l'état pur, aurait-elle une valeur absolue ? — Kant a beau répéter : « Vous *devez* obéir à la raison ; n'en demandez pas les raisons, il n'y a pas de raison supérieure à la raison » ; je demanderai toujours, précisément parce que je suis un être raisonnable, les raisons du devoir, les raisons de la suprématie attribuée à la « raison pure » dans l'ordre pratique. Kant place toutes ces raisons *après* l'ordre de la loi, sans en laisser subsister aucune *avant* ou *en même temps*. C'est trop tard ; il faudrait, pour me commander, que la loi universelle, sans son contenu, eût déjà de quoi me satisfaire complètement et définitivement, ce qui n'est pas.

Aussi avons-nous vu Kant introduire des raisons positives et intrinsèques dans les *maximes* et dans les *lois* morales. Si je veux savoir, dit-il, comment agir en portant un témoignage, je n'ai qu'à voir ce que deviendrait ma maxime, si elle avait, par fiction, « la valeur d'une loi universelle de la *nature* ». La vraie loi universelle de nature, ainsi conçue par fiction, serait que chacun fût « *contraint* de dire la vérité ». — Voilà des idées expérimentales de *nature*, de *législation*, de *contrainte*, de *parole* disant la vérité à d'autres *hommes*, etc. Mais Kant ne nous explique pas réellement *pourquoi* il voudrait que *tout* être doué de parole fût ainsi

« contraint ». Ce ne peut être que pour une raison d'utilité sociale et de bonheur social, ou pour la perfection intrinsèque de l'intelligence, pour l'harmonie intrinsèque de la volonté avec l'intelligence.

La méthode d'universalisation est excellente si on admet *par ailleurs* des moyens et des fins, des degrés d'utilité et de perfection, si on admet du bien et du mal objectif que notre volonté devra ensuite universaliser pour toutes les volontés ; mais, si on supprime toute idée de bien et de mal intrinsèques, toute idée d'une valeur inhérente aux choses ou aux hommes, que deviendra la « vérité » et que deviendra le devoir de dire la vérité ? Est-il sûr que la « contrainte à dire la vérité » fût la seule loi universelle *possible* de la *nature* ? Il y a là une spéculation en l'air. De même, si la vie ne vaut pas par soi, comment savoir que la nature l'a « en vue » — ce qui est d'ailleurs de la mythologie — et que, par conséquent, il ne faut pas attenter à la vie ? Si le faux serment ne fait de *mal* réel ni de tort sensible à personne, si la mort n'est, à aucun titre, un vrai *mal* ni pour les autres ni pour moi, si le *bonheur* ou le *malheur* de la société humaine est par lui-même *indifférent* à la raison, si la *perfection* de ma nature et celle de la nature de mes semblables n'a pas en soi de *valeur*, si, en un mot, il ne reste d'autre raison que la raison, je dis que la raison, à elle seule, n'est pas une raison, du moins une raison suffisante, puisque je ne suis ni esprit pur, ni raison pure, et que je ne sais pas ce qu'il faut entendre par là. Le formalisme rationnel est donc incapable, à lui seul, de satisfaire ma raison même.

En fait, si le parjure me semble un crime, ce n'est pas *uniquement* parce qu'il n'est point susceptible d'une forme rationnelle universelle. 1° Le parjure est un manquement à la vérité et j'attribue une valeur à la *vérité*, pour une foule de raisons, ne fût-ce qu'en vertu du rapport naturel du sujet à l'objet ; 2° le parjure est un manquement à mes promesses faites comme membre de la *société* ; 3° le parjure est un tort positif et matériel fait à autrui, une peine causée aux autres êtres sensibles, avec lesquels je sympathise ; tort d'autant plus grand que, logiquement, je dois admettre la généralisation possible du parjure par tous les sujets qui agiront comme moi sous l'influence du même intérêt personnel. Je me vois donc matériellement perturbateur et destructeur 1° de l'ordre de mes puissances subjectives, 2° de l'ordre social, 3° des divers biens objectifs qui en résultent, 4° du bonheur final qui y est attaché. Je me vois initiateur et conseiller par l'exemple d'une action qui, en s'étendant, va au malheur de tous.

De même, la faculté de mettre fin arbitrairement à ma vie ou à celle des autres ne pourrait, dit Kant, s'accorder avec une loi universelle de la nature ayant *en vue* la vie même des êtres soumis à cette loi[1]. — *En vue !* La nature a donc des *vues*; il y a donc des *fins*? Si la faculté de se tuer ou de tuer les autres était érigée par fiction en loi universelle de la nature, est-il certain que nous aboutirions à des impossibilités naturelles? Les plus forts tueraient les plus faibles, comme les gros poissons mangent les petits, et voilà tout. C'est malheureusement ce qui arrive. L'espèce des poissons subsiste, l'espèce humaine subsisterait aussi, tant bien que mal. Il est vrai que les hommes seraient des brutes ; mais quel *mal* y aurait-il à cela, *s'il* n'y a aucune qualité intrinsèque ni dans l'intelligence, ni dans le plaisir ou la douleur? Si le plaisir ne vaut absolument rien par soi, pas plus que la douleur, le mal sensible que je vous fais n'est même plus un mal moral.

La « contradiction » d'une maxime avec un ordre naturel typique régi par des lois universelles, contradiction dont Kant fait le signe de *non-universalité* et, par cela même, de *non-moralité*, n'est, en dernière analyse, qu'une contradiction avec les conditions matérielles normales d'une *société* typique, d'une société parfaite dans une *nature* parfaite. C'est seulement en raison des relations sociales concrètes et du *contenu* social que vous pouvez dire: « *Ne vole pas* », et universaliser cette loi. Un tel commandement n'a de sens que si vous y impliquez : — Ne vole pas la propriété d'*autrui*. Ce qui suppose : 1° au moins un *autre* homme ; 2° une relation objective de ces deux hommes aux *choses matérielles* environnantes et appropriables ; 3° une relation objec-

---

1. *Critique de la raison pratique*, trad. Picavet, p. 73.

tive de ces deux hommes *entre eux,* telle que l'un soit pour l'autre un *semblable* par la conscience et la raison, comme par la sensibilité, conséquemment un objet de *sympathie* et un objet de *respect.* En un mot, la propriété est une relation sociale et naturelle entre hommes. Le commandement emprunte donc sa valeur intrinsèque à la vie sociale et à la nature ; et le moyen de voir s'il a une valeur plus que formelle, c'est de rechercher ses effets dans la vie sociale et dans la nature, effets qui *doivent être universalisables* sans doute, mais *dont l'universalité ne constitue nullement la vraie et souveraine valeur.*

La loi morale, dit Kant, nous transporte idéalement « dans une *nature* où la raison pure, si elle était accompagnée d'un *pouvoir physique* proportionné à elle-même, produirait le *souverain bien* ». C'est donc, au fond, d'une « nature » qu'il s'agit, et l'objet de la raison, ainsi que du *pouvoir physique* qui devrait l'accompagner, est toujours le « *souverain bien* ». C'est ce souverain bien qui fonde la valeur, qui est la valeur. Kant a beau ajouter qu'il s'agit d'une nature supra-sensible, dont nous n'avons absolument aucune connaissance ; si réellement nous n'en pouvions rien savoir ou conjecturer, elle n'exercerait aucune action pratique. Un formalisme absolu ne poserait aucune *nature,* même formelle ; encore moins poserait-il une nature humaine et sociale, capable de jouir d'un bien propre ou collectif, d'un souverain bien. A vrai dire, le monde archétype dont, selon Kant, la morale nous impose la réalisation, est notre monde *perfectionné,* une projection du monde réel sur un plan idéal. Voici une déclaration de Kant, qui résume toute son œuvre : « Nous avons *conscience,* par la *raison,* d'une *loi* à laquelle toutes nos *maximes* sont soumises, *comme* si un *ordre naturel* devait être enfanté par notre *volonté ;* donc cette loi doit être l'*idée* d'une *nature* qui n'est pas *donnée empiriquement,* mais qui pourtant est *possible* par la *liberté,* d'une *nature supra-sensible,* à laquelle nous donnons, au moins à un point de vue *pratique,* de la réalité *objective,* parce que nous la considérons comme *objet* de notre volonté, en tant que purs êtres raisonnables[1]. » D'après cette déclaration, le devoir

---

1. *Ibid.*

est la conception d'un ordre naturel supra-sensible et possible seulement par la liberté supra-sensible, ordre qui n'est pas donné empiriquement et ne peut absolument pas être donné empiriquement. Mais, d'abord, on peut demander à Kant si l'idée de *nature,* même de nature supra-naturelle, n'est pas encore une détermination illégitime du noumène par une généralisation de l'*expérience*; si l'idée d'un ordre nouveau possible n'implique pas comme condition première l'idée expérimentale d'un *changement* dans l'*ordre* des *choses,* changement *causé* par une *volonté* et ayant des *effets* saisissables, d'abord dans notre conscience interne, puis dans la société extérieure, laquelle fait partie de la nature ; si enfin cet ordre nouveau que nous voulons créer en lui donnant une *forme* universelle, n'est pas un ordre *meilleur* en son *contenu,* c'est-à-dire impliquant des déterminations expérimentales : plus de *perfection intellectuelle, volontaire* et *sensible,* un achèvement de la *nature humaine* aboutissant au *bonheur* de tous les êtres capables d'être heureux. Supposez que, dans « l'ordre possible » et « supra-empirique » dont parle Kant, il n'y ait rien de représentable, son universalité même, nous l'avons vu, s'évanouira en un x indéterminé ; le supra-sensible demeurera à jamais un abîme noir en morale, tout comme il l'est, selon Kant, dans l'ordre théorique. D'autre part, si l'on y introduit du représentable, du connaissable, du changement, des causes, des effets, etc., ce n'est plus le supra-sensible que la *Critique de la Raison pure* déclarait absolument indéterminable.

— Les actions empiriques, répond Kant, ne sont que les *symboles* de la moralité, qui elle-même n'est plus un symbole, mais une réalité transcendante ; les lois de la nature qu'il faut *supposer* pour voir si les maximes d'une action sont *universalisables,* ne sont elles-mêmes que des *symboles* de la loi supra-naturelle. C'est là ce qui résulte du chapitre sur la *typique* de la raison pure pratique. — Mais comment juger et apprécier les signes ou symboles de choses absolument inconnues et inconnaissables? — On les juge, dites-vous, par leur conformité à la forme universelle. — Comment, encore un coup, pouvons-nous savoir si la forme universelle de la loi est bien la *forme* d'un monde nouménal dont, précisément, nous ne pouvons rien savoir ni même conjecturer? Kant a eu beau nous dire que l'usage *pratique* de la raison est, en morale, tout immanent ; nous voyons de nouveau que la valeur *universelle* du devoir, telle qu'il le conçoit, repose sur son caractère transcendant, qui cependant, selon lui, est impossible à déterminer. Dès lors, qui nous assure que ce monde supra-sensible dont nous ignorons le contenu est *bon* et a une forme *universelle* ? La forme universelle pour notre raison n'est respectable et aimable, n'est déclarée bonne et mesure de bien, que si elle est forme d'un bien fondamental, au moins supposé et pressenti. Or, nous ne savons ni ne pouvons deviner à quoi la forme pure correspond dans le monde inconnaissable, et, d'autre part, Kant prétend que, dans le monde connaissable, rien n'a de valeur en soi et ne peut remplir cette forme : nous demeurons donc toujours suspendus entre ciel et terre.

Au fond, si Kant attribue une valeur objective à la loi universelle, c'est qu'il lui *présuppose* un objet supra-sensible bon en soi, quoique nous n'en puissions rien déterminer, pas même s'il est bon. Il veut que, employés à une œuvre que nous ne pouvons connaître ou comprendre, nous agissions selon la loi universelle de la raison et abandonnions le reste à la nature ou à son principe. — Mais, quand il s'agit de se sacrifier à une œuvre, nous voulons « comprendre », tout au moins deviner en quoi cette œuvre consiste et quel en est le but. Il faut que nous ayons quelque raison de croire que l'œuvre est bonne, de croire que la nature ou son principe ne nous dupe pas, que notre dévouement ne sera pas inutile. Sinon, au lieu de nous vouer à l'accomplissement de l'œuvre, nous resterons dans l'indifférence et l'inertie. La position de Kant n'est ni sincère ni conséquente: il remplit son x avec des hypothèses sous-entendues pour pouvoir respecter la forme universelle de cet x. C'est par son contenu et non pas seulement par sa forme que l'universalité peut nous paraître *bonne* et uniquement bonne *à réaliser,* c'est-à-dire morale. Videz sincèrement de tout concept de bien réel le concept de loi universelle, ce dernier ne sera pas plus « *moral* » qu'immoral : il ne contiendra plus qu'un *ordre* quelconque, imposé par une volonté à une autre, ou un sentiment d'*impulsion* interne plus ou moins aveugle, ou une *rationalité* abstraite et une universalité à jamais vide.

Concluons que la moralité n'est pas la pure légalité abstraite, la simple conformité à une loi universelle. Elle est la finalité suprême et, par cela même, universelle ; elle est l'orientation de toutes les facultés d'action vers un but ultime, qui est le plus haut idéal de perfection enveloppant la perfection de la joie et s'étendant, en conséquence, à *tous* les êtres capables de penser, de sentir, de vouloir.

II. — Pas plus qu'elle ne satisfait la raison, une pure *forme* ne peut satisfaire la volonté et la sensibilité. Dans la loi morale, l'impératif pur de tout contenu ne peut, en tant qu'*universel,* nous causer un sentiment. Kant est convenu, on s'en souvient, que la réalité d'un tel intérêt, « incompréhensible » et rationnellement indémontrable, ne peut davantage se constater par *le fait.* Il est convenu qu'on ne peut savoir si jamais une seule action volontaire a été accomplie par intérêt pour la seule forme de la loi. — Je le crois bien ! Pour ma part, j'irai plus loin que Kant et je soutiendrai contre lui qu'une action *ne peut* ni être voulue ni être commandée pour ce seul et unique motif qu'elle est universalisable. Une action en vue du pur universel, si elle avait lieu, n'indiquerait qu'un amour de la *forme* comparable à l'amour le plus aveugle de la symétrie et de la régularité. Le sentiment ne s'intéresse pas à l'universel *in abstracto* et comme tel, mais à l'universalité de quelque objet ou plutôt de quelque *sujet.* Je puis m'*intéresser* à l'universalité du principe d'identité ou de contradiction parce qu'il y a là pour moi, sujet pensant, une condition logique *sine qua non* de ma propre pensée, de toute pensée à moi concevable, et que je m'intéresse naturellement à ma pensée, à la pensée. De même, je m'intéresserai à ce que l'air respirable ne me manque jamais, quelque haut que je m'élève en ballon. Je m'intéresse aussi à l'universalité du principe de causalité, parce qu'il y a encore là une condition réelle et *sine qua non* du *développement* théorique de ma pensée, comme *sujet,* et de son action pratique sur les *objets*. Quant à la loi morale formelle, conçue comme maxime pratique pouvant être érigée en loi universelle pour tout être raisonnable, je m'y intéresse assurément, mais, nous avons vu que ce n'est pas à cause de la pure universalité ; c'est à cause de la société des sujets raisonnables comme moi, sur lesquels mon action a nécessairement une influence bonne ou mauvaise, et au milieu de laquelle je suppose une action pareille généralisée au point de prendre le rang de loi. En d'autres termes, c'est la société de sujets doués de raison, de sensibilité et de volonté qui intéresse ma sensibilité et ma volonté, ainsi que les conditions essentielles et objectives d'une telle société. Nous voilà de nouveau descendus de la forme dans la matière.

Au fond, l'intérêt moral n'est, pour Kant, que l'intérêt que la raison prend *à elle-même* et qu'elle prend, indivisiblement, aux autres êtres doués de raison, intérêt qui, selon lui, ne peut se subordonner à aucun autre et qui fait de la raison même une fin en soi, de toutes les raisons vivantes des fins en soi, de la société des raisons une république de fins en soi. — A la bonne heure ! Nous revenons à des considérations plus compréhensibles. Mais, d'abord, nous ne sommes plus dans le formel pur. Kant introduit une finalité, une fin en soi qui deviendra le contenu de la loi formelle. Seulement ce contenu reste encore trop formel à son tour et, quoique Kant parle d'*humanité* comme fin, cela signifie *raison* comme *fin,* de même que raison comme *loi*. La raison, pour lui, n'a de valeur comme fin et comme loi qu'à la condition de n'être pas « humaine », de n'être en rien liée à tout ce qui fait que nous sommes hommes, non esprits purs, non dieux. Dès lors, le mot *humanité fin en soi* veut simplement dire que la raison est fin partout où elle se rencontre, y compris les hommes. Nous demeurons dans des concepts rationnels, dont l'expression abstraite est l'universel, sans qu'on nous dise l'universalité de quoi, sans qu'aucune vraie *fin* soit proposée à la volonté pour remplir le moule dans lequel elle doit tout faire rentrer. La raison même, en devenant ainsi toute formelle, cesse d'être une raison véritable, ayant un objet propre, ayant une valeur autre que la valeur purement régulatrice de la pensée ; elle cesse aussi d'offrir un intérêt autre que celui de norme intellectuelle. Le fameux intérêt de la raison à elle-même disparaît donc ou n'est plus que l'intérêt pris au fonctionnement des grands rouages de notre machine à penser.

En résumé, nous avons opposé au moralisme cette négation radicale : — La pure forme d'une législation universelle ne *doit* pas et ne *peut* pas, à elle seule nous intéresser et, *en fait*, ne nous a jamais intéressés. L'apparent intérêt qu'elle excite est emprunté à des considérations autres que celle de la forme pure, ne fût-ce qu'à notre amour de la faculté d'universalisation, qui est, au fond, un amour de nous-mêmes et aussi d'autrui. Nous avons vu qu'une forme sans aucun contenu égale zéro et n'est pas même une forme ; ou, si elle est une forme, elle est la plus abstraite et la plus quintessenciée qu'on puisse extraire du contenu à nous saisissable. Il n'y a d'ailleurs, selon Kant, de contenu accessible que le phénomène d'expérience ; donc, la forme n'est que de l'expérience à l'état d'évanouissement, réduite aux grandes lignes vagues et lointaines. L'universalité, en son sens concret, signifie désintéressement, détachement de soi et de son bien particulier au profit du bien d'autrui et de tous ; donc elle ne prend de sens qu'en se ramenant au précepte : Aimez *tous* les autres hommes comme vous vous aimez vous-mêmes ; aimez, c'est-à-dire ayez la volonté de leur plus grand bien comme vous avez celle de votre plus grand bien. Hillel et Jésus étaient plus profonds que Kant, surtout plus pratiques. Ils n'eussent pas admis qu'une simple loi, fût-elle universelle, inspirât jamais l'amour ; ce qui l'inspire, c'est le bien, et non pas le bien abstrait, mais le bien réel et vivant de personnes individuelles qui en ont la conscience et en jouissent.

Le culte de la loi pour la loi seule est, au fond, plus judaïque que chrétien, bien que Kant attache à la « forme » un tout autre sens que celui de forme extérieure et légale. La légalité interne est toujours de la légalité, qui ne saurait se suffire à elle-même.

CHAPITRE III

CRITIQUE DE L'IMPÉRATIF COMME JUGEMENT SYNTHÉTIQUE *A PRIORI*.

La seconde idée qui appelle la critique est celle d'*impératif*, dont le moralisme fait la caractéristique même du *devoir*.

L'idée d'impératif proprement dit, selon l'étymologie, enveloppe l'idée tout empirique de commandement : *Fais*. Qui dit commandement, au sens propre, dit relation d'expérience entre deux *volontés*. Or une volonté ne peut commander à l'autre par cela seul qu'elle est volonté; car, sous ce rapport, l'autre lui est égale. Un commandement, comme tel, ne peut donc être primitif. Un *impératif* présuppose une *raison* déterminable au nom de laquelle on commande. Le caractère impératif, s'il existe, ne peut être qu'une conséquence, dont le principe a besoin d'être justifié.

Pareillement, l'idée d'obligation proprement dite, d'après l'étymologie du mot, suppose un *lien*. Si ce lien est plus ou moins extérieur à la volonté qui est liée, il n'est pas moral. Si l'obligation devient tout intérieure, elle n'est plus alors qu'une *conviction* intime, fondée en raison; elle est une vérité aperçue, comprise et admise. Et il reste toujours à savoir en quoi peut consister cette conviction, certitude ou croyance.

Impératif et obligation impliquent *loi*. C'est l'idée de législation qui, selon le moralisme, fait le vrai fond de l'idée du devoir. Mais législation est un mot concret qui rappelle d'abord les lois matériellement établies par un *législateur*, lois valables pour tous les *sujets* d'une *société* et ayant pour *objet* le bien total de cette société. On a même pu se demander si toute idée de loi n'avait pas une origine juridique, donc empirique. C'est Wolf qui a le plus insisté sur ce point : chez lui, le moral prend expressément la forme juridique et c'est sans doute là que Kant a trouvé la meilleure exposition de la *loi* comme telle. Leibniz n'en avait pas parlé. Kant, lui, conserve l'idée de loi, mais nous avons vu qu'il fait abstraction de tout contenu emprunté à la vie sociale et à l'expérience des législations humaines. Que restera-t-il ? La simple forme d'une loi, qui n'est que sa validité *pour tous,* présupposant sa validité intrinsèque.

Même après cette explication, le mot de loi conserve un sens ambigu. Au point de vue scientifique, ce mot ne désigne qu'une relation constante, qui se réalise, sans nous ou par nous, en vertu du déterminisme externe ou interne. Le mot de *loi* peut encore désigner les rapports universels et nécessaires conçus par ce qu'on nomme la raison : loi logique d'identité, loi de causalité, etc., — toutes lois sur la réalisation desquelles notre volonté ne peut rien et qui sont étrangères à la morale. Enfin, au point de vue pratique, le mot *loi* désigne des rapports généraux ou même universels réglant ce que nous pouvons vouloir, mais dont la conception n'aboutit pas à une détermination inévitable et contraignante de la volonté. C'est ce que Leibniz appelait nécessité morale, c'est-à-dire une nécessité de finalité suprême, impliquant pour nous *possibilité* de réaliser, mais non pas *contrainte*. Il reste toujours à savoir pourquoi nous disons qu'un possible *doit* être, qu'il est nécessaire d'une nécessité *morale*. Pour Leibniz comme pour toute la tradition antique, comme pour l'humanité entière jusqu'à Kant, c'est le meilleur, le souverain désirable, le terme le plus haut de la finalité que nous qualifions de nécessité morale ; nous le distinguons ainsi de la nécessité mécanique et physique, qui lie les causes efficientes. Pour Kant, au contraire, nous avons vu que la raison ne peut, en morale, concevoir que la forme universelle ; au delà, tout lui échappe, cause ou fin. Mais on peut objecter, comme nous l'avons fait, que la forme n'est que la validité pour *toutes* les *causes* douées d'intelligence d'une loi qui doit être préalablement valable *en elle-même* comme contenant un *bien* à titre de *fin*.

Kant répond que l'impératif est antérieur à l'idée du bien : c'est une proposition synthétique, dont la synthèse ne se fonde sur aucune intuition, pure ou empirique, qui aurait pour objet un bien quelconque. On ne peut déduire *analytiquement* de la volonté l'universalité. Ce ne serait possible, dit Kant, que si nous avions conscience de notre *liberté*. « Cette proposition serait analytique si on pouvait supposer d'abord la liberté de la volonté[1]. » Mais « nous ne *savons* pas si nous sommes libres ; » nous n'avons aucune *intuition* de notre liberté, d'où résulterait par analyse l'universalité rationnelle du vouloir. C'est donc seulement à la volonté que nous connaissons, à notre volonté *sensible* qu'est liée cette universalité ; conséquemment elle n'y peut plus être unie que par un lien synthétique. Notre volonté *sensible* est soumise à la forme d'une législation universelle : telle est la loi posée par la raison pure. « Que ta volonté sensible agisse donc selon la forme universelle, » voilà l'impératif pur. Le sujet est la volonté sensible, l'attribut est la forme universelle de la législation ; le rapport des deux est un lien synthétique.

Selon nous, la synthèse en question est impossible, soit que l'on considère la volonté sensible, soit que l'on considère la volonté intelligible ; elle n'a lieu chez Kant que par une confusion des deux volontés à la faveur de l'ambiguïté des termes. S'il s'agit de la volonté sensible, qui est *déterminée* et ne nous est nullement donnée comme libre, il sera impraticable d'établir une synthèse entre un vouloir qui ne peut être autrement qu'il n'est et une législation universelle *possible* ; car celle-ci, pour la volonté sensible, se trouvera être précisément *impossible*. D'autre part, s'il s'agit de la volonté intelligible et libre, qui n'est pas donnée et demeure x, la synthèse de cette volonté avec la législation universelle *possible* n'est que la synthèse d'un possible hypothétique et problématique, la liberté, avec un second possible, la législation universelle, qui, n'étant elle-même possible que par l'autre possible, est frappée

---

1. *Raison pratique*, trad. Barni, 176.

d'un caractère doublement hypothétique. C'est à la faveur du mot à deux sens, « volonté », que, de la synthèse entre *législation* et *vouloir intelligible* ou libre, synthèse qui n'est pas donnée et n'est que *possible*, Kant passe à la synthèse entre législation et vouloir sensible ou non libre, synthèse qui est une chose *impossible*. En outre, on ne peut pas savoir si l'universelle législation se déduirait analytiquement, comme le croit Kant, de la liberté supposée connue, car, précisément, nous ne savons pas en quoi consiste la liberté. Cette conception toute négative que *la liberté ne peut être le déterminisme sensible à nous connu* n'implique nullement l'idée de détermination par une loi *universelle* ; elle n'implique qu'une idée de non-détermination qui se réduit à l'indétermination pour nous, x. La synthèse dont parle Kant ne peut donc être justifiée à aucun point de vue.

Ajoutons qu'elle ne peut être *a priori*. Si, en effet, nous unissons l'idée de volonté et l'idée de loi universelle, c'est parce que nous croyons tous avoir l'*expérience* intime de notre liberté de vouloir ; c'est aussi parce que nous empruntons à l'*expérience* l'idée de loi et celle d'obligation ou de *loi non contraignante en fait* pour la *volonté*, mais reconnue vraie et valable par l'*intelligence*.

La question est si fondamentale que nous sommes, sous une autre forme, obligé d'y insister. Kant admet, on l'a vu, que nous connaissons *a priori* au moins la *forme* de l'objet du devoir, à savoir son universalité, ce qui nous permet de remplir le vide d'x en cherchant *a posteriori* ce qui peut s'universaliser et conséquemment rentrer dans les conditions requises. — Je réponds de nouveau (et la réponse est radicale) que, si nous ne savons absolument rien *a priori* et *a posteriori* du fond ou du contenu, nous ne savons absolument rien non plus de la forme. Nous ignorons absolument si l'x inconnaissable et indéterminable est ou n'est pas universel, s'il est exprimable ou non par une maxime universalisée. Si, par hasard, le fond des choses était atomique et si tout se ramenait à des individus étrangers l'un à l'autre, x serait individuel, non universel, et c'est l'action égoïste, non universalisable, qui se trouverait l'exprimer le mieux. L'union *a priori* des deux termes est donc impraticable. De plus, le caractère de *commandement* qui en résulterait est impossible à établir. Le *sujet* auquel s'adresse le commandement, le *tu dois* absolu, ou est un phénomène, ou n'est, selon Kant lui-même, qu'un x. L'*objet* de l'impératif, à son tour, est ou phénomène ou un x. Or, le commandement perdrait tout sens, s'il prétendait lier le sujet nouménal x et l'objet nouménal x, dont nous ne savons rien et ne pouvons affirmer aucun lien, aucun rapport. Le rapport impératif doit donc être établi ou entre deux phénomènes, — ce qui n'est plus un rapport de raison pure pratique, mais une loi de la nature —, ou entre le sujet phénoménal, qui est la volonté empirique, et l'objet supra-empirique qui est x. Mais nous ne pouvons en rien déterminer cet objet x de manière à établir un rapport saisissable entre lui et la volonté empirique. L'impératif est donc, de toutes manières, impossible à établir.

Kant reconnaît d'ailleurs et soutient tout le premier que ce n'est pas avec l'x nouménal inconnu que le sujet peut être lié ; mais il prétend que c'est le *rapport* même, connu et déterminé comme impératif antérieurement à toute détermination de l'x nouménal, qui permet ensuite de déterminer cet x. — La chose est de nouveau impossible : on ne peut pas établir un *rapport* déterminé et certain, un lien synthétique de commandé à commandant entre un terme défini et un terme indéfini.

En fait, j'ai simplement conscience que mon intelligence conçoit l'universel ; l'universel serait impératif *catégorique,* selon Kant, pour qui pourrait le réaliser *sans autre motif* que son universalité même ; donc j'ai conscience de *concevoir* un impératif *pour qui pourrait le réaliser*. Voilà tout ce qu'on peut dire. Mais alors se posent deux problèmes, que Kant ne résout pas. Première question. Est-ce *moi* qui *peux* le réaliser ? Je le crois au premier abord, me croyant à la fois poussé par des impulsions sensibles et libre de suivre ou non ces impulsions ; mais Kant m'a appris que ma croyance à ma liberté, ainsi conçue, est suspecte. Je ne sais pas, selon lui, si j'*existe moi-même* réellement, à plus forte raison si j'*agis, moi*. Deuxième question. Le devoir, l'idéal pratique que je conçois comme législation universelle n'est-il point *subjectif* comme tout le reste? On répondra peut-être que, s'il est valable *pour moi*, cela suffit. Non, car il s'agit essentiellement d'une loi universelle valable *pour tous les êtres raisonnables*. De plus, pour qu'il soit valable relativement à moi, il faut que je sois certain que *moi*, je suis un être *libre* appartenant au monde intelligible et portant en moi le fond universel de tous les êtres raisonnables. Nous ne sortirons jamais du cercle infranchissable.

Non seulement est impossible, du côté du sujet, l'affirmation du « tu dois » absolu ; mais, fût-elle possible, elle serait inutile du côté de l'*objet*. A quoi peut servir cette affirmation d'un « *tu dois* », qui n'est que l'affirmation d'une loi supra-sensible? C'est sans doute à nous faire changer quelque chose dans notre vie terrestre et humaine. *Tu dois,* selon Kant, ne s'applique en effet qu'à la vie temporelle, qu'il faut conformer à la vie éternelle. Mais précisément cette vie temporelle est, selon Kant, nécessitée, prédéterminée, prédestinée : je n'y puis empiriquement rien changer, pas plus que je ne puis empêcher l'éclipse amenée par l'état présent du monde entier. *Tu dois,* d'autre part, perd tout sens saisissable dans la vie éternelle, qui est ce qu'elle est, si elle est. Donc le *tu dois* de Kant n'a aucune espèce de sens : son « noumène » est éternellement ce qu'il est, son « phénomène » est, dans le temps, ce qu'il ne peut pas ne pas être dans le temps. Nous ne sommes libres, si nous le sommes, que dans le monde supra-sensible, où nous ne savons pas s'il y a quelque chose à changer par la liberté ; dans ce monde phénoménal, où il y aurait tant à changer, nous ne sommes pas libres. En un mot, « l'ordre naturel possible par la liberté », dont parle Kant, est l'ordre supra-sensible égal à x ; nous n'avons aucun droit de nous le représenter comme sujet au changement et modifiable par une liberté quelconque, comme enveloppant en son sein du possible au lieu d'une actualité éternelle, de l'imparfait et du mauvais à corriger, au lieu d'une perfection éternelle. Quant à l'ordre naturel donné à l'expérience et modifiable selon la loi des causes et des effets, il est l'ordre de la causalité réciproque universelle : c'est donc perdre son temps que de nous dire : — Rendez ce monde réel, connu de vous, semblable à l'autre, inconnu de vous. Dans le système de Kant, l'impératif est, sous tous les rapports, au point de vue de l'objet, au point de vue du sujet, au point de vue de leur rapport, une impossibilité théorique et une inutilité pratique.

———

CHAPITRE IV

CRITIQUE DE L'IMPÉRATIF COMME JUGEMENT NÉCESSAIRE ET ABSOLU.

Le moralisme kantien attribue à l'impératif un nouveau caractère: la nécessité, et c'est pour cela même que la loi commande. *Tu dois* signifie simplement: *il est nécessaire*. Mais la nécessité est ambiguë et peut se prendre en deux sens, l'un pratique, l'autre théorique. Veut-on dire qu'une législation morale quelconque est pratiquement nécessaire pour les besoins de l'individu humain et de la société? Nous retomberions alors dans le vulgaire argument des apologistes de toute religion positive. Il faut une religion à l'homme, une religion au peuple, il faut une morale à l'homme, une morale au peuple. Cette nécessité tout *humaine* paraîtrait chose indigne au grand penseur qui veut affranchir la « raison » des conditions mêmes de la « constitution humaine ». Non, il s'agit d'une nécessité en soi, d'une nécessité objective et réelle, indépendante de notre humanité. Mais comment la saisir? La nécessité nous est connue, à nous, sous forme d'un *fait de conscience*; la loi rationnelle a donc beau nous apparaître comme nécessaire, le fait même de son apparition dans notre conscience n'est, lui, que nécessaire *pour nous*; l'intelligence peut donc toujours se demander si ce *factum rationis aut conscientiæ* qui nous lie, nous, est une vérité nécessaire en soi : s'il n'y a pas là, au fond, un lien contingent, en ce sens qu'il aurait pu, dans d'autres conditions déterminées, ne pas se produire ou constituer un tout autre genre de déterminisme[1]. Le

---

[1］ Il est bien entendu que le contingent n'exprime pas une chose étrangère à tout déterminisme ; sans quoi il n'exprimerait plus rien d'intelligible.

caractère de nécessité s'évanouit donc comme les autres.

S'il en est ainsi, que devient le caractère *absolu* attribué au principe de législation universelle ? La réponse est contenue dans ce qui précède. Pour que la *loi* morale soit une loi pratique *absolue,* il faut qu'elle ait, comme dit Kant, « la *même valeur* pour tous les êtres raisonnables (auxquels peut s'appliquer en général un impératif, c'est-à-dire ceux qui sont liés à des conditions sensibles), et c'est *à ce titre seul* que le devoir est aussi une *loi* pour toute volonté *humaine* ». Au contraire, « tout ce qui dérive des dispositions particulières de la nature humaine, de certains sentiments et de certains penchants, et même, s'il est possible, d'une direction particulière qui serait propre à la raison humaine et n'aurait pas nécessairement la même valeur pour la volonté de tout être raisonnable, tout cela peut bien nous fournir une maxime, mais non pas une loi[1] ». S'il en est ainsi, le vrai impératif suppose, de l'aveu de Kant, la *portée absolue de notre raison.* La loi impérative implique, en dernière analyse, que *notre raison* est *la raison,* que non seulement elle est la raison humaine, mais qu'elle est aussi la raison plus qu'humaine, disons le mot : la raison divine. Par malheur, la *Critique de la raison pure* a réduit tout en nous à de l'humain, dont nous ne savons pas si la réalité s'y conforme toujours. Nous sommes constitués de manière à poursuivre des causes et à remonter vers l'absolu, en vertu d'une nécessité intime qui nous offre elle-même une apparence d'*absolu*; mais rien ne nous assure — nous l'avons déjà remarqué plus haut — qu'il n'y ait pas là un pur moteur naturel de notre humaine intelligence, une simple loi de la nature qui nous contraint, pour comprendre la nature même et la tourner à notre profit, de remonter sans fin dans la série des conditions, de supposer cette série dépendante d'un inconditionnel, d'un absolu, quoique cette suprême unité soit peut-être imaginaire, « *focus imaginarius* ». Comment donc saurons-nous que notre raison est *la raison* absolue, la raison de Dieu, de ce Dieu que la raison humaine

---

1. *Mét. des mœurs*, p. 65. Borni.

elle-même, réfléchissant sur sa propre dialectique en la personne de Kant, vient de réduire à un x, peut-être à une « illusion », peut-être à zéro. Kant répond : « Nous n'avons pas besoin de le savoir pour poser la raison comme absolument législatrice. — Mais nous ne pouvons poser la raison comme absolument législatrice, nous a-t-il dit lui-même tout à l'heure, que si elle n'est pas relative à nous, que si elle est *la raison*, non pas notre raison. Nous tournons donc encore une fois dans le même cercle, sans espérance d'en sortir.

LIVRE TROISIÈME

LA LIBERTÉ SELON LE MORALISME

CHAPITRE PREMIER

CONCEPTION KANTIENNE DE LA LIBERTÉ

Le moralisme, comme il a besoin d'une loi morale en dehors de la science et de l'expérience, a besoin aussi d'une liberté ayant les mêmes caractères.

On se rappelle que Kant, avec une admirable perspicacité, formule lui-même la troisième « énigme » de la critique. Après avoir admis une raison pure (première difficulté) et admis que les catégories peuvent s'appliquer pratiquement au delà du sensible (deuxième difficulté), on arrive devant un inquiétant problème : — « Comment l'homme peut-il être « libre dans le noumène et nécessité dans le phénomène » ? Au fond, ce dernier problème est étroitement lié aux précédents et suppose : 1° une détermination pratique du noumène par les catégories, qui en fasse une liberté intelligible compatible avec la nécessité empirique ; 2° une identité foncière de la raison pure et de la liberté intelligible.

Si nous faisons voir que la troisième difficulté du kantisme est aussi insurmontée et insurmontable que l'ont été les deux autres, le kantisme tout entier, en ce qu'il a de constitutif, s'écroulera par sa triple base.

La thèse de la liberté transcendantale dans son opposition avec l'antithèse de la causalité, nécessaire, a pour but de limiter le domaine où règne la loi de causalité naturelle par l'admission au-dessus d'elle d'une causalité transcendantale, d'abord simplement possible pour la pensée spéculative, puis réelle comme condition de la pratique.

Pour établir la possibilité spéculative de cette liberté et son rapport avec la nécessité, Kant commence par spéculer aussi hardiment qu'un Platon. Comme les phénomènes, dit-il, « n'étant pas des choses en soi, doivent avoir pour *fondement* un objet transcendantal, qui les *détermine comme simples représentations, rien n'empêche* d'attribuer à cet objet transcendantal, outre la propriété qui en fait un phénomène, une *causalité* qui ne soit pas un phénomène, bien que son *effet* se rencontre dans le phénomène[1] ». — Rien n'empêche ! Ce n'est pas là une preuve, pas même de vraie possibilité ; c'est la formule commode des hypothèses arbitraires. De plus, est-il vrai que rien n' « empêche » ? D'abord, l'impossibilité d'appliquer les catégories hors des phénomènes, que nous avons démontrés plus haut, nous empêche de considérer le noumène comme un *fondement,* ce qui ne peut signifier que *substance, cause, réalité,* etc., bref, des catégories transportées au monde transcendant. En outre, le caractère empirique du mot *propriété* nous empêche de dire que la chose en soi a une « propriété qui en fait un phénomène », ce qui suppose d'ailleurs qu'elle est en même temps par un côté *noumène* et par l'autre *phénomène,* relation impossible à transposer dans l'inconnaissable. A plus forte raison, tout nous empêche d'attribuer au noumène une « causalité », qui serait encore plus qu'une vague propriété, qui serait une *activité,* une spontanéité, toutes choses d'expérience et sans aucun sens en dehors de l'expérience. Que dirons-nous donc d'une « causalité qui n'est pas phénomène et dont l'*effet* se rencontre dans le phénomène » ? Voilà l'idée d'une *action causale,* idée d'expérience, que Kant transporte dans le noumène indéterminable pour la déterminer au moyen d'une catégorie particulière. En outre, Kant distingue l'action causale de l'*effet* qui est en *relation* avec elle ; il transporte derechef la catégorie de *relation* dans le monde des choses en soi, et il la transporte de telle sorte que l'*action* est immobile dans ce monde suprasensible, tandis que l'*effet* se promène dans le monde sensible. N'est-ce pas là une construction fantaisiste, élevée avec

1. *Raison pratique,* II, trad. Barni, p. 139, 140.

des éléments dérobés à l'expérience dans un monde prétendu supérieur à toute expérience ?

Kant continue son rêve transcendant et dit : — Toute cause efficiente « doit avoir un *caractère,* c'est-à-dire une loi de sa causalité sans laquelle elle ne serait pas une cause. » Voilà l'idée de caractère qui va s'introduire à son tour ; après avoir signifié simplement la *caractérisation* d'une action causale, sa *loi naturelle,* elle va signifier à la fin le *caractère* d'un homme, sa manière spécifique de *sentir,* de *penser* et de *vouloir,* deux sens bien éloignés l'un de l'autre. « Et ainsi nous aurions, dans un sujet du monde sensible, d'abord un *caractère empirique,* par lequel ses actes, comme phénomènes, seraient enchaînés à d'autres phénomènes suivant des lois naturelles constantes, pourraient être dérivés de ceux-ci comme de leurs conditions, et, par conséquent, dans leur rapport avec eux, constitueraient des membres d'une série unique de l'ordre de la nature. » Notre caractère empirique serait alors simplement notre caractérisation comme phénomènes complexes, produits par un enchevêtrement de lois dépassant le point de l'espace et du temps où elles forment un nœud appelé Pierre ou Paul. Ensuite, le sujet sensible aurait « un *caractère intelligible,* par lequel, à la vérité, il serait la cause de ces actes comme phénomènes, mais qui, lui-même, ne serait pas soumis aux conditions de la sensibilité et ne serait pas un phénomène. On pourrait ainsi appeler le premier, le caractère de la chose dans le phénomène, et le second, le caractère de la chose en soi. » Que ne nous parle-t-on aussi, non seulement d'un « caractère », mais d'un « tempérament » de la chose en soi ? Le second serait, comme le premier, une détermination empirique de ce qui doit rester indéterminé. On dira que le tempérament est *physiologique,* donc sensible, et ne convient pas à l'intelligible ; mais le caractère, au fond, est psycho-physiologique, donc aussi sensible selon Kant, donc incompatible avec l'intelligible. Un caractère, c'est un mode individuel, mais constant de sentir, de penser, de vouloir, d'agir et de *réagir,* un mode de cérébration et d'idéation : où jamais avons-nous pris l'idée de toutes ces opérations, sinon dans ce que Kant appelle le « sens intime », forme de l'expérience? Retranchez toute sensibilité, toute intelligence, toute volonté, qu'est-ce qui pourra rester dans un « caractère? » Au fond, il est aussi illégitime de parler du caractère de la chose en soi que de sa bonne humeur ou de sa mauvaise humeur, à moins qu'on ne désigne amphibologiquement par caractère une caractérisation tout à fait abstraite et métaphysique, une qualification ou quantification qui, elle-même, sera indue dans la sphère des noumènes.

Il résulte de ces remarques que le concept d'une causalité intelligible, d'une spontanéité absolue, d'une liberté transcendantale, est, comme nous l'avons déjà dit plus haut, une détermination du noumène par un biais indirect, par un rapport particulier établi entre x et une de nos catégories plutôt que les autres. C'est une construction tout imaginaire, où Kant laisse subsister encore, à l'état d'ombres projetées, des intuitions, souvenirs et images du monde sensible. Nous ne savons pas si une causalité en soi et une loi des réactions de cette causalité ont un *sens* ou une *signification* positive. De là à la « *table en soi* » de Platon il n'y a qu'une question de degrés : un *caractère* est aussi empirique, au fond, qu'une *table*. Après avoir condamné Platon, Kant admet des déterminations du noumène qui, selon l'objection d'Aristote à Platon, ne sont que les doubles des objets d'expérience. Le rapport du noumène libre au phénomène nécessité et à ses lois nécessaires de réaction n'est qu'un duplicata de certains rapports empiriques où nous voyons une même chose prendre divers aspects selon le point de vue d'où nous la considérons.

Kant a beau répondre que son système est construit uniquement pour les besoins de la pratique, il ne peut le construire qu'avec des idées et relations d'idées ; or, encore une fois, ces idées sont toujours des déterminations expérimentales du noumène, ces relations sont toujours des catégories appliquées aux noumènes. La conception kantienne de la liberté est donc injustifiable dès qu'on veut donner un sens intelligible au mot de liberté en vue de la pratique.

CHAPITRE II

DÉMONSTRATION DE LA LIBERTÉ PAR LA MORALITÉ.

I. — La démonstration de la liberté, dans Kant, enveloppe autant d'incertitudes que sa conception. Kant établit d'abord l'existence de la « liberté pratique », qu'il prend en un sens ambigu et vague, digne de Renouvier. Dans la *Raison pure*, il soutient que cette « liberté pratique » peut être démontrée par l'expérience. En effet, dit-il, ce n'est pas seulement ce qui *attire*, c'est-à-dire ce qui affecte immédiatement les sens, qui détermine la volonté humaine : « nous avons aussi le pouvoir de vaincre, au moyen des *représentations* de ce qui est *utile* ou *nuisible*, même d'une manière éloignée, les impressions produites sur notre faculté de *désirer* ; mais ces réflexions sur ce qui est désirable par rapport à tout notre état, c'est-à-dire sur ce qui est bon ou nuisible, reposent sur la raison[1] ». On pourrait répondre que les *représentations* de ce qui est utile ou nuisible enveloppent elles-mêmes des sentiments agréables ou désagréables, soit actuels, soit futurs, mais toujours actuellement représentés ; utile et nuisible sont donc des objets d'expérience, nullement de « raison », du moins de raison pure. Kant n'en conclut pas moins de son imparfaite analyse : « La raison », et cette fois le mot semble changer de sens pour exprimer la raison *pure*, « donne donc aussi des lois qui sont *impératives*, c'est-à-dire qui sont des lois *objectives* de la liberté, expriment ce qui *doit* arriver, bien que peut-être

---

1. *Raison pure*, trad. Barni, p. 363, 364.

cela n'arrive jamais, et se distinguent des *lois* naturelles, lesquelles ne traitent que de ce qui *arrive* ; c'est pourquoi elles sont appelées aussi des lois pratiques. » S'il s'agit ici d'impératifs quelconques, même hypothétiques, on ne peut pas dire qu'ils soient des lois de la *liberté*, non de la nature ; car les lois naturelles n'expriment pas seulement ce qui *arrive*, mais aussi ce qui *peut* et *doit* arriver, sous certaines conditions, il est vrai, et non inconditionnellement. Kant veut sans doute insinuer ici que, si la pure idée de l'utile ou du nuisible, qu'il attribue à la « raison », mais non « pure », est capable, à elle seule et sans le secours du désir, de mouvoir la volonté, l'idée d'une législation universelle pourra encore mieux la mouvoir, sans attrait qui y soit attaché. Mais il est clair que l'idée de l'utile ou du plus grand agrément total et futur ne meut pas sans le secours du désir, à moins qu'elle ne meuve machinalement. Nous ne sortons donc nullement des lois ordinaires de la *nature*, y compris la nature mentale, tant que nous avons affaire à des impératifs hypothétiques. La « liberté pratique » n'est qu'une forme perfectionnée du déterminisme.

Kant finit par sentir lui-même combien l'idée obscure et populaire de la liberté pratique est ambiguë, combien elle est réductible à quelque nécessité profonde ; mais il essaie de nous persuader que ces difficultés sont négligeables ou même n'existent pas. « Quant à savoir, dit-il, si la raison, même dans ces actes où elle prescrit des lois, n'est pas déterminée à son tour par des influences étrangères, et si ce qui s'appelle *liberté* par rapport aux impulsions sensibles ne pourrait pas être à son tour *nature* par rapport à des causes efficientes plus élevées et plus éloignées, cela *ne nous touche en rien au point de vue pratique,* puisque nous ne faisons ici que demander *immédiatement* à la raison la *règle* de notre conduite ; mais c'est là une question purement *spéculative,* que nous pouvons laisser de côté tant qu'il s'agit simplement pour nous de *faire* ou de *ne pas faire*[1]. » Cette étonnante façon d'écarter la difficulté n'est admissible que quand il s'agit d'impératifs hypothétiques, de considérations d'utile ou de nuisible. Encore n'est-il

---

1. *Raison pure*, trad. Barni, p. 364.

pas indifférent de savoir si réellement notre nature mentale nous rend capables de prendre, dans notre *intérêt*, une décision pénible, dictée par l'intelligence contrôlant la passion, en dehors de toute idée de devoir. Mais, quand la raison donne un ordre « inconditionnel », supposant un devoir inconditionnel : — Tu *dois* mourir pour accomplir un devoir qui suppose en toi un *pouvoir* adéquat de l'accomplir, — comment ne m'importerait-il pas de savoir si ce pouvoir est *réel*, conséquemment si mon devoir même est bien réel, ou si ma « liberté morale » et, par conséquent, mon « obligation morale » ne sont point tous les deux des effets naturels de « causes efficientes éloignées », de nécessités qui me prédéterminent en un sens ou en l'autre? Dans une question aussi vitale, Kant ne peut pas se montrer aussi superficiel que ceux qui admettent, avec Renouvier, un *devoir-faire* vague et un *pouvoir-faire* non moins vague.

Kant, après toutes ces incohérences de raisonnement, aboutit à la conclusion suivante : « Nous *connaissons* donc par l'*expérience* la *liberté pratique* comme une des *causes naturelles*, c'est-à-dire comme une *causalité de la raison dans la détermination de la volonté*, tandis que la liberté *transcendante* exige une *indépendance* de cette raison même (au point de vue de sa causalité pour commencer une série de phénomènes) à l'égard de toutes les causes déterminantes du monde sensible, qu'en ce sens elle semble être contraire à la loi de la nature, partant à toute expérience possible, et que, par conséquent, elle reste à l'état de *problème*. » Jusqu'ici, rien de mieux, mais Kant ajoute : « Ce problème ne *regarde pas la raison dans son usage pratique...* La question touchant la liberté transcendantale concerne simplement le savoir *spéculatif*; nous pouvons la laisser de côté comme *tout à fait indifférente* quand il s'agit de *pratique*[1]. » Je réponds par une double négation. 1° Même quand il s'agit de la « pratique » au sens large et vague de pratique utilitaire et non morale, la question de savoir si notre pouvoir de détermination est inconditionnel et absolu n'est pas « indifférente ». 2° En tout cas, la pratique morale dont Kant a parlé, où « la raison nous dicte im-

---

1. *Raison pure*, trad. Barni, p. 363 et suiv.

médiatement notre règle de conduite », dépend *tout entière* de la question même de savoir si nous avons un vrai pouvoir inconditionnel correspondant au devoir inconditionnel. Kant réplique : Vous *devez*, cette certitude vous suffit. — Oui, si nous avons la certitude que nous devons ; non, si nous ne l'avons pas. Or, « nous devons » n'a de sens que si ces mots signifient indivisiblement : « *nous pouvons* », si ni le devoir ni le pouvoir ne sont des phénomènes de « nécessité naturelle » explicables par des causes efficientes « plus élevées et plus éloignées ». — « Vous devez vous faire tuer dans la bataille » —, me dites-vous ; mais, si mon effort pour marcher sur l'ennemi ne peut être lui-même qu'une résultante des mouvements lointains de l'univers entier, le précepte de marcher au combat demeure platonique : il est subordonné à l'état actuel et total de l'univers.

Kant est mieux inspiré quand il dit, non sans se mettre en désaccord avec la conception de la liberté pratique précédemment mise en avant : — On n'aurait jamais eu « l'audace » de concevoir la liberté et de lui faire jouer un rôle, « si la loi morale et, avec elle, la raison pratique n'étaient intervenues et ne nous avaient imposé ce concept[1] ».

Mais un nouveau problème se pose encore à ce sujet. Le concept de liberté est-il exclusivement *moral*? On remarquera sans doute qu'une multitude de personnes, à commencer par Reid, se croient naïvement libres de lever ou d'abaisser le bras (sans même qu'il s'agisse de prêter un serment), de partir du pied droit ou du pied gauche, de choisir entre deux pièces de monnaie indiscernables pour l'œil, etc. Renouvier n'admettait-il pas, en dehors de la morale, des « futurs contingents »? Ne se croyait-il pas libre de tirer une « loterie » sans que le numéro qui sortira fasse partie des futurs déterminés et puisse être prévu même par un Laplace omniscient? Suppositions dont l'énormité n'a d'égale que le *clinamen*. Épicure ne croyait-il pas que les atomes de son cerveau pouvaient faire une fugue subite sans raison prévisible? En fait, l'enfant et l'homme se

---

1. *Raison pratique*, trad. Barni, p. 59.

croient libres avant de concevoir « l'impératif catégorique ». Le sauvage doit se croire tout à fait libre de « choisir », fût-ce entre de simples intérêts sensibles ; — garder un prisonnier comme bête de somme ou le manger, — alors même qu'il n'aurait aucune idée nette d'une obligation morale. Beaucoup de personnes civilisées, dans des questions de pur intérêt, se croient libres de préférer un intérêt à un autre, un médicament à un autre, la quinine à l'antipyrine, si elles ont la fièvre, une opération ou l'absence d'une opération, si elles ont un cancer ! L'avocat qui soutient une cause se croit libre, après délibération, de préférer tel argument spécieux à tel autre moins spécieux. Celui qui a une maison à bâtir se croit libre de choisir, entre plusieurs plans, celui qui lui paraît le plus avantageux. Le banquier se croit libre d'acheter des titres russes ou des titres japonais. A toutes ces prétentions, il est vrai, on peut répondre qu'elles sont illusoires, ou du moins que le soi-disant libre arbitre par lequel on croit les expliquer est illusoire : celui qui préfère un plan plus avantageux est *déterminé* par l'idée et le désir *conscients* de son plus grand avantage ; celui qui met le pied droit avant le gauche est déterminé *mécaniquement* et *inconsciemment* par l'état actuel de ses organes, lequel incline le corps à droite plutôt qu'à gauche, etc. Il y a beau temps que Leibniz nous l'a enseigné, et il est étonnant qu'on retrouve encore de nos jours les mêmes honteux sophismes sur le libre arbitre chez tant de moralistes. Renouvier, lui, plaçait la liberté au cours de la *délibération*. Mais celui qui délibère admet sans doute que sa délibération n'est pas sans effet sur son acte, sinon, à quoi bon délibérer ? Or, cet effet de la délibération est, non pas celui d'un *pouvoir* mystérieux, mais celui même de l'intelligence et du sentiment, qui finissent par apporter leur lumière et leur chaleur : c'est donc un effet déterminé selon les lois psychologiques. Bref, après analyse exacte des conditions de l'intelligibilité et de l'activité, on finit par reconnaître que le déterminisme universel, multiforme d'ailleurs et enveloppant un certain auto-déterminisme, est l'inéluctable conséquence du principe de causalité ; et c'est d'ailleurs ce que reconnaît Kant lui-même.

Aussi est-il finalement obligé de représenter la vraie liberté, — transcendantale selon lui, — comme toute différente du soi-disant libre arbitre vulgaire et de la prétendue « liberté pratique » qu'il avait lui-même admise tout à l'heure. Passons donc enfin à la définition et à l'établissement de la vraie liberté.

La fonction de la raison, selon Kant, est de systématiser toute matière, faits ou actions, selon l'universel. Dans l'ordre théorique, ce besoin de systématisation, qui se traduit par l'idée de l'inconditionnel, aboutit à une fuite sans fin le long de la série des conditions; aussi l'inconditionnel lui-même, spéculativement, demeure x. Dans l'ordre moral, le besoin d'inconditionnel est immédiat et absolu; il faut que nous puissions, *hic et nunc*, nous sacrifier à la seule loi universelle qui systématise les actions humaines; il faut donc que, *hic et nunc*, nous ayons à la fois *devoir inconditionnel* et *pouvoir inconditionnel*; il faut, en d'autres termes, que la « liberté transcendantale » qui n'était spéculativement que problématique, devienne ici certaine. Mais comme, dans l'*expérience*, tout est nécessité, il faut que la *raison pure*, se faisant *pratique*, soit capable d'imposer aux faits une *loi* qui ne soit plus celle de la nécessité, qu'elle soit capable aussi de *produire* une *action* réelle qui ne soit plus l'effet d'une série nécessaire dans le temps et dans l'espace. Etre libre, en un mot, c'est pouvoir *régler* et *accomplir* ses actes par pure raison et selon la pure raison, sans aucun mobile sensible.

Mais cette nouvelle définition de la liberté, à laquelle Kant conférera tout à l'heure l'objectivité, renferme encore des ambiguïtés, qu'il ne dissipe pas. Dans la *Critique de la raison pratique*, la vraie liberté morale est par moments identifiée avec le devoir même; elle est la *causalité de la raison pure*. La « législation propre de la raison pure pratique, dit Kant, est, à ce titre, la liberté dans le sens *positif*[1] ». Or, la législation de la raison pure, dans son usage pratique, n'est-ce pas le devoir? Ce serait donc la *détermination* par la loi du devoir qui seule ferait la liberté. Mais la nature et le

---

1. *Critique de la raison pratique*, trad. Barni, p. 179.

degré de cette détermination même restent encore vagues. Kant, qui parle perpétuellement d'une détermination *a priori* de la volonté pure par la raison pure pratique, ne nous a jamais dit avec précision *en quoi* consiste et *jusqu'où* s'étend cette « détermination ». Consiste-t-elle simplement à *reconnaître* et à *poser* la loi pratique comme objective et vraie en tant que loi, comme une loi que nous faisons nôtre en y reconnaissant l'expression valable de notre pure raison ? Alors la liberté morale est simplement le consentement à l'*obligation* morale, elle est la raison se posant une loi, elle est l'autonomie. S'agit-il, en outre, d'une détermination plus complexe par laquelle la volonté voudrait non seulement que la loi soit *loi*, mais encore qu'elle soit par nous *exécutée* ? S'agit-il, en d'autres termes, de la conformité *de fait* du vouloir libre à la loi préalablement reconnue et déjà voulue comme loi par l'intelligence ? Nous oscillons sans cesse d'un sens à l'autre. Et ce n'est pas là seulement une ambiguïté de langage, c'est la révélation d'une difficulté foncière. Si nous ne sommes libres que de *poser la loi* par la raison, nous ne sommes vraiment pas libres de la *réaliser*, ce qui est pourtant l'essentiel ; si nous sommes libres aussi de la réaliser, pourquoi ne la réalisons-nous pas ? Nous allons retrouver cette difficulté sous toutes les formes en passant de la définition de la vraie liberté morale à la preuve de son existence.

II. — La méthode de Kant, pour établir l'existence de la liberté, consiste à objectiver immédiatement et comme en bloc la loi morale, l'inconditionnel *tu dois*, avec ses présuppositions. C'est là, nous l'avons vu plus haut, le caractère essentiel du moralisme : exclusion en principe de tout doute sur la moralité absolue, indépendante par elle-même de toute *fin* et de tout *objet* d'expérience. Du même coup, il n'est pas difficile à Kant d'objectiver l'inséparable *tu peux*, analytiquement contenu dans : *tu dois*. La conscience du devoir, c'est-à-dire de la raison pure se constituant pratique, nous donne la conscience de notre liberté, en tant seulement qu'il s'agit de la liberté *morale*, c'est-à-dire du pouvoir inconditionnel de réaliser une loi inconditionnelle. La critique de la raison pure nous a montré dans les lois scientifiques régissant les objets d'expérience, y compris nous-mêmes, de simples rapports de phénomènes et non des réalités ayant une existence en soi ; cela nous permet maintenant, dit Kant, d'*abandonner* à la loi de *causalité nécessaire* le sujet-phénomène. Nous avons conçu comme possible *a priori* la liberté du sujet-noumène, de cette étonnante chose *en soi* qui est *moi*; nous affirmons maintenant cette liberté, en tant qu'exigée par la Raison pratique, qui dit : *Tu* dois. Comme mon moi empirique, lui, ne *peut* pas, et qu'il faut pourtant que *je* puisse, puisque je dois, il en résulte que j'ai un *moi*-noumène et qu'il est libre. Et ainsi la difficulté, selon Kant, se trouverait levée. De même que, en philosophie spéculative, la conception du principe de causalité nécessaire et celle des autres principes purs me force d'admettre en moi, selon Kant, l'existence d'un « *entendement* pur[1] », de même, en morale, la conception du principe pur pratique, de l'universalité de la législation morale, me force d'admettre en moi une « *volonté pure* », dégagée du sensible, capable de se déterminer uniquement par l'idée de la loi universelle, sans aucun mobile, fût-ce même l'amour de cette loi (du moins l'amour pathologique). Cette volonté pure a seule pour attribut la vraie liberté, la liberté *morale*. « L'homme *juge* qu'il *peut* faire une chose parce qu'il a *conscience* qu'il *doit* la faire, et il reconnait ainsi en lui la *liberté*, qui, *sans la loi morale*, lui serait restée inconnue[2]. » « La loi morale, dit encore Kant, est la *condition* sous laquelle nous pouvons d'abord devenir *conscients* de la liberté... Si la loi morale n'était d'abord clairement conçue dans notre raison, nous ne nous croirions jamais autorisés à admettre une chose telle que la liberté (quoiqu'elle n'implique pas contradiction)[3]. » Ces paroles, pour pouvoir s'accorder avec la prétendue preuve de la *liberté pratique* donnée plus haut, supposent bien qu'on prend cette fois la liberté au sens étroit et précis de liberté *morale* inconditionnelle, impliquant une causalité qui

---

1. *Raison pratique*, trad. Picavet, p. 48.
2. *Ibid.*, 50.
3. *Raison pratique*, préface, p. 3, trad. Picavet.

ne dépende pas elle-même de causes plus « reculées ». C'est donc vraiment la « liberté transcendantale ».

Que vaut cette démonstration ? Remarquons-le d'abord, Kant se met en opposition avec tout ce que l'on avait cru jusqu'à lui. On avait toujours dit : — Si l'homme ne s'attribuait pas d'abord, à tort ou à raison, une certaine indépendance et même un pouvoir de *choix* sous le nom de liberté, il ne concevrait pas comme valable pour lui une loi pratique quelconque, d'abord d'intérêt personnel, puis d'intérêt collectif, puis de justice et de bien moral, une loi qui lui prescrit, à un titre quelconque : choisis ceci et non cela. La loi *morale,* en particulier, qui est en opposition avec celle de l'intérêt et implique un pouvoir de désintéressement volontaire, demeurerait un idéal sublime, un *desideratum,* un souverain objet d'admiration et même d'aspiration, *pium votum*; mais elle ne paraîtrait pas s'appliquer à *nous,* êtres sans pouvoir de choisir, ou du moins elle ne paraîtrait pas nous commander inconditionnellement : tu dois. Je ne prends pour moi le devoir qu'à condition de me reconnaître le pouvoir : voilà la « donnée » traditionnelle de la morale jusqu'à Kant. Celui-ci a renversé l'ordre et s'est fait « le Copernic » du moralisme.

Kant invoque une « *conscience* de la liberté » ; mais ce n'est pas une conscience véritable de la liberté en elle-même et en nous-mêmes. C'est simplement une conscience de la *nécessité interne* avec laquelle la « raison » nous impose une *loi* et, conséquemment, selon Kant, réclame un *pouvoir* correspondant, pouvoir dont nous n'avons pas réellement conscience. La prétendue « conscience » pure de Kant n'est que la conscience que nous avons ou croyons avoir de notre « raison » pure ; ou plutôt, elle n'est que la constatation *intime* de l'existence en nous de principes purs *a priori,* que nous attribuons ensuite, par induction et abstraction, à l'acte d'une faculté appelée « entendement pur » et « raison pure ». Mais ces facultés ne sont elles-mêmes que des entités. Nous n'avons pas plus conscience de la raison que de la liberté, d'autant plus que les principes purs *a priori* ne sont pas vraiment établis et présupposeraient une « spontanéité absolue » dont nous ne pouvons avoir conscience. Ne l'oublions pas, la *Critique de la raison pure,* contrairement au *cogito,* qui, selon Descartes, atteindrait l'être, a soutenu que même le sujet pensant n'est pour soi, dans l'intuition intérieure, qu'un simple phénomène[1]; il n'y a donc aucune vraie intuition de la liberté et la prétendue conscience pure n'est elle-même qu'une forme vide.

La *critique de la raison pratique,* il est vrai, veut profiter de cette conclusion même pour soutenir que nos actions conditionnées empiriquement sont, à plus forte raison, de simples *phénomènes.* Tout est ainsi réduit à une poussière de phénomènes; mais, dans la pensée de Kant, cet apparent désastre se change en triomphe par la vertu d'une simple hypothèse théorique, objectivée au nom d'une nécessité pratique. L'hypothèse théorique consiste à supposer, — sans bien savoir ce qu'on suppose et quelle valeur ont les termes, — que, « du côté de notre existence en soi » (si nous en avons une, si la *chose en soi* est elle-même autre chose qu'une simple hypothèse ou un simple problème), « nous *pouvons* être *libres* », n'étant plus « conditionnés empiriquement ». Mais le mot *libre* offre-t-il encore une signification, appliqué à une chose en soi $= x$? Offrirait-il un sens si on l'appliquait à la mort, après laquelle nous ne sommes plus « conditionnés empiriquement » ? Cette simple hypothèse, si perdue dans l'atmosphère raréfiée des abstractions, se change cependant en certitude selon Kant, dès que notre raison pose en loi pratique d'agir *comme* un être libre, capable de se déterminer en vertu de la loi seule, de cesser ainsi d'*agir* en être purement sensible, de cesser d'*être* un individu purement sensible. Nous obtiendrions ainsi, grâce à la loi morale, non plus, comme tout à l'heure, une « conscience », mais une certitude morale d'avoir deux existences : l'une sensible et phénoménale, étrangère à la moralité, l'autre intelligible et supra-phénoménale, parce que *morale.* Ainsi considéré par rapport à la causalité libre que réclame l'accomplissement, sans motif sensible, d'une loi en dehors de toute condition sensible, l'homme serait « un être en soi »; par rapport à la causalité méca-

---

1. *Raison pratique,* trad. Picavet, p. 85. *Ibid.,* p. 6.

nique de la nature, que réclame l'exécution matérielle de la loi dans le monde du déterminisme, l'homme resterait « un phénomène ». Selon cette hypothèse théorique, nous ne serions vraiment nous-mêmes *en nous-mêmes* que dans notre personnalité *morale*; nous n'aurions notre vraie existence que dans la vie éternelle, dont nous saisissons la *forme* sans le contenu, dès que nous pensons le devoir et sa valeur universelle. Si maintenant nous passons de la théorie à la pratique, la magie du *tu dois* change le *vide* de la raison pure en plénitude; il change le « problème » théorique, aux termes indéfinis en certitude pratique définie, le doute en affirmation; il change tout ce dont nous avions l'intuition sensible et la conscience intuitive en simple « apparence », tout ce dont nous n'avons aucune intuition et dont nous ne saisissons que des « formes » relatives à notre constitution, en vraie réalité. Tu dois, donc tu peux, quoique, d'après le mécanisme de la nature, tu ne puisses pas. Tu ne dois pas franchir le Rubicon, donc tu peux ne pas le franchir, quoique, étant donné le monde entier et ta place dans le monde, tu sois dans une impossibilité de ne pas le franchir aussi absolue que l'impossibilité pour le Rubicon de ne pas couler devant toi. Tu es obligé par la vie éternelle, donc tu es libre dans la vie éternelle, donc tu existes et agis dans la vie éternelle, bien que toutes tes certitudes intuitives soient pour les choses de la durée, bien que tu ne te voies toi-même que comme un phénomène qui passe et une ombre sur le mur du temps. Plus tu es prédestiné sensitivement, plus tu dois te considérer comme libre intelligiblement; moins tu peux dans la vie temporelle, plus tu peux dans la vie intemporelle : le *tu dois* a métamorphosé la prédestination en simple effet *phénoménal*, la liberté en cause *réelle* de cette prédestination. Luther et Calvin triomphent chez Kant; le règne de la nature est subordonné par la morale au règne de la grâce sous le nom de noumène.

Nous voyons de nouveau que la liberté morale dont parle Kant n'est autre chose que la causalité du noumène, et nous voyons aussi comment il essaie de prouver cette causalité. L'impératif catégorique, dit-il, est *donné* à la conscience comme un *fait* de la *raison*; or, l'impératif catégorique est pur de tout élément sensible ; donc, quand il détermine la volonté, c'est la raison *pure* qui agit au-dessus du temps et de l'espace, d'une action nouménale. Voilà la causalité du noumène *prouvée* et le règne de la liberté élevé au-dessus du monde sensible.

Pour éclaircir et illustrer sa démonstration, Kant suppose que quelqu'un affirme, en parlant de son penchant au plaisir, qu'il lui est tout à fait « impossible d'y résister, quand se présentent l'objet aimé et l'occasion ». Nous allons bien voir! dit Kant ; et il suppose, devant la maison où se rencontre cette occasion tentatrice, une bonne potence dressée pour notre homme dès qu'il aura satisfait sa passion. « Ne triomphera-t-il pas alors de son penchant? On ne doit pas chercher longtemps ce qu'il répondrait[1]. » — Mais l'exemple apporté par Kant ne prouve absolument rien. Ce genre de pouvoir ou de possibilité de résistance, en effet, n'est pas la vraie liberté, pas plus que l'abstention de toucher à un morceau de lard chez un chien qui voit le fouet du maître suspendu sur sa tête ; c'est une détermination plus puissante qui l'emporte sur une moins puissante, et nous ne sortons pas du mécanisme de la causalité empirique. Il y a ici, de la part de Kant, *ignoratio elenchi*. Mais, ajoute-t-il, abordant cette fois la vraie question, « considérez notre homme dans le cas où son prince, en le menaçant de la même potence que tout à l'heure, lui ordonnerait de porter un faux témoignage contre un honnête homme que ce prince voudrait pendre sous un prétexte plausible ; et demandez à cet homme s'il tiendrait comme *possible* de vaincre son amour de la vie, si grand qu'il puisse être ». Là est effectivement le vrai problème de la liberté morale. Kant répond : « Il n'osera peut-être assurer qu'il le *ferait* ou qu'il ne le ferait pas, mais il accordera *sans hésiter* que cela lui est *possible*. Il juge donc qu'il *peut* faire une chose parce qu'il a conscience qu'il *doit* la faire, et il reconnaît ainsi la liberté, qui, sans la loi morale, lui serait restée inconnue. » La réponse de Kant est d'une générosité qui marque une grande âme.

---

[1]. *Raison pratique*, trad. Picavet, p. 49.

Pourtant est-il bien sûr que notre homme, lui, ferait « sans hésiter » cette même réponse ? Ne répondrait-il point, au conditionnel : — Oui sans doute, je *devrais* marcher au supplice ; il serait *bon* et *beau* que j'en eusse la force ; mais je ne sais si je l'aurai, et je crains de ne pas l'avoir...; toute réflexion faite, je ne pourrai jamais me résoudre à me faire pendre : je n'ai pas un caractère assez énergique...; vous me dites que je suis un lâche, mais c'est plus fort que moi ! — Au fait, pourquoi y a-t-il des hommes qui affrontent la potence et d'autres qui l'évitent ? Kant avoue lui-même que ces faits empiriques sont explicables, également déterminés l'un et l'autre par des causes empiriques. Si les uns choisissent d'obéir, les autres de désobéir, une pareille différence ne s'explique que par la force empirique du caractère et des mobiles, par l'énergie comparative de la crainte de la potence, de la crainte du mal fait à autrui, de l'idée d'une société raisonnablement organisée, où il est convenu que personne ne fera aux autres le tort dont il ne voudrait pas lui-même être victime, par exemple un faux témoignage. S'il en est ainsi, peut-on dire que l'homme qui s'est expliqué à lui-même sa lâcheté par des raisons empiriques, s'attribue certainement le pouvoir intelligible d'agir contre toutes ces raisons ? L'esprit critique de Kant se refrène ici lui-même au profit de son penchant moral ; il admet sans preuve que tous les hommes, en concevant un devoir, s'attribuent un pouvoir de l'accomplir indépendamment *et au-dessus du déterminisme entier de la Nature,* dont ils sont membres. La vérité est que ceux qui s'attribuent la liberté se l'attribuent comme un pouvoir de faire exception au déterminisme naturel. Et Kant ne se demande pas (question critique qu'il eût dû examiner) s'il n'y aurait point dans cette persuasion d'être libre *contre* la nature une illusion psychologique, causée par l'expérience même de la *force des idées.* Oui, je pourrais accomplir mon devoir aux dépens de ma vie même, *si* l'idée du devoir était en moi assez *forte,* c'està-dire assez claire, assez émouvante et assez inclinante, bref, si *j'aimais* assez mon devoir; mais je ne puis savoir, avant l'expérience, quelle est cette force d'amour. Qui sait le jugement que l'expérience portera sur l'élévation ou la bassesse de mon caractère? Qui sait, hélas! si je ne me révélerai pas à moi-même et aux autres comme un être misérable, tremblant, incapable d'héroïsme? — Loin d'admettre ces discussions psychologiques, Kant les exclut en disant : — Il n'y a à discuter ni le devoir ni le pouvoir; vous *devez,* donc vous *pouvez,* quand les plus sûrs théorèmes de la mécanique mentale aboutiraient à vous faire, malgré le devoir, fuir la potence ; vous avez les pieds, le tronc et le cou pris dans la grande toile du déterminisme, mais votre tête est en dehors, ou, si elle est elle-même dans la toile, votre « moi-noumène » n'y est pas, cela suffit. Vous êtes à la fois dans le monde sensible et dans le monde intelligible, esclave dans l'un, libre dans l'autre ; dégagé de toute responsabilité dans le monde du temps, responsable dans le monde de l'éternité, parce que le devoir intelligible doit éternellement entraîner, *nescio quomodo,* un pouvoir intelligible. — Cette sublime doctrine de Kant, qui est le moralisme par excellence, est-elle conforme à « l'expérience intime » qu'il invoquait tout à l'heure? Quand les hommes se croient libres d'aller ou de ne pas aller à la potence, est-ce dans un monde supra-empirique qu'ils placent leur liberté ? Se considèrent-ils comme physiquement déterminés à fuir le supplice et comme libres intelligiblement de ne pas le fuir? Admettent-ils, en d'autres termes, que leur liberté intelligible consiste dans un acte intemporel du moi intemporel, lequel acte prédéterminerait, en dehors du temps, toute la série de leurs actions empiriques, et la prédéterminerait de façon à la faire entrer dans le tout du déterminisme cosmique, — ce qui suppose que notre liberté intelligible prédétermine non seulement notre vie temporelle, mais le monde entier des choses temporelles? Ce moralisme est bien loin des conceptions morales de l'humanité entière, avec lesquelles, Kant a la prétention d'être tellement d'accord qu'il n'admet pas même la discussion de son impératif catégorique.

On le voit, la preuve de la liberté, dans Kant, qui paraissait d'abord si simple, — constatation du *factum rationis,* du devoir entraînant la liberté, — implique tout un système métaphysique sur le monde intelligible.

Et ce système a été condamné d'avance, quoi qu'en dise Kant, par la critique de la raison pure; en tout cas, il serait condamné par une plus complète critique de la raison pure.

Kant propose, dans la *Raison pratique,* un problème qui est l'inverse de celui que nous avons déjà examiné plus haut, et ce problème nous semble une spéculation non moins illusoire. Que Kant cherche le passage pratique de la loi à la liberté (problème I) ou le passage pratique de la liberté à la loi (problème II), il ne peut faire un seul pas sans violer les règles posées par la critique de la raison pure et sans risquer un usage illégitime, qui ne peut pas être purement « pratique », des catégories de qualité, de quantité, de relation. Kant dit : « *Supposé* que la simple forme législative des maximes soit seule le principe suffisant de détermination d'une volonté », — ce qui précisément est une hypothèse élevée dans l'éther et, tout bien considéré, une impossibilité, — « trouver la *nature* de cette *volonté,* qui ne *peut* être déterminée que par ce moyen[1] ». Kant répond que, la matière sensible étant supposée absente, il ne reste plus rien de sensible, plus rien qui ressemble aux catégories de la causalité dans le monde phénoménal; d'où il suivrait, selon lui, que la volonté déterminée par la seule *forme* est « libre ». Inutile de répéter que la forme est un ensemble de catégories et d'intuitions ; à supposer qu'il existe une volonté déterminée par la seule forme d'une loi, tout ce qu'on pourra dire, c'est qu'elle est, par hypothèse, une volonté déterminée par la seule forme d'une loi; mais ajouter qu'elle est libre, c'est ne rien ajouter de compréhensible. L'hypothèse d'une volonté pure déterminée par la forme pure d'une loi pure est, non seulement indémontrable et invérifiable, mais encore inintelligible *in terminis,* les termes de *volonté,* de *loi* et de *détermination* n'ayant aucune espèce de sens théorique ou pratique en dehors de l'expérience intérieure. Même au point de vue de cette expérience, l'existence d'une *volonté* quelconque est ce qu'il y a de plus contesté : nous voyons bien en nous des pensées et sentiments en lutte nous donnant

---

1. *Critique de la raison pratique,* trad. Picavet, p. 46, 47 et suiv.

l'impression subjective de l'effort mental ou cérébral, suivis ou non de mouvements d'exécution ; mais où est *la Volonté?* Lui chercher un refuge dans le monde nouménal, c'est se payer d'un mot. Ce qui se passe dans le monde nouménal n'est, pour nous, pas plus « volonté » qu'autre chose ; nous n'avons rien à dire, ni théoriquement, ni pratiquement, de ce dont nous ne pouvons absolument rien déterminer. Les démonstrations de Kant sont une scolastique roulant sur des entités semblables aux formes substantielles, quiddité, hœccéité, etc., dont s'abusait le moyen âge. Il n'a pu ni constater ni prouver que le « fait de raison », étant « bien une action » et une action « spontanée » de la raison même, est une causalité intelligible de la raison, c'est-à-dire une *liberté* de la volonté.

Outre l'impossibilité de la démonstration par rapport à une critique radicale et exhaustive de la raison pure, l'argumentation de Kant renferme encore le cercle vicieux qui lui a été tant de fois reproché et à propos duquel ont coulé des flots d'encre. Il a beau prétendre que la loi morale a non seulement sa seule *ratio essendi,* mais encore sa seule *ratio cognoscendi* dans la persuasion de la possibilité et de la réalité de notre pouvoir libre ; il y a cercle vicieux à supposer réellement donnée une loi qui n'est donnée que si est donné en même temps le pouvoir de l'accomplir.

La démonstration morale de la liberté est incompatible avec les résultats de la critique spéculative. En effet, dans la *Raison pure,* nous avons déjà plusieurs fois rappelé que Kant frappe de suspicion toute idée d'inconditionnel ; par cela même, il frappe de suspicion le pouvoir inconditionnel répondant à une loi inconditionnelle, et on doit se demander si, au point de vue pratique, il a le droit de rétablir cette idée comme certaine. Oui, répond-il ; si l'inconditionnel, notamment l'inconditionnel de causalité, échappe à la raison spéculative, c'est parce qu'il devrait être donné *en dehors de nous.* En effet, il ne peut être donné en nous, car *nous,* pour la connaissance spéculative, c'est simplement notre existence sensible : nous ne nous connaissons que « comme *phénomène* » par « le *sens* intérieur », non comme nous sommes en notre réalité profonde, ni en notre vraie activité, si nous en avons une. Mais, au point de vue pratique, nous bénéficions d'une situation nouvelle, car la loi de la raison pure pratique *s'adresse à nous*; en conséquence, elle présuppose *ipso facto* que nous sommes, non plus de simples phénomènes sensibles, mais des réalités intelligibles, jouissant d'une causalité non conditionnée, par des conditions sensibles, c'est-à-dire libre. — S'adresse à nous ! oui, *empiriquement* parlant, en ce sens que l'homme éprouve dans l'expérience une impulsion qu'il attribue à l'idée morale, souvent même à l'idée religieuse; mais, encore une fois, qui prouve que je ne me trompe pas sur la valeur absolue de cet ordre et sur ses vraies causes? Oui, la loi s'adresse à moi *rationnellement,* en ce sens que ma « raison », tendant à se développer, trouve sa complète satisfaction dans une règle universelle qui serait applicable à tous comme à moi; mais rien ne m'assure que le *pouvoir d'exécution* corrélatif à cette règle absolue m'appartienne à moi, individu concevant l'intelligible, mais agissant dans le monde sensible et pris dans ses relations comme dans la toile d'Arachné. Je n'ai donc pas le droit de conclure avec Kant : « Relativement à son propre sujet, l'homme se *reconnaît* lui-même d'un côté comme déterminé par la loi morale, comme être intelligible (en vertu de la liberté), et de l'autre, comme agissant dans le monde sensible, *d'après cette détermination*[1]. » Les deux choses demeurent aussi incertaines l'une que l'autre et solidairement incertaines. J'ignore si j'ai la liberté intelligible d'accomplir la loi universelle uniquement parce qu'elle est la loi universelle, et j'ignore (Kant lui-même l'a dit) si jamais j'ai *agi* ou *pu* agir dans le monde sensible « d'après cette détermination » intelligible. J'ignore donc tout ce qu'il faudrait savoir.

D'ailleurs, quand je fais le mal, je n'agis pas « d'après la détermination de la loi morale »; donc, pour être exact, il faudrait dire que, dans le monde intelligible, je suis déterminé par la loi morale et que, dans le monde sensible, j'agis tantôt *selon,* tantôt *contre* cette détermination. Or, empiriquement, je ne suis pas plus libre dans

---

[1]. *Raison pratique,* 294.

le cas du *selon* que dans le cas du *contre*. D'autre part, dans le monde intelligible, que peut être la liberté, si elle n'est pas délivrée des obstacles qui empêchent le choix de l'universel? Et si elle en est délivrée, elle doit choisir infailliblement l'universel, ce qui, dans le monde empirique, devrait exclure le *contre*.

Cette remarque nous amène devant un problème nouveau : le rapport des deux libertés.

CHAPITRE III

CONCILIATION DE LA LIBERTÉ NOUMÉNALE ET DE LA NÉCESSITÉ PHÉNOMÉNALE

Kant a excellemment indiqué lui-même que la grande difficulté de la critique est la conciliation de la liberté nouménale avec la nécessité phénoménale, mais, chaque fois qu'il approche de cette insurmontable difficulté, nous le voyons s'échapper par quelque tangente. Lisez plutôt le chapitre sur la *typique* du jugement pur pratique. Kant commence par rappeler que la loi morale doit être « non une loi *naturelle* dépendant de principes empiriques de détermination, mais une loi de la *liberté* d'après laquelle la volonté doit pouvoir être déterminée. » Déterminée à quoi ? A la *reconnaissance* de la loi morale ou à son *exécution* réelle ? Toujours même incertitude. De plus, la volonté, répète Kant, doit être déterminée « indépendamment de tout élément empirique, simplement par la représentation d'une loi en général et de sa forme ». Or, ajoute Kant, tous les *cas* qui peuvent se présenter pour des *actions* possibles ne peuvent être qu'empiriques, c'est-à-dire ne peuvent appartenir qu'à l'expérience et à la nature ; il est donc « étrange » de vouloir trouver dans le monde sensible « un *cas* qui, devant toujours, comme tel, être soumis seulement à la loi de la nature, permette cependant qu'on lui applique une loi de la liberté, et auquel puisse être appliquée l'idée supra-sensible du bien moral, qui doit y être représentée *in concreto*[1] ». On ne saurait mieux poser la difficulté. Kant la résout-il ? Il se tire d'affaire en imaginant, entre l'intelligible et le sensible, un mystérieux rapport

---

1. *Raison pratique*, trad. Picavet, p. 120.

d'*expression,* aussi interdit pourtant que tous les autres rapports entre le noumène et le phénomène. Il se borne à dire que les actions qui *expriment* sensiblement le moral supra-sensible sont les actions en vue d'une législation universelle, les actions que l'on peut supposer érigées en lois de la nature, si bien que la loi de nature ainsi supposée (par exemple la fidélité universelle aux contrats) se trouve être le *type,* le symbole sensible de la loi morale. Tout cela ne serait soutenable qu'une fois admis qu'il y a des noumènes et que les phénomènes ont avec eux un rapport déterminé de ressemblance (l'ὁμοίωσις, de Platon). Encore la catégorie de la ressemblance ne peut-elle s'appliquer aux choses en soi. Mais tout cela ne résout pas la question plus large que Kant avait lui-même posée : — Comment une liberté supra-naturelle peut-elle s'exprimer en un *cas* empirique *soumis à la nécessité naturelle* ? Supposons que ma volonté pure soit déterminée par la raison pure non seulement à reconnaître la loi comme loi, mais encore à en vouloir la réalisation, il s'agira de la réaliser en fait au sein du monde sensible et dans un *cas* d'expérience. Ce n'est pas dans le monde intelligible, en effet, que l'on confie à quelqu'un une somme d'argent sans même lui demander de reçu, et ce n'est pas non plus dans le monde intelligible que le dépositaire peut nier malhonnêtement le dépôt. La question reparaît donc : — Comment une volonté *pure,* déterminée par la loi morale dans le monde intelligible, peut-elle réaliser des actions nécessitées dans le monde sensible ? C'est le problème de la possibilité d'un rapport quelconque entre deux mondes absolument hétérogènes par définition et qui, ici, semblent se contredire.

La causalité libre, répond Kant, est au-dessus du temps : immuable, éternelle, elle n'a rien en soi qui naisse au monde ; l'action ne commence pas en elle, elle n'y finit pas ; et cependant la liberté commence *d'elle-même* ses effets dans le monde sensible, non d'un commencement temporellement premier (à la façon de Renouvier), mais en ce sens que, sans la causalité intelligible, la série des effets ne se produirait pas. Toute cette épopée de Kant est une construction illégitime sur le rapport de l'éternel au temporel ; elle conviendrait aussi bien au mystère de la création divine qu'à celui de la création humaine. Il y a seulement cette différence entre l'homme et le créateur que l'homme, lui, crée, de toute éternité sans savoir ce qu'il fait : l'expérience seule lui apprend, à sa grande surprise, qu'il a voulu de toute éternité être un coquin ou un honnête homme. Mystère de plus.

Admettons cependant que la volonté pure réalise ainsi ses actions dans le monde sensible, par un pouvoir inaccessible à notre intelligence qui l'exerce; une seconde question se pose : — Comment la volonté intelligente ne réalise-t-elle pas toujours ses effets conformément à sa loi de liberté? Parfois Kant nous dit que, dans le monde intelligible, la raison pure pratique parlant, la volonté pure est naturellement *conforme* à la raison ; et, de fait, pourquoi n'obéirions-nous pas dans une sphère où aucun désir sensible ne peut, en s'opposant à la raison et à la liberté, motiver notre désobéissance? D'autres fois, au contraire, Kant semble supposer que la « détermination » de la volonté pure par la raison pure ne va pas toujours jusqu'à *vouloir* et *faire* que la loi soit *obéie. Il peut* y avoir et *il y a,* selon lui, un péché radical du moi-noumène. Ce péché est une supposition gratuite ; ce coup de liberté « intelligible » est plus inintelligible et aussi fortuit que les coups de libre arbitre imaginés par les partisans de la liberté d'indifférence, ou que les coups de loterie « imprévisibles » rêvés par Renouvier. L'arbitraire transporté dans le monde intelligible est pourtant le seul moyen qui reste à Kant pour motiver ce fait que nous ne réalisons pas toujours dans le monde de l'expérience le devoir posé par la raison. Le devoir a beau être posé sans condition, il faut bien qu'il soit conditionné dans sa réalisation par les mobiles sensibles, puisqu'il ne se réalise pas. Dès lors, la possibilité de le réaliser n'est plus, comme le prétendait Kant, inconditionnelle et libre, même sous sa forme nouménale. Jusque dans le noumène, notre prétendue liberté rencontre des obstacles au bien et en subit l'effet. Si la liberté transcendantale était vraiment entière, son refus d'adhérer à la loi qu'elle vient elle-même de poser serait la liberté d'indifférence transportée dans le monde supra-sensible, dans le monde de la liberté morale. En quoi serions-nous plus avancés ? Le rapport de *non-conformité* du monde sensible à l'intelligible est donc impossible à comprendre et à admettre dans un système qui vient précisément de poser le monde sensible comme se conformant au monde intelligible en ce sens qu'il l'*exprime* sous les formes du temps ou de l'espace.

Passons à une troisième question, non moins difficile, qui consiste dans le rapport de la liberté intelligible non plus seulement à mon existence sensible, mais au monde sensible tout entier. Si les actes de la liberté nouménale sont vraiment *libres*, comment peut-elle les accomplir dans l'expérience de telle sorte que ces mêmes actes, qui sont *siens,* soient cependant la suite nécessaire des mouvements *non siens* de la terre, du soleil, des étoiles, etc.? En un mot, comment *ma* liberté peut-elle se réaliser dans des actions qui sont précisément déterminées par la série universelle des causes *cosmiques*? Le rapport mutuel d'activités qui s'entre-déterminent nécessairement est impossible à concevoir sous forme de liberté.

Enfin, quatrième question : comment moi, homme, puis-je arriver de fait à me dire, en tel point du temps et de l'espace : tu *dois* et tu *peux* inconditionnellement ? C'est là un *cas* empirique d'affirmation mentale qui ne peut encore être amené que par la chaîne universelle des conditions, et où cependant il faut que ma liberté intelligible agisse inconditionnellement !

On le voit, Kant cherche en vain quelque part la liberté, soit dans le phénomène, soit dans le noumène. D'une part, dans le phénomène, il ne veut pas admettre qu'un acte soit libre si cet acte s'explique par la force plus grande d'une idée et d'une inclination (fût-ce l'idée et l'amour du bien). D'autre part, il n'admet pas davantage qu'un acte contraire aux inclinations et idées, qu'un acte *arbitraire* soit empiriquement *possible* ; existât-il, cet acte, selon lui, ne serait pas *libre*. Mais alors, dans la sphère des phénomènes se pose cette alternative : ou je me détermine psychologiquement sans raison, et alors je ne suis pas libre ; ou je me détermine en vertu de raisons dont la conception est elle-même déterminée et je ne suis pas non plus libre selon Kant. Dans le monde de la causalité empirique et psychologique, Kant ne peut donc jamais me reconnaître libre. Le suis-je par compensation, comme Kant l'admet, dans le monde de la causalité intelligible et nouménale? Là aussi, du haut du ciel, si je choisis de vivre au prix d'un faux serment plutôt que de mourir, ce doit être, semble-t-il, que l'idée rationnelle de la loi n'est pas assez claire et assez intense pour l'emporter sur l'idée de la mort. — Non, dit Kant, il faut exclure ces évaluations mécaniques et psychologiques, qui ne sont plus de mise dans le monde intelligible. — Mais pourquoi alors, — encore un coup, — la raison concevant ce qui *doit* être et ayant *pouvoir*, puisqu'elle *doit*, ne triomphe-t-elle pas toujours? Nous nous heurtons sans cesse au même obstacle.

Pour se tirer d'affaire, Kant invoque un *seul* et *même* acte intelligible qui détermine d'un coup tout mon caractère et toute ma destinée. — Mais pourquoi cet acte intemporel admet-il la *pluralité* de diverses alternatives, tout comme une vulgaire liberté d'indifférence soumise à la catégorie du *plusieurs*? Pourquoi cet acte est-il, chez tel homme, une adhésion à la loi de la raison, chez tel autre non? Si la liberté est entière dans le monde intelligible comme est entière la nécessité dans le monde sensible, on ne comprend pas pourquoi cette combinaison aboutirait à des résultats différents soit chez les mêmes personnes, soit chez des personnes différentes, à moins que ces différences ne soient attribuables à un *liberum arbitrium indifferentiæ* ou à quelque *fatalité* secrète. Ou nous retrouvons, au seuil même du monde intelligible, un arbitraire absolu qui exclut la vraie liberté; ou, s'il y a dans le monde intelligible des raisons déterminantes, nous y retrouvons le déterminisme universel que nous voulions éviter.

On dira que ces raisons déterminantes et conditionnantes viennent exclusivement du rapport entre le monde intelligible et le monde sensible; s'il n'y avait pas les inclinations sensibles, la raison pure, qui est aussi volonté pure, *pourrait* et *ferait* toujours ce qu'elle doit. — Mais alors notre liberté intelligible perd sa liberté dans son rapport au monde sensible, c'est-à-dire précisément dans la pratique morale. En ce domaine, qui est celui de la moralité, il faut toujours en revenir, pour expliquer les bonnes et mauvaises actions, à une évaluation comparative de la force des inclinations sensibles et de la force de la raison ; il faut supposer que la raison a, au sein même de l'expérience, un degré de force qui lui répond, et qu'elle se manifeste par une inclination qui n'est pas toujours la plus puissante. D'où vient cette différence de force d'un moment à l'autre chez un même individu ou d'un individu à l'autre? Elle ne provient pas de ma liberté, mais des nécessités que je subis. Je ne suis donc plus entièrement libre. Nos prétendues libertés intelligibles, à vous et à moi, ne peuvent être, si elles ne sont pas un *hasard* variable, qu'une sorte de donnée identique et immuable au-dessus du temps ; dès lors, pour expliquer en fait notre attitude différente, à vous et à moi, devant la fameuse « potence », dont Kant a parlé plus haut, il faudra toujours en venir à des raisons psychophysiologiques qui seront les vraies raisons actives, tandis que la liberté intemporelle sera une raison paresseuse.

— Il y a, répond Kant, prédestination de la vie sensible par le *moi* intelligible. — Mais pour que cette prédestination fût liberté individuelle de la part de mon moi supra-sensible, il faudrait qu'elle constituât à elle seule un univers indépendant du reste de l'univers. Or, elle n'est qu'une simple partie de la prédestination totale. Ma liberté individuelle n'a donc pas où se fonder même dans le monde intelligible. L'Un-Tout seul est libre. Du même coup, l'Un-Tout est seul responsable. Nous ne pouvons pas accuser notre *moi* plutôt que le *noumène en soi* ou l'*unité des noumènes*. A regarder de près les choses, tout étant lié selon Kant dans le monde sensible, ou nous n'avons rien à dire théoriquement et *pratiquement* au delà de ce monde, ou, si nous avons une raison de dire une chose plutôt qu'une autre, disons que tout doit être lié aussi dans le monde intelligible ; il y a donc une cause nouménale x de mes péchés et des vôtres, qui seule est responsable ; voilà tout ce que je puis dire.

Qu'est-ce d'ailleurs qu'un *moi* en *soi* inconnaissable, qui serait libre? Le seul moi que je connaisse et dont j'aie l'expérience est nécessité ; le prétendu moi *en soi* dont je n'ai aucune intuition ni aucune connaissance : 1° ne me paraît pas plus *moi* que *vous* ou que *tout* ; 2° ne me paraît pas plus *libre,* positivement libre, que toute autre chose ; 3° si c'est à lui que le devoir s'adresse, le devoir ne concerne pas le monde de l'expérience où je vis. On peut encore admettre (sans trop savoir ce qu'on dit) que l'homme de l'éternité pose une loi pour l'homme de l'éternité, si celui-ci a éternellement, *nescio quomodo,* le pouvoir de l'accomplir dans l'éternité. On comprend même, ou on croit comprendre que l'homme de l'éternité pose une loi pour l'homme du temps, *si celui-ci a le pouvoir de l'accomplir* et est *libre* dans le temps. Mais, si l'homme du temps est nécessité, que devient la loi à *lui posée* par l'homme éternel ? On se retrouve ainsi devant l'inintelligible rapport entre le moi et le tout : l'action commandée par la raison, par exemple un acte de dévouement, doit se situer au beau milieu de la série empirique des mobiles et des actes sensibles : le dévouement de Régulus était d'avance calculable. D'où il suit que ce n'est pas seulement l'*acte particulier* de dévouement qui doit être produit par la raison pure ou la volonté pure, mais *toute la vie* de Régulus, avec ses hauts et ses bas, ses vertus et ses vices. Bien plus, il faut que le dévouement de Régulus s'insère à sa place dans l'*univers* entier, et, par conséquent, que l'univers entier ait été de quelque manière à la disposition de la volonté pure de Régulus, pour qu'elle l'adaptât à sa détermination. Notre liberté *individuelle* n'est donc libre que si elle produit ou règle l'*univers*. Mais alors, je demande de nouveau comment la faute est possible. L'homme de l'éternité s'oblige lui-même librement à *s'exprimer* dans un homme du temps, et voilà que, malgré cette obligation inconditionnelle qu'il s'impose, malgré cette liberté inconditionnelle qu'il a dans le monde des choses intemporelles, il pèche cependant, tout comme s'il avait goûté au fruit défendu sur les arbres de l'espace et du temps. C'est là une représentation de l'Adam éternel qui dépasse en étrangeté tous les systèmes métaphysiques si impitoyablement poursuivis par la critique de Kant ; c'est une série de mythes aussi fantastiques que ceux d'Er l'Arménien. Le dogme théologique de la prédestination avait déclaré que toute notre conduite est prévue, que nous ne pouvons agir autrement que Dieu ne l'a décrété, et que cependant nous sommes libres. Nous sommes individuellement libres, répète Kant à son tour, étant prédestinés par notre *moi* intelligible; mais, en même temps, nous sommes prédestinés par le *monde* intelligible tout entier, puisqu'il n'y a pas séparation entre notre conduite empirique et les mouvements de la totalité de l'univers. Le moi-noumène est obligé de se solidariser avec tous les autres noumènes, puisque notre vertu ou notre vice font partie nécessaire de l'univers. Il en résulte que le prétendu *moi*-noumène se réduit au noumène de *l'univers,* qui lui-même se réduit au noumène-*Dieu*. Une doctrine panthéiste pourrait seule concilier en apparence une liberté intemporelle avec la nécessité temporelle; des individualités séparées comme celles du monadisme entraînent des projections séparées dans le temps, si bien que la conduite visible de l'une ne sera plus nécessairement liée à celle de toutes les autres. Conçu à la façon de Kant, le péché radical est encore plus étrange que le péché originel. Celui-ci ne nous infligeait qu'une disposition à manger à notre tour du fruit défendu; le péché « radical » commande notre vie tout entière, qui tout entière est une inévitable transgression. Une main, qui est à la fois celle de Dieu, celle de l'Univers et celle de notre Moi astral ou supraastral, a tout écrit, en dehors du temps, dans le livre de notre destinée : en agissant bien ou mal, nous ne faisons que tourner les pages du temps sans pouvoir changer la conclusion éternelle.

Le livre de la vie est le livre suprême.

Kant a beau prétendre que cet acte, théoriquement *nécessité* par *l'univers* et par *Dieu,* est pratiquement *mien,* je n'en ai pas plus la conscience propre ou la réminiscence que les âmes dont parle Platon, après avoir choisi leur destinée et pris un bain dans le Léthé, n'avaient souvenir de leur choix. Un acte prétendu dont la raison ne voit pas l'origine en moi n'est pas réellement libre et n'a pas en lui-même son unique raison d'être.

La liberté nouménale n'est qu'un mirage de ce qui se passe sur terre, soit prédéterminisme, soit liberté d'indifférence. Kant tombe une fois de plus sous le reproche d'Aristote à Platon : « Doubler les choses à expliquer n'est pas les expliquer. »

En résumé, on pourrait dire à Kant : — Malgré votre critique de la spéculation métaphysique, vous spéculez métaphysiquement en morale, vous spéculez et vous n'en avez pas le droit. Vous posez un noumène théoriquement inconnaissable et pratiquement connaissable. Vous voulez nous faire admettre dans l'ordre moral un rapport du noumène au phénomène, rapport qui déterminerait le noumène dans sa relation au phénomène, sans le déterminer en soi ni dans sa relation aux autres noumènes. Nous pourrions ainsi, selon vous, déterminer le noumène seulement au point de vue pratique. Entreprise impossible, nous l'avons vu, si le noumène est véritablement, au point de vue *spéculatif* indéterminé et indéterminable. Entre un x irréductible et des valeurs positives, il n'y a aucun rapport moral ou non, que l'*intelligence,* qui est *théorique en elle-même et par elle-même,* puisse établir, fût-ce simplement en vue de la « pratique ». Celle-ci n'est qu'un *but* de la volonté et ce but est incapable d'enlever aux moyens *intellectuels* leur caractère d'opérations essentiellement théoriques, à moins que la volonté ne soit inintelligente et aveugle. Lors donc que vous nous attribuez individualité, liberté, responsabilité, vous avez beau prétendre que c'est là seulement une détermination par rapport aux phénomènes, nous avons démontré, en premier lieu, qu'une détermination *par rapport à quelque chose* est toujours une détermination. En second lieu, *toute* détermination, quelle qu'elle soit, est pour l'intelligence humaine une détermination *par rapport à* quelque chose. Enfin, *par rapport* aux phénomènes, si certaines séries phénoménales semblent aboutir, comme des avenues, à un noumène individuel, d'autres avenues ou, pour mieux dire, l'ensemble infini des phénomènes semble aboutir à une unité commune qui n'est plus individuelle. — Le *seul* rapport qu'il faille considérer pour la détermination du noumène, répliquera Kant, c'est le rapport moral, qui implique la personnalité individuelle, non l'absorption dans l'unité universelle. — Je réponds que le rapport *moral* ne peut être *seul*, qu'il est solidaire de tous les autres, qui reparaissent par leur liaison avec lui. S'il n'y a rien de théoriquement déterminable sur l'individualité, sur la société des individus, sur l'universalité, sur la causalité, la spontanéité, la liberté, la responsabilité, etc., le rapport moral ne pourra, à lui seul, vaincre l'indétermination universelle. Enfin, pour être posé comme rapport *nécessaire* et *certain*, le rapport moral implique lui-même la certitude préalable de tous les postulats qu'on veut en dériver. Kant dit — Nous connaissons théoriquement un devoir « absolu », donc il faut admettre pratiquement un « pouvoir théoriquement absolu », donc une *liberté* qui est *ma* liberté, donc (ici la spéculation se renforce) un *moi*-noumène, donc un *péché radical* de ce moi-noumène, donc une sanction nouménale, donc un moi-immortel, donc un être divin, capable de rétablir l'unité du bien et du bonheur, etc. On est bien forcé d'examiner théoriquement la valeur de ces rapports spéculatifs, quoiqu'ils ne se présentent que pour un but pratique. Et dès qu'on les examine, dès qu'on veut leur donner un sens, ils s'évanouissent. C'est ce que nous venons de prouver. Au point de vue *pratique,* nous l'avons vu, la liberté que j'ai dans le monde nouménal ne me délivre nullement dans le monde phénoménal, qui est le monde précisément pratique; et si on dit que j'ai péché dans le monde nouménal, il faut alors ajouter, même au point de vue *pratique,* que tous les autres êtres ont en même temps péché, de telle sorte que l'ensemble de leurs péchés s'exprime pratiquement par un monde lié et, en somme, misérable, où mon action mauvaise pourrait être déduite de la totalité des actions calculables par une science complète. Toutes les choses en soi se mettent ainsi librement d'accord pour produire la nécessité universelle; ou, si celle-ci n'est pas le produit d'un libre accord, elle est le produit de l'unité foncière des noumènes prétendus individuels. On est ainsi entraîné par les considérations pratiques et morales de spéculations en spéculations.

Kant aurait dû, pour être conséquent avec lui-même,

s'enfermer strictement dans ce précepte : « Tu dois et tu peux, voilà tout ; ne cherche pas à comprendre, et obéis. » Mais comment empêcher un homme raisonnable, quand il s'agit de sacrifier son bonheur ou sa vie, de se demander non seulement la valeur théorique du *tu dois*, essentielle à sa valeur pratique, mais aussi la valeur théorique du *tu peux*, qui n'est précisément lié au devoir que d'un lien théorique ? La fameuse distinction de la raison théorique et de la raison pratique ne peut aller jusqu'à faire des deux raisons deux personnages différents, ayant des rôles opposés dans la tragédie humaine. Kant veut en vain nous maintenir dans cette position intenable : — Moi, *ego*, en tant qu'être raisonnable spéculant, je demande et cherche les causes ; moi, en tant qu'être raisonnable agissant moralement, j'oublie les raisons et les causes et, me plaçant un bandeau sur les yeux, je me jette tête baissée là où je crois entendre la voix du devoir *absolu*. Quand il s'agit de se précipiter, après réflexion, dans un abîme, il est impossible d'empêcher la raison de raisonner sur les causes et effets, sur les fins et moyens.

Concluons que la liberté nouménale est une spéculation théoriquement illégitime et pratiquement inutile. L'action de cette liberté, si on lui en accorde une, ne peut moralement apparaître que sous les deux formes (qu'il fallait précisément surmonter) du prédéterminisme ou de l'arbitraire indifférent. Kant ne les a pas surmontées.

Sans doute, par la conception d'une *limite* possible à la *science*, dont la relativité dans l'espace et le temps est la suprême formule, par la conception d'une réalité imprenable aux relations purement scientifiques, on arrive bien à concevoir *problématiquement* un non-relatif, un non-dépendant, un absolu. C'est cette idée qui fait le fond de la *liberté transcendantale*, admise comme simplement possible et hypothétique par la *Critique de la raison pure*. Mais c'est par une simple métaphore que Kant prétend donner à cet absolu le nom de liberté. L'absolu, s'il existe, est indépendant des phénomènes, mais cette indépendance n'a aucun rapport avec celle de la volonté, dont la morale a besoin. Pratiquement ou théoriquement, nous ne pouvons donner aucun nom à l'absolu comme tel, qui est simplement le grand X. Nous ne pouvons l'appeler ni volonté, ni intelligence, ni moralité, ni d'aucun de ces termes qui impliquent nécessairement une relation avec quelque objet. En tout cas, la liberté absolue ne peut être notre liberté morale, qui est évidemment engagée dans le monde des relations et des phénomènes. La vraie conclusion d'une critique complète et sincère eût été celle-ci : — Nous ne savons ni si nous sommes libres, ni s'il y a quelque part une liberté vraie, ni en quoi consiste cette liberté. L'idée de liberté n'est qu'une idée-limite, qui nous entraîne à franchir successivement toutes les formes du déterminisme, mais que nous ne pouvons établir comme ayant un sens vraiment positif. Et pas plus que nous ne savons si nous, nous sommes libres, nous ne *savons* si *nous devons librement,* donc *absolument* et *inconditionnellement.* L'impératif catégorique et la liberté transcendantale partagent le même sort, liés qu'ils sont d'une « chaîne de diamant; ni l'un ni l'autre n'est un « *factum conscientiæ* », pas même un *factum rationis*; l'un et l'autre sont simplement des idées-forces.

Kant aurait dû se contenter de la proposition suivante, qui est seule en harmonie avec une vraie critique de l'intelligence : — La moralité consiste à ne pas agir seulement selon les apparences *sensibles,* mais à agir selon un idéal intérieur et supérieur, auquel nous attribuons un fondement éternel de réalité, sans pouvoir ni affirmer avec certitude cette réalité, ni en déterminer avec certitude la nature.

DEUXIÈME PARTIE

L'amoralisme contemporain.

Le moralisme de Kant a pour postulat et présupposition l'amoralisme naturel de la sensibilité et de la volonté, auquel il juxtapose la loi de la raison pure comme totalement différente et constituant un monde supérieur à l'expérience. Ceux qui, admettant cette antithèse absolue, ont rejeté le premier terme, c'est-à-dire la loi morale subsistant par soi, devaient aboutir logiquement à la négation de la moralité.

L'amoralisme a pris nécessairement deux grandes formes : celle du plaisir et celle de la puissance, que nous devons étudier successivement.

Dans l'amoralisme du plaisir, surtout défendu en Angleterre, on peut distinguer deux thèses qui se soutiennent l'une l'autre : ce que les Anglais appellent l'hédonisme psychologique et l'hédonisme éthique. Selon la première de ces thèses, le plaisir et la peine sont, en fait, et ne peuvent pas ne pas être les uniques *causes* réelles et les uniques *fins* possibles de toute détermination de la volonté ; d'où il suit que toute détermination naturelle de la volonté est, au fond, amorale. L'hédonisme éthique, allant plus loin encore, soutient que le plaisir *doit*, chez l'être intelligent et conscient, constituer le seul objet et la seule fin des actes. Tout caractère moral des actes disparaît donc, dans ce système, au profit du caractère agréable; ou il n'existe aucune morale proprement dite, ou ce qu'on nomme de ce nom est une simple évaluation de plaisirs par eux-mêmes amoraux.

Parfois l'hédonisme éthique, dans la philosophie anglaise, s'appuie sur l'hédonisme psychologique : — Puisque nous ne pouvons, en fait, désirer et vouloir comme fin que le plaisir, le plaisir est, *en droit,* seul désirable, seule fin de la volonté. — Parfois aussi l'hédonisme éthique rejette l'hédonisme psychologique et dit : — En fait, nous pouvons bien poursuivre, comme but, autre chose que le plaisir ; mais, en droit, le plaisir seul est bon. Ce qu'on nomme bon, dans cette doctrine, est le plaisir remplissant, comme dit Bentham, certaines conditions de quantité, de durée, peut-être même, comme dit Mill, de qualité (chose à voir) ; mais le bon n'en est pas moins toujours le sentiment agréable, la satisfaction ; en dehors de ce qui rend joyeux et heureux, dit Spencer, le mot bon n'a plus de sens. Enfin l'hédonisme psychologique, selon certains philosophes anglais, serait par lui-même incompatible avec l'hédonisme éthique, pour cette raison que, si le plaisir est toujours l'inévitable objet de notre choix, nous n'avons plus le choix. Cette troisième doctrine est manifestement inexacte. Car, même en ce cas, nous avons toujours le choix entre divers plaisirs : l'intelligence est là pour les comparer, pour guider la détermination vers le plaisir le plus grand. Ne peut-il pas y avoir un ordre des jouissances, une hiérarchie des jouissances, si bien que nous mesurions tel agrément à tel autre ?

On sait que les Grecs avaient déjà agité ces questions. « Le plaisir est la fin, doctrine de prostituée, disait Aulu-Gelle ; on supprime la prévoyance, ce n'est donc pas même une doctrine de prostituée ! » Mais l'hédonisme, nous venons de le remarquer, ne supprime nullement la prévoyance des plaisirs et peines en vue du plaisir futur ; il l'implique, au contraire, comme *moyen* en vue de la *fin,* qui, selon l'hédonisme, est toujours la plus grande jouissance. Nous croyons donc qu'il n'y a nulle incompatibilité entre l'hédonisme psychologique et l'hédonisme éthique.

La vraie éthique hédoniste aboutit à l'eudémonisme, comme on le voit dans la philosophie anglaise. En effet, si l'hédonisme consistait à dire uniquement : Faites tout ce qui vous plaira sur le moment même, sans réflexion, sans calcul, sans préoccupation des suites ni de l'avenir; jetez-vous en aveugle sur le premier plaisir venu, ce ne serait plus là une *théorie*, ou cette théorie se détruirait elle-même. Par le seul fait qu'on dit: Cherchez le plaisir, on pose une règle, on sous-entend : cherchez-le *toujours*. On attribue donc au plaisir une *valeur* et une valeur *constante* ; on fait appel à l'intelligence. Et celle-ci répond aussitôt : — Si le plaisir a pour moi une valeur constante, il est absurde de m'exposer à une grande peine future pour un petit plaisir présent ou de sacrifier un grand plaisir futur à un faible plaisir actuel. — Il faut donc toujours que l'intelligence intervienne : elle change le plaisir en joie et la joie en bonheur. C'est le plaisir élevé à un certain *degré*, à une certaine *durée*, et peut-être, comme conséquence, à une certaine *qualité* ou *forme*, qui sera l'objet de l'hédonisme intelligent et, indivisiblement, de l'eudémonisme ou de l'utilitarisme eudémoniste, si fréquent chez les Anglais. L'amoralisme du plaisir se change ainsi en une théorie du bonheur.

LIVRE PREMIER

L'HÉDONISME PSYCHOLOGIQUE

CHAPITRE PREMIER

LE PLAISIR EST-IL LA SEULE FIN DES ACTIONS

L'hédonisme psychologique se place successivement au point de vue de la finalité et au point de vue de la causalité, en soutenant 1° que le plaisir est le seul objet final de notre activité ; 2° qu'il en est le seul moteur initial. Examinons d'abord le premier point.

Du seul fait que nous jouissons toujours ou souffrons toujours actuellement, à quelque degré que ce soit, peut-on conclure avec les Benthamistes que nous agissions toujours sous la seule *idée* du plus grand plaisir et pour le seul plaisir comme *fin* ? Non. A l'origine, ce n'est pas par l'intermédiaire des *idées* que le plaisir ou la peine nous meuvent, mais par leur immédiate présence. Seule la volonté *réfléchie* et *raisonnable* agit sous l'influence de quelque *idée*, qui est en même temps un *sentiment*. Seul le choix volontaire et intelligent est la réalisation consciente d'une idée, la sélection intentionnelle d'une idée, ou, pour mieux dire, *la réaction de notre caractère tout entier et de notre moi sous l'influence d'une idée-force accompagnée de sentiment.*

Le problème de l'hédonisme prend alors la forme suivante : — L'idée que nous choisissons de réaliser et qui est déjà actuellement agréable par son harmonie avec notre moi et avec notre caractère, est-elle, dans tous les cas, l'idée du plaisir, l'anticipation idéale du sentiment agréable qui résultera de l'action proposée ? Est-ce là le seul *contenu* possible de l'*idée* choisie pour être réalisée comme *fin?*

Un philosophe anglais, Butler, a cru résoudre cette difficulté en répondant : « Le contenu d'une idée peut être objectif sans être subjectif »; l'esprit peut « avoir entièrement son terme dans l'objet », sans se retourner sur soi. — Mais on peut répondre à Butler qu'il y a seulement là une question de degré. Quand nous réfléchissons sur l'action à accomplir par *nous*, non sur les mouvements des satellites de Jupiter qui s'accomplissent sans nous, il y a toujours un élément « subjectif » : à savoir nous-mêmes, notre volonté, notre activité et, de plus, notre sensibilité. Nous ne nous représentons jamais l'acte à accomplir comme indifférent. S'il s'agit d'un « devoir », nous savons qu'il sera plus ou moins pénible à accomplir, quoique enveloppant aussi le sentiment agréable de son accomplissement. Au cas où la pensée serait, comme le dit ingénieusement Butler, toute absorbée et *terminée* dans l'*objet,* il n'y aurait plus qu'une suggestion ou obsession intellectuelle. La suggestion est l'influence d'une idée isolée engendrant des mouvements; c'est une sorte de *monoïdéisme* impulsif avec entraînement spontané, comme dans l'hypnotisme. L'entière absorption de la pensée en son objet serait un phénomène analogue à l'extase. Nous reconnaissons que, pour le sage et surtout pour le saint, il est certaines idées morales et religieuses qui produisent cette sorte d'absorption. Il y a aussi, pour tout homme honnête, des idées qui offrent le caractère de ne pas permettre un retour de la réflexion, une hésitation, un doute. Si vous me parlez de tuer quelqu'un, je ne me poserai pas même la question : j'écarterai cette idée comme une étrangère venue d'un autre monde, sans m'y arrêter plus que si vous me proposiez de sauter d'ici jusqu'en Chine : l'un me paraît aussi impossible que l'autre.

Outre qu'il y a toujours des éléments *subjectifs* en toute idée *pratique,* il y a encore un élément subjectif déjà présent *avec* l'idée même, *dans* l'idée même, en ce sens que, par sa seule présence, l'idée est ou immédiatement agréable et attractive, ou immédiatement pénible et répulsive. L'idée du meurtre est pour moi ce qu'il y a de plus horrible immédiatement ; tous les avantages ou plaisirs ultérieurs que vous m'en pourriez promettre dans l'avenir n'entreront jamais en comparaison avec la révolte actuelle de mon être à la seule idée d'un assassinat. Sans doute les vrais « cas de conscience » enveloppent des possibilités diverses, au lieu d'entraîner, comme ici, l'exclusion totale d'un des possibles. Mais, même dans ces cas de conscience, la loi psychologique des idées-forces subsiste : 1° il y a des éléments *subjectifs* mêlés au contenu intrinsèque des représentations les plus objectives ; 2° la présence seule de ces représentations objectives est déjà, à divers degrés, subjectivement *agréable* ou pénible ; 3° ces représentations, avec les sentiments qui les accompagnent, sont des *forces impulsives,* parce qu'elles sont des modifications conscientes de l'impulsion totale qui est inhérente à notre vie organique et consciente.

Le *sujet* sentant, on le voit, ne peut échapper au *subjectif* ni s'absorber entièrement dans l'objet. Il n'en résulte pas que le subjectif soit tout entier réductible à des sentiments de plaisir, à des changements de direction *causés* par le seul plaisir ou ayant pour seule *fin* le plaisir. L'erreur de l'amoralisme hédoniste consiste ici à confondre une *idée agréable* avec l'*idée d'un agrément*. Ce n'est pas toujours en tant qu'idée d'un agrément qu'une idée meut la volonté, c'est en tant qu'idée actuellement agréable, ou qu'idée *moins désagréable* que telle autre[1]. L'idée même d'un désagrément, d'une douleur, de la mort, peut mouvoir comme étant actuellement moins désagréable que l'idée d'un agrément obtenu par un crime en contradiction avec tout ce que je pense, avec tout ce que je sens, avec tout ce à quoi j'aspire, avec tout ce que je *suis*. Alors, j'aime mieux souffrir, j'aime mieux mourir ; le déplaisir me *plaît* mieux ou me *déplaît* moins que le *plaisir* acheté aux dépens de mes idées les plus chères, de mes sentiments les plus intimes, de mes inclinations les plus profondes. Je suis ainsi *jugé* par mes plaisirs et par mes joies, qui expriment mon caractère, ma nature psychique ; je ne suis pas jugé

---

[1]. C'est ce qu'ont bien vu certains psychologues ou moralistes de l'Angleterre contemporaine, surtout M. James Ward, M. Bradley, M. Martineau, etc.

sur les choses qui me sont indifférentes, mais sur la différence de mes sentiments par rapport aux choses.

De même qu'une idée agréable n'est pas nécessairement l'idée d'un agrément, de même un *choix* agréable n'est pas nécessairement le choix d'un agrément. Il peut même être, nous ne saurions trop le répéter, le choix d'un désagrément futur, choix moins désagréable *actuellement* pour moi que le choix d'un plaisir futur. On ne choisit pas toujours une chose *pour* le plaisir qu'elle vous apporte ; seulement, le fait de la penser et de la choisir cause déjà une émotion agréable ; on éprouve un plaisir actuel en voulant une chose sans songer au plaisir futur qui en résultera et même en songeant qu'il en résultera quelque peine.

Pas plus que le choix volontaire, le simple *désir* n'est toujours dirigé vers le plaisir comme *fin* : on a tort de soutenir que le plaisir *futur* est toujours l'actuel *objet* de tout désir. Il y a seulement, dans tout désir, un sentiment *actuel* et spontané de gêne ou de manque, causé par le fait qu'on est *sans* l'objet du désir, alors même qu'on ne penserait pas au plaisir futur de sa possession. Le plaisir n'est donc ni primitivement, ni nécessairement l'*objet* du désir. Le désir existe sous forme de tendance et de tension, impliquant un sentiment, avec une représentation pour *objet*, représentation *agréable* ; mais cet agrément qui est immédiatement lié à la représentation n'est pas lui-même l'objet du désir ; il n'en est qu'un élément interne, il n'en est pas la « cause finale ».

Ces réflexions nous permettent d'apprécier ce qu'il y a de vrai dans l'adage antique. « Tous les êtres sentants désirent le plaisir, *trahit sua quemque voluptas*. » D'abord, tous les êtres intelligents *désirent* l'intelligence, tous les êtres raisonnables désirent le raisonnable. De plus, ils trouvent leur *plaisir* dans la satisfaction de leur intelligence en tant qu'êtres raisonnables, une joie raisonnable peut les entraîner à l'acte. L'homme est un être *plus que* sensible ; comment donc une fin qui ne lui apparaîtrait que comme un état de sa sensibilité pourrait-elle le satisfaire entièrement, satisfaire même entièrement sa sensibilité, qui est en partie intellectuelle et soumise à des conditions intellectuelles ? L'homme ne choisit pas toujours simplement de *sentir* telle chose ; il peut choisir de *penser* telle chose, de *faire* telle chose ; il peut choisir d'*être* de telle ou telle manière. Il y a donc des actes à terme autre que la sensibilité, à *fin* différente du plaisir ou de la douleur. Seulement, une chose demeure vraie dans l'hédonisme : quand je choisis comme fin de *faire* ou d'*être,* non de sentir, je n'en sens pas moins déjà immédiatement du plaisir, par voie de causalité, à la seule représentation de *faire* telle chose ou d'*être* tel, de faire une lâcheté, d'être un lâche, de commettre une brutalité, d'être une brute. Supprimez le *sentiment* sous-jacent aux idées de *faire* et d'*être,* ces idées demeureront froides et inertes, ne seront plus des idées-forces. Si elles agissent encore, elles n'agiront que machinalement, par leur lien mécanique avec tels mouvements qui les expriment.

L'hédoniste répondra aux observations psychologiques qui précèdent : — Soit, le plaisir n'est pas toujours cause finale ; mais qu'importe, s'il est toujours cause efficiente, s'il est le seul moteur de l'activité et ne permet pas une direction différente de celle qu'il impose actuellement, avant toute réflexion sur le futur ou pendant cette réflexion même? Vous dites qu'on n'agit pas toujours *pour* le plaisir, soit ; mais on agit toujours *par* plaisir. Ne semble-t-il pas alors que ce soit le triomphe de l'hédonisme et, *ipso facto,* de l'amoralisme, puisqu'on ne voit pas quelle moralité il y aurait à agir *par* plaisir ?

Nous sommes ainsi rejetés de la considération de la finalité à celle de la causalité, qui est plus profonde.

CHAPITRE II

LE PLAISIR EST-IL LA SEULE CAUSE DES ACTIONS

I. — Quand on discute pour savoir si le plaisir et la peine sont les vrais et seuls moteurs de la volonté dans l'ordre des causes efficientes, il y a une première confusion à éviter, qui est fréquente chez les philosophes contemporains d'Angleterre ou des États-Unis. On confond les actions involontaires avec les volontaires, ce qui embrouille une discussion déjà difficile. Posons donc en principe que la question n'est pas de savoir si d'autres causes psychiques que le plaisir et la peine peuvent déterminer des *actions quelconques* et surtout des *mouvements*. La vraie question est de savoir si d'autres causes que le plaisir et la peine peuvent déterminer des actions *volontaires*, intentionnelles, conscientes et, à ce titre, susceptibles d'une *appréciation* ou *évaluation*.

Il est clair, d'abord, au point de vue de la psychologie scientifique, qu'une grande partie de nos mouvements est déterminée ou par la conformation même des organes, ce qui les rend *instinctifs*, ou par les ondulations de la vague *émotionnelle*, qui parcourt des canaux tracés d'avance, ou enfin par les deux à la fois. Mais aussi ce ne sont pas là des intentions et directions de la volonté intelligente, intéressant le moraliste ou l'amoraliste. « Qui sourit, demande M. James, *pour* le *plaisir* de sourire ? Qui fronce les sourcils pour le plaisir de les froncer ? Qui rougit *pour* échapper à la *peine* de ne pas rougir ? » — Personne, à coup sûr. Mais froncer le sourcil et rougir ne sont pas des actes de *volonté intentionnelle,* ayant un *but* plus ou moins nettement *prévu* et rentrant ainsi dans le domaine d'une *éthique* quelconque, morale ou amorale. Encore le psychologue peut-il remarquer que, si on ne sourit pas *pour le plaisir* de sourire, ce n'en est pas moins, d'ordinaire, *le plaisir* qui *cause* ou *occasionne* le sourire : on sourit *par* plaisir. Si on ne fronce pas le sourcil en vue de la peine, ce n'en est pas moins la peine ou l'effort qui fait froncer le sourcil. Tout mouvement émotionnel a pour premier moteur, non pas sans doute l'*idée* du plaisir et de la souffrance, non pas l'*intention* d'obtenir tel plaisir et d'échapper à telle souffrance, mais le *sentiment immédiat* de tel plaisir *actuel,* de telle peine *actuelle,* qui donne le branle à l'organisme. Nous avons montré ailleurs que, jusque dans les mouvements *instinctifs,* le premier ressort du mécanisme organique est un *besoin* déjà accompagné de quelque *peine* ou de quelque *plaisir*[1]. Il y a, selon nous, dans tous les phénomènes mentaux, une appétition tendant à se maintenir devant la nature extérieure, il y a une volonté spontanée de la plus grande jouissance avec la moindre peine. Tout ce qui ne rentre pas dans cette volonté primordiale est involontaire, forcé, mécanique; et il ne faut pas arguer de la nature des faits involontaires contre la tendance spontanée de la volonté à la plus grande satisfaction de soi et au plus grand agrément qui en résulte.

— Toute la routine journalière de la vie, objecte-t-on encore, se vêtir ou se dévêtir, aller à sa besogne, etc., tout cela n'entraîne aucune considération de plaisir ou de peine. « De même que je ne respire pas pour le plaisir de respirer, mais que je me trouve simplement *en train* de respirer, de même je n'écris pas pour le plaisir d'écrire, mais simplement parce que j'ai commencé[2]. » — Remarquons d'abord que les actes d'habitude, comme ceux qu'on invoque ici, finissent par être plutôt involontaires et automatiques que volontaires. Quant à la respiration, elle n'a sans doute pas lieu *pour la fin* du plaisir, mais elle a lieu en partie mécaniquement et en partie *par l'effet* de l'aise plus ou moins

---

1. *L'Évolutionnisme des idées-forces.*
2. W. James, *Psychology,* t. II.

faible que l'air nous apporte. Suspendez votre respiration, vous éprouvez un malaise. Avec de l'attention, vous trouverez à la fin de chaque expiration une petite gêne commençante, qui sert d'excitant à une aspiration nouvelle ; puis, tout le long de cette aspiration, vous éprouvez une aise croissante, jusqu'à un point où l'effort ramène un petit malaise, si bien que la poitrine soulevée s'abaisse. Enfin, on n'écrit pas uniquement « parce que l'on a commencé » et d'une manière machinale, mais parce qu'on trouve une satisfaction continue à écrire ses pensées, que quelque chose vous manque lorsque vous n'écrivez pas, enfin qu'on a actuellement une raison positive d'écrire. Nous doutons que, pour M. William James, l'unique motif de composer sa psychologie soit le fait qu'il est déjà « en train » de la composer[1].

L'*imitation* est encore souvent citée parmi les ressorts d'action qui sont étrangers à tout plaisir. Mais de deux choses l'une. Ou il s'agit d'une imitation toute machinale, comme la *reproduction* d'un bâillement par un bâillement, et alors une telle imitation n'intéresse en rien l'éthique, parce qu'elle n'a rien de vraiment volontaire. Ou il s'agit d'une imitation volontaire et intelligente, et alors, si on imite, c'est qu'on trouve dans les actions d'autrui quelque chose qui *plaît,* soit aux sens, soit à l'intelligence.

Considérons maintenant les *passions*. Elles ne se ramènent pas tout entières à des éléments de plaisir et de douleur; mais il n'en faut pas conclure qu'elles soient étrangères à ces éléments. L'inquiétude de l'amour, a-t-on dit, précède l'amour. — Sans doute, comme une certaine inquiétude vague peut précéder la faim consciente. Mais qui dit inquiétude dit déjà état de *gêne* plus ou moins faible, parfois mêlée d'un commencement de *plaisir* plus ou moins faible lui-même, comme il arrive dans l'inquiétude amoureuse mêlée d'excitation sensuelle. — Il serait aussi puéril, a-t-on dit encore, de prétendre que les plaisirs et les peines sont les seuls moteurs de la passion que de dire

---

1. Ajoutons en passant que, si subtile qu'elle paraisse, la psychologie de M. W. James ne fouille presque jamais assez à fond.

que nous sommes malades par intérêt ou par crainte d'un plus grand mal[1]. — Mais il faut s'entendre sur les plaisirs et les déplaisirs moteurs. Ce ne sont pas toujours, nous venons de le voir, ceux qu'on *se promet* et qu'on *prévoit* ; ce sont ceux qu'on *éprouve* sur le moment. Essayez de résister à une passion, — colère, amour, aversion, — vous éprouvez une gêne résultant de l'effort considérable à faire ; cédez, au contraire, vous éprouvez le plaisir attaché à une action qui se déploie sur sa pente naturelle. Il y a une multitude de peines, petites ou grandes, distinctes ou indistinctes, il y a une multitude de plaisirs, petits ou grands, vagues ou précis, qui sont liés à nos appétitions sur le moment même où elles se produisent. Le résultat est une tension en un certain sens, une inclination, un penchant, une passion, dont la poussée vient se combiner avec la pression qu'exerce l'ensemble du caractère. Nous ne sommes pas mus par *le plaisir en puissance,* mais par *le plaisir en acte.* Au reste, quand le plaisir est prévu, il commence déjà à s'actualiser et à se réaliser par l'idée même : il devient, dans une certaine mesure, du plaisir en acte. Il y a là une nouvelle application de la loi des idées-forces.

Passons aux *idées* proprement dites, dont nous avons mis tant de fois en évidence la force motrice. Ces idées peuvent, par leurs conditions cérébrales, produire des mouvements de deux manières : soit involontairement, comme dans les cas de fascination, de vertige, d'obsession, d'impulsivité, soit volontairement, lorsqu'il y a consentement à l'idée. Et ce consentement suppose toujours qu'on *jouit actuellement* de l'idée à laquelle on consent, ainsi que du *consentement* même qu'on lui donne. — L'idée fixe d'une grande douleur peut, objecte-t-on, s'imposer à l'attention et à la volonté réfléchie sans obtenir son *consentement*. — Oui ; mais c'est par un mécanisme cérébral et mental bien différent de ce qu'on appelle un acte volontaire. Et si la volonté cède parfois à l'idée fixe, même douloureuse, c'est encore qu'elle trouve plus de *facilité actuelle* et d'aise actuelle à ne pas lutter contre une idée pénible qu'à lutter

---

[1]. M. Rauh.

énergiquement contre cette idée. Si donc on demande pourquoi une pensée pénible, comme la mort récente d'un ami, fascine mon attention, je pourrai répondre : — En premier lieu, la pensée pénible est *intense* et excite une émotion intense, qui engendre un besoin intense de dépenser l'énergie en mouvements. En second lieu, cette idée pénible est *associée* par des liens nombreux, *intenses* et *extensifs*, avec mes objets habituels de pensée ; grâce à son intensité et à son extension, l'idée revient toujours. J'ai beau me dire que la pensée de ma peine ne peut être un remède, je pense malgré moi à ma peine. *Malgré moi*, dis-je, et ce mot marque la différence essentielle entre l'action involontaire et l'action volontaire. La fascination n'est pas un cas de volonté réfléchie ; c'est, au contraire, un exemple de contrainte exercée sur la volonté par certaines conditions indivisiblement cérébrales et mentales. La volonté n'est pas plus omnipotente à l'intérieur qu'à l'extérieur ; elle ne peut pas plus, en certains cas, empêcher une idée triste de revenir sans cesse qu'elle ne peut empêcher une douleur corporelle de recommencer.

II. — Arrivons donc aux actions proprement volontaires. Nous pourrons alors poser cette loi : — Dans l'expérience, aucune *idée* n'a un pouvoir *causal* sur la volonté sans offrir, d'une manière *concomitante*, un caractère *émotionnel*. Si la réalisation de l'idée ne promet pas toujours pour l'avenir un plaisir, du moins elle entraîne toujours pour le présent une certaine espèce de satisfaction. La seule idée d'une fin, avant qu'elle soit réalisée, *cause* déjà de la *joie*, la seule idée de ne pas la réaliser cause déjà de la peine. C'est-là, sous une autre forme, la loi des idées-forces, qui veut que nous prenions un intérêt quelconque à une idée si nous voulons qu'elle se réalise *autrement que par une suggestion machinale et involontaire*, soit instinctive, soit habituelle.

Le consentement volontaire enveloppe un jugement : le jugement d'un accord entre l'idée acceptée et l'idée de notre moi. Cet accord est manifesté par le fait même que, tout bien considéré, la direction dans le sens de l'idée actuelle est plus satisfaisante pour le moi, plus agréable présentement qu'une direction en sens contraire. Celui même qui consent à l'idée de mourir trouve *actuellement,* nous l'avons vu, l'idée de la mort plus satisfaisante pour lui que la direction opposée : « Il me serait, dira-t-il, plus *pénible* et plus *difficile* de vivre que de mourir ». La volition a donc toujours parmi ses *concomitants* et même ses *conditions causales* un plaisir actuel ou une peine actuelle, ou les deux à la fois ; en d'autres termes, nous agissons toujours *avec* un plaisir plus ou moins grand, accompagné de quelque peine plus ou moins grande.

Mais alors se pose la question fondamentale : — Agissons-nous toujours volontairement par le seul *effet* du plus grand plaisir? En d'autres termes, le plaisir est-il non seulement un des concomitants constants, mais encore la seule *cause* de l'action volontaire, ce qui, à ce qu'il semble, rendrait celle-ci amorale en sa source ? *Vouloir* est-il *subir l'entraînement actuel du plaisir,* l'action *efficiente* du *seul* plaisir?

La psychologie scientifique répond négativement. Elle place de plus en plus la tendance *avant* le plaisir, comme vraie et principale *cause* de l'acte et du plaisir même. S'il n'y avait pas une harmonie entre tel *objet,* qui est une cause possible de plaisir, et telle disposition subjective, il n'y aurait pas pour moi de plaisir, tout me serait indifférent. Quelle raison y aurait-il, par exemple, pour que le goût d'un fruit me fût plus agréable que le goût de la terre, si le fruit ne satisfaisait pas des tendances organiques antécédentes, dont le plaisir de manger ne sera que l'effet ultérieur ? Scientifiquement considéré, le plaisir est donc d'abord un effet, non une cause ; ou, s'il est une partie des causes, il n'est ni la seule cause, ni la cause totale.

C'est ce que confirme la comparaison de l'homme avec les autres êtres vivants. La plante a des tendances qui ne semblent pas provenir de plaisirs ou de peines sensibles et distincts : elles ne sont probablement accompagnées que d'un ensemble de petits états infinitésimaux d'aise ou de malaise, de pré-aise ou de pré-malaise (si on peut s'exprimer ainsi). Ces tendances de la plante n'en sont pas moins déjà très distinctes et accentuées; elles n'en manifestent pas moins des directions précises. A plus forte raison, chez l'animal, les tendances à éléments infinitésimaux doivent précéder celles qui se traduisent par des jouissances et des souffrances massives. Ces dernières sont la sommation et l'intégration d'éléments infinitésimaux en un état de conscience distinct. Chez l'animal, la *tendance* consiste en une disposition organique et, parallèlement, psychique, qui fait que la force nerveuse et motrice est accumulée en un certain sens, comme le ressort tendu. L'animal peut donc agir sous l'impulsion d'une tendance *sans plaisir distinct et sans peine distincte*. Il tend avant tout à conserver la structure et à promouvoir les fonctions de son organisme en face de la nature extérieure; il jouit ou souffre selon qu'il sent sa vie sauvegardée ou menacée dans sa structure, mue en avant ou ramenée en arrière dans ses fonctions.

Chez l'*homme*, toute tendance qui n'est pas purement mécanique et réflexe (donc étrangère à la morale) est une *appétition*, et toute appétition enveloppe, comme la faim ou la soif, l'expérience d'un état de gêne plus ou moins accusé, qui, dès que la satisfaction commence, se change en bien-être grandissant. Plaisir et peine sont donc toujours *présents* dans notre conscience. Mais ils ne sont pas pour cela toujours *causes*: ce sont seulement ou des effets immédiats ou des éléments de la cause totale.

Le plaisir n'est pas plus, chez l'animal et chez l'homme, un critère infaillible de l'activité qu'il n'en est l'unique moteur. Sans doute le plaisir et la peine distincts *expriment* toujours, dans une certaine mesure, la *force* de nos tendances spontanées, mais ils ne l'expriment pas d'une manière toujours *exacte* et *proportionnelle*. D'abord, il se mêle au plaisir et à la peine des effets purement automatiques ou vitaux; la complexité des résultantes, dans les divers cas, est inextricable. De plus, nos tendances ou appétitions sont la résultante de notre organisme *tout entier*, avec participation plus ou moins grande des viscères, des divers appareils organiques, du système nerveux, du cerveau. C'est dans le cerveau que tout finit par retentir, avec plus ou moins de précision et de clarté, sous forme de plaisir. Mais l'état cérébral particulier n'indique pas toujours exactement l'état de *tout l'organisme.* M. Rauh a justement rappelé à ce sujet que le cerveau du malade n'est pas toujours averti exactement du danger que court son organisme entier ; parfois même, plus le corps est malade, moins le cerveau le sent. Le phtisique près de mourir se trouve mieux. Certaines appétitions qui sont surtout organiques peuvent avoir un faible retentissement cérébral, non proportionné à la force qu'elles ont dans la réalité, ni à leur importance physiologique. D'autres appétitions, au contraire, étant surtout cérébrales et intellectuelles, ont parfaitement conscience d'elles-mêmes et s'apparaissent comme intenses, parfois comme plus intenses qu'elles ne le sont par rapport au reste.

Enfin l'accomplissement normal et régulier d'une fonction n'est pas *toujours* en rapport avec le sentiment de *plaisir* subséquent ou même concomitant. Le fonctionnement le plus parfait, précisément parce qu'il est devenu habituel, peut offrir le moindre accompagnement de sentiment agréable. C'est ce que Spencer a fait voir en montrant de quelle manière l'automatisme succède à la conscience. Le plaisir actuellement et immédiatement éprouvé ne *mesure* donc pas avec exactitude l'accomplissement normal de la fonction ? En outre, il peut se former des tendances morbides, anormales, contraires au véritable intérêt de l'être vivant; ces tendances, une fois satisfaites, n'en entraînent pas moins le plaisir, non satisfaites, la peine. L'homme anormal trouve désagréable ce qui plaît à l'homme normal, agréable ce qui déplaît à l'homme normal. D'où M. Ribot conclut : — « Le plaisir et la douleur suivent les changements des tendances, comme l'ombre suit les mouvements du corps. » — Nous n'irons pas aussi loin; nous ne ferons pas du plaisir et de la douleur de simples *ombres,* extérieures aux réalités qui les projettent. A nos yeux, le plaisir et la douleur sont immanents aux tendances, ils en sont des *éléments* intégrants, ils font partie de la *conscience* même de ces tendances. Au lieu d'être des ombres extrinsèques, ils sont plutôt une lumière et une chaleur intrinsèques, qui se développent comme la lumière et la chaleur dans un courant électrique. On a mille fois cité le mot d'Aristote, que le plaisir est l'accompagnement naturel de l'activité ou de la fonction ; nous, nous irons plus loin qu'Aristote. Ce n'est pas, à nos yeux, un simple accompagnement, c'est une conscience de la fonction accomplie, et cette conscience agréable 1° entre comme élément dans l'accomplissement même, 2° réagit sur cet accomplissement et fait ainsi partie de la cause, sans être pour cela la seule cause de l'acte volontaire. L'homme veut 1° pour des raisons qui tiennent à la nature même de son activité, à son caractère, à ses tendances profondes (organiques et psychiques), souvent inconscientes ou, tout au moins, confusément et synthétiquement conscientes; bref, il veut pour des raisons qui tiennent à sa *structure* psycho-physique ; 2° pour des raisons nettement conscientes, qui sont le *fonctionnement* physique et psychique. On ne peut donc pas soutenir que la présence actuelle du plaisir et de la douleur ou que leur anticipation par l'idée soient le moteur unique de l'activité. L'activité est son moteur à elle-même, parce que déjà elle existe avec une vitesse acquise et une direction naturelle, que, de plus, elle jouit d'elle-même et de son action, que, devant l'obstacle, elle devient besoin d'agir, enfin que, par l'idée de soi, elle réagit sur soi et modifie sa propre direction. C'est pourquoi il ne faut pas dire que l'homme agit toujours par l'impulsion du plaisir ou de la douleur : il agit, à l'origine, par un élan spontané, par une force qui se déploie avant d'avoir éprouvé ou calculé ses effets, ses résultats et avantages. En se déployant, cette force éprouve le sentiment agréable d'une activité déployée avec un succès plus ou moins grand. Plus tard seulement, l'ensemble de forces organisées qui nous constitue prend conscience de soi et de ses fins. C'est seulement alors que l'idée du moi et l'idée des fins entrent parmi les causes efficientes et finales de l'acte : elles deviennent des idées-forces.

En résumé, nous avons reconnu que la volonté consciente agit sous des motifs-mobiles, sous des idées qui enveloppent toujours immédiatement quelque plaisir ou peine actuels ; mais, s'il est vrai que nous voulons toujours *avec* un certain plaisir, il n'en résulte ni que nous voulions toujours *par* l'*effet* du seul plaisir, ni que nous voulions toujours *pour* le plaisir et avec le plaisir pour seul *objet*. En d'autres termes le plaisir est toujours concomitant de la cause efficiente, du moins dans toute action volontaire différente de l'action purement organique ; le plaisir est toujours aussi l'une des conditions déterminantes de la volonté, comme nous l'avons mis en lumière ; mais on n'en peut conclure ni que le plaisir soit *toute la cause efficiente* du vouloir, ni qu'il en soit *toute la cause finale*. Ces deux propositions essentielles de l'hédonisme amoraliste ne sont donc pas prouvées.

CHAPITRE III

L'ÉGOÏSME RADICAL COMME PRINCIPE
DE L'HÉDONISME PSYCHOLOGIQUE ET DE L'AMORALISME

S'il était prouvé que le plaisir est la seule cause efficiente et la seule cause finale de nos tendances, de nos passions, de nos actions, l'égoïsme radical serait démontré du même coup et l'amoralisme serait à jamais installé au cœur de l'homme. C'est ce qu'ont prétendu les Hobbes et les La Rochefoucauld. Je n'ignore pas combien de fois on leur a déjà répondu ou cru répondre ; mais je pense qu'il faut, une fois de plus, aborder la question ; d'autant que nous la retrouverons plus loin rajeunie par Nietzsche et présentée sous des formes nouvelles qui, ayant séduit certains « jeunes », appellent un nouvel examen.

I. — Les théories hédonistes cherchent des hypocrisies dans tout désintéressement et dans toute vertu. Le premier reproche qu'on peut leur faire, surtout sous la forme que La Rochefoucauld et Hobbes leur ont donnée, c'est de trop voir partout une réflexion, un calcul, une volonté plus ou moins délibérée qui ne poursuivrait que l'intérêt ou le plaisir. C'est là méconnaître une loi physiologique de grande importance. Au-dessous de la volonté réfléchie, soit qu'elle tende à la jouissance, soit qu'elle tende à la puissance ou à toute autre chose, il y a une loi de distribution d'énergie spontanée qui oblige l'être à ne pas se faire un perpétuel calculateur d'intérêts ou de forces. Nous ne disposons que d'une certaine quantité d'énergie cérébrale, qui doit être avant tout employée à l'action. Ce que nous dépensons à penser et à calculer est autant de détourné de l'action extérieure vers une activité intérieure qui, se nourrissant d'elle-même, s'épuise elle-même. L'être qui réfléchit trop, qui calcule trop, qui voit trop le pour et le contre, finit par ne plus même savoir où est son intérêt. En outre, il ne lui reste presque plus d'énergie pour agir. Aussi ne voyons-nous pas la nature favoriser les individus qui pensent trop, qui sont intellectuels à l'excès. Elle oblige les êtres à une certaine spontanéité, à une force de vouloir et d'action qui va devant elle, comme Guyau l'a vu, par un besoin de se dépenser, non par une balance arithmétique d'intérêts aboutissant à la plus grande somme de jouissances. La première des jouissances, d'ailleurs, celle qui charme le plus, c'est précisément de vouloir et d'agir, « de risquer et de se risquer, comme disait Guyau, comme le répètera Nietzsche, de faire l'ascension du pic sans regarder derrière soi, sans calculer de quelle hauteur on peut tomber dans l'abîme.

II. — Au point de vue psychologique, le calcul perpétuel n'est pas moins contre nature qu'au point de vue physiologique. L'affection, le désintéressement, le dévouement même se rencontrent chez les animaux ; attribuera-t-on cet altruisme à un calcul d'égoïsme, à un compte en partie double ? Si l'animal s'expose à la mort pour défendre sa progéniture, prévoit-il un intérêt résultant de son désintéressement ? Si le chien témoigne de la reconnaissance à son maître, est-ce par « amour propre », comme s'il avait lu les *Maximes* ? L'existence de l'altruisme chez l'animal prouve que l'oubli de soi est bien spontané et primitif. Il est supposable que, sous ce rapport, l'homme n'est pas au-dessous du singe et du chien. Malgré sa faculté supérieure de réflexion, l'homme agit le plus souvent par impulsion, comme l'animal. La réflexion est pour les grands jours, pour les circonstances solennelles et tragiques. Le reste du temps, on va devant soi sans regarder à droite et à gauche, par vitesse acquise, par besoin d'aller. Nietzsche a raison de dire, comme l'avait dit Guyau, que la vie est un mouvement perpétuel en avant. L'homme calculateur de Hobbes, de

La Rochefoucauld et de Bentham, est un monstre aussi bien au point de vue de la nature qu'au point de vue de la morale : c'est la création de philosophes qui, à force de réfléchir, d'analyser, de chercher des dessous à toutes choses, ont fini par s'enlever la faculté de voir ce qui crève les yeux du premier venu. Sous couleur d'hédonisme et d'eudémonisme, ces philosophes proposent un intellectualisme outré et paradoxal. Les raffinements qu'ils prêtent à l'amour propre sont contraires à l'expérience de chaque jour. La Rochefoucauld ne représente-t-il pas la pitié, sentiment tout spontané, comme une « prévoyance des maux où nous pouvons tomber » ? La loyauté, comme un simple *moyen d'entretenir le commerce* ? L'affection constante, comme une inconstance plus ou moins calculée, sous prétexte que nous nous attachons à une *série* de qualités dans le même sujet ? Comme si une série ne pouvait être elle-même soumise à une loi constante et manifester ainsi une persévérance de bonté ! Le sophisme montre partout le bout de l'oreille. Ni l'enfant, ni l'homme n'en pensent si long. On ne peut même pas prétendre qu'il y ait en toute passion un calcul *inconscient,* un machiavélisme qui s'ignore. L'amoureux peut aimer sans calcul et parfois en dépit de tous les calculs. La volonté consciente ou inconsciente de jouissance ne joue donc pas le rôle énorme que l'on imagine au fond de notre cœur.

Pénétrons plus profondément dans les lois psychologiques et nous reconnaîtrons que l'amour de son propre *moi* n'est pas un sentiment élémentaire et irréductible, d'où dériveraient nécessairement tous les autres sentiments. L' « amour propre » est, au contraire, la *résultante* d'un grand nombre de sentiments plus simples, qui ne sont pas tous, à l'origine, franchement orientés vers le *moi* conscient de son intérêt: instinct spontané de conservation organique, curiosité intellectuelle tout expansive, sentiment de sympathie spontanée, sentiment social d'honneur, etc. Le prétendu égoïsme foncier de l'enfant n'est que la domination d'instincts encore inférieurs à ceux de l'adulte et en rapport avec l'état de l'enfant. L'amour de *soi* véritable ne peut naître que quand la conscience de *soi* s'est développée : *ignoti nulla cupido* ; mais la conscience de *soi* n'est pas du premier coup entièrement individualisée et nettement centralisée. Sans doute ce qui est *à nous* ou provient *de nous* nous plaît d'abord ; mais c'est parce que nous le connaissons mieux, parce que nous le sentons et le vivons plus intimement, parce qu'il y a là l'objet d'une conscience directe, concrète et vivante. Nous ne connaissons les autres hommes que comme d'autres nous-mêmes plus lointains ; il faut bien que nous les aimions d'abord moins que nous, puisqu'ils sont moins connus, pour les aimer ensuite autant que nous et parfois plus que nous-mêmes.

L'amour de la vie semble, au premier abord, le type des instincts égoïstes. Ne définit-on pas sans cesse l'égoïsme comme une « lutte pour la vie », et ne fait-on pas de cette lutte le secret des actions humaines ? Mais la vie même n'enveloppe pas, comme on le croit, un contenu exclusivement individuel : elle a une signification familiale et sociale. Une vie retirée de toute famille et de toute société peut paraître tellement sans valeur à l'individu qu'il lui préfère le suicide. L'isolement n'est-il pas la peine par excellence que la société inflige à ses membres ? La solitude n'est pas seulement dure en tant que perte de liberté individuelle ; elle l'est aussi comme perte des relations *sociales*. Réduire quelqu'un à son moi, ce serait l'idéal de la prison cellulaire.

III. — Les lois sociologiques confirment les lois psychologiques et physiologiques.

Si l'utilitarisme égoïste est une invention d'analyste, on peut en dire autant de l'utilitarisme à forme sociale rêvé par Bentham. Comment admettre qu'un citoyen agisse réellement selon un calcul de tous les intérêts sociaux, aboutissant à un surplus en une certaine direction ? Le malheureux y passerait sa vie sans réussir à rien dégager de certain, tant il y a d'intérêts qui se contrarient, se limitent, se composent ! Les sociétés elles-mêmes n'ont pas pris pour unique fin leur propre intérêt. Sans doute elles en ont eu spontanément une intuition plus ou moins vague : d'une manière générale, il a bien fallu qu'elles n'agissent pas juste à l'opposé de leurs besoins. S'il est certaines sociétés qui l'ont fait et qui ont méconnu leurs nécessités les plus vitales, elles ont disparu par cela même. Mais, au sein de la collectivité comme chez l'individu, une foule de sentiments et d'impulsions se produisent qui ne naissent pas d'un calcul d'utilité. Il y a des sentiments spontanés de *sympathie* collective, comme aussi d'*antipathie* collective; parfois la sympathie ou l'antipathie vont plutôt contre l'intérêt commun. Il y a aussi des sentiments esthétiques, auxquels un peuple sacrifiera parfois l'utilité. Il y a des sentiments religieux, où les sociologues retrouveront l'effet d'une action réciproque entre la société humaine et les forces naturelles, mais où l'exégèse la plus subtile ne pourrait découvrir un calcul d'utilité. Si la crainte, sentiment égoïste, a joué un grand rôle dans la religion, elle ne fut pas seule à fabriquer les dieux. L'homme social est un être passionné et volontaire avant de se montrer un être réfléchi: il y a des passions et volitions de toute sorte qui ont produit des effets sociaux spécifiques, des combinaisons sociales *sui generis*, où l'analyse ne saurait retrouver une réflexion égoïste. L'humanité a souvent poursuivi l'inutile avec plus d'ardeur que l'utile; heureux quand elle n'a pas mis la même ardeur à poursuivre le nuisible! Il est des fins sociales tellement complexes ou tellement élevées qu'on ne saurait en attribuer la prévision aux sociétés primitives, qui ne pouvaient les connaître et encore moins les calculer. Selon une très juste observation de M. Durkheim, la statistique a récemment démontré que la vie de famille est un puissant préservatif contre la tendance au suicide et au crime, mais « est-il admissible que la constitution de la famille ait été déterminée par une connaissance anticipée de ces bienfaisants résultats[1]? » La famille est une expansion du besoin d'aimer, non pas seulement du besoin de chercher son intérêt.

Si l'on répète que le calcul de l'égoïsme est *inconscient,* soit dans les sociétés, soit chez les individus, nous répliquerons que l'on pourrait aussi découvrir partout un calcul inconscient d'altruisme. Pour un spectateur du dehors, qui lui seul *calcule* et voit les *consé-*

---

1. *Division du travail social,* p. 14.

quences finales, le moi et le non-moi, le mien et le tien sont sans cesse unis. L'altruisme inconscient existe jusque dans l'égoïsme. Le désintéressement irréfléchi, involontaire, fondé sur la nature même, est une des conditions préalables qui rendent possible le désintéressement réfléchi et voulu. En poursuivant ses fins privées, dit Adam Smith, « l'homme est encore amené par une main invisible à promouvoir une fin générale qui n'était nullement une partie de son intention ». Comte, Spencer, Guyau ont insisté sur cet altruisme inconscient, qu'ils n'ont pas toujours assez distingué de l'altruisme conscient. D'innombrables actions qui apparaissent à la conscience d'un individu comme intéressées, peuvent l'être en effet dans l'intention de cet individu; elles n'en sont pas moins, — pour le sociologue qui en aperçoit et les origines et les conséquences ultérieures, — des actes inconscients d'adaptation à l'intérêt ou à la puissance de la race. Voici un homme qui n'a souci que de la renommée, du rang, de la santé : c'est un égoïste, sans doute; mais, en travaillant pour ces buts individuels, il travaille sans le vouloir pour l'intérêt de sa famille et de la race entière. Et peut-être même se le dit-il, pour s'excuser. Voici un homme qui se plonge dans la pauvreté en accumulant une famille excessive, — cas fréquent en Angleterre, malheureusement rare en France; c'est encore là une forme de sacrifice irréfléchi à l'intérêt de la race ou de la nation, laquelle deviendra plus puissante et offrira un champ plus vaste à la sélection. Il n'est guère d'acte qui n'ait par lui-même, comme disent les Anglais, une « référence sociale », tout aussi bien qu'il a une référence individuelle. Un homme n'agit jamais entièrement pour lui seul, sinon quand il agit sous l'immédiate excitation de la faim et de la soif. Encore la race a-t-elle intérêt à ce que ses membres soient bien nourris et robustes. L'énergie même qui appartient à l'amour de la vie n'est pas une force exclusivement individuelle : elle est la force de la race, accumulée et emmagasinée par l'hérédité. Au lieu de céder à une impulsion purement personnelle quand nous voulons vivre, nous subissons encore la poussée de tout le troupeau qui vécut avant nous. L'horreur du suicide n'est pas seulement l'individualité tendant à se conserver; c'est aussi la race tendant à se maintenir par l'individu et dans l'individu. Les écrits métaphysiques de Schopenhauer en contiennent de nombreux exemples, qui peuvent être transposés dans la philosophie expérimentale. Guyau a eu raison de dire que l'égoïsme absolu, rêvé par Hobbes et La Rochefoucauld, serait non seulement une monstruosité, mais une « impossibilité ». Satan est un idéal à rebours.

Essayez de développer logiquement chaque maxime de pur égoïsme, vous verrez qu'elle trahit aussitôt sa fausseté, tout au moins son caractère unilatéral et incomplet. La Rochefoucauld ne se sauve que par la concision, qui donne au lecteur ébloui l'illusion de la vérité. Une rapide et soudaine vision des choses a beau être superficielle, elle semble aux ignorants de la profondeur. Le « moraliste chagrin » du XVIIe siècle, — encore trop peu misanthrope pour dédaigner de plaire aux beaux esprits et aux belles dames — valait mieux que sa doctrine. Lui qui fut un ami sûr, comment a-t-il pu définir l'amitié « un *commerce* où notre amour-propre *se propose* toujours quelque chose à gagner »? Puisqu'il attribue à l'homme une telle dose d'intelligence intéressée pour calculer ses plaisirs égoïstes, comment ne reconnaît-il pas aussi la part de l'intelligence désintéressée, concevant des idées supérieures aux limites du moi? Soutiendra-t-il que l'œil de l'esprit ne voit que lui-même, quand la chose est fausse pour l'œil du corps? Si je contemple les étoiles dans l'immensité, est-ce moi seul que j'aperçois, est-ce à moi seul que je songe? « La probité, dit La Rochefoucauld, est une vertu de marchand ; elle fait aller le commerce. » Mais, si un marchand, au lieu de sauver sa fortune par quelque fraude sûre de l'impunité, préfère la ruine, n'aura-t-il eu pour but que de faire aller le commerce? Pareillement, le courage et le mépris du danger ne sont-ils jamais « que ce que le bandeau est à nos yeux »? Cela peut être vrai de certaine fougue guerrière qui s'étourdit elle-même ; mais songez à ces courages calmes qui s'enlèvent tout bandeau pour voir la mort d'avance et dire : j'y vais! La Rochefoucauld prétendra-t-il encore que ni le soleil ni la mort ne se peuvent regarder *en face*? — Qu'une certaine fierté soit « l'éclat de l'orgueil », on peut le lui accorder; mais que le sentiment de la dignité humaine en notre personne soit uniquement l'admiration de notre moi individuel, c'est ce qu'on n'accordera jamais, si l'on songe que l'homme est capable de concevoir la supériorité de l'humanité raisonnable sur la brute. — Orgueil de race, direz-vous. — Soit, mais quand c'est l'orgueil de la raison elle-même, en ce qu'elle a d'impersonnel et d'universel, la « race » s'étend à tout ce qui pense, raisonne et veut : la fierté devient dignité.

L'explication que La Rochefoucauld propose de la modestie n'est pas plus vraie que celle de la fierté. Dans le refus modeste de la louange, il n'aperçoit que le désir d'être loué deux fois. Il ne se demande pas si la modestie du savant ne peut venir de la conviction qu'il y a des bornes à tout savoir; si la modestie de l'homme de bien ne peut provenir de ce qu'il se reconnaît infiniment au-dessous de son idéal. N'est-on jamais modeste en son for intérieur, sans considération des autres hommes? « La modestie, répond La Rochefoucauld, n'est que le désir de louanges plus délicates. » Dites plutôt qu'elle est la conscience de ne pas mériter tant d'éloges, soit pour des dons de l'esprit et du corps qu'on a reçus de la nature, soit pour un usage de la volonté qui nous paraît toujours au-dessous de ce que nous aurions dû faire.

La louange et le blâme ne s'épuisent pas dans l'égoïsme. C'est assurément, comme dit La Rochefoucauld, « se donner part aux belles actions que de les louer de bon cœur », puisqu'on devient semblable, selon le mot de Platon, à l'objet que l'on admire; mais cette récompense non prévue de la louange désintéressée ne la rend pas intéressée; elle ne prouve pas que l'homme loue « *seulement* pour être loué. » — « On blâme l'injustice, ajoute La Rochefoucauld, non par l'aversion qu'on a pour elle, mais par le préjudice que l'on en reçoit. » — Est-il sûr que cet égoïsme grossier explique notre horreur spontanée pour des crimes d'autrefois dont nous ne souffrirons jamais, dont nous profitons peut-être? De même, si un homme se jette à l'eau pour sauver un enfant qui se noie, sa *bonté* n'est-elle qu'un désintéressement « placé à usure? » Placement périlleux! Il semble plus probable qu'un bon calcul retiendra l'égoïste au rivage.

Pour La Rochefoucauld, la « reconnaissance » n'est qu'un espoir de nouveaux bienfaits ». Mais alors, comment expliquer la reconnaissance intérieure envers ceux qui ne sont plus, envers un père ou une mère dont nous n'avons plus rien à espérer? Cette reconnaissance intérieure sera-t-elle aussi un « calcul »?

Le « regret » de ceux qui nous sont chers n'a pas trouvé grâce devant La Rochefoucauld. Selon lui, quand nous pleurons la perte d'une personne aimée, nous nous pleurons nous-mêmes. — Oui, sans doute, en un sens plus profond qu'il ne l'imagine. Cette personne ne faisait-elle pas partie de notre être moral, et nous du sien? Mais, quand le moi s'élargit ainsi jusqu'à embrasser autrui, il est étrange de l'accuser d'égoïsme. Quant aux larmes versées sur les morts, ne sont-elles désintéressées qu'à la condition d'être indifférentes? La Rochefoucauld ajoute ce trait d'esprit cruel: « Les morts ont l'honneur des larmes qui ne coulent que pour les vivants. » Ce petit mot: *pour*, est la ruse par laquelle une demi-vérité se change en sophisme; ce mot insinue que nous pleurons seulement *pour* nous et en vue de nous, sans que notre pensée puisse jamais s'absorber dans l'être cher que nous avons perdu. D'ailleurs les larmes par calcul ne sont guère faciles, même au point de vue physiologique (sauf chez certaines femmes qui pleurent à volonté); à plus forte raison ne le sont-elles guère au point de vue moral. Mais il faut bien qu'un bel esprit de cour fasse de l'esprit sur les choses les plus tristes. « On pleure pour avoir la réputation d'être tendre; on pleure pour être plaint; on pleure pour être pleuré; enfin on pleure pour éviter la honte de ne pleurer pas. » — Et quand on pleure en secret, dans le silence, loin du regard des siens, sauf à leur sourire ensuite pour cacher sa peine et ne pas augmenter la leur, pleure-t-on encore pour avoir « la réputation d'être tendre »?

Il serait facile d'écrire la contre-partie des *Maximes* et de montrer partout un certain désintéressement qui se mêle à toutes nos pensées, à tous nos sentiments, fussent-ils personnels. Dans la vanité, dans l'amour de la gloire et de la puissance, qui ne sont qu'égoïsme pour La Rochefoucauld, un Pascal retrouvera un signe de la grandeur de l'homme, un sentiment de dignité, un besoin de vivre infiniment dans le temps et dans l'espace, au delà du temps et de l'espace. Dans l'amour de soi, qui est l'égoïsme même pour La Rochefoucauld, un Malebranche retrouvera une dérivation de l'amour de l'être infini, de l'amour du bonheur sans mélange, de la puissance sans limites inhérente à la perfection sans limites, conséquemment une dérivation de l'amour de Dieu. « Pour aimer même le mal, dit Malebranche, il faut aimer le bien ; car on ne peut aimer le mal que si on le regarde comme un bien, que par l'impression naturelle qu'on a pour le bien. » Nous n'irons pas jusqu'à nous demander, comme l'a fait M. Rauh, si l'égoïsme n'est point « un appauvrissement », une raréfaction du désintéressement ; mais on peut certainement se demander, avec Spinoza, si l'amour de soi et l'amour de l'infini ne sont pas deux directions diverses de la profonde tendance à être, à persévérer dans l'être, à être infiniment et à persévérer dans l'être infini. Bien plus, nous ne voulons pas seulement « persister » dans ce que nous sommes, mais devenir toujours plus que ce que nous sommes. Spinoza et Malebranche auraient pu retrouver, dans ce besoin de nous dépasser sans cesse, le besoin de devenir plus semblables à l'être sans bornes. Quoi qu'on pense de leurs théories, il est certain que les sentiments humains ne se laissent pas simplifier à l'excès, réduire au pauvre moi. La Rochefoucauld, Hobbes, Helvétius donnent à l'égoïsme et à l'altruisme des formes outrées qui les mettent en antithèse absolue ; mais nous ne sommes jamais, ni dans l'ensemble de notre caractère et de notre conduite, ni dans chacun de nos actes, absolument égoïstes ou absolument désintéressés. Chacune de nos déterminations est une résultante complexe qui enveloppe l'infini. Leibniz avait raison de remarquer que, pour soulever un poids, il faut intégrer une infinité d'efforts différentiels infiniment petits. Nos actions enveloppent une série incalculable de petites appétitions et impulsions correspondant à des émotions infinitésimales et à des perceptions infinitésimales, qui ne sont pas toutes personnelles. Leur petitesse et leur confusion les rendent inconscientes dans le détail ; seules les vagues de cet océan intérieur s'éclairent à leurs cimes et la plus haute jaillit dans la pleine lumière de la conscience. En résumé défions-nous des oppositions absolues que la pensée discursive et le langage établissent entre égoïsme et altruisme, comme entre bien et mal, comme entre vrai et faux. Il est des heures de transition où le jour se fond dans les ténèbres ; le crépuscule n'est cependant pas un motif pour nous interdire de déclarer qu'il fait jour à midi. La continuité des nuances du prisme n'empêche pas Théophile Gauthier d'écrire dans son *Noël* : « Le ciel est noir, la terre est blanche. » De même, sans prétendre à un désintéressement absolu, il nous est permis, jusqu'à plus ample informé, de qualifier d'égoïstes les intentions d'un Cartouche et d'altruistes les intentions d'un Vincent de Paul. Peut-être aussi n'est-il pas absurde de dire que les premières sont moralement « mauvaises » et les autres « bonnes ». Le sophisme du « chauve » n'a jamais empêché ceux qui n'ont plus que quelques cheveux d'être atteints de calvitie, quoiqu'il soit difficile de déterminer le point précis où la calvitie commence. Hobbes, La Rochefoucauld et tous les hédonistes ont trompé leurs lecteurs avec le vieux sophisme du chauve, appliqué à la transformation insensible de l'altruisme en égoïsme.

CHAPITRE IV

RAPPORTS DE L'ÉGOISME ET DE L'ALTRUISME AU POINT DE VUE PSYCHOLOGIQUE

I. — Il faut déterminer les rapports psychologiques de l'égoïsme et de l'altruisme plus scientifiquement que ne l'ont fait les littérateurs et « moralistes » ou amoralistes. Pour cela, rappelons-nous la loi des idées-forces. En vertu de cette loi, l'idée d'un plaisir possible tend à susciter le désir de voir ce plaisir atteint. On peut soutenir que le désir conscient de notre bonheur propre et le désir du bonheur d'autrui sont des cas spéciaux et ultérieurs de cette loi. Il y a là une évolution à plusieurs stades. L'être vivant débute par avoir un sentiment immédiat de plaisir personnel, qu'il tend spontanément à conserver quand il l'éprouve, à renouveler quand il se le représente. Ce plaisir immédiatement senti n'est pas un plaisir abstrait et général, qui pourrait aussi bien être celui d'un autre ; c'est un plaisir *pour nous,* ou, du moins, un plaisir *conscient pour nous,* un plaisir goûté *par nous.* Il n'est pas nécessaire que l'*idée* réfléchie du moi s'y trouve, mais la *jouissance* consciente et spontanée s'y trouve. Plus tard, l'*idée* du plaisir éprouvé par *autrui* éveille sympathiquement notre plaisir propre, avec une tendance à réaliser la représentation du plaisir. Grâce à cette représentation, nous sortons déjà de nous-mêmes, nous élargissons la sphère de notre moi et, en une certaine mesure, y faisons entrer les autres. Tous ces phénomènes dérivent, non du désir de plaisir *in abstracto,* mais d'une tendance concrète à jouir réellement de tout plaisir représenté en idée et à en réaliser les conditions. C'est donc bien une loi psychologique, la loi même des idées-forces, qui fait que l'homme, quand il s'est développé par la réflexion, ne peut avoir l'*idée* d'un plaisir, — le sien propre ou celui d'un autre, — sans que cette idée, qui est accompagnée d'un sentiment agréable, tende à se maintenir et à se *réaliser*. En d'autres termes, l'idée du plaisir finit par devenir une idée-force, quel que soit l'être qui est conçu comme éprouvant le plaisir : se représenter un plaisir, fût-ce chez les autres, c'est éprouver du plaisir par le seul fait de cette représentation. Dès lors, l'altruisme est naturel comme l'égoïsme, parce que votre plaisir devient, dès que je le conçois, mon plaisir ; il faut que je m'*intéresse* à vous pour être *désintéressé*, et en m'intéressant ainsi à vous, je m'intéresse spontanément à moi-même.

Résulte-t-il de là que je prenne *mon* intérêt pour *fin* en agissant sous l'idée de *votre* intérêt, et que je sois égoïste ? — Nullement. La mère qui se dévoue pour son fils ne se dévoue pas *en vue* de la joie de son dévouement. Elle peut éprouver cette joie, mais elle ne l'éprouve qu'à la condition de ne pas l'avoir eue pour fin et de s'être vraiment dévouée pour son fils comme but. C'est, en somme, l'idée du bonheur de son fils qui cause de la joie à la mère, non l'idée de son propre bonheur, quoique ce dernier bonheur se trouve être, en fait, inséparable du premier.

La loi des idées-forces, selon nous, se rattache à la loi même de l'appétition. De ce que tout être, par l'appétition fondamentale, tend primitivement à être, vous pouvez bien conclure qu'il tend à être en soi, à être soi ; mais vous ne pouvez pas conclure qu'il ne tend pas aussi, autant que les deux choses sont compatibles, à être en autrui, à être autrui. Au contraire, s'il y a un moyen quelconque pour l'être de dépasser le moi, il est clair qu'il tendra à le dépasser. De même, vous ne pouvez pas conclure que l'être qui tend à être tende toujours à être *pour* soi, en se prenant toujours consciemment comme fin. Si vous préférez le mot *vouloir*, vous ne pouvez conclure que l'être qui *veut* veuille toujours pour soi. Si enfin vous préférez le mot *vivre* aux mots *être* et *vouloir*, la tendance à vivre n'impliquera pas davantage qu'on vive exclusivement pour soi. D'une part, les êtres sont organisés en vue de vivre ou, tout au moins, de manière à vivre; d'autre part, ils sont biologiquement dépendants les uns des autres; il en résulte que le rapport à autrui est aussi nécessaire et aussi *vital* que le rapport à soi. Sans doute le rapport à autrui peut devenir plus tard un moyen de ramener autrui à soi, de le faire servir à soi; mais, comme l'être qui dépend d'autres êtres forme avec eux un tout, il est porté par la nature à ne pas agir seulement pour soi, à agir pour le tout dont il est partie et dont il a besoin, à agir pour les autres êtres, dont il a encore besoin et qui sont parties du tout. Il y a ici une invitation de la nature à sortir de nous-mêmes, au moins partiellement. Quand l'être organisé et vivant est, de plus, capable de sympathie et capable de représentation, ses semblables ne peuvent plus lui être absolument indifférents et étrangers : ils pénètrent en lui par la force de la représentation commune et par celle de l'unisson sensitif.

La tendance altruiste existe d'abord sous une forme indéterminée et vague, antérieurement à l'expérience et aux objets qui peuvent la déterminer en un sens précis. Sous cette forme encore presque inconsciente, l'altruisme consiste dans une sorte de « distraction », « d'inattention à ses propres sentiments[1] ». Celui qui se donne et se dévoue, s'oublie lui-même ; il est, a-t-on dit, dans un état de perpétuelle *distraction* par rapport à soi. Pour faire attention à votre bonheur, il faut que je me distraie du mien. Je ne puis penser à la fois deux choses qui s'excluent ; je ne puis me proposer tout ensemble mon intérêt et votre intérêt, s'il y a opposition. Cependant, il n'en faudrait pas conclure, selon nous, que le dévouement ne soit qu'une sorte de distraction, ni que celui qui donne sa vie la donne par oubli. L'homme dévoué sait ce qu'il fait et pourquoi il le fait : il agit sous l'influence d'une idée-force, non d'une absence d'idée précise ou d'une déviation vers d'autres idées, comme dans la distraction. Le simple oubli n'est qu'une condition encore négative ; on y doit

---

1. M. Rauh, *Revue de métaphysique et de morale*, t. II, p. 67.

joindre une impulsion active, une idée, un désir, un besoin d'aimer, plus ou moins développé selon les caractères, qui sont plus ou moins concentrés ou expansifs.

L'altruisme se manifeste sans doute *après* l'égoïsme ; mais il n'en résulte point qu'il ne soit pas inné et naturel comme l'égoïsme. Le besoin d'engendrer ne se révèle qu'à un certain âge ; il n'en est pas moins naturel et virtuellement inhérent aux organes. L'égoïsme et l'altruisme ont une commune origine dans la volonté fondamentale, qui veut être et être le plus possible, avec le plus d'intensité et d'extension, en autrui comme en soi. Nous n'irons pas cependant jusqu'à conclure de là, avec M. Rauh, que « la tendance égoïste et la tendance altruiste sont moins deux *tendances spéciales* que la *forme* la plus générale qu'elles peuvent *toutes également* recevoir[1] » ; nous ne dirons pas qu'égoïsme et altruisme expriment la double orientation possible de toutes les tendances, centripète ou centrifuge[2]. Il y a, selon nous, des tendances qui sont franchement égoïstes. De plus, on peut toujours se demander si la tendance centrifuge elle-même ne naît pas, au moins à l'origine, d'un *besoin* de sortir de soi, d'un entraînement spontané vers autrui, entraînement dont la non-satisfaction cause de la peine, dont la satisfaction cause du plaisir. Nous évitons *notre* peine et maintenons *notre* plaisir jusque dans notre mouvement sans autrui. Le mouvement centrifuge implique ainsi, au fond, une force centripète. Mais cette force est spontanée : elle constitue, en somme, l'être même. Elle n'est donc pas un égoïsme réfléchi, elle est une possession et jouissance de notre être propre, qui, grâce à l'intelligence et à la sympathie, n'exclut pas une place pour les autres en nous et rend possible le désintéressement, d'abord spontané, puis intentionnel.

II. — Naturels tous les deux en vertu de la loi des idées-forces et de la loi de l'appétition, l'égoïsme et l'altruisme peuvent se développer dans divers sens,

---

1. M. Rauh, *La méthode dans la psychologie des sentiments.*
2. M. Rauh, *Revue de métaphysique et de morale*, t. II, p. 66.

grâce à plusieurs lois secondaires d'ordre psychologique ou physiologique.

Le cerveau a beau être nourri par les viscères, il a une certaine « autonomie¹ », qu'il doit à son développement supérieur et à l'indépendance relative de ses opérations; la vie cérébrale n'est pas purement et simplement la vie viscérale. Ni la faim ni l'appétit sexuel n'épuisent l'action de l'encéphale, qui est l'origine de besoins plus élevés. Le cerveau est par excellence un organe de relation avec le monde extérieur, surtout avec le monde social; il en résulte que sa vie *propre* et interne est une vie de relation où *l'autre que lui* joue un rôle à l'égal de lui-même. L'être qui a un cerveau pensant commence déjà à sortir de soi, à entrer en autrui, à vivre tout ensemble en lui-même et en autrui, pour lui et pour les autres.

En vertu des corrélations organiques qui se produisent dans le cerveau au-dessous même du seuil de la conscience, une inclination, une passion égoïste ou altruiste peut acquérir en nous une vie indépendante de notre volonté consciente. Cette vie de la passion peut devenir assez forte pour que tout lui soit sacrifié, parfois notre propre bien et notre propre existence². La haine elle-même oublie le moi pour ne songer qu'à l'objet : *sui negligens dum alteri noceat*. Elle devient ainsi une sorte d'impulsion sans *calcul* proprement égoïste, qui va à son but sans retour sur soi, qui peut consentir à la mort pourvu que la personne détestée meure. Cette abnégation de soi est une idée-force qui, chez certaines âmes peu élevées, agit par obsession et fascination, à ce point que tout sera sacrifié à la vengeance. Un Corse ou un Napolitain s'exposera à une mort à peu près certaine ou même certaine s'il est sûr de se venger. Ce « renversement » de l'amour nous éclaire sur l'amour normal. George Eliot a dit dans *Romola* : « C'est la nature de toute passion humaine, la plus basse comme la plus haute, d'avoir un point où elle cesse d'être proprement égoïste; elle est comme un feu allumé dans notre être, pour lequel tout le reste

---

1. M. Rauh, *De la méthode dans la psychologie des sentiments*.
2. Voir sur ce point Muirhead, *The Elements of Ethics*, p. 167.

en nous est un simple aliment. » Aux yeux du physiologiste, ce résultat s'explique par l'organisation au sein du cerveau de relations devenues habituelles, qui font tout converger vers la passion dominante. Il se produit ainsi un organisme dans l'organisme cérébral, une vie particulière greffée sur la vie générale. La passion devient le *moi* même ou supplante le moi pour se substituer à lui, par un mécanisme semblable, l'altruisme peut devenir l'expression du moi, la *forme non-moi* du *moi*. Au tréfonds de toute analyse psychologique et physiologique, on retrouve les racines de la vie personnelle, mais on y trouve aussi celles de l'impersonnalité: le moi n'est pas fermé comme on se l'imagine; il est traversé par les courants d'une vie plus large, qui vient s'individualiser en lui sous forme consciente.

L'*habitude* se porte elle-même au secours de l'activité intelligente pour lui permettre de se désintéresser. On connaît la loi de « transfert psychologique », dont les Anglais ont usé et abusé dans leur explication de nos sentiments. Dérivée des principes de l'habitude, cette loi veut que notre activité finisse par transférer à ce qui n'était d'abord qu'un simple moyen, comme l'argent, la valeur d'une fin. Le transfert, en ce cas, engendre l'avarice. Dans d'autres circonstances, il peut engendrer le désintéressement. Même lorsque nous désirons un moyen pour atteindre une fin désirée, nous n'en désirons pas moins réellement ce moyen, qui, jusqu'à nouvel ordre, devient une fin provisoire. Si nous prenons l'habitude de poursuivre ce moyen, l'habitude fera de cette poursuite un besoin, de son objet une fin. L'altruisme peut donc, en vertu de la loi de transfert, devenir lui-même un besoin et une fin. Il descend alors dans les profondeurs de notre nature, sans y prendre la forme d'un calcul et en se faisant, au contraire, de plus en plus spontané. Sous cette forme nouvelle, l'idée d'autrui devient sentiment et impulsion: elle est une force.

La loi centripète d'habitude aboutit ainsi à fixer un ensemble de souvenirs et de tendances, parfois altruistes, qui constituent notre individualité; mais nous sommes aussi régis par la loi centrifuge de *variation*, qui est une accommodation de nous-mêmes au milieu, ou du milieu à nous-mêmes. Cette loi, plus que les précédentes, nous fait sortir du *moi* par l'acquisition de rapports avec des êtres *autres* que nous. Quand il s'agit du milieu social, notre accommodation à ce milieu entraîne une part plus grande d'autrui dans notre vie propre, à savoir : 1° une certaine imitation d'autrui, 2° une certaine sympathie avec autrui, passive d'abord, plus tard active. La doctrine de l'égoïsme intentionel est en opposition avec les données d'une science plus complète de nos relations avec le milieu : elle méconnaît les lois d'accommodation centrifuge qui complètent les lois d'habitude centripète. Ces dernières mêmes, nous l'avons vu, finissent par se retourner contre le moi exclusif et fermé, puisqu'elles changent nos rapports avec autrui en nouvelles habitudes désormais essentielles à notre nature individuelle. La vie altruiste finit donc, sous tous les rapports, par devenir notre seconde nature, un second moi en nous, une partie de notre moi total.

Mais alors, objectera-t-on, il y a toujours dans l'altruisme une bonne part d'égoïsme sur un plus grand rayon : si un père sacrifie tout pour sa femme et ses enfants, son altruisme n'est-il pas de l'égoïsme familial ? L'altruisme tend simplement à « la fabrication d'un moi gigantesque ». — Pourtant, répondrons-nous, supposez un altruisme qui aboutisse à la fabrication d'un moi non seulement « gigantesque », mais universel, où tous les êtres trouveraient place, exciteraient ma sympathie, vivraient en moi, feraient partie de moi-même, seraient moi-même ; faudra-t-il encore appeler cet altruisme un égoïsme ? Ce sera plutôt une synthèse des deux. Si je souffre, lutte et meurs pour l'idée du tout, mon égoïsme ne se distinguera plus du désintéressement ; j'aurai égalé mon moi à l'univers ; que veut-on davantage ?

Nous pouvons maintenant marquer les divers stades de l'évolution par laquelle notre volonté passe de l'égoïsme spontané à l'altruisme spontané et, plus tard, réfléchi. La nécessité d'aimer sans réflexion ni calcul est d'abord imposée d'une manière organique par l'union des sexes, grâce à laquelle la substance vivante subsiste comme espèce. « À mesure que l'enfant se développe, dit Littré, son organisation, tant viscérale que cérébrale, disposée conformément à la sexualité, le prépare peu à peu à la vie altruiste. » Bien plus, selon Littré, comme les tendances égoïstes et les tendances altruistes ont également leur siège dans le cerveau, le développement des fonctions nutritives, qui semblaient d'abord purement égoïstes, finit par développer le cerveau même et, avec le cerveau les tendances altruistes, résultat du fonctionnement cérébral. C'est là une remarque profonde, à laquelle Guyau ajouta des développements de la plus haute importance. Nous venons nous-même de montrer en vertu de quelles lois évolutives l'égoïsme primitif aboutit à l'efflorescence de l'altruisme et comment le siège de cette efflorescence est le cerveau, organe de l'intelligence.

La marque essentielle de l'intelligence, ajouterons-nous pour notre part, c'est de saisir la *similitude* entre *moi* et *toi*. Là est, selon nous, la vraie base du désintéressement. Ce qu'il faut considérer pour l'opposer à l'égoïsme, c'est ce que nous avons appelé l'altruisme intellectuel et rationnel, c'est-à-dire l'idée-force de l'universalité des êtres, idée que nous considérons comme expression de la « raison » même. Non seulement nous avons l'idée du contraire de l'égoïsme, mais nous avons l'amour de cette idée; d'autre part, non seulement nous avons l'idée de l'égoïsme, mais nous avons une aversion naturelle pour cette idée. Il y a donc là une échappée vers le non-égoïsme.

Dans notre *Critique des systèmes de morale contemporains*, nous avons posé cette loi : « *Entre l'intelligence et l'action il y a un moyen terme de supprimé, tandis qu'entre l'être inintelligent et l'action la nature intercale le mobile du plaisir sensible.* Ce plaisir *sensible* est un succédané, un supplément, un moyen de remédier à l'insuffisance d'une activité inintelligente : c'est le bâton de l'aveugle. Par conséquent, l'idéal moral, l'idéal d'une activité indépendante du plaisir même, toute rationnelle et, en ce sens, toute libre, contient en soi une puissance spontanée de réalisation : l'idée de la moralité est la moralité commencée[1]. » En posant ces

[1]. P. 20.

principes, nous avons eu soin de faire entendre qu'il s'agissait seulement du plaisir *sensible*, moyen terme intercalé par la nature entre l'être intelligent et l'action. Mais il y a un autre genre de plaisir inhérent à l'intelligence même et à l'action intelligente, plaisir qui n'est plus un moyen terme, qui est un *élément* essentiel de l'acte intelligent. Dans l'idée rationnelle de la moralité il y a une joie immanente résultant de la satisfaction intellectuelle la plus profonde, qui, elle-même, s'identifie à la plus profonde satisfaction de notre volonté.

— En croyant ainsi aimer le bien universel, objectera-t-on de nouveau, vous vous aimez dans le bien; vous aimez votre « raison », qui est encore vous-même, ou vous vous aimez dans votre raison et dans votre tête, comme d'autres, avec Épicure, s'aiment dans leur « ventre ». — Non, ce n'est pas seulement dans ma tête que je m'aime, mais dans un mode d'existence consciente supérieur à toute représentation sensitive et où les êtres ne feraient plus qu'un dans l'amour mutuel. Chimérique ou non, cette idée née dans ma tête la dépasse, comme elle dépasse votre propre tête. Sans doute, je m'aime encore moi-même dans ma raison, mais cette manière de m'aimer enveloppe l'amour des autres. Si je sacrifie ma vie à ma raison, qui est moi, mais qui conçoit le tout, il faut avouer que ce moi ne ressemble guère à l'individualité égoïste de celui qui met la vie au-dessus de tout. — Mais, dira-t-on encore, quand vous désirez le bien de tous, c'est *vous* qui le désirez; dès lors, l'accomplissement *matériel* de cette fin est toujours *formellement* une réalisation de vous-même, c'est-à-dire d'un de vos désirs et intérêts, où se révèle votre moi. Quand même vous diriez, avec Kant, que vous pouvez et devez vouloir la loi *sans la désirer*, par un acte de liberté indépendant de tout intérêt personnel, il restera que c'est *vous* qui voulez rationnellement et que, en ce sens, vous voulez encore une satisfaction de votre volonté raisonnable. Kant ne dit-il pas lui-même que nous prenons un *intérêt* à la loi morale comme telle, et que c'est précisément ce qui rend pratique la raison pure?

— Sans doute. Nous ne pouvons pas sortir de nous-mêmes : le plus pur amour du bien est encore l'amour du bien par *nous,* qui en faisons notre bien. Mais le bien idéal est conçu comme achèvement et perfection de l'intelligence, de la sensibilité et de la volonté pour tous les êtres à nous concevables comme pour nous-mêmes. Il conserve un caractère de *perfection,* au moins relative à nous, et un caractère d'*universalité,* au moins relative à tous les êtres que nous pouvons concevoir. Il a donc aussi, par cela même, un caractère de désintéressement, autant que nous pouvons nous désintéresser de notre *moi* sans cesser d'être nous-mêmes. Le bien nous *intéresse,* mais cet intérêt résulte justement de la conception de l'*idée* sans intérêt, ou sans autre intérêt que la joie attachée à l'exercice supérieur de notre activité supérieure. A cette hauteur se produit la synthèse psychologique des deux contraires, intérêt et désintéressement, qui devient l'objet même de la moralité bien entendue.

CHAPITRE V

L'HÉDONISME ÉTHIQUE

Après avoir étudié l'hédonisme psychologique et réfuté, par la physiologie et la psychologie, les lois d'égoïsme radical, nous devons examiner l'hédonisme éthique, qui érige systématiquement le plaisir en seule *fin* à poursuivre pour la volonté, en seule *valeur*.

Est-il vrai, comme le soutient l'amoralisme hédoniste, 1° que rien dans le monde n'ait et ne puisse avoir aucune « valeur » *avant* d'avoir produit quelque sentiment de joie dans quelque être capable de jouissance ; 2° que toute valeur assignée à un objet soit simplement ou l'expression d'une joie actuelle ou l'anticipation d'une joie future et, en conséquence, ne puisse jamais avoir rien de proprement moral ? Une intelligence parfaite, mais insensible, jugerait du *vrai* et du *faux* ; mais pourrait-elle *approuver* ou *désapprouver*, sinon simplement dans le sens de *juger vrai* ou *juger faux*, non dans le sens de juger *bon* ou *mauvais* ? Supposons avec Lotze que, dans le monde entier, il existe seulement des intelligences pures qui n'auraient aucun intérêt quelconque à rien, qui ne pourraient jouir ni souffrir de rien, pas même de leur propre fonctionnement ; y aurait-il alors une raison pour laquelle un certain état *a*, dont personne ne pourrait ni se réjouir ni se troubler, *devrait* être remplacé par un certain état *b*, dont personne également ne pourrait ni se réjouir ni se troubler ? Lotze répond par la négative, comme répondrait aussi Spencer, et il en résulte que le bon est l'agréable.

C'est peut-être donner trop facilement raison aux hédonistes. D'abord, quand même il n'y aurait aucune valeur *avant* que se produise le *plaisir*, cela ne prouverait pas que le plaisir constitue *à lui seul* la *valeur*, mais seulement qu'il est *nécessaire* à sa constitution, soit comme *condition* préalable, soit comme *élément* intégrant. De même, la « valeur » fût-elle uniquement la possession ou l'anticipation d'une joie, il resterait encore à savoir ce qu'est cette joie, de quoi elle se compose, de quels éléments elle est la synthèse. En un mot, la sensibilité peut être essentielle à la production du *bon*, du *valable* (qui est le parfait et l'achevé en son genre ou en tous les genres) et ne pas constituer pour cela à elle seule, en tant que pure faculté de jouir n'importe comment, le tout du bien.

Un contenu objectif quelconque ne pourrait, certes, être désirable en soi, s'il ne répondait pas à quelqu'une de nos tendances et si, en conséquence, il ne produisait pas une joie plus ou moins intense, s'il n'était pas un élément ou une condition de félicité. Le désir n'aurait plus alors où se prendre, et *désirable* suppose *désir*. Mais, d'autre part, une joie désirable pour un être intelligent, qui l'éprouve d'avance par la pensée, enveloppe nécessairement un contenu objectif et des raisons qui rendent ce contenu désirable, en même temps que des impulsions qui tendent à le réaliser selon le principe des idées-forces.

Au point de vue psychologique, il n'y a de complètement bon que ce qui satisfait toutes nos tendances, et l'ensemble de nos tendances ne peut être entièrement satisfait sans qu'il y ait *sentiment* de satisfaction, puisqu'alors il manquerait quelque chose au complet, qui ne serait plus complet. De plus, cette satisfaction, une fois sentie ou pressentie, devient elle-même objet de nos tendances sous le nom de bonheur. On peut donc dire qu'il n'y a rien de *bon* au sens *complet*, qui ne produise de la joie. Si vous faites abstraction de tout sentiment, vous ne pourrez plus prononcer, par exemple, que la clairevision soit meilleure que l'aveuglement, que l'intelligence soit meilleure que l'inintelligence. Si vous le dites, c'est que vous introduisez plus ou moins inconsciemment l'idée d'agrément et que vous ne pouvez vous empêcher de jouir sympathiquement de la *vision* qui appartient au clairvoyant, de l'*intellection* qui appartient à l'intelligent. La question n'est donc pas de savoir si quelque chose peut être bon et parfait sans un élément d'agrément qui fait lui-même partie de la perfection; la vraie question est la suivante: — Quand nous jugeons bon un état de conscience où entre de l'agrément, est-ce *toujours* et *uniquement* le sentiment agréable compris avec beaucoup d'autres choses dans cet état de conscience qui est jugé bon, ou est-ce aussi « *l'objet* », d'ailleurs *plaisant,* de ce sentiment? Si l'objet lui-même n'est jugé bon et valable qu'en tant que plaisant ou agréable, l'hédonisme moral ou plutôt amoral triomphe; mais, si l'objet est jugé bon en vertu de l'agrément et de quelque autre caractéristique, l'hédonisme pur est dépassé.

Or, en premier lieu, quand on emploie le mot *bon* pour l'ajouter à *agréable,* ce n'est pas sans doute pour dire deux fois la même chose. Ce qui est agréable est agréable, voilà tout. Quand on ajoute : ce qui est agréable est bon, on veut *justifier* l'agrément. De plus, on veut l'ériger en quelque chose qui ait une valeur plus que *momentanée* et même plus qu'*individuelle.* Toute idée de *bon* et surtout de *bien* enveloppe une *généralisation* et une *extension objective.* On veut que l'intelligence *approuve la sensibilité,* soit satisfaite elle-même par la satisfaction sensible, érige le *fait* de jouir en *droit* de jouir, en élément de perfection rationnelle. L'hédoniste lui-même ne se contente pas du fait brut de l'*agréable*: il veut que notre raison accepte et approuve ce fait, en fasse *la fin* de l'activité. Donc il est antiphilosophique et antiscientifique d'identifier purement et simplement plaisir et bien. Aucun médecin n'admettra que le buveur d'absinthe dise : l'absinthe m'est *agréable, donc* elle est *bonne.* Nous l'avons accordé tout à l'heure, ce qui ne causerait aucune joie à aucun être ne serait pas *bon*; mais pourquoi ? C'est parce que l'idée de bien est synthétique : elle enveloppe celle de perfection aussi complète que possible ; or, perfection enveloppe jouissance consciente de soi. Mais, d'autre part, *suffit-il* que quelque chose cause un plaisir pour être, *ipso facto,* parfaitement bon aux yeux de l'intelligence et de la volonté consciente? Pas davantage, car la perfection ne se mesure pas tout entière au plaisir et renferme en soi d'autres éléments, intellectuels et volontaires. En un mot, cette proposition que « *le plaisir est le bien* » ne constitue pas un jugement analytique ; c'est un jugement synthétique, et la synthèse aurait besoin d'être démontrée, l'attribut ayant plus de compréhension que le sujet. Les hédonistes ne font pas cette démonstration ; ils profitent de ce que le bien n'est pas parfaitement bon sans la jouissance pour conclure que la pure jouissance est elle-même ce qui est parfaitement bon. Ce sophisme revient à dire que telle partie d'un tout, étant nécessaire au tout, constitue le tout lui-même.

Examinons maintenant la grande difficulté qui est au fond de l'hédonisme éthique, celle qui concerne la qualité et la quantité : — Le *bien individuel* et, par extension, le *bien universel* n'est-il qu'une somme de sentiments agréables évalués *quantitativement* en proportion de leur *intensité*, de leur *durée*, de leur *nombre*, sans considération ni de leur *origine* ni de leur *objet*? Ou, au contraire, le bien individuel et universel enveloppe-t-il encore une certaine *qualité* de vie, qui permet de distinguer une vie de valeur *supérieure* et une de valeur *inférieure* ? — Nous répondrons que l'hédonisme suppose à tort une séparation complète entre quantité et qualité. Le bien implique sans doute la jouissance la plus *intense* et la plus *durable*, mais s'ensuit-il que la *qualité* n'y soit pour rien ? Non, car une quantité sans qualité est pure abstraction. Une jouissance intense est la jouissance de quelque *objet* par quelque *conscience* ; elle a une *forme* qui la distingue *qualitativement* de toute autre jouissance ; elle a ainsi une *qualité* perceptible et évaluable pour l'être qui en jouit, si cet être est intelligent, c'est-à-dire capable de *percevoir* et de *comparer* des *qualités* et *relations*, non pas seulement des *qualités*. Dès lors, l'intelligence entre comme ingrédient essentiel dans la production du plaisir le plus intense et le plus durable, dans le *bonheur* d'un être qui n'est pas une simple plante ni un simple animal.

L'hédonisme pur, lui, veut s'en tenir à la quantité. Par là il s'expose aux traditionnelles difficultés de la quantification. Il y a sans doute, pour l'évaluation des plaisirs, une certaine quantification *grosso modo* qui est praticable ; par exemple, je puis prévoir que le plaisir de manger un fruit qui me rendra malade sera compensé par une *quantité* de peines ultérieures plus grande. Encore peut-on dire que ce sera moins ici une quantité qu'une qualité de peines, comme des coliques très douloureuses, dont la *tonalité sensible* échappe à *l'évaluation mathématique* sans échapper à l'évaluation sensitive. On dit : j'ai une colique plus *forte* que la précédente, c'est-à-dire bien plus *douloureuse* ; on peut même dire : *deux* ou *trois fois plus forte,* mais sans pouvoir établir des mesures exactes. La quantification devient de plus en plus chimérique lorsqu'il s'agit des peines et plaisirs de source intellectuelle, esthétique, sociale, c'est-à-dire provenant de l'intelligence et de la sensibilité de l'agent, de ses rapports sociaux très complexes. Ici, l'arithmétique disparaît.

Bien plus, on s'est demandé si les états de conscience, y compris les plaisirs et les peines, ont vraiment une *quantité,* et si ce que nous appelons du nom de quantité n'est pas simplement une qualité différente par laquelle nous *reconnaissons* et *distinguons* tel plaisir ou telle peine. Quand l'eau dans laquelle ma main est plongée s'échauffe peu à peu jusqu'à devenir brûlante, il se produit une modification graduelle de la nuance qualitative et surtout affective. Selon M. Bergson, il n'y aurait que cela. La prétendue intensité serait illusoire : elle se ramènerait à une tonalité qualitative, à une sorte de couleur des sensations. Nous n'avons pas ici à trancher le débat ; nous croyons qu'il y a un degré et une quantité dans les états de conscience[1]. Ce qui est certain et ce que nous admettons pour notre part, c'est que la quantité *pure* des plaisirs ou peines est un mythe et que, en fait, il y a toujours qualité inséparable de la quantité, qualité nécessaire pour sentir et surtout pour apprécier la quantité même. L'arithmétique de Bentham est superficielle. Deux plaisirs ne s'additionnent pas purement et simplement comme deux chiffres abstraits ; il y a perpétuelle composition qualitative, une sorte de chimie toujours changeante, une métamorphose du Protée intérieur qui défie le calcul. Il faut donc toujours en revenir : 1° à l'évaluation sub-

---

1. Voir notre *Psychologie des idées-forces*, tome I.

jective et psychologique, 2° à l'évaluation objective et proprement scientifique.

Quant à l'idée de *bonheur*, il est manifeste qu'elle n'enveloppe pas seulement une quantité brute de plaisirs quelconques, quantité plus que jamais impossible à déterminer sûrement et à évaluer. Le bonheur implique une organisation, une systématisation qualitative des plaisirs ou joies, un ensemble d'éléments scientifiques et philosophiques, qui introduisent dans la définition l'idée des lois de la nature, l'idée des fonctions normales de l'individu ou de l'espèce, même en dehors de toute notion *morale* et de toute conception de *devoir* impératif.

Les hédonistes se font une notion inexacte de la volonté et de ce qui la meut. Sans doute la volonté spontanée est surtout mue par l'*intensité* du plaisir actuellement éprouvé, mais, même en ce cas, le plaisir actuel peut consister précisément dans une appréciation spontanée de *qualité* par l'intelligence. Tout plaisir qui n'est pas entièrement aveugle et dont l'intelligence se rend compte acquiert par cela même une *qualité* : il prend une *forme* pour l'intelligence. En outre, par la réflexion, il s'accompagne d'une représentation de ses *causes* et de ses *effets*, ainsi que de son *objet*. Cette représentation elle-même, cette *idée* cause à son tour un plaisir, de nature intellectuelle, et devient une des raisons pour lesquelles l'idée est vraiment *idée-force*. Le jugement de la *qualité*, subjective et objective, entre donc comme élément, pour l'homme, dans la quantité totale du plaisir; un être intelligent ne peut pas ne pas éprouver du plaisir à satisfaire son intelligence. Dans la volonté réfléchie et intentionnelle, la considération de la qualité devient dominante; l'homme agit alors sous l'influence de la satisfaction causée par des idées; cette satisfaction croît en *quantité* avec la *qualité* même des idées, avec la hiérarchie des *causes* et *objets* du plaisir. Il y a réaction de l'idée sur le sentiment et sur l'impulsion, selon la loi des idées-forces, qui règle l'auto-déterminisme intelligent.

Dès lors, il est impossible de donner gain de cause au pur hédonisme. Le plaisir le plus *grand*, que l'hédonisme considère seul, n'est pas toujours et pour tous le plaisir le plus haut; l'intensité quantitative ne coïncide pas toujours et chez tous avec la qualité. Là est la première pierre d'achoppement. En second lieu, le plaisir est subordonné à la nature et au caractère de l'individu. Il y a des joies qui ne peuvent être les joies du premier venu : en fait, elles sont peu appréciées du commun des hommes et on ne saurait dire que, pour le vulgaire, elles constituent des joies ; parfois elles constituent plutôt des peines. Faites étudier l'astronomie ou la métaphysique à un maçon, il dira que la tête lui tourne plus que sur une planche en l'air, que toutes ces belles choses lui sont trop pénibles à comprendre. On peut comparer et classer les êtres selon les plaisirs qu'ils sont capables d'éprouver. L'homme étant toujours raisonnable et toujours perfectible, la morale consiste à lui faire de plus en plus concevoir et aimer un genre de plaisir supérieur, où la qualité intellectuelle et volitive s'ajoute à la quantité purement sensitive.

L'hédonisme prétend résoudre le fait moral en « une combinaison de sensations excitantes ou déprimantes (plaisirs ou peines) » ; il saute ainsi, dans l'échelle des complications naturelles, par-dessus « l'idéation ». Celle-ci enlève l'homme à la sensation pure, puis à cet ensemble de sentiments et d'impulsions qu'on appelle *moi* : elle lui fait concevoir la société humaine, et l'univers.

Tout en reconnaissant la part de jouissance, personnelle ou sympathique, qui se mêle à tous nos jugements, même moraux, il faut conclure que ni l'idée de moralité ni celle de joie ne se soutiennent et ne s'expliquent par elles-mêmes, sans un rapport à quelque *existence,* à quelque *qualité,* à quelque *relation* objective et même universelle qui les rend intelligibles. Nous avons vu que l'intelligence, elle aussi, veut être satisfaite, et sa satisfaction ne consiste pas uniquement dans un calcul de plaisirs, pas plus qu'elle ne consiste exclusivement dans une position de loi formelle sans contenu.

Leibniz a dit : « On divise le bien en agréable et utile, mais, au fond, je crois qu'il faut qu'il soit ou agréable par lui-même, ou servant à quelque autre chose qui nous puisse donner un sentiment agréable ; c'est-à-dire : le bien est agréable ou utile, et l'honnête lui-même *consiste* dans un *plaisir* d'esprit[1]. » L'*honnête* serait alors uniquement le plaisir de la *raison* concevant la perfection de l'individu et de tous les individus avec lesquels le moi est en société. On reviendrait ainsi à un hédonisme supérieur, de nature intellectualiste.

Selon nous, Leibniz va beaucoup trop loin en disant : « L'honnête *consiste* dans un plaisir d'esprit. » — La seule chose certaine, d'après la discussion qui précède, c'est que l'honnête *produit* comme *effet* ou *enveloppe* comme *élément* ce plaisir d'esprit. Mais le bien ne serait un simple plaisir d'esprit que si l'idée de plaisir, fût-ce de plaisir intellectuel et rationnel, épuisait *certainement* toute l'idée du bien. Or, c'est ce qui n'est pas démontré. Sans doute, si vous pouviez faire une analyse radicale et une synthèse totale de la sensibilité la plus parfaite, vous y retrouveriez les éléments intellectuels et actifs qui en semblaient d'abord absents : la perfection de la joie ou du *bonheur* finirait par s'identifier avec le bien. Mais cette analyse radicale et cette synthèse totale sont interdites à l'homme. Sa *sensibilité* est confuse et incomplète, sa *connaissance* est relative et bornée, sa *volition* n'est jamais adéquate à sa fin. Nous, hommes, nous ignorons invinciblement et la vraie *nature* et la *cause* profonde du plaisir, par cela même sa *valeur* absolue ; l'hédonisme n'a pas le droit de parler comme s'il était omniscient et de dire que le plaisir est le bien suprême.

D'ailleurs, nous avons la conception et l'amour d'un *idéal* supérieur à la pure idée du plaisir, même du « plaisir d'esprit » que la conception de l'idéal nous cause. L'idéal est *plus* qu'un plaisir d'esprit, il est un *acte* de l'esprit. La nature dernière de cet acte, par lequel nous concevons, aimons, voulons le bien universel, échappe sans doute, elle aussi, à notre analyse, parce qu'elle se confond avec la nature de l'existence consciente et de l'activité consciente, mais il n'en résulte pas qu'un tel acte soit impossible.

L'hédoniste, dans son amoralisme, rejette tous les idéaux dont la réalisation dépasse sa propre expérience finie ; mais notre expérience n'est pas la mesure de

---

1. *Nouv. Essais*, II, 20.

toutes les réalités ; elle est encore moins la mesure de tous les idéaux et, plus généralement, de l'idéal. L'hédonisme amoraliste prend donc une position qui n'est pas scientifique, qui n'est pas conforme à la *critique* de l'expérience et de la science.

Enfin on peut aller plus loin encore et poser un problème plus fondamental. En effet, la question qui domine la théorie des idées-forces reparaît à la fin de toutes les recherches : — Qui sait si nous ne pouvons pas vouloir et aimer une idée pure, sans que le plaisir qui s'y attache immédiatement soit la *cause* de notre acte ? Qui sait si nous ne pouvons pas être vraiment désintéressés, non en ce sens que nous n'éprouverions aucune joie à concevoir et à vouloir l'idéal, mais en ce sens que ce serait la conception même et la volonté de l'idéal qui, à elles seules, produiraient notre joie ? Kant, lui aussi, s'est demandé si une idée pure ne pourrait pas agir sur la volonté, être *vouloir*, indivisiblement, avant tout attrait et indépendamment de tout attrait. Il a répondu par l'affirmative. Seulement, selon lui, nous sommes alors au-dessus de la causalité expérimentale : nous sommes dans un domaine intemporel, soustrait à la loi de causalité que nous connaissons. Il y aurait donc, en ce cas, autre chose qu'une idée-force ; ce serait une idée supra-naturelle, ayant par soi une action supérieure à la nature, ce serait une idée plus que force. Sans doute le moralisme kantien n'a pu prouver ni l'existence, ni l'action de cette idée *pure* ; mais l'amoralisme hédoniste, à son tour, ne peut prouver qu'il nous est impossible de nous rapprocher d'un tel idéal, en concevant par notre pensée et en réalisant par nos actes des idées-forces de plus en plus élevées au-dessus du monde sensible. La critique de la connaissance nous interdit d'ériger en perfection idéale un seul des éléments de perfection que nous saisissons en nous-mêmes, le plaisir. Dès que nous voulons porter à la perfection le plaisir même, nous le voyons s'identifier de plus en plus avec l'intelligence du tout et avec l'amour du tout, c'est-à-dire avec la moralité.

LIVRE DEUXIÈME

L'AMORALISME DE LA PUISSANCE

CHAPITRE PREMIER

MÉTAPHYSIQUE AMORALISTE DE LA PUISSANCE

Selon l'épigramme d'un philosophe anglais, M. Bradley, la métaphysique consisterait à chercher de mauvaises raisons pour ce que nous croyons d'instinct. Les amoralistes, eux, cherchent de mauvaises raisons *contre* ce que nous croyons d'instinct, contre la possibilité du désintéressement et la valeur supérieure du bien moral. Selon nous, la vraie philosophie consiste à poursuivre des raisons, nécessairement inadéquates à l'objet, pour donner un sens à l'existence, et cette recherche de raisons de plus en plus explicatives est elle-même un instinct naturel à tout être raisonnable. Nietzsche n'a pas échappé à ce noble instinct : lui qui fulmine contre les métaphysiciens, il est métaphysicien dans l'âme. Toute sa morale ou toute son *amorale* n'est qu'une métaphysique renouvelée des Grecs, avec la transposition partielle qui était exigée par la critique kantienne. La nature opposée à la pensée, le réel opposé au représenté sous le nom de « volonté de puissance », n'est-ce pas « la volonté pure » dont avait parlé le « Chinois de Kœnigsberg », ce « cul-de-jatte de Kant » pour lequel Nietzsche n'a pas assez d'injures, parfois peu spirituelles ? Seulement cette volonté pure s'est tellement purifiée chez Nietzsche, qu'elle ne veut plus que la puissance. Nietzsche est plus kantien qu'il ne se l'imagine. Une fois supprimée la « chose en soi », il ne reste que le flux héraclitéen de phénomènes et de sensations, auquel, selon Kant, l'intelligence impose ses propres formes sans l'entamer ni le pénétrer. Ne dépassant point le kantisme, Nietzsche, devait logiquement, après avoir supprimé la chose en soi, ramener tout le réel à cet ensemble informe des sensations, à cette « matière de la pensée », à cette potentialité d'où tout semble sortir. Dès lors, il est clair que le *moral* n'y pouvait plus trouver place. La métaphysique de Nietzsche est un kantisme découronné et réduit à la moitié de soi-même.

Nous avons déjà, dans un autre livre, apprécié la religion et l'éthique de Nietzsche; nous croyons que sa métaphysique et sa psychologie ne méritent pas moins l'attention. Sa psychologie des sentiments a une valeur comme exprimant l'altération possible de nos instincts, sinon comme exprimant notre vraie nature. Sa métaphysique préconçue est une extension au monde entier du système appliqué d'abord à l'interprétation des actes et penchants humains. La caractéristique de cette doctrine est d'exclure du but que poursuivent les volontés toute chose autre que la puissance. Cette exclusion est, d'ailleurs, prononcée sans la moindre preuve, comme une vérité révélée, et Nietzsche s'imagine qu'il a trouvé là un principe absolument nouveau en philosophie. La conséquence, à l'en croire, sera l'interprétation des faits prétendus moraux par l'éternel déploiement de puissance que nous offre l'univers. On reconnaît la métaphysique de la force, sur laquelle repose la morale de la force, toujours ancienne et toujours jeune. Non contente de dominer trop souvent dans la pratique, surtout dans la pratique nationale et internationale, cette morale anti-morale voudrait encore étendre son empire sur les esprits. C'est cette prétention qui oblige le philosophe à une lutte toujours renaissante contre la force au nom de l'idée.

I. — On se rappelle que, dans ses annotations à l'*Esquisse d'une morale sans obligation ni sanction* et à l'*Irréligion de l'avenir*, comme aussi, sans doute, dans ses notes sur la *Science sociale contemporaine*, Nietzsche met sans cesse en marge, pour expliquer tout ce que d'autres expliquent par des raisons morales, l'exclamation où se résume tout son système: *Macht auslassen!* Comme il n'est aucune manifestation de l'être, de la vie, de la pensée et de l'amour qui n'enveloppe de la puissance, tout donne lieu à la même exclamation. Il s'agit de savoir si une demi-vérité, érigée en vérité totale, ne devient pas une erreur. Avant d'examiner en elle-même la doctrine prétendue nouvelle de Nietzsche, qu'on nous permette de citer d'abord tout au long certaines pages, peut-être oubliées, d'un auteur contemporain, sur lesquelles nous appelons l'attention du lecteur :

« Beaucoup de philosophes ont fait consister l'essence de toute force active dans la *conservation de soi* ou dans la permanence. L'être, dit Spinoza, tend à persévérer dans l'être et à se maintenir tel qu'il est... Mais d'abord, dire que l'être tend à être ce qu'il est, c'est se contredire ; car on ne peut *tendre à être ce qu'on est déjà* : la tendance indique quelque chose de nouveau à obtenir et implique une différence. De même, la persévérance dans l'être implique autre chose que le repos et l'inertie et n'est point une formule de pure identité ; car la prétendue conservation de soi est aussi un *accroissement*. Si on veut la vraie formule du repos ou de l'inertie, qu'on ne parle ni de tendance, ni de persévérance, ni de conservation, et qu'on se borne à répéter le stérile adage de Parménide : *Les choses sont ce qu'elles sont*, et ne sont pas ce qu'elles ne sont pas. La loi de Spinoza n'est donc ni simple, ni fondamentale ; elle nous dit qu'il y a quelque chose qui se conserve, mais sans nous dire la nature de cette chose... L'idée de conservation est un cadre vide qu'on a pris pour le dedans.

« Les systèmes opposés au précédent, qui mettent l'essence de l'être et de l'activité dans la *tendance à changer* prennent, eux aussi, l'accessoire pour l'essentiel. Changer pour changer est chose inintelligible ; car un changement absolu qui ne laisserait de lui-même aucune trace permanente serait équivalent au repos absolu. L'être, emporté par une continuelle vicissitude, recommencerait à chaque instant, et ne laisserait aucun résultat de son travail ; en paraissant agir et faire quelque chose, il ne ferait rien... L'activité, en un mot, n'est ni un avare imbécile qui ne songerait qu'à garder son trésor, sans vouloir en faire usage et sans même songer à l'augmenter ; ni un prodigue qui volerait de dépense en dépense sans rien garder, emporté dans une existence mobile et dans un perpétuel changement.

« ... S'il n'y a aucune création mécanique, comme aussi aucune annihilation, il n'en est pas moins vrai qu'il y a *création mentale* et morale. — Ce n'est là, direz-vous, que la production d'une forme nouvelle ; — mais, si cette forme est un plaisir qui n'existait pas auparavant, une joie, un bonheur et un bonheur durable, n'est-ce pas une chose suffisamment réelle, quoique vous l'appeliez une forme? Tout à l'heure je souffrais ou j'étais indifférent, maintenant je jouis : les deux états peuvent être équivalents pour la balance et pour la mécanique ; soutiendrez-vous qu'ils sont équivalents pour moi ou pour ma conscience. Et si, par hypothèse, cette joie était la première qu'un être vivant eût éprouvée, ne marquerait-elle pas, dans le vieil univers, l'apparition d'un bien qui, à lui seul, est un univers nouveau ? De même, une pensée nouvelle dans la conscience n'est-elle pas un nouveau monde, alors que, dans la balance de la nature physique, elle ne produirait pas la moindre oscillation, le moindre dérangement à l'éternel équilibre des deux plateaux ?

« Quand nous agissons, nous tendons toujours à faire *complètement* ce que nous faisons, à le faire *sans obstacle* ou *malgré* tout obstacle... L'activité n'a pas pour but l'échec, mais le *succès*, et le succès le plus complet possible... Nous possédons, dès l'origine de notre vie, un trésor de *force vive* qui demande à se *dépenser* tout entier, qui néanmoins ne veut, en se dépensant, que *s'accroître*, et qui s'accroît en effet. Notre activité saisit la première occasion pour s'exercer ; elle s'échappe par la première issue, comme un fleuve dont les eaux accumulées sont impatientes de suivre leur pente naturelle. Puis, une fois engagée dans une voie, elle *va toujours en avant*, continuant ce qu'elle a commencé et l'accroissant, fût-ce sous le seul rapport de la durée. Elle se répète elle-même indéfiniment quand elle ne sait pas faire mieux ; mais, dès que l'occasion d'une nouvelle action lui est offerte, elle s'empresse de la saisir, parce que toute *nouveauté* est une *addition* dans l'ordre de la *qualité*, par conséquent un *accroissement*. Après s'être répétée et imitée elle-même, l'activité répète et *imite* toutes les choses nouvelles dont elle est témoin, elle voudrait s'exercer complètement dans chaque chose en particulier et complètement aussi dans toutes choses en général. Son *avidité* ne connaît pas de bornes : ce qu'elle *veut*, c'est *le tout*.

« En fait, nous rencontrons toujours quelque borne à notre action. Nous résistons alors à la résistance même, par une sorte d'élasticité. Quand nous avons surmonté l'obstacle, l'excès de la *puissance* sur la résistance, une fois produit, tend à se perpétuer ; une force auparavant latente est devenue manifeste, comme un soldat qui, de la réserve, est appelé à l'activité. La somme de travail effectif se trouve donc accrue, et le rapport de la puissance à la résistance est modifié : *la puissance tend vers l'infini,* et la résistance par cela même, tend vers zéro. C'est ce qu'on a appelé l'habitude.

« L'habitude n'est point un principe nouveau ; elle est l'activité même. Agir, c'est produire du *nouveau* sous quelque rapport, c'est *s'accroître,* tout au moins en durée et le plus souvent en intensité ; agir, c'est donc s'habituer, se délivrer des *obstacles,* affirmer par le fait même son *indépendance* et, en un mot, tendre à la liberté.

« Qu'est-ce, en effet, que le *succès* et l'*affranchissement* de *tout obstacle,* de toute limite, de toute dépendance, sinon la liberté même au sens à la fois le plus précis et le plus large du mot ?...

« La sensibilité peut être considérée comme une simple fonction et évolution de la *volonté*. Quand l'activité est *intense, mesurée, libre d'obstacle* et en *harmonie* avec sa *fin,* il y a plaisir ; la jouissance n'est donc pas un état passif, et nous exprimons avec justesse notre joie en disant : je me sens *vivre* et je me sens *agir*. La douleur, qui est la volonté contrariée, n'est pas non plus passive : il y a dans la peine, comme le mot l'indique, travail et effort, par conséquent activité.

« Quant aux fonctions intellectuelles, ordinairement attribuées à des facultés spéciales, ne pourraient-elles s'expliquer, en grande partie, par la *volonté* consciente de sa *puissance indéfinie* et de ses actes plus ou moins limités ? *Penser n'est peut-être pas autre chose qu'agir avec le sentiment de cette action et des bornes qu'elle rencontre...*

« L'infériorité de nos actes effectifs par rapport à notre *puissance* efficace, la dépendance de l'action déterminée qui la rend inadéquate à l'action déterminante, donne à notre activité sentante et consciente le caractère d'une *tendance* toujours incomplètement réalisée, d'un *effort*, d'une aspiration ou d'un désir. Dès lors, nous n'avons pas besoin de rien ajouter pour obtenir l'opération préliminaire de tout travail intellectuel : l'attention. »

Suit l'explication des diverses opérations intellectuelles par le sentiment de la puissance et de son déploiement. La « généralité », par exemple, est le sentiment de notre puissance débordant l'image actuelle ; « l'affirmation » est « l'*élan* par lequel je tends à persévérer dans une direction quelconque ».

L' « induction » est une énergie subjective produisant croyance : « la volonté ressemble à la *force* d'un courant, et la croyance à sa *vitesse*. L'une engendre l'autre : croire, au fond, c'est sentir sa *puissance de vouloir et d'agir*, c'est en faire à la fois l'*exertion* et l'*assertion*. » «... Si tout pouvait dépendre de moi, je tiendrais pour ainsi dire à ma disposition la vérité des choses avec leur réalité. »

D'où sont tirées ces pages ? Sont-elles détachées de quelque livre sur la *Volonté de puissance* ? On pourrait le croire si elles étaient plus sibyllines, d'un ton plus oraculaire, si chaque assertion flamboyait en paradoxe. Non, ces pages où tous les principes de Nietzsche sont déduits, mais avec quelque recherche de la rigueur philosophique, ne sont pas de Nietzsche : elles sont extraites d'un livre écrit en 1871 sur la *Liberté et le déterminisme*, bien avant *Zarathoustra* et la *Volonté de puissance*[1]. De plus, dans *La liberté et le déterminisme*, dès l'année 1872, on avait montré que l'idée d'*équivalence quantitative*, à laquelle les sciences physiques attachent tant d'importance, est une vue superficielle

---

1. *La liberté et le déterminisme*, 1re édition, p. 128 à 135, 140 à 145.

du monde et une application superficielle de la causalité. On ajoutait que l'équivalence mécanique des forces est compatible avec le progrès psychique des êtres, que le physicien trouve toujours le même *poids* dans sa balance, mais que le psychologue et le moraliste ne trouvent pas les mêmes *valeurs*. Enfin, on montrait comment la plupart des phénomènes psychiques s'expliquent par un déploiement de notre puissance tendant à l'indépendance la plus grande et au maximum d'efficacité, qui se trouve dans la force des idées supérieures. Des principes analogues étaient encore développés dans la *Critique des Systèmes de morale contemporains*. Nous ne prétendons pas que Nietzsche ait lu la *Liberté et le déterminisme* comme il a lu et annoté la *Science sociale contemporaine*, comme il a lu, croyons-nous, la *Critique des systèmes de morale contemporains*. Nous prétendons seulement, comme nous en avons le droit, que Nietzsche n'a pas fait graviter le monde autour d'une idée aussi neuve qu'il le croyait, ni d'un « astre » aussi « nouveau ». Il suffirait de dénaturer et de fausser les analyses contenues dans la *Liberté et le déterminisme* pour leur donner ce relief poétique qui frappe la foule et produit l'illusion de la nouveauté. Tout faire rentrer dans une seule formule : *macht auslassen*, c'est sans doute violenter la vérité, mais c'est aussi violenter le cerveau du lecteur, et c'est le cas de redire : « *Violenti rapiunt illud.* »

Écoutons donc ces paroles imagées : « La vie elle-même m'a confié ce secret : Voici, dit-elle, je suis ce qui doit toujours se surmonter... Celui-là n'a assurément pas rencontré la vérité, qui parlait de la volonté de vie ; cette volonté n'existe pas. Car ce qui n'est pas ne peut pas vouloir, et comment ce qui est dans la vie pourrait-il encore désirer la vie ? » Cette fois, c'est Nietzsche qui prophétise. C'est encore lui qui dit ailleurs : « La proposition de Spinoza concernant la conservation de soi devrait, en somme, entraver le changement : persévérer purement et simplement dans l'être, ce serait être immobile *comme le Dieu sphérique de Parménide* où *l'être à jamais est* et où le non-être à jamais n'est pas. » « Un état, une fois atteint, ajoute Nietzsche, devrait se conserver, s'il ne renfermait pas un pouvoir qui consiste précisément à ne pas vouloir se conserver. » C'est sur tout être vivant qu'on peut montrer le plus exactement « qu'il fait tout ce qu'il peut pour *ne point se conserver soi-même*, mais pour devenir *plus* qu'il n'est[1]. » — Ici commence l'altération sophistique d'une pensée vraie. Selon nous, « vouloir changer » implique vouloir durer, vouloir se conserver *en partie*; « devenir *plus* qu'on n'était », c'est *conserver* quelque chose de ce qu'on était et y *ajouter*. Voilà ce que nous avions soutenu pour notre part et ce que nous soutenons encore. Mais Nietzsche ne peut jamais rester dans l'exact : il a une attraction invincible pour l'hyperbole, qui est le moyen d'attirer l'attention du « grand public ». Les oracles et révélations n'ont-elles pas eu toujours plus de succès que les démonstrations ? Par un grossissement artificiel d'un côté, par une amputation également factice de l'autre, ce qui était tout à l'heure une vérité va devenir un monstre d'erreur. A la « volonté de puissance expansive » va se substituer la « volonté de domination : égoïsme, orgueil, tyrannie ». Nietzsche, pour en arriver là, commence par des propositions vraies : — Tout ce qui vit obéit et commande, se commande à soi-même, s'obéit à soi-même, commande aux autres, obéit aux autres. Selon qu'il y a plus ou moins de commandement ou plus ou moins d'obéissance, et selon l'objet du commandement et de l'obéissance, les êtres se classent comme d'eux-mêmes. Il y a des esclaves et il y a des maîtres. Et le maître est avant tout celui qui se commande à lui-même. La volonté de puissance devient ainsi, pour Nietzsche, volonté de domination sur soi. Jusqu'ici tout va bien et nous applaudissons. Mais Nietzsche ajoute, comme essentielle et non plus seulement accidentelle, la « domination sur autrui », bien plus, l' « exploitation d'autrui », l'absorption d'autrui à son profit. Il mutile ainsi cette volonté de puissance indéfinie et indéfiniment expansive que la *Liberté et le déterminisme* avait posée avant lui; il la réduit à la forme particulière et incomplète qu'elle prend chez les êtres uniquement soumis aux nécessités de la vie, chez les êtres vivants inférieurs,

---

[1]. *Volonté de puissance*, § 303.

dans cette fonction particulière qu'on nomme nutrition, assimilation, intussusception. Mais alors, Nietzsche retombe dans le simple vouloir-*vivre* de Schopenhauer qu'il prétendait rejeter. Même à ce point de vue du vouloir-vivre, il n'est nullement démontré que la vie et, en particulier, la génération ou l'amour se ramènent à la domination, à l'absorption, à l'intussusception. « J'*imagine*, prétend Nietzsche[1], que tout corps spécifique aspire à se rendre maître de l'espace tout entier et à étendre sa force — sa volonté de puissance — à repousser tout ce qui résiste à son expansion ; mais il tombe sans cesse sur des aspirations semblables d'autres corps et finit par s'arranger, se *combiner* avec ceux qui sont homogènes : alors *ils conspirent ensemble pour conquérir la puissance*. Et le processus continue... » Ce roman d'imagination germanique où tous les corps veulent conquérir la puissance, où ils bataillent, comme des dieux du Walhalla, pour vaincre et acquérir sans cesse, pour dominer à seule fin de dominer, un tel roman ne pouvait pas ne pas avoir comme conclusion l'immoralisme absolu des individus et des peuples, chez qui ne subsiste plus que l'éthique animale érigée en droit par Bismarck et de Moltke.

Nietzsche, d'après les citations qui précèdent, voudrait être « volontariste » ; mais il est d'un temps où la sensation analysée semblait devoir rendre compte de tout : il a lu les Anglais, il a lu Taine. Le voilà donc sensationniste. Et il ne se demande pas comment la volonté de puissance peut trouver place dans le sensationnisme absolu de Mill et de Taine, identique au phénoménisme absolu d'Héraclite. Il ne se demande pas ce que peut être la sensation, prise ainsi pour principe premier ? Nos sensations sont-elles toutes les sensations possibles ? Au delà de nos sensations, n'y a-t-il rien ? — Il y a d'autres formes, répond Nietzsche, mais toujours phénoménales, toujours objets de sensation. — Comment le prouver ? L'éternel devenir sensible est une conception de métaphysique tout aussi sujette à caution que les autres. Devant l'insondable océan des phénomènes, la vraie attitude est celle

---

[1]. *Volonté de puissance*, § 453, § 327, § 300, Tr. fr., t. II, p. 79.

d'Héraclite, celle même de Cratyle refusant de définir et de nommer les choses. Nietzsche, au contraire, dont le tempérament est dogmatique, *définit* et *détermine* tout avec la plus parfaite confiance en son infaillibilité. Il formule son principe à la fois métaphysique et éthique en termes formels : « volonté de puissance », et il ne remarque pas que, dans un système phénoméniste ou sensationiste, volonté et puissance n'ont aucune signification. Plus conséquent que lui, Mill et Taine les ont rejetées.

De même, Nietzsche voudrait être « dynamiste » et il ne voit pas que cela ne lui est point permis. Il montre fort bien, après Leibniz, Kant et tant d'autres, y compris l'auteur de la *Liberté et le déterminisme*, ce qu'il y a de subjectif et d'illusoire dans la conception purement *mécaniste* du monde ; dans les *atomes*, où nous transportons quelque chose du sujet qui est nous ; dans *l'être*, qui est une ombre de moi, dans l'idée courante d'*activité*, si fortement critiquée par Hume, où nous séparons la cause et l'effet pour mettre l'une d'un côté, l'autre de l'autre ; dans le *mouvement* même, qui n'est qu'une apparence pour « la vue et le toucher », etc. Nietzsche comprend que la mécanique, en tant que théorie du *mouvement*, est déjà « une transcription dans le langage des sens de l'homme[1]. » Selon lui, ce qui est « phénoménal » en mécanique, ce qui est pur phénomène subjectif, « c'est l'introduction de l'idée de nombre, du sujet, du mouvement ; nous y conservons notre *œil*, notre psychologie[2] ». Que va-t-il donc rester d'objectif « si nous éliminons ces adjonctions » au réel ?
— Nietzsche croit avoir trouvé la réponse où se dévoilera pour notre esprit la réalité : « Il ne reste point de *choses*, mais des *quantités dynamiques*, qui se trouvent dans un *rapport* de *tension* avec toutes les autres quantités, dont l'essence même réside dans leur *action* sur elles[2]. » C'est le dynamisme stoïcien rajeuni. Mais, nous le demandons, en quoi les *quantités dynamiques* sont-elles plus objectives que les déplacements mécaniques ? En quoi *quantité* est-il plus réel que *nombre* ?

---

1. *Volonté de puissance*, § 297.
2. *Ibid.*

Et le rapport de *tension* entre les quantités, en quoi cesse-t-il d'être subjectif? Et que peut bien être un rapport de tension entre de simples quantités? Nietzsche a lui-même vingt fois reproduit, sans en faire la moindre critique, le paralogisme qui traîne chez les psychologues anglais et américains : à savoir que la tendance, la tension, l'effort, la force sont simplement des *sensations musculaires afférentes* et *centripètes*, nullement efférentes et centrifuges; d'où il suit que « l'action n'existe pas, et qu'il n'y a que des *changements* de sensation. Comment donc, en définitive, des quantités non soumises au nombre peuvent-elles exercer une *action* et avoir des rapports *numériques* de « *tension* » alors que l'action et la tension n'existent nulle part? »

Poussant à l'extrême les lieux communs du phénoménisme sur la causalité, Nietzsche finit par nier l'existence de toute cause. « Il n'y a pas du tout de cause, prononce-t-il; dans quelques cas où celle-ci nous paraissait donnée et où nous l'avions projetée en dehors de nous-mêmes *pour l'intelligence de ce qui arrive,* il est démontré que nous nous faisons illusion. » Nietzsche s'inspire encore ici de la théorie de W. James et de Lange, qu'il admet sans preuve. « Nous avons, dit-il, mal interprété un sentiment de force, de tension, de résistance, un sentiment *musculaire* qui est déjà un commencement d'action, pour en faire une cause »... « Nous cherchons des *êtres* pour expliquer pourquoi quelque chose s'est transformé. L'*atome* même est un de ces *êtres,* un de ces *sujets primitifs,* que l'on a ajoutés en imagination... » Mais à la fin « nous comprenons que les *êtres* — et par conséquent aussi les atomes — n'exercent aucune *action,* parce qu'ils n'existent pas du tout, et encore que l'idée de causalité est absolument inutilisable [1]. » Par quel aveuglement Nietzsche ne s'aperçoit-il pas que, dans ces pages, il détruit de ses propres mains le fondement de tout son système? Ce qu'il dit de la cause et de la causalité s'applique manifestement à la *puissance,* qui n'est qu'une abstraction si elle n'exprime pas un rapport quelconque de cause quelconque à effet quel-

---

[1]. *Volonté de puissance,* § 298, p. 75 et 76 de la trad. fr.

conque, une causalité, une action, un mode d'action, un mode de force, tout ce que Nietzsche vient de nier énergiquement. Puissance n'est alors qu'un mot, encore bien mieux que causalité; et ce mot est plus que tout le reste « inutilisable ». — « En résumé, dit Nietzsche, une chose qui arrive n'est ni provoquée, ni provoquante; la *cause* est une faculté de provoquer, inventée en adjonction à ce qui arrive. *L'interprétation de causalité est une illusion.* » C'est Nietzsche lui-même qui souligne. Et nous dirons à notre tour, en soulignant comme lui: — Une chose qui arrive n'est ni *puissante* ni *impuissante*: la *puissance* est une *faculté* de provoquer, inventée en adjonction à ce qui arrive. L'*interprétation de puissance est une illusion.* — Nietzsche a beau ajouter, pour sauver son système (§ 299): « Deux états qui se succèdent, l'un cause, l'autre effet, c'est là une conception fausse... Il s'agit d'une lutte de *puissance* inégale; on en arrive à un nouvel arrangement des *forces*, selon la mesure de *puissance* de chacune. » Voilà une mythologie des forces encore plus abstraite que celle des causes, une *lutte de forces*, une lutte de *puissances* inégales où le succès est mesuré par la puissance ; — métaphores illégitimes, s'il est vrai que Nietzsche transporte indûment dans les objets nos sentiments de *tension*, de *force*, de déploiement *musculaire*, si la théorie de James est vraie et s'il n'existe aucune espèce d'activité autre que celle des muscles, qui précisément est une passivité de sensations *sui generis*[1].

« L'essentiel, ajoute Nietzsche, est que les *facteurs* qui sont en *lutte* aboutissent à d'autres *quantités* de *puissance*[2]. » Nietzsche emprunte ici le langage de la mécanique ; mais, alors, la puissance n'est de nouveau qu'une expression abrégée pour désigner une formule quelconque mv ou mv^2, etc. Le mécanicien ne prend pas plus au propre, dans son domaine, la *puissance* que la *force* ; les *facteurs* qu'il considère sont des facteurs purement mathématiques comme ceux d'une multiplica-

---

1. Pour notre part, nous n'admettons pas le moins du monde la théorie de James, bien qu'elle soit à la mode chez certains physiologistes. Voir l'*Évolutionnisme des idées-forces*, où nous l'avons amplement critiquée.

2. § 458 : « Rien que des questions de force. »

tion. Il sait bien qu'il raisonne sur l'abstrait et il n'est pas assez naïf pour soutenir que son mv^2 soit réellement l'explication du monde entier. Nietzsche, lui, croit trouver cette explication dans la double abstraction de la *volonté* et de la *puissance*. Mais le *vouloir-pouvoir* est encore moins plausible que le *vouloir-vivre* de Schopenhauer ou que le *processus d'idées contraires* de Hegel. En tout cas, il n'est que la traduction, en termes de puissance, de faits où d'autres avaient vu, avec plus de vérité, une aspiration à une vie plus haute, plus pleine, plus consciente de soi et d'autrui, plus parfaite et plus heureuse. On comprend fort bien que tout être aspire à être plus et mieux ; mais qu'un corps aspire à « emplir tout l'espace » uniquement pour « dominer » sur les points où il n'est pas, c'est le plus creux des rêves métaphysiques.

Nietzsche est donc obligé de convenir que sa formule : « volonté de puissance », est scientifiquement et philosophiquement vide. Elle n'aurait de valeur que s'il était démontré que tous les êtres cherchent ce que nous sommes convenus, nous hommes, par un mot humain sans valeur, d'appeler puissance, c'est-à-dire les sensations de résistance surmontée. Et quand on dit *résistance*, c'est encore une manière humaine de parler ; rien n'agit et rien ne réagit ni ne résiste, dans le monde purement phénoménal. Mais enfin nous *éprouvons* certaines *sensations* illusoires de force apparente déployée contre une apparente résistance. Eh bien, qui pourra croire que ces sensations subjectives sont l'explication non seulement de tous nos mouvements et de toute notre vie, mais encore de tous les mouvements de l'univers, depuis ceux du grain de poussière jusqu'à ceux de la volonté ? Il faut la prodigieuse confiance de Nietzsche en lui-même pour admettre une aussi énorme assertion et pour l'apporter au monde comme la révélation des derniers mystères.

Son principe unilatéral le fait rétrograder jusqu'aux abstractions de l'ancien dynamisme, car qu'est-ce, en définitive, que sa « puissance » ? Une simple virtualité, une potentialité d'effets, et tout dépend de ce que seront ces effets. Si on ne veut pas pour vouloir, mais pour pouvoir et surtout pour faire, on ne veut pas non plus pouvoir pour pouvoir, mais bien pour faire quelque chose, pour causer quelque changement en soi ou autour de soi, surtout en soi ; et il reste de nouveau à savoir quel genre de changement on veut produire pour en avoir la conscience. Le pur dynamisme de Nietzsche rappelle par moments le culte des Stoïciens pour l'énergie en lutte dans l'univers, comme aussi le culte de Calliclès, de Hobbes et des darwinistes pour la force en lutte dans le monde animal et humain. Mais, réduit à lui seul, ce dynamisme est plus vide et plus formel que les autres. Après avoir prétendu rejeter toute entité, toute faculté, tout *être* même, Nietzsche ne s'aperçoit pas qu'il a gardé pour la bonne bouche la plus scolastique de toutes les entités, celle de *potentialité*. Quand un philosophe parle, comme nous l'avons fait nous-même dans tous nos travaux, de rapports d'intelligence, de rapports de sensibilité, de relations d'accord ou de conflit entre plusieurs volontés, entre notre volonté actuelle et notre volonté passée ou future, entre notre volonté individuelle et la volonté d'autrui, quand on parle en même temps de rapports de force physique, c'est-à-dire de motricité, de rapports de sentiments, de sympathie ou d'antipathie, de rapports de pensées et d'idées, etc., on sait ce qu'on veut dire, on est dans le concret ; mais qu'est-ce que des rapports de pure *puissance* et de pure *volonté* de *puissance*, au sens vague où Nietzsche prend ces termes. Rapports de puissance ne désigne, chez lui, qu'une considération de *plus* ou de *moins* qui s'applique à tout comme le *degré* ; le plus intelligent devient un plus *puissant* ; le plus fort physiquement devient aussi un plus puissant, etc., etc. Tout se ramène à un mot.

« La volonté de puissance, dit Nietzsche, n'est point un être, point un devenir, mais un *pathos* », — il prend ce mot au sens grec ; — « elle est le fait élémentaire d'où résulte un devenir et une action ». Par malheur, ce prétendu fait n'est qu'une association de deux mots auxquels Nietzsche a plus haut refusé tout sens objectif : « volonté » et « puissance » ; et ce prétendu *élément de l'action* n'est qu'une des mille *passions* qu'on trouve chez l'homme, la passion de dominer et de déployer sur autrui une vigueur corporelle ou cérébrale qui s'accompagne d'un sentiment agréable de soi-même.

« Il n'y a pas de volonté, conclut lui-même Nietzsche ; il y a des projets de volonté qui augmentent et perdent sans cesse leur puissance[1]. » Mais on peut ajouter : Il n'y a pas de *puissance* ; il n'y a simplement que des masses et des mouvements en sens divers, des masses qui sont suivies d'autres ou qui n'en sont pas suivies. Bref, il n'y a nulle part ni volonté, ni puissance ; comment donc peut-il y avoir partout « volonté de puissance » ?

Le titre du livre dernier de Nietzsche est un titre doublement ontologique, aussi chimérique qu'un traité de phlogistique ou d'influence astrale. Le dogmatisme orgueilleux des compatriotes de Hegel et de Schopenhauer s'y étale sous les apparences d'un complet scepticisme. Après avoir tant raillé les métaphysiciens, comment Nietzsche peut-il prendre une telle métaphysique anthropomorphique et zoomorphique pour le dernier mot de la philosophie ? Au sens abstrait, sa volonté de puissance demeure une formule vide d'ontologie ; en ses divers sens concrets, elle est une vue unilatérale, une analyse incomplète des réels rapports d'expérience, objets d'idées et d'idées-forces, que Nietzsche veut en vain réduire tous à de maigres « rapports de puissance », en les torturant sur le lit de Procuste de son système[2].

---

1. *Volonté de puissance*, § 301.
2. Nous n'avons pas à nous occuper ici des transformations de la pensée de Nietzsche. Rappelons seulement les trois principales qu'admettent ses commentateurs. M. Orestano les a étudiées dans un excellent livre qui a suivi la première édition de notre propre ouvrage sur Nietzsche : *Le idee fondamentale di Nietzsche nel loro progressivo svolgimento* (Palerme, 1903). La première philosophie de Nietzsche, sous l'influence immédiate de Schopenhauer, s'exprima principalement dans la *Naissance de la tragédie*, les *Considérations inactuelles*, *Schopenhauer comme éducateur*, etc. La seconde (1876-1879) se résume dans *Humain, trop humain*, livre d'inspiration positiviste analogue à celle de Taine, puis dans le *Voyageur et son ombre*. La troisième époque (1880-1884), où Nietzsche est le plus lui-même, voit paraître *Aurore*, *Ainsi parla Zarathoustra*, *Pensées sur le retour éternel du semblable*, et la *Gaie science*. C'est le phénoménisme métaphysique de Taine. De 1885 à 1888, Nietzsche se propose de donner, dit-il, « une expression systématique et complète de sa doctrine ». A cette période appartiennent *Au delà du bien et du mal*, la *Généalogie de la*

morale, la *Volonté de puissance* et l'*Antéchrist*, qui permettent déjà de se faire une idée exacte et presque définitive de la dernière philosophie adoptée par Nietzsche. Le livre posthume : *La volonté de puissance, essai d'une transvaluation de toutes les valeurs*, est un résumé du système avec des développements nouveaux ; mais ce n'en est pas une « transvaluation ». La dernière période de Nietzsche est surtout caractérisée par l'abandon de la théorie du surhomme, qui ne signifie plus une espèce vraiment *surhumaine*, mais seulement une humanité plus forte et plus dominatrice. Question de métaphore, après tout, ou de mythe, plutôt que de doctrine vraiment philosophique. Ce qui est plus grave, c'est que les premières convictions déterministes de Nietzsche, qu'il partageait avec Taine, finissent, sous l'influence du mouvement indéterministe à la mode, par s'abîmer dans une sorte de contingence sans forme saisissable ; le phénoménisme devient tellement abolu qu'il échappe à toute loi, — ce qui n'empêche pas Nietzsche, par une flagrante contradiction, de maintenir toujours sa loi nécessitaire du Retour éternel. Enfin, l'hostilité s'accuse contre l'évolutionnisme et le darwinisme, qui étaient encore des doctrines de *progrès* ; Nietzsche finit par nier tout vrai progrès possible de l'inférieur au supérieur, ce qui contredit les anciennes conclusions enthousiastes de Zarathoustra. Les objections de Nietzsche au pur mécanisme darwiniste sont d'ailleurs toutes empruntées au petit livre substantiel de M. E. de Hartmann sur le darwinisme, bien que Nietzsche ait professé pour E. de Hartmann le plus profond mépris.

En somme, abandonnant la chose en soi de Kant et de Schopenhauer, comme la nécessité de Spinoza et de Taine, Nietzsche est de plus en plus revenu au pur phénoménisme d'Héraclite, tel que le docte philologue de Bâle avait pu l'étudier dans les *Fragments* grecs et dans l'ouvrage de son compatriote Lassalle. Taine, d'ailleurs, avait pris lui-même l'héraclitéisme pour première assise de sa philosophie ; on se rappelle, dans l'*Intelligence*, la réduction de tous les êtres à des fusées de phénomènes. « Tout accident, ajoute Nietzsche, tout devenir, est comme une détermination de rapports de degrés et de force, comme une lutte » (vol. XX, p. 228). C'est le Πόλεμος πατὴρ πάντων. Nietzsche n'a pas abandonné en chemin ses vrais maîtres : les anciens Grecs, les Sophistes, Protagoras et Calliclès, — ce qui peut parfaitement se concilier avec l'héraclitéisme, — puis Empédocle, Pythagore et la Grande Année, — ce qui ne se concilie plus avec le *devenir* amorphe, alogique et informulable. Les Pythagoriciens semblent avoir enseigné que tout revient et recommence de la même manière. Eudème ne disait-il pas sur ce sujet à ses auditeurs : Je *reviendrai*, moi aussi, et me tiendrai devant vous comme aujourd'hui avec ce même bâton à la main ? C'est l'éternel retour de Zarathoustra. Seulement Nietzsche ne s'aperçoit pas que l'éternel retour est incompatible avec l'éternel changement sans loi.

En même temps que le phénoménisme des anciens Grecs, des modernes Anglais et de Taine, Nietzsche continuait le mouvement philosophique et littéraire de l'Allemagne. L'étude de l'antiquité et le néo-hellénisme avaient naguère produit, au delà du Rhin, un retour au naturalisme ; Gœthe fut le « grand païen », et Gœthe est un des principaux maîtres de Nietzsche. Ce dernier, à l'école des Gœthe, des Lessing, des Frédéric Wolf, avait approfondi la philologie grecque, la littérature grecque, la philosophie grecque. Avant lui, Frédéric Schlegel, s'enthousiasmant pour la culture hellénique, avait vanté le retour au libre individualisme aristocratique, au culte du génie et des supériorités, à la conception immoraliste et purement esthétique de la vie, — toutes choses en pleine opposition avec le christianisme. Heine, qui appelait le christianisme la sombre et sanguinaire religion des coupables, fut aussi, par son scepticisme et son paganisme, un des inspirateurs de Nietzsche. Quant à Stirner, il avait déjà exprimé sous une forme systématique les principales idées dominantes de Nietzsche, qui ne semble pas l'avoir lu, mais qui devait connaître les notions fondamentales de Stirner. Nietzsche resta longtemps sous l'influence des néo-païens de l'Allemagne et des positivistes français, combinée avec les idées principales du naturalisme hellénique ; mais le côté anomique et *anarchique* du phénoménisme universel finit par effacer le côté intellectuel, déterministe et nécessitaire : le « chaos » l'emporta sur toute notion de « loi » et de « causalité », y compris les lois morales et sociales. Nietzsche subit ainsi successivement les influences dominantes en Allemagne et en France, tantôt déterministes, tantôt indéterministes, pour s'abîmer à la fin dans l'anarchisme métaphysique et moral.

CHAPITRE II

PSYCHOLOGIE AMORALISTE DE LA PUISSANCE

I. — *La puissance et le plaisir.*

La psychologie de Nietzsche commence par une intéressante critique de la doctrine du plaisir. Telle que Nietzsche la présente, cette critique contient des éléments vrais, mais d'une vérité faussée par le penchant invétéré à la sophistique qui caractérise un cerveau malade.

Le culte du plaisir aboutit toujours logiquement à une vue pessimiste : on pourrait dire que le pessimisme est l'expiation et la vengeance de l'hédonisme. Nietzsche a le mérite de l'avoir compris. C'est pourquoi il veut réagir contre la psychologie de Schopenhauer qui prétend que 'toute action consiste à se défaire d'un *déplaisir*; « comme si le plaisir était, en lui-même, le *but* de n'importe quelle action[1] » ! D'où Schopenhauer n'a pas de peine à conclure que la vie est toujours déçue dans sa fuite de la douleur et que le monde de la souffrance, le nôtre, est le pire des mondes. « Je méprise, dit Nietzsche, le pessimisme de la sensibilité, il est la marque d'un profond appauvrissement vital (§ 312). » C'est ce qu'avait dit aussi Guyau dans son *Esquisse d'une morale*, où il montrait que le pessimisme est à la fois l'effet et la cause d'un affaissement de la vie, une faiblesse qui n'engendre que faiblesse. Aux yeux de Nietzsche, hédonisme, pessimisme, utilitarisme, eudémonisme, toutes ces manières de pen-

---

1. *Volonté de puissance*, II, p. 310, trad. franç.

ser qui mesurent la valeur des choses d'après le *plaisir* et la *peine*, « c'est-à-dire d'après des circonstances accessoires, des détails secondaires », sont des doctrines superficielles, « des naïvetés sur lesquelles quiconque a conscience en soi de forces *créatrices* et artistiques ne pourrait jeter les yeux sans dédain ni même sans pitié[1] ». On voit que le sentiment dominateur de Nietzsche, qui va si étrangement dévier dans son système, est tout d'abord un sentiment noble : celui d'une puissance douée d'initiative, créatrice du beau esthétique, créatrice aussi des vraies valeurs pratiques : l'homme se sent plus qu'une machine à jouir et à souffrir.

Mais quel but Nietzsche va-t-il substituer à la poursuite du plaisir, du bonheur, du « salut » même et de la béatitude chrétienne[2]? — « Ce que veut l'homme, répond-il, ce que veut la plus petite parcelle d'organisme vivant, c'est une augmentation de puissance ». On reconnaît de nouveau l'antique théorie stoïcienne. Les contemporains l'ont reprise et l'ont interprétée comme si le plaisir et la douleur étaient de simples « épiphénomènes », — de quoi? d'un déploiement de force selon les dynamistes, d'un ensemble de mouvements faciles et harmoniques selon les mécanistes. Nietzsche adopte le dynamisme. Et il en conclut : « Plaisir et déplaisir, voilà les termes les plus sots pour *exprimer* un jugement ; par quoi on n'a naturellement pas voulu affirmer que les jugements pronon-

---

1. *Volonté de puissance*, § 302, 303. *Par delà le bien et le mal*, § 225, tr. fr., p. 663.

2. « La préoccupation de soi-même et de son salut éternel, selon Nietzsche*, n'est pas l'expression d'une nature riche et sûre d'elle-même ; car celle-ci se soucie peu d'être sauvée, elle n'a pas pareil intérêt au bonheur, de quelque nature qu'il soit ; elle est force, action, désir, — elle s'imprime sur les choses, elle porte la main sur les choses... Le christianisme est une hypocondrie romantique chez ceux qui ne sont pas solides sur jambes. Partout où la perspective *hédonistique* vient au premier plan, on peut conclure à la souffrance et à une certaine *mauvaise réussite*. » Cette dernière proposition est soutenable, mais jamais le christianisme ne fut une doctrine hédoniste. Le « salut » n'est pas seulement ni primitivement pour le chrétien un plaisir ; il est avant tout perfection, divinisation, union de l'esprit avec la divinité, qui est amour : béatitude n'est qu'une conséquence de sainteté. Il faut être juste même envers les chrétiens.

* *Volonté de puissance*, § 313.

cés de la sorte sont nécessairement sots... Si l'on est au clair avec soi-même au sujet du pourquoi de sa vie, on en abandonne volontiers le *comment*[1] ». Nietzsche veut dire : peu importe qu'on souffre ou ne souffre pas, si on agit, si on déploie sa puissance, si on va au *but* de la vie, à ce *pour quoi* on vit, à la puissance. C'est donc « l'indice d'un manque de foi » dans les *pourquoi*, dans le but et le sens de la vie, d'un *manque de volonté*, si la valeur du plaisir ou du déplaisir « vient au premier plan », si les théories hédonistes et pessimistes « arrivent à se faire entendre », comme elles n'y arrivent que trop à notre époque. Nietzsche dirait à la douleur, lui aussi : tu n'es pas un mal, pourvu que je triomphe de toi en t'acceptant, pourvu que ma volonté continue, par toi ou malgré toi, de se développer vers la puissance. Nous voilà en plein stoïcisme : c'est le triomphe de l'énergie qui se dépense pour se dépenser. Nous sommes aussi en plein « volontarisme » à la façon de Schopenhauer, avec cette différence que la volonté de pouvoir remplace la volonté de vivre.

Mais Nietzsche flotte bientôt entre ce volontarisme et un intellectualisme à la manière de Herbart ; ou plutôt il fond les deux en une doctrine indécise. « La joie, dit-il, n'est que le symptôme du sentiment que la puissance est atteinte » ; — voilà la part du volontarisme; « la joie est la *perception* d'une différence[2] », voilà l'intellectualisme. Toute différence est la marque d'une actualisation de quelque puissance qui est arrivée à se réaliser, conséquemment la marque d'une joie. Cette théorie de Nietzsche, telle qu'il l'expose, est psychologiquement inexacte : elle érigerait en joie un simple sentiment de *différence*. Elle aboutirait à prétendre que la différence entre un état de bien-être et une soudaine douleur, comme une rage de dents, devient du plaisir. L'essence du plaisir, répète Nietzsche, est « une augmentation de puissance, par conséquent un sentiment de différence, qui suppose la comparaison[3] ». Toutes

---

1. *Volonté de puissance*, § 303.
2. *Volonté de puissance*, § 302.
3. *Volonté de puissance*, § 304.

les *sensations* de plaisir et de déplaisir supposent déjà, dit Nietzsche, que l'on « *mesure* d'après l'*utilité* générale, d'après le caractère *nuisible*, donc que l'on admet une sphère où l'on exprime la volonté d'un but (d'un état) et le choix des moyens pour y arriver ». Le plaisir et le déplaisir ne sont donc jamais « des *faits primordiaux* ». L'origine du plaisir et de la douleur se trouve « dans la sphère centrale de l'intellect »; ils ont pour condition « une perception accélérée à l'infini, la faculté d'ordonner, de résumer, de vérifier, de conclure »; le plaisir et le déplaisir sont toujours des phénomènes finaux et non point des « causes [1] »... Quant à la douleur, son essence, ajoute Nietzsche, n'a pas été définie par là, « car la douleur n'est point le contraire de la joie, elle *est autre chose* ». Elle entre parfois comme ingrédient dans le plaisir même, sous forme d'obstacle d'abord éprouvé, puis surmonté. Qu'est-ce donc que la douleur? La réponse de Nietzsche est extraordinaire : « La douleur, dit-il, est un phénomène *intellectuel*, où se manifeste catégoriquement un jugement, le jugement : « *nuisible* », dans lequel l'expérience s'est « longtemps accumulée... En soi, il n'y a point de douleur. » Non seulement la douleur n'est pas un mal, mais « elle n'est pas même *réelle* ». Un intellectualisme aussi exagéré tombe sous les objections qu'on peut adresser à Herbart ou, pour remonter plus haut, à Leibniz, à tous ceux qui, du plaisir et de la peine, phénomènes subjectifs *profonds* et *impossibles* à nier, font des perceptions objectives et des phénomènes d'intelligence plus ou moins sujets à illusion [2]. Il y a sans doute, dans le plaisir et la peine, des perceptions qui nous avertissent de l'état interne des organes; mais ces perceptions ne sont pas ce qui *constitue* le plaisir ou la souffrance comme tels; elles n'en sont que l'élément intellectuel. Nous ne souffrons pas parce que nous jugeons; nous jugeons que quelque chose va mal dans notre organisme parce que nous souffrons. Et il est faux de dire que la douleur, en soi, n'est pas réelle, qu'il n'y a pas de douleur, sous prétexte que

---

1. *Volonté de puissance*, § 306.
2. Voir, pour la réfutation de ces théories, notre *Psychologie des idées-forces*, t. I.

la douleur est un simple rapport perçu. La douleur n'est pas un rapport, elle est un état réel de la cœnesthésie.

De tous ces paradoxes, Nietzsche conclut que l'homme « ne *recherche* vraiment pas le plaisir, ne *fuit* vraiment pas la douleur ». Pour prouver cette chose étrange, il fait observer que, dans l'aspiration au but véritable de l'activité, but qui, selon lui, est l'augmentation de puissance, il y a « déplaisir tout autant que plaisir ». L'homme, en effet, dans chacune de ses volontés, cherche la résistance; il a besoin de quelque chose qui s'oppose à lui. Le déplaisir, « entrave de la volonté de puissance », est donc un « facteur normal, l'ingrédient normal de tout phénomène organique ». Dès lors, l'homme « ne l'évite pas », il en a au contraire sans cesse besoin. « Toute victoire, tout sentiment de plaisir, tout événement présuppose une résistance surmontée. »

Guyau avait déjà répondu à Épicure dans son *Esquisse d'une morale* : L'être ne va pas vers le plaisir, il va d'abord de l'avant et trouve en chemin le plaisir. Nietzsche dit à son tour : « On n'*aspire* point à la joie ; la joie *se produit* lorsque l'on a atteint ce à quoi l'on aspirait ; la joie *accompagne*, elle ne met pas en mouvement. » L'homme « ne *cherche* pas le plaisir et n'évite pas le déplaisir »... Plaisir et déplaisir sont « de simples *conséquences*, de simples phénomènes secondaires ». « Ce n'est donc pas, ajoute Nietzsche, la *satisfaction* de la volonté qui est le plaisir (je veux combattre particulièrement cette théorie superficielle, l'absurde faux monnayage philosophique des choses prochaines); mais c'est le fait que la volonté veut *aller de l'avant* et veut encore se rendre maîtresse de ce qui se trouve sur son chemin ». Le sentiment de plaisir réside précisément dans « la *non satisfaction* de la volonté, dans l'incapacité de la volonté à se satisfaire sans l'adversaire et la résistance ». — « L'homme heureux ! instinct de troupeau ! »

Comme on voit, la pensée de Nietzsche, qui était d'abord sur la vraie voie, ne tarde pas à dérailler. De ce que nulle volonté ne peut être entièrement satisfaite, ni par conséquent entièrement joyeuse et heureuse, de ce que, n'étant jamais satisfaite et heureuse, elle est toujours excitée à aller de l'avant vers des satisfactions nouvelles et des joies nouvelles, Nietzsche prétend déduire ce paradoxe, que ce n'est pas la satisfaction de la volonté qui cause la joie, mais, au contraire, sa non-satisfaction. Il est fier de renverser ainsi toutes les idées reçues. Et au moment où il falsifie de la sorte les faits, prenant maladroitement la raison du plaisir pour celle du déplaisir, la raison du déplaisir pour celle du plaisir, il ose traiter ceux qui pensent autrement que lui de « faux monnayeurs » ! Mais à qui fera-t-il croire que c'est la *non-satisfaction* elle-même qui nous *satisfait*? La seule chose vraie, c'est que, après une première satisfaction (toujours incomplète), nous en concevons ou pressentons une autre plus intense, plus étendue, plus variée, plus durable, etc. Si donc nous avons un reste de puissance pour chercher cette nouvelle satisfaction, nous jouissons du déploiement de notre puissance, de l'exercice de notre intelligence concevant et goûtant d'avance la joie à venir. Par tous ces moyens, la joie à venir devient joie présente. Voilà la vérité, dont Nietzsche a réussi, comme toujours, à faire un subtil tissu d'erreurs. C'est le tricheur par excellence au jeu dialectique des idées.

Nietzsche dénature la douleur comme il a dénaturé le plaisir. Selon lui, ce n'est pas la blessure qui fait mal, » c'est la *notion*, acquise par l'expérience, des suites néfastes qu'une blessure peut avoir pour l'ensemble de l'organisme ; c'est cette notion qui parle dans l'ébranlement profond appelé déplaisir[1] ». Voilà encore un intellectualisme et un utilitarisme étranges chez un volontariste aussi effréné que Nietzsche. Que la douleur corresponde à du nuisible, cela est admis de toute l'école anglaise, méprisée de Nietzsche ; mais que la douleur soit produite par la *notion* du nuisible, c'est là une de ces altérations de la vérité où Nietzsche est passé maître.

Il amalgame ensuite tout cet intellectualisme avec le mécanisme de W. James, selon lequel ce n'est pas l'émotion qui produit les mouvements expressifs, mais les

---

1. *Volonté de puissance*, § 304.

mouvements expressifs qui produisent l'émotion. Dans les cas de danger ou de mal soudains, dit Nietzsche, « on s'aperçoit que le réflexe arrive visiblement avant la sensation de douleur. Je serais en mauvaise posture si, quand je fais un faux pas, il me fallait attendre jusqu'à ce que ce geste mette en mouvement la cloche de la conscience et me retélégraphie ce que j'ai à faire ». Sans doute, et la comparaison est jolie; mais cela prouve simplement que, dans les dangers soudains, il y a un mécanisme de réflexes tout organisé par la nature, qui précède la réflexion comme il précède la douleur, qui devance à la fois l'intelligence et la sensibilité. Cela ne prouve en rien ni que la douleur soit le sentiment d'un ensemble de réflexes, comme le croit W. James, ni surtout qu'elle soit une « notion », comme le croit Nietzsche; cela prouve même tout le contraire. Prétendre que, quand le feu cause une brûlure à un animal quelconque, fût-il placé au plus bas de l'échelle, c'est la *notion* du *nuisible* qui cause la douleur, c'est contredire la théorie de James dans la page même où on paraissait l'adopter. Nietzsche cite encore le mouvement instinctif de recul au moment d'une chute; il y a certainement là réaction machinale *avant* la douleur. De ce fait particulier, Nietzsche s'empresse de tirer une conclusion générale, qui, comme toujours, dépasse les prémisses *toto cœlo,* et il s'écrie : — « On ne *réagit* donc pas *contre la douleur* ! » — Mais, répondrons-nous, est-ce que tous les cas sont les mêmes? De ce que, dans certaines circonstances, l'action précède la douleur, il ne s'ensuit point qu'il n'y ait aucun cas où la douleur précède l'action. Si je reçois un violent coup sur la tête et que je frotte l'endroit, il semble bien que je réagisse après la douleur et *contre* elle. Si je souffre à la pensée de perdre un père ou une mère malade et que j'appelle le médecin, je réagis encore contre une douleur. Comme toujours, Nietzsche mêle les vérités et les erreurs : il n'est pas capable de dire deux mots de vrais sans en ajouter trois de faux.

« Le déplaisir, conclut-il de son analyse mal conduite, n'est pas une *cause* des actions. » — Pas toujours, sans doute; mais, quand je bande une blessure, la douleur n'est-elle point la cause principale de mon action ? —

On répondra, avec Maudsley que, du côté physique, tout se passe mécaniquement. — Soit ; mais, quand on parle de *douleur,* on ne parle plus du côté physique ni des molécules cérébrales. Dès lors, au point de vue psychique, on a bien le droit de dire que, si l'animal s'éloigne volontairement du feu, c'est que la brûlure lui fait mal. Nietzsche mêle tous les points de vue et brouille toutes les idées, afin d'en faire sortir son éternelle « volonté de puissance ». Lui qui vient d'accuser les psychologues du plus odieux faux monnayage, il est le faux monnayeur par excellence.

Il finit par donner comme marque de « la pire déformation psychologique » le fameux adage, universellement admis jusqu'à lui par l'humanité comme par les philosophes : « *L'homme aspire au bonheur*[1]. » Ce fait, il le rejette en faveur de l'aspiration à la puissance. Certes, on peut bien soutenir que l'homme n'aspire pas *seulement* et *n'importe comment* au bonheur, surtout à son bonheur *propre* : il aspire à la perfection, à la connaissance, à la moralité, à la puissance même, si vous voulez. Mais cette restriction serait trop raisonnable pour que Nietzsche s'en contente : il nie absolument que l'homme tende au bonheur, fût-ce *entre autres choses* et comme *élément* essentiel du *bien* complet. A ce prix, il a trouvé du neuf et en même temps du faux : *nova, sed falsa.* Il ne se demande pas si, en aspirant à la puissance, on n'aspire pas, en définitive, au bonheur de la puissance, comme, en aspirant à la connaissance ou à la perfection, on aspire simultanément au bonheur de la connaissance et de la perfection.

C'est seulement, à en croire Nietzsche, par une fausse conséquence de la foi en l'*ego* que l'on pose l'adage : « L'homme aspire au bonheur. » Il n'y a pas « d'unité qui aspire, puisqu'il n'y a pas de moi réel, d'unité réelle ». Un homme n'est qu'un amas d'unités, « et ce à quoi aspirent toutes les unités, ce n'est nullement le bonheur ». Comme le plaisir, le bonheur est « un phénomène secondaire qui accompagne une *décharge de force* ». Ce qui fait agir, ce n'est pas le besoin, mais « la plénitude réagissant à l'égard d'une irritation ».

---

1. *Volonté de puissance,* § 305.

Le déplaisir n'est pas une cause première de l'activité : « il y a une *tension* qui produit une grande *irritation*[1]. » Voilà le τόνος des Stoïques. Mais l'argument tiré par Nietzsche de ce que le moi d'expérience est réellement multiple ne prouve rien en faveur de sa thèse : on pourrait aussi bien s'en servir pour prétendre que l'homme n'aspire pas à l'amour, n'aspire pas à la vie, n'aspire pas même à la « puissance ». Quant à la « décharge de force », elle est encore plus un phénomène « secondaire » que le bonheur ou plutôt le plaisir; car on peut expliquer l'effort et sa tension par l'appétition d'un état total agréable. Il est très vrai que le besoin est dérivé, que la plénitude est plus primitive que le besoin : Platon et Plotin l'ont dit il y a des siècles[2]. Mais, quand la plénitude rencontre un obstacle quelconque ou une gêne à son expansion, ne devient-elle pas besoin ?

Nietzsche se représente la vie intense comme une pression que provoque la plénitude, une tension de forces qui grandissent sans cesse en nous, et qui ne savent pas encore s'employer. De là naît, selon lui, un état semblable à celui qui précède un orage: « la nature que nous sommes s'*obscurcit*. Cela aussi est du pessimisme... » Nietzsche réclame une doctrine qui mette fin à un pareil état « en *commandant* quelque chose » ; il réclame « une transmutation des valeurs » au moyen de laquelle on montre aux forces accumulées un chemin, une direction, de telle sorte qu'elles se mettent « à éclater en éclairs et en actions ». Une pareille théorie, dit-il avec éloquence, n'a nullement besoin d'être une théorie du bonheur : en dégageant une partie de la force qui était accumulée et haussée jusqu'à la souffrance, elle « *apporte le bonheur*[3] ». Malgré ce qu'il y a de grand et de beau dans ce culte de l'énergie pour l'énergie, on se demande si la détente d'un ressort ou la chute de la foudre suffisent pour réaliser l'idée de bonheur. Ce dernier ne serait alors, comme Schopenhauer l'a prétendu, que la suppression d'un mal et d'un effort, qu'une

---

1. *Volonté de puissance*; II, p. 310.
2. Voir la conclusion de notre *Philosophie de Platon*.
3. *Vol. de puissance*, § 468.

réussite et un soulagement. Il y a longtemps que Platon nous a dit ce qu'il faut penser d'une telle félicité. Elle est trop négative. En outre, pour montrer à la puissance une « *direction* », il faut en venir à des idées d'objets et de « valeurs » : il faut donc franchir le cercle tout subjectif d'une « puissance » qui peut sans pouvoir *rien de déterminé*. Enfin, comme nous l'avons remarqué tout à l'heure, l'aspiration à la *puissance* s'explique elle-même par l'aspiration à la félicité, résultant de la complète satisfaction des penchants intellectuels, esthétiques et sympathiques ; on ne veut *pouvoir* que pour *faire* et pour *jouir* pleinement de ce qu'on fait, c'est-à-dire pour être *heureux* de la *perfection* même de son activité.

II. — *La vie et le plaisir.*

Nietzsche finit par appeler la biologie au secours de sa psychologie. « Pour comprendre ce que c'est que la vie, dit-il, quelle sorte d'aspiration et de tension exige la vie, la formule doit s'appliquer à tout ce qui est vivant. A quoi aspire donc un être vivant ? » D'abord, répond-il, sous le nom d'*un* être vivant, nous imaginons une fausse *unité* qui n'existe pas. Dans ce que nous appelons un être vivant, il y a une « croissance multiple, avec des initiatives propres et demi-propres ». Nietzsche parle ainsi comme l'auteur de la *Monadologie* : il rejette l'idée d'atome et ne garde que celle de force agissante. Mais il rejette aussi l'idée d'individus métaphysiques véritablement individuels et uns, l'idée de monades. Il suppose qu'il existe seulement des sphères de puissance se déplaçant sans cesse »; puis, sans nous dire ce que peuvent être des « sphères de puissance », il demande avec ironie : « Chacun de ses individus, s'il se transforme de la sorte, aspire-t-il au *bonheur* ? » Par une telle question il espère réduire ses adversaires à l'absurde. Mais l'objection tombe à faux. Elle suppose que les eudémonistes placent dans les cellules vivantes, dans les éléments des cellules, dans les *sphères de puissance,* quelque chose comme ce que l'homme appelle bonheur ou désir de bonheur. Il est clair que tout philosophe doit éviter pareil anthropomorphisme. En revanche, qui empêche de concevoir dans les éléments des êtres vivants un rudiment de gêne ou de malaise, un rudiment de non-gêne ou d'aise, qui sont des pré-plaisirs ou des pré-déplaisirs? Nous en sommes d'autant moins empêchés que Nietzsche, en cette même page, aboutit à mettre, lui aussi, des sensations de déplaisir dans les éléments primordiaux. « Toute tendance à s'étendre », comme celle qui existe dans les éléments, « toute incorporation, toute croissance est une lutte contre quelque chose, qui est accompagnée de sensations de *déplaisir* ». Cette lutte accompagnée de déplaisir se poursuit, grandit sans cesse, constitue le développement même de la vie. Or, ce qui est ici le *motif agissant* veut certainement autre chose en *voulant* le *déplaisir* et en le *recherchant* sans cesse. » Le train d'idées a de nouveau déraillé. Où Nietzsche a-t-il vu que les êtres vivants, que leurs éléments cellulaires veuillent et recherchent le déplaisir *comme tel*? Ils veulent et recherchent un ensemble d'états et d'actes où le déplaisir est sans cesse surmonté par du plaisir, ou du moins par quelque chose d'analogue à ce qui, multiplié et condensé, sera plaisir chez l'animal ; mais il est contraire à toute expérience, il est contraire à toute raison d'affirmer que les éléments de la vie « veulent le déplaisir ». Au reste, Nietzsche n'en demeure pas à cette toute volonté provisoire du déplaisir ; ce qu'il prétend prouver, c'est que les éléments veulent en fin de compte la puissance. Va-t-il donc faire la preuve ? Il s'en garde bien et se tire d'affaire par une affirmation pure et simple de son système. « Pourquoi les arbres d'une forêt vierge luttent-ils entre eux ? Pour le *bonheur*? — Pour la puissance[1] ». Je conviens que les arbres de la forêt ne songent guère au bonheur, mais ils songent encore moins à la puissance : ils n'en pensent pas si long. L'artifice de Nietzsche consiste à appliquer aux êtres élémentaires des termes qui supposent une évolution complexe et consciente, comme « bonheur » ; ce procédé l'autorise à rejeter du sein des éléments toute idée de bonheur. Mais son idée de *puissance* est aussi

---

1. *Volonté de puissance*, § 303.

inapplicable aux éléments de la vie. La seule chose plausible, si l'on induit des animaux aux plantes, c'est de supposer chez les cellules végétales (identiques dans le fond aux cellules animales), l'*irritabilité* des physiologistes ; or, l'irritabilité demeure un mot si, avec les psychologues, on ne la traduit pas en activité et sensibilité plus ou moins sourdes. En tout cas, si la volonté d'éviter le malaise et de chercher l'aise n'est pas manifeste chez la plante, que dire de la « volonté de puissance », qui est un pur mythe ? De deux choses l'une. Tenez-vous-en aux explications mécaniques par pressions et poussées mutuelles, ou, si vous voulez des hypothèses métaphysiques, admettez les plus vraisemblables, celles qui se vérifient dans toute la psychologie animale : à savoir que le vivant veut ne pas souffrir actuellement et veut jouir actuellement. Si le vivant déploie son activité débordante sans recherche apparente de jouissance future, c'est parce qu'il jouit déjà en agissant, parce qu'il a un plaisir tout trouvé à agir, à se délivrer de la gêne d'une activité en excès, qui, tendant à se déployer est empêchée de se déployer. Qu'il y ait un élément actif en tout cela, nous l'admettons avec Nietzsche comme avec les Stoïciens et Leibniz, et nous avions mis cet élément en lumière dans la *Liberté et le déterminisme*. Mais, que l'activité ait pour seul objet de *dominer*, d'être plus *puissante*, sans aucun souci de la *jouissance*, c'est ce que nous nions de la façon la plus formelle, c'est ce que Guyau a nié comme nous dans son *Esquisse d'une morale sans obligation ni sanction*.

« Il faut remettre l'acteur dans l'action », conclut Nietzsche, « après qu'il en a été retiré d'une façon abstraite ; il faut reprendre dans l'action l'objet de l'action, le *but*, l'*intention*, la *fin*, après les en avoir retirés d'une façon artificielle, l'action ayant été ainsi vidée de son contenu[1]. » Nietzsche parle excellemment et on croirait entendre Leibniz. Mais il ne s'aperçoit que la seconde de ces propositions, en restaurant dans l'action non seulement l'acteur ou sujet, mais « l'objet » de l'action, la « fin » et le « contenu », est le complet renversement de son propre système, d'après

---

1. *Volonté de puissance*, § 354.

lequel la puissance se déploierait uniquement pour se déployer, indépendamment des objets et des buts, comme du sujet ou de la cause active. Même en ses meilleures analyses psychologiques, Nietzsche finit toujours par être pris d'un accès de vertige métaphysique et, au lieu de tout démêler, il aboutit à tout brouiller dans un nuage.

III. — *Psychologie amoraliste des passions.*

Après avoir rejeté l'hédonisme et l'eudémonisme, Nietzsche propose ce qu'il appelle sa conception unitaire de la psychologie, conception qui doit saper toute morale par la base. Selon lui, c'est uniquement la volonté de puissance qui est « la forme primitive des passions ». Toutes les autres passions ne sont que « les transformations de cette volonté ». Il faut, ajoute-t-il, « poser en principe, non pas l'idée eudémonistique, l'idée du bonheur à laquelle doit aspirer toute vie, mais l'idée de puissance : — Aspirer à la puissance, à un surcroît de puissance[1]. » D'après cette doctrine qui, nous l'avons vu, est présupposée et non démontrée, Nietzsche dépeint le « *Machiavélisme de la puissance, machiavélisme inconscient* ». — *La volonté de puissance* apparaît, dit-il, non seulement chez les forts et les oppresseurs, mais même chez les opprimés, chez les esclaves de toute espèce, sous forme de désir de « *liberté* ». C'est alors la *délivrance* qui semble être le but (au point de vue moral et religieux); en réalité, la puissance personnelle est la vraie fin. « On veut la *liberté* tant que l'on n'a pas encore la puissance. Lorsque l'on commence à l'avoir, on veut la prépondérance. Si l'on n'y réussit pas (si l'on est encore trop faible pour cela), on demande la *justice,* c'est-à-dire les *droits égaux.* Il y a là, certes, une bonne satire de certains démocrates prétendus égalitaires. Les formes masquées de la volonté de puissance sont, selon Nietzsche, innombrables. Outre le désir de *liberté* et d'indépendance, dont nous venons de parler, il y a, sous une forme inférieure,

---

1. *Volonté de puissance,* § 302.

la volonté d'être, « l'instinct de conservation »; il y a le désir de *prendre rang* pour satisfaire la volonté de puissance de la collectivité : « *soumission*; se rendre utile et indispensable auprès de celui qui détient le pouvoir »; il y a l'*amour*, « *chemin détourné pour atteindre le cœur des puissants, — afin de le dominer* ». Dans un autre groupe Nietzsche place le sentiment du devoir, la conscience, la consolation imaginaire d'appartenir à un rang *supérieur* à celui des hommes qui détiennent effectivement le pouvoir, la reconnaissance d'une hiérarchie qui permet de *juger*, même les plus puissants, etc. Là où La Rochefoucauld, Hobbes, Helvetius auraient vu le désir de jouir et d'être heureux, Nietzsche ne voit que le désir de déployer sa force. Et comme la volonté, chez l'homme, est inséparable de la sensibilité ainsi que de l'intelligence, il lui est facile de retrouver le péché capital de la volonté, « esprit de domination » dans tous les autres vices. On pourrait aussi bien y retrouver le vice de la sensibilité, qui est « l'amour de la volupté », peut-être même le vice de l'intelligence, qui est l'orgueil, l'idée du moi mise au-dessus des autres et du tout, soit en théorie, soit en pratique. On sait, d'ailleurs, que ces trois péchés cardinaux, « orgueil, volupté et esprit de domination » sont érigés par Nietzsche en vertus cardinales, au grand scandale des « Philistins ». Ne nous étonnons donc pas si, à la façon de La Rochefoucauld, il ramène tous les sentiments à l'égoïsme, mais sous la forme de l'égoïsme de puissance. Pour lui, en somme, il n'y a partout que des ambitieux à la recherche de toutes les espèces de pouvoir.

Que les orgueilleux soient des ambitieux, passe encore; mais les voluptueux? En quoi recherchent-ils la puissance pour elle-même? Si le plaisir leur tombait des nues tout apprêté, sans qu'ils eussent rien à faire que d'en jouir, ils seraient contents. De même, en quoi les paresseux sont-ils des ambitieux? Leur devise est : Ah! quel plaisir de ne rien faire! Ils ne tiennent nullement à la puissance. Possédé de son idée exclusive, Nietzsche nous montre dans sa lanterne magique la grande mascarade des sentiments humains, qu'il fait tous défiler sous les déguisements de la volonté de puissance. Pour lui comme pour La Rochefoucauld, c'est le même personnage qui se retrouve sous la multiplicité de ses masques. Il eût pu dire du désir de puissance ce que La Rochefoucauld, dans une page classique, dit de l'amour propre. Le désir de puissance, lui aussi, vit partout, vit de tout, et vit de rien; il s'accommode des choses et de leur privation; il passe lui-même dans le parti des gens qui lui font la guerre; et, « ce qui est admirable, il se hait avec eux, il travaille lui-même à sa ruine; enfin il ne se soucie que d'être, et pourvu qu'il soit, il veut bien être son ennemi ».

Examinons, par quelques exemples, ce que valent les explications de la psychologie amoraliste. Qu'il s'agisse de justice ou de bonté, tout dévouement n'est qu'un déploiement égoïste d'activité : « Que l'on mette en jeu sa santé, son honneur, c'est la conséquence de l'*orgueil* et de la volonté débordante et dissipatrice. Ce n'est pas par amour des hommes que l'on agit ainsi, mais parce que tout grand danger provoque notre *curiosité* pour ce qui concerne la mesure de notre *force*, de notre *courage*[1]. » Voilà un premier exemple d'adultération insidieuse, où la pensée ne touche un instant le vrai que pour se jeter sur le faux. Qu'on se dévoue et qu'on donne sa vie à autrui par *orgueil* sans le moindre « amour des hommes », c'est ce qu'aurait pu soutenir un La Rochefoucauld; que l'on agisse encore ainsi par « *curiosité* », pour voir ce qu'on va être capable de faire, c'est le plus étrange et le plus maladroit des calculs substitué par Nietzsche au don spontané et à l'oubli de soi. Enfin, qu'il y ait là un certain « amour du danger » et du « risque », une certaine bravoure de beau joueur qui joue sa vie, c'est ce que Nietzsche avait lu dans l'*Esquisse d'une morale sans obligation ni sanction*; il avait même souligné et approuvé les passages sur l'amour du risque. Mais quelle altération de la pensée de Guyau! Ce dernier avait vu dans le dévouement ce qu'il appelait un « risque moral et métaphysique ». Concevant un ordre de choses meilleur que la réalité grossière de ce monde, mais ne pouvant savoir de science positive si cet idéal a sa réalité, tout au moins sa possibilité, nous nous écrions quand même, par amour

---

1. § 345.

de l'idée et par amour de l'humanité dont nous sommes membres : Essayons ! risquons notre vie ! jouons ce grand jeu de l'idéal où nous perdrons peut-être tout, mais où peut-être nous gagnerons ce qui vaut mieux que tout. Est-ce encore là de l'égoïsme? Comme c'est *vous* qui vous sacrifiez à une idée-force que vous concevez, à une idée que vous aimez, à une idée qui est votre plus haute activité consciente d'elle-même, Nietzsche ne manquera pas de vous appeler égoïste. Soit. Puissions-nous être entourés d'égoïstes de ce genre, dont le moi est assez large pour nous envelopper nous-mêmes avec le tout !

Selon Nietzsche, quand Jésus disait : « Laissez venir à moi les petits enfants », cet amour des faibles et des petits n'était qu'un chemin pour « dominer le cœur des puissants[1] »! Ou peut-être un chemin pour prendre conscience de sa force devant de petits êtres si faibles ! Lorsqu'une femme aimante et dévouée soigne un être qui lui est cher, elle n'a en vue que de se donner le sentiment de sa « puissance vitale », que de s'enorgueillir de son intégrité physique en face de celui qui souffre et lutte avec la mort. Nietzsche le dit en propres termes : « Voyez donc cet amour, cette *compassion* des femmes, — y a-t-il quelque chose de plus *égoïste*? Par esprit de système, l'infortuné calomniait d'avance les soins dont il devait être l'objet. Et si l'on peut soutenir que l'amour sensuel, qui pousse telle ou telle femme à sacrifier son honneur et sa réputation, est « un appétit sans frein », s'ensuit-il que tous les sacrifices de tous genres soient « des désirs *aussi égoïstes,* quel que soit le *bien* qu'ils fassent aux *autres* et *malgré la reconnaissance* qu'ils provoquent »? S'ensuit-il que, en admirant le sacrifice, nous ne fassions qu'une « superfétation d'évaluation »? Pascal avait raison de dire que, s'il faut rabaisser l'homme quand il s'élève, il faut aussi le relever quand il s'abaisse. Jamais on ne s'est mieux entendu que Nietzsche dans l'art d'avilir la nature humaine. Quoi que nous fassions, quoi que nous disions, quoi que nous pensions, il prendra tout du mauvais côté, comme ces malades qui ont le délire de la persécution et qui

---

1. *Volonté de puissance,* § 338.

croient que, si on leur tend la main par amitié, c'est pour leur faire du mal.

Tous les sentiments désintéressés perdent leur poids dans la balance affolée de Nietzsche. Devant une belle œuvre d'art, dit-il, on ne se contente pas d'admirer l'œuvre en elle-même, on veut *louer* l'artiste ; mais « qu'est-ce donc que louer » ? Et il répond : « C'est une façon de compensation par rapport à des bienfaits reçus », compensation qui n'a pour but que de nous dégager de toute gratitude ; c'est « une *restitution* » qui nous délivre ; c'est aussi « un témoignage de notre puissance *à nous,* car celui qui loue affirme, apprécie, évalue, juge ; il s'arroge le droit de *pouvoir* affirmer, de *pouvoir* attribuer un honneur ». C'est Nietzsche qui souligne le joli mot *pouvoir,* sur lequel il édifie son palais de nuées. Cet auxiliaire « pouvoir » *peut* se joindre à tout, puisque tout ce qui est actuel suppose le possible ; je mange, donc je peux manger, donc, si je mange, c'est pour m'affirmer à moi-même mon pouvoir. Je vous aime, donc je peux vous aimer, donc c'est pour sentir mon pouvoir que je vous aime. A la bonne heure. Il ne sera pas difficile partout où il y a de l'actuel, de retrouver du *potentiel.* C'est grâce à cette série de *faux,* non en écriture, mais en pensée, que Nietzsche arrive à découvrir dans le prétendu sentiment moral de *reconnaissance* un sentiment immoral : la vengeance ; c'est pour se venger qu'on remercie, qu'on rend le bien pour le bien ou le bien pour le mal. « La reconnaissance est la bonne vengeance. » Encore est-il heureux que Nietzsche la juge bonne. Ce qualificatif lui permet d'atténuer ce qu'il y a de monstrueux dans cette assertion : — Le bien fait à autrui est un moyen de se venger.

C'est, à en croire Nietzsche, non seulement dans la justice et les droits égaux, mais aussi dans la charité et l'amour de l'humanité que la volonté de puissance se manifeste. L'amour même des sexes « veut la subjugation, la prise de possession, et il apparaît comme s'il était l'abandon »! En somme, il est seulement « l'amour de l' « instrument », du « gage », la conviction que telle chose vous *appartient,* comme à quelqu'un qui peut s'en servir. » Et Nietzsche ajoute avec ironie : « Liberté »,

« justice » et « amour !!! »[1]. Selon lui comme selon La Rochefoucauld et Hobbes, vous croyez aimer les autres pour eux, quand c'est pour vous seul que vous les aimez. Si l'inconstance dans l'affection est une preuve d'égoïsme, la constance même en est une autre, car elle n'est, disait l'auteur des *Maximes,* qu'une « inconstance perpétuelle » qui fait que notre cœur s'attache successivement à toutes les qualités de la personne que nous aimons, donnant tantôt la préférence à l'une, tantôt à l'autre ; « de sorte que cette constance n'est qu'une inconstance arrêtée et renfermée dans un même sujet ». Pour Nietzsche, constance et inconstance ne sont que des directions diverses d'une même volonté de dominer les cœurs des autres et de s'assujettir leurs vies. La magnanimité, disait La Rochefoucauld, est le bon sens de l'orgueil ; elle méprise tout pour avoir tout ; elle rend l'homme maître de lui-même pour le rendre maître de toutes choses. C'est exactement ce que répète Nietzsche, qui veut qu'on se commande à soi-même pour pouvoir commander à tous et à tout. La générosité, pour La Rochefoucauld, n'était qu'une ambition déguisée, un industrieux emploi du désintéressement pour aller plus tôt à un plus grand intérêt. Aux yeux de Nietzsche, il n'y a pas dans la généralité un « calcul » d'intérêt, mais il y a l'ivresse immédiate de la puissance déployée, qui est d'ailleurs, au fond, l'intérêt suprême. A voir la bonté « qui nous fait sortir de nous et nous immole à l'avantage de tout le monde », on sera tenté, disait La Rochefoucauld, de croire que, lorsqu'elle agit, l'amour propre « se laisse dépouiller et appauvrir sans s'en apercevoir, de sorte qu'il semble que l'amour propre soit la dupe de la bonté ». La bonté n'est que le plus utile des détours dont l'amour propre se sert pour arriver à ses fins : c'est un désintéressement placé à usure. Selon Nietzsche, la bonté est un nouveau moyen d'étendre son action et sa puissance sur autrui en se faisant admirer et aimer, tout comme d'autres se font craindre.

La sympathie et la pitié, pour Hobbes et La Rochefoucauld, étaient une prudence égoïste ; pour Nietzsche,

---

1. *Vol. de puissance,* 175, 235, 232, 233.

elles sont une lâcheté, une faiblesse, un affaissement de la volonté de puissance, un sentiment contre nature. Est-ce que le lion a pitié de la bête qu'il déchire ? Nietzsche oublie que la sympathie est d'avance inscrite par la nature même dans les organes de l'homme. La grande loi de « réponse au stimulus », qui a pour corollaire l'*imitation,* fait que l'enfant pleure en voyant pleurer. Il pleure d'abord automatiquement, dit William James, parce que l'image entrée par ses yeux met en branle tout un mécanisme aboutissant aux larmes. — Soit ; mais il pleure aussi par un vague sentiment de crainte qu'éveille la douleur dont il est témoin ; il pleure aussi par un sentiment d'affection pour sa mère qui pleure. Alors même qu'il pleurerait par pure « imitation physiologique », il ne s'en trouverait pas moins éprouver l'émotion triste qui résulte *en lui* des expressions de la tristesse *au dehors de lui* ; il ne pourrait pleurer sans souffrir. Les larmes seront alors, comme le dit William James, la cause de la tristesse ; mais plus tard, la tristesse n'en devient pas moins la cause des larmes ; et c'est ce que James a méconnu. L'enfant se représente alors la souffrance d'autrui, puis souffre sympathiquement, puis pleure. Tout cet unisson nerveux ne constitue pas encore un altruisme désintéressé, mais il ne constitue pas non plus un « égoïsme » proprement dit ou conscient. La solidarité psycho-physiologique entre les hommes rend la sympathie avec autrui aussi *normale* que l'est l'instinct de conservation, de jouissance personnelle ou de puissance personnelle. La vie d'autrui, même malgré nous, pénètre dans la nôtre, devient la nôtre. On a cent fois décrit ce mécanisme de la pitié passive par lequel la nature met chacun en état de comprendre et même de sentir à un certain degré ce qu'un autre souffre ; mais, tant qu'il n'y a en moi que le jeu mécanique des nerfs, il n'y a encore ni sympathie active, ni bienveillance. La vraie pitié commence, non lorsque je souffre passivement et nerveusement avec vous, mais lorsque, concevant par la pensée un idéal de société au sein duquel les peines seraient partagées, et voulant réaliser cet idéal, je *veux* par cela même souffrir avec vous. Je consens alors à ma souffrance, et au lieu de la repousser par égoïsme ou par volonté de puissance, comme je devrais le faire dans le système de La Rochefoucauld et de Nietzsche, je l'accepte par désir de désintéressement. J'accrois même ma souffrance, comme si votre douleur devait diminuer de tout ce que j'ajoute à la mienne, comme si, en gémissant sous le fardeau qui vous accable, j'en devais porter ma part et l'alléger. Hobbes et La Rochefoucauld ne trouveront-ils encore là qu'une *crainte* déguisée de la douleur qui pourrait un jour m'arriver à moi-même ? Nietzsche y verra-t-il un lâche sentiment de mon *propre mal* dans le mal d'autrui ? Non, ce qui me préoccupe en votre souffrance, ce n'est pas mon mal, ce n'est pas même exclusivement votre mal. Quelque chose s'élève au-dessus de nous deux qui, en nous dominant l'un et l'autre, nous rapproche l'un de l'autre : c'est un idéal de solidarité universelle et même de justice universelle. Dans la souffrance que votre volonté raisonnable est forcée de subir comme on subit une puissance ennemie, il y a une sorte d'injustice, et c'est le sentiment plus ou moins obscur de cette injustice qui fait que je voudrais vous secourir, moi qui fais partie du même groupe humain. Même si vous avez mérité votre souffrance, j'élève encore au-dessus de vous et au-dessus de moi une idée qui nous rapproche et qui confond mes douleurs avec les vôtres ; c'est l'idée de fraternité. Ainsi, en face de toute douleur ressentie par vous, je conçois plus ou moins obscurément une idée supérieure qui nous relie, et, dans cette idée, j'unis ma volonté à la vôtre. C'est cette union volontaire *en idée* qui constitue la vraie et active pitié : tout le reste ne m'apparaît que comme l'occasion extérieure, le mécanisme produit par la nature inintelligente pour m'exciter à la dépasser et à me dépasser. Le premier mouvement égoïste que provoque naturellement en moi la réflexion de votre douleur sur ma sensibilité propre n'est qu'un artifice de l'intérêt au profit du désintéressement ; ce n'est qu'une action réflexe entre deux cerveaux, membres et organes de l'organisme social ; mais ce n'est pas là la pitié volontaire. Ceux qui n'obéissent qu'au premier mouvement, tout physiologique, ne tardent pas à fuir le spectacle d'une douleur qui retentit dans leur organisme individuel et le blesse ; ils réalisent alors le système de La Rochefoucauld et de Nietzsche; mais d'autres, au lieu de fuir, restent fermes devant la douleur et s'efforcent de la prendre pour eux; les premiers ont des nerfs, les seconds seuls ont du cœur. Nietzsche n'accepte que les sentiments « toniques »; mais la pitié active est « tonique » et réconfortante: elle est un déploiement de sentiment désintéressé de puissance suscité par deux idées-forces: une idée de justice dans laquelle nous sommes égaux, une idée de bienveillance au sein de laquelle nous sommes frères. Fuir devant la douleur d'autrui, voilà donc la seule vraie lâcheté, et non pas, comme le croit Nietzsche, partager volontairement et consciemment la douleur d'autrui. Allons plus loin; ce mouvement qui fait fuir le lâche devant la peine des autres, faut-il l'interpréter au sens d'un égoïsme absolu et franc, sans la moindre excuse? Ne faisons pas l'humanité plus laide qu'elle n'est. Celui qui fuit devant la souffrance d'autrui, après tout, n'avait pas mérité la souffrance que cette vue lui cause. Au lieu de sentir l'injustice du mal pour les autres, il sent l'injustice du mal pour lui-même, et il s'en tient à l'adage : chacun pour soi. Il y a encore là, sous la défaillance de la volonté, comme un sentiment confus du droit de conservation personnelle, et cette défaillance y trouve son excuse. Si vous condamnez celui qui ne se dévoue pas à la mort pour sauver la vie d'un autre, il vous demandera ce qu'il avait fait, lui, pour mériter de mourir.

Presque toutes les actions où Nietzsche voit un égoïsme foncier sont ainsi mêlées d'une vague et sourde notion de justice, par laquelle nous tendons à les légitimer à nos propres yeux. Alors même que nous préférons notre intérêt, nous reconnaissons encore, avec un certain désintéressement *intellectuel*, l'idée-force de justice. Souvent aussi l'égoïsme renferme, — et c'est ce que Nietzsche a vu exclusivement, — un sentiment de liberté, une idée-force de puissance indépendante qui n'est ni essentiellement mauvaise, ni essentiellement intéressée. La résistance à une loi respectable offre encore l'image lointaine d'une puissance de vouloir qui est respectable en soi, malgré le mauvais usage qu'elle fait de soi. Le courage du mal, que

Nietzsche admire, est un triste courage, et cependant c'est toujours un courage. Combien d'hommes révoltés contre la société excusent leur révolte en accusant la société même ! Ils n'ont pas entièrement tort. Avons-nous tous fait ce que nous devions pour enlever la moindre excuse au crime ? Avons-nous répandu assez de lumière pour toutes les ignorances, assez de chaleur pour toutes les souffrances ? L'injustice des uns n'est jamais justifiée par l'injustice des autres, mais elle est souvent motivée et excusée par l'iniquité sociale.

Quelque bon vouloir qu'on y mette, comment accepter, contre l'idée de devoir, les objections de Nietzsche, qui prétend y trouver un « relent de cruauté », une transformation et spiritualisation du sentiment animal de cruauté, je veux dire la jouissance d'une cruauté tournée contre nous-mêmes, contre nos penchants naturels et nos passions grondantes, au profit d'une loi universelle et mystique. Il faudrait dire alors que, quand Alypius se reprochait, au nom du devoir envers l'humanité, la sanguinaire jouissance que lui causaient les jeux du cirque, il ne faisait que raffiner humainement sa cruauté animale en la tournant contre son instinct sanguinaire, en torturant ainsi son penchant normal à jouir du spectacle des tortures. Dans cette psychologie délirante de Nietzsche, La Rochefoucauld lui-même aurait trouvé un « relent » d'insanité. Si on veut absolument réduire le devoir à un plaisir, ce n'est pas au plaisir cruel de se faire souffrir pour se faire souffrir, mais au plaisir d'élever un idéal meilleur au-dessus de nos basses actions ; — plaisir aussitôt entravé par la douleur aiguë d'être infiniment au-dessous de ce que l'on conçoit, de ce que l'on aime, de ce que l'on veut au plus profond de son être sans avoir la force de le réaliser. La vérité *vraie* est encore plus subtile que les sophismes de Nietzsche.

On sait que Kant, se souvenant de Pascal, faisait du pari un moyen de mettre à l'épreuve nos prétendues certitudes. Eh bien, La Rochefoucauld et Nietzsche parieraient-ils leur tête qu'il n'a jamais existé, qu'il n'existera jamais chez aucun être, dans aucune partie du monde, la moindre parcelle de désintéressement ? Disons mieux, oseraient-ils parier qu'il n'en existe pas trace dans leur propre cœur ? Un Nietzsche, lui, pariera peut-être, car il aime le « risque », — non seulement le risque raisonné dont avait parlé Guyau, mais le risque fou, charme des esprits fous. La Rochefoucauld, lui, ne parierait pas ; il est trop maître de lui-même, il possède toute sa raison : ce n'est plus un poète, c'est un analyste ; ce n'est plus un voyant, c'est un clairvoyant, bien qu'il ne voie que la moitié de l'âme humaine. La plupart des hommes, s'il s'agissait de parier, s'arrêteraient avec une crainte mêlée de respect devant leur propre conscience, et cette crainte même réveillerait en eux une idée-force de *dignité* personnelle et d'*amour* impersonnel qu'il suffit de concevoir pour en commencer la réalisation.

Par un argument meilleur et plus topique que celui du pari, la théorie des idées-forces attaque directement en lui-même le principe de La Rochefoucauld et de Nietzsche. Si, selon les *Maximes*, l'hypocrisie est un hommage rendu par le vice à la vertu, c'est donc ou que la vertu *existe* ou, tout au moins, qu'elle semble exister et est *conçue*. De fait, nous avons l'*idée* de la vertu, l'*idée* du désintéressement, l'*idée* de l'amour d'autrui *pour* autrui et non pour nous. C'est un point que Zarathoustra ne pourra nier. Or, Nietzsche lui-même, dans une de ses notes sur l'*Esquisse d'une morale* de Guyau, nous a accordé notre principe essentiel : il convient que « l'idée a une force propre ». Cette force vient, selon nous, de la satisfaction immanente qu'elle fournit à l'intelligence, de l'acte même d'intellection, ou encore, si Nietzsche le veut, du développement de puissance que l'idée implique[1]. On ne peut concevoir l'idée de l'amour sans un attrait immanent à cette idée, sans une tendance active ou « puissance » conforme à cette idée ; et il en résulte un premier mouvement d'amour. Mais alors, Nietzsche est obligé d'en convenir, un être qui *pense* ne peut être complètement égoïste. Chez l'animal intelligent, l'égoïsme rompt nécessairement son enveloppe et se fait altruisme : on ne peut naître à la vie intellectuelle et, pour ainsi dire, ailée sans briser la coquille du moi.

---

1. Voir les annotations de Nietzsche à Guyau, citées dans *Nietzsche et l'immoralisme*, livre III.

Selon une remarque profonde de Guyau, qui se rattache à la théorie des idées-forces, quand même nous serions égoïstes, nous apprendrions cependant à aimer, par simple réponse à l'*apparence* de l'amour chez les autres, à *l'idée* que les autres nous aiment. C'est ainsi que l'enfant aime sa mère. La Rochefoucauld et Nietzsche n'ont pas révélé à l'enfant que l'amour désintéressé de sa mère est tout « apparent[1] ». Fût-il apparent, il provoque un amour réel.

La Rochefoucauld et Nietzsche répondront : — Quand vous partagez la joie ou la peine d'autrui et que vous semblez ainsi aimer autrui, vous prenez toujours un intérêt propre à cette joie ou à cette peine; donc vous êtes intéressé. — Mais la question est de savoir si je prends intérêt à l'idée de votre joie comme étant *votre* joie, ou si je ne m'y intéresse que parce qu'elle contribue à *ma* propre joie. Bien plus, il s'agit de savoir si je ne peux pas prendre un intérêt supérieur à votre joie ou à votre peine, en tant qu'elle est joie ou peine d'un membre de cette *humanité* dont j'ai l'*idée*. Bien plus encore, en tant qu'elle est joie ou peine d'un être doué de *raison* comme de *sensibilité,* au sein d'une *nature* qui ne semble tenir compte ni de la raison ni de la sensibilité. Dès lors, une certaine idée-force de l'*injuste* et de l'*immérité* apparaîtra de nouveau comme un élément intellectuel de ma bienveillance. L'homme désintéressé trouve dans la satisfaction d'autrui *sa* satisfaction, dit Nietzsche, donc il est intéressé. — Mais, répondrons-nous, il trouve sa satisfaction dans l'idée-force de la satisfaction d'*autrui,* donc il est désintéressé. Pouvez-vous exiger que l'homme désintéressé n'éprouve *aucune* satisfaction dans la satisfaction des autres ?

Nietzsche et La Rochefoucauld, dans l'analyse des sentiments humains, raisonnent comme celui qui, trouvant du cuivre dans un collier d'or, déclarerait que tout le collier est en cuivre.

Chez La Rochefoucauld, remplacez l'esprit de finesse par l'esprit d'exagération, la froide raison par la ten-

---

1. On sait d'ailleurs que La Rochefoucauld n'a pas osé ramener l'amour maternel à de l'égoïsme ; quant à Nietzsche, nous ne nous souvenons pas qu'il parle jamais de sa mère.

dance à la déraison, vous avez Nietzsche. Comme tant de poètes, Nietzsche a dans le cerveau l'*infirmité logique*; ce qui, pour un philosophe, ne constitue pas une qualité. Grand mystificateur mystifié par lui-même, sa tête ardente est un volcan qui rejette en lave tous les sophismes[1].

1. Nietzsche, qui trouve La Rochefoucauld « naïf », — en comparaison de lui-même, bien entendu, — cite l'appréciation de La Rochefoucauld par Stuart Mill, lequel ne voyait dans l'auteur des *Maximes* que l'observateur sagace de tout ce qui, dans l'âme humaine, se réduit à de « l'égoïsme *habituel* ». — « Un esprit *noble*, disait Stuart Mill, ne se résoudra jamais à s'imposer la nécessité d'une contemplation prolongée de ce qui est *vulgaire et bas*, à moins que ce ne soit pour montrer contre quelles influences néfastes l'esprit supérieur et la noblesse de caractère savent se maintenir victorieusement. » C'était aussi la pensée des théologiens qui voulaient montrer la corruption de la nature humaine par le péché originel. L'ami de Nietzsche, Rohde, lui avait conseillé de lire La Rochefoucauld et les moralistes français du XVIIIe siècle; mais, quand Rohde reçut, en 1878, le livre de Nietzsche où les paradoxes de La Rochefoucauld étaient poussés à l'extrême, il lui écrivit : « Si vraiment nous étions tous d'absolus égoïstes, — et je sais, mon bien cher ami, combien je suis plus près d'être cela que toi ! — personne ne pourrait nous enlever l'aiguillon qui nous avertit que nous ne *devons* pas être cela... Et d'ailleurs, l'analyse la plus subtile, en pareille matière, ne sert de rien. Un chimiste peut me représenter le plus magnifique tableau comme un simple mélange d'éléments chimiques définis; et, à son point de vue, il peut avoir raison; mais, s'il prétend ensuite avoir ôté à ce mélange la valeur artistique qui résulte de l'ensemble de ses éléments, quelque savant qu'il soit, j'affirme qu'il se trompe ». Selon Rhode, Nietzsche n'avait pas cette parfaite liberté intellectuelle qu'il s'attribuait, se croyant émancipé de tout et « libre esprit » par excellence. « Je ne connais, écrivait Rohde à un de ses amis, qu'un seul esprit vraiment *libre* parmi les grands esprits : c'est Goethe. Et celui-là, ajoutait-il avec profondeur, n'est libre que *parce qu'il reconnaît une valeur à toute chose, prise pour ce qu'elle est*, au lieu de se permettre, — comme le soi-disant *libre esprit* de Nietzsche, de Voltaire et de ses pareils, — *de condamner radicalement une moitié de l'existence humaine au bénéfice de l'autre.* » Nietzsche eut beau se brouiller avec celui qui refusait de le suivre jusqu'au bout dans l'outrance de ses négations, c'est vraiment son ami qui conservait son esprit libre et une vue objective de chaque chose *prise pour ce qu'elle est*, s'appelât-elle pitié, douceur, dévouement, amour d'autrui.

CHAPITRE III

ÉTHIQUE AMORALISTE DE LA PUISSANCE

I. — Les valeurs de puissance.

Avec la métaphysique et la psychologie de Nietzsche s'écroule d'un seul coup toute sa morale, qui n'est pas autre chose que cette métaphysique et cette psychologie de la force appliquées à tous les rapports humains. C'est dans la volonté de puissance que Nietzsche reconnaît le « tréfonds et le caractère de tout changement[1]. » Si un être, même inanimé, change et se meut, ce n'est qu'en vue de la puissance ; telle est la nouvelle cause finale que Nietzsche généralise et applique au monde entier. A l'en croire, toutes les « fins », tous les « buts », tous les « sens », ne sont que des moyens d'expression et des métamorphoses d'une *seule* volonté, inhérente à tout ce qui arrive, la volonté de puissance ; « avoir des fins, des buts, des intentions, bref *vouloir*, équivaut à vouloir devenir plus fort, vouloir grandir — et vouloir aussi les *moyens pour cela* ; l'instinct le plus général et le plus profond dans toute action, dans toute volonté, est resté le plus inconnu et le plus caché, parce que, en pratique, nous obéissons toujours à son commandement, parce que nous *sommes* nous-mêmes ce commandement. Toutes les évaluations ne sont que des conséquences et des perspectives plus étroites *au service de cette unique volonté* ; l'évaluation elle-même n'est que cette volonté de puissance[2] ». Nietzsche prétend nous persuader que nous sommes

---

1. *Volonté de puissance*, § 324.
2. § 309, 310.

tous de son goût, que notre unique goût est celui de déployer notre pouvoir, sans rien de plus. « Il n'y a aucune chose dans la vie qui puisse avoir de la valeur, si ce n'est le degré de puissance, — à condition, bien entendu, que la vie elle-même soit la volonté de puissance[1] ». — Le postulat de Nietzsche est ici mis en relief : il présuppose que la vie, que l'existence en général n'est que volonté de puissance ; d'où il suit en effet que le seul objet capable d'avoir une valeur pour cette volonté, sera la domination. Au lieu d'une démonstration, nous avons une tautologie et une pétition de principe.

Le but de Nietzsche est « d'édifier un ordre scientifique de valeurs simplement sur une *échelle graduée des forces*[2] ». A l'en croire, « toutes les autres *valeurs* sont des préjugés, des naïvetés, des malentendus ». Mais on peut répondre que les *forces*, à l'état abstrait, ne sont qu'une apparence et une simple formule verbale. Il reste uniquement ce fait d'expérience, par exemple, que certains hommes amènent 100 au dynamomètre, tandis que d'autres amènent 40. La valeur intellectuelle, celle de Nietzsche, par exemple (que Nietzsche ne niera pas), — se ramène-t-elle à une semblable question de dynamomètre ? Et la valeur morale, que Nietzsche nie, mais qui n'en était pas moins réelle dans son cœur, se ramène-t-elle aussi à un rapport de masses, de vitesses et de mouvements ? Il a beau dire que son « échelle » n'a rien de scientifique, et, au point de vue philosophique, elle est fragile, puisque Nietzsche nie l'objectivité du nombre (mesure de l'échelle) ; l'objectivité de la *tension* ou tendance, d'où dérive l'apparence de la force, enfin l'objectivité de la puissance et de la volonté. Sa tour métaphysique est construite avec des concepts illusoires ; sa morale prétendue scientifique repose sur des rapports impossibles à évaluer entre des valeurs impossibles à établir.

« Une morale, dit Nietzsche, c'est-à-dire un genre de vie démontré par une longue expérience et un long examen, finit par arriver à la conscience sous forme

---

1. *Volonté de puissance*, trad. fr., p. 50.
2. *Volonté de puissance*, § 353.

de *loi*[1]. » Nietzsche ne fait ici que reproduire la théorie anglaise, notamment celle de Bain ; et il ne s'aperçoit pas que, s'il y a « un genre de vie démontré par une longue expérience », il y a donc une morale, au moins relative, et une loi de conscience, au moins relative. Aussi le voyons-nous lui-même aboutir à une *loi* des valeurs, qui devient loi *pratique* et *éthique*.

Le vrai point de vue des valeurs, selon lui, consiste à envisager « les conditions de *conservation* et d'*augmentation* par rapport à des formations complexes, de durée relative, dans le devenir de la vie... La valeur, c'est essentiellement le point de vue pour l'augmentation et la diminution des centres dominateurs », tels que l'homme. Ce que nous appelons l'*individu* humain n'est d'ailleurs qu'une formation *multiple* où l'unité n'existe que de nom et n'est qu'une apparence du devenir. « Il y a des *formations dominatrices* ; la sphère de ce qui domine grandit sans cesse, ou bien augmente et diminue périodiquement ; elle est ainsi soumise aux circonstances favorables ou défavorables (de la nutrition)[2]. »

Nietzsche rejette l'utilitarisme : « Ce que l'on appelle *utile* dépend absolument de *l'intention, du but* ». Voilà un principe sur lequel tous les philosophes seront d'accord : utile, moyen pour un but. Mais Nietzsche ajoute : l'intention, d'autre part, dépend absolument du degré *de puissance*. — Qu'est-ce à dire ? qu'on désire seulement la puissance ? On désire bien d'autres choses. Qu'il faut un certain degré de puissance pour atteindre ce qu'on désire ? Sans doute ; on désire alors telle chose, comme la joie ou le bonheur, *et* la puissance de l'acquérir ; mais la puissance toute seule, sans ce qu'elle donne, on ne s'en soucie guère. Nietzsche conclut : « C'est pourquoi l'utilitarisme n'est pas une doctrine des fondements, mais seulement des *conséquences*, et l'on ne peut absolument pas lui prêter un *caractère obligatoire*[3]. » Cela est vrai ; et cela est vrai aussi de son dynamisme, qui est une doctrine des moyens sans les fins. Dès qu'on presse une pensée de Nietzsche, elle éclate en bulle de savon.

1. *Volonté de puissance*, § 269.
2. *Volonté de puissance*, § 301.
3. *Volonté de puissance*, § 352.

Toute sa « valeur de puissance » n'est, comme la puissance même, qu'un mot abstrait. « La valeur et les changements de valeurs, dit Nietzsche, sont en proportion avec l'augmentation de puissance de celui qui fixe les valeurs. » Mais, là où il n'y a que des rapports de puissance, il n'y a que des valeurs de quantité, non de qualité. Nietzsche en convient d'abord. « D'après quoi s'établit objectivement la valeur ? Seulement d'après la *quantité* de puissance *renfermée* et organisée. » — Mais qui dit *organisée* introduit autre chose que la quantité, introduit la *qualité*, la variété dans l'unité : variété d'organes, unité d'organisme. De plus, qui dit puissance *organisée* introduit l'idée de finalité immanente, d'aspiration à quelque chose qui satisfait l'organisme, à quelque fin qui explique pourquoi l'organisme agit, tend, déploie sa puissance. Dire que ce quelque chose est la puissance même, c'est le serpent roulé sur soi qui se mord la queue.

Guyau avait montré, avant Nietzsche, qu'il y a en nous « un réservoir de force vive qui est toujours précieux, alors même que cette force peut, dans l'espèce, être mal employée » ; mais Guyau ajoutait contrairement à Nietzsche : c'est l'usage possible que nous approuvons dans l'usage actuel, « c'est toujours l'*emploi* et non la force pour la force, la volonté pour la volonté... ; on ne veut pas pour vouloir et à vide[1] ». Il marquait ainsi d'avance l'erreur fondamentale du système. Le volontarisme pur n'a pas plus de sens que le dynamisme pur. La volonté, ne pouvant demeurer nue et vouloir à vide, ne saurait constituer elle-même le bien, indépendamment de qu'elle veut et quoi qu'elle veuille. Nietzsche nous dit qu'elle crée elle-même sa table des valeurs, en les voulant et en y déployant sa puissance. Nous aussi nous avons toujours soutenu, avec Guyau, que l'homme doit inventer et créer le bien. Mais sans un acte d'intelligence les valeurs ne peuvent : 1° se *distinguer* l'une de l'autre ; 2° se *classer* l'une au-dessus de l'autre, de manière à former une *échelle*. On est donc obligé d'en revenir à l'*intelligence* pour *qualifier* et *hiérarchiser* les valeurs de puissance, ce qui

---

1. *Esq. d'une morale*, nouvelle éd., p. 60.

ne peut se faire sans des considérations de qualités, soit *objectives,* soit *subjectives.* Après avoir cherché le bien dans le domaine de la puissance et de la volonté, on est obligé, en définitive, de le chercher comme nous l'avons fait nous-même, dans la sphère des pensées et des sentiments. De là la nécessité d'une *représentation* intellectuelle ou *idée* qui fournisse à la volonté un objet, et cet objet même n'intéresse la volonté, ne devient idée-force automotive, que grâce au *sentiment* subjectif qui accompagne l'*action* dirigée par telle ou telle *représentation.* En d'autres termes, chez un être conscient, la volonté ne peut se déployer ni devenir de plus en plus libre sans motif et sans mobile. Supprimez les raisons conscientes d'un acte, et vous le réduisez à l'état d'acte machinal, qui ne peut plus offrir rien d'éthique. Supprimez aussi le mobile conscient, c'est-à-dire la joie immanente aux raisons de l'acte, à la représentation de cet acte et de ses motifs, et vous réduisez la volonté à l'inertie. On revient ainsi, par toutes les voies, à la *loi des idées-forces,* qui, comme elle domine toute psychologie, doit dominer toute morale scientifique fondée sur la psychologie. Les idées-forces sont les formes de la conscience-force, dont Nietzsche veut en vain faire un simple épiphénomène, alors qu'elle est la révélation de l'existence agissante.

II. — La vie. Synthèse des idées de Nietzsche et de Guyau sur la génération.

A la puissance, Nietzsche finit par substituer quelque chose de plus concret, la vie. Le problème qu'il se pose alors, c'est de réduire la vie humaine au seul point de vue animal. A ses yeux, les fonctions animales sont « mille fois plus importantes que les beaux états d'âme et les sommets de la conscience » : ces derniers sont « un *excédent,* en tant qu'ils ne doivent pas être des instruments pour ces fonctions animales ». Toute la vie *consciente,* l'esprit ainsi que l'âme et le cœur, la bonté ainsi que la vertu, au service de qui travaillent-ils donc ? Au service d'un perfectionnement, aussi grand que possible, des fonctions animales essentielles (les moyens de nutrition, d'augmentation de l'énergie), avant tout au service de l'*augmentation de la vie*[1]. Dans l'énorme multiplicité des phénomènes qui se déroulent au milieu de l'organisme, « la *partie* dont nous avons *conscience* est un simple moyen de la nature : et la petite dose de « *vertu* », de « *désintéressement* », et de fictions analogues est démentie d'une façon tout à fait radicale si on la juge au point de vue de « *ce qui arrive en outre* ». Nous ferions bien « d'étudier notre organisme dans son immoralité parfaite[2] ».

Cette conception animale de la vie humaine n'est guère neuve depuis Lamettrie, Helvétius, d'Holbach, depuis Büchner et Maleschott, pour ne pas parler d'Épicure et des sophistes grecs, ni de la longue série des matérialistes de tous pays. L'éthique du vouloir-vivre avait été déjà décrite par Schopenhauer, qui l'a dépassée. Même au point de vue animal, la théorie de Nietzsche est incomplète et fausse. Il y a des animaux qui vivent en société sous les lois de la sympathie, du dévouement mutuel, parfois de la pitié, — toutes choses qui ne sont nullement, comme le croit Nietzsche, « contraires à la vie », dirigées dans le sens de la « déchéance vitale ». Enfin, la vie *cérébrale* de l'homme, avec la vie *psychique* corrélative, empêche d'assimiler purement et simplement l'être humain à un « bon animal »; d'autant plus que, de ce point de vue, l'homme livré à soi est plutôt un mauvais animal et même un méchant animal. Il n'y a rien de scientifique à oublier sans cesse, en morale, le *mutatis mutandis*, et à prendre ce qui est en bas de l'échelle pour unique mesure de ce qui est en haut.

L'interprétation que Nietzsche propose des phénomènes vitaux les plus élémentaires est physiologiquement inexacte et les conclusions éthiques qu'il en tire sont frappées de la même inexactitude. Prenons le cas le plus simple, celui de la nutrition. A en croire Nietzsche, « le protoplasme étend ses pseudopodes pour chercher quelque chose qui lui résiste » ; il le fait « non point parce qu'il a faim, mais pour faire agir sa volonté de

---

1. *Volonté de puissance*, § 469.
2. *Volonté de puissance*, § 314.

puissance. Puis il fait la tentative de surmonter cette chose, de se l'approprier, de l'incorporer. Ce que l'on appelle nutrition n'est qu'une conséquence, une application de cette volonté primitive de devenir plus fort[1] ». Rolph avait considéré la faim, avec son insatiabilité, comme le moteur universel. Selon Nietzsche, « il n'est pas possible de considérer la faim comme *mobile premier*, tout aussi peu que la conservation de soi ». Il faut considérer la faim comme une *conséquence* de la nutrition inconsciente; par là même on affirme « que la faim résulte d'une volonté de puissance *qui ne sait plus se comporter en maître* ». « Il ne s'agit absolument pas (dans la faim) du rétablissement d'une perte; ce n'est que plus tard, par suite de la division du travail, après que la volonté de puissance eut appris à suivre de tout autres chemins pour se satisfaire, que le besoin d'assimilation de l'organisme en est *réduit* à la faim, au besoin de compensation pour ce qui a été perdu[2]. » Nietzsche a raison sans doute de rejeter la faim comme mobile universel, puisque la faim suppose la nutrition; il a raison aussi de rejeter la nutrition même comme mobile universel; mais celui qu'il propose est aussi inacceptable : vouloir exercer sa puissance pour l'exercer. La nutrition n'a pas pour objet la simple puissance; il est faux, au point de vue physiologique, qu'elle ne résulte pas du besoin de réparer des pertes en même temps que d'une affinité pour tout ce qui est assimilable et d'un désir subséquent de croissance.

L'interprétation de la génération que propose Nietzsche est également inexacte. On peut opposer au caractère égoïste et immoraliste de la génération les idées de Guyau sur la tendance de l'être à se dépasser par la génération, à vivre avec autrui et en autrui.

Un naturaliste italien, M. Angelo Crespi, a fait très justement remarquer que, étant donnée la loi de Leukart sur l'accroissement des cellules, l'hypothèse de Nietzsche sur la génération et l'amour pourrait, une fois corrigée, se concilier avec celle de Guyau; mais

1. *Volonté de puissance*, § 303.
2. § 303.

c'est cette dernière qui exprime le point de vue supérieur. Chaque masse vivante qui « assimile » augmente son volume d'après la loi des cubes, tandis que la surface d'assimilation ne s'augmente que d'après la loi des carrés. Il viendra donc un moment, dans la croissance, où la surface d'assimilation ne suffira plus pour l'égale nutrition de toutes les particules intérieures à la masse protoplasmique. Parmi ces particules, il y en aura qui seront dans des conditions favorables, d'autres qui n'y seront pas. Ces dernières, à cause du phagocytisme des premières, finiront par devenir leur proie. Les plus fortes cellules auront pu, de cette façon, rétablir l'équilibre nécessaire entre la surface d'assimilation et la masse à nourrir; elles deviendront des centres indépendants de vie et des êtres nouveaux. Ainsi il serait vrai que la fécondité n'est que de l'énergie biologique qui cherche à se dépenser, de la puissance vitale qui déborde. Ce qu'en termes généraux nous appelons l'altruisme serait d'abord le côté subjectif de ce qui, objectivement, est nécessité de multiplication pour les centres biologiques. Un seul centre, en effet, ne suffit pas à développer toute la puissance vitale que, dans chaque moment, l'équilibre instable des forces cosmiques rend possible et nécessaire. L'altruisme ne serait d'abord que le besoin d'être deux. L'amour à deux et les instincts sociaux seraient le côté subjectif de ce qui, objectivement, est affinité génétique et, jusqu'à un certain degré, similarité de composition himique et de structure morphologique. Par l'amour et la sympathie, les créatures vivantes, dans la mesure de leurs affinités psycho-organiques, reconnaîtraient leur unité primordiale. Ne pouvant être et se sentir une seule chose, parce que, dans ce cas, la vie elle-même sur la terre serait trop peu de chose et ne pourrait satisfaire aux présentes conditions d'équilibre dans la distribution de l'énergie cosmique, du moins elles s'efforcent de réaliser cette unité ou d'en approcher par la sociabilité. Les différentes conditions de vie, les différentes structures et fonctions qui en dérivent empêchent les divers groupes, ainsi que les individus qui leur appartiennent, de reconnaître leur unité génétique et de la réaliser par l'association; ce sont donc là des causes de luttes sans trêve. Mais, dans cette lutte, comme en témoigne tout le règne animal, la supériorité appartient à ceux qui, par leur intensité de vie et par leur variété de vie, c'est-à-dire par leur correspondance complète avec leurs semblables et avec le monde extérieur, peuvent le mieux réagir sur les conditions de leur vie et les égaliser chaque jour davantage avec celles de leurs semblables ; cette supériorité leur assure la victoire. Par cela même que s'élargissent chaque jour les bornes du règne de l'association, on voit se resserrer celles de la lutte. C'est là, tout au moins, un point-de-vue-limite. En même temps s'accroît, sur notre planète, la conscience que la nature prend de son unité dans sa multiplicité.

La lutte et la solidarité sont pour la science deux lois également naturelles. On ne peut donc soutenir avec Nietzsche qu'une seule soit valable. On ne peut non plus, de leur existence simultanée conclure qu'elles aient une égale valeur, même au point de vue purement naturel ou, si l'on veut, naturaliste. Il est possible que la nature nous montre l'une de ces lois se subordonnant peu à peu l'autre et tendant à la remplacer de plus en plus. Les bêtes fauves, adorées de Nietzsche, sont aussi naturelles sur le globe que l'humanité ; il n'en est pas moins vrai que l'humanité tend à remplacer partout les bêtes fauves. On peut donner des raisons *naturelles* pour que la substitution de l'homme au tigre ou à l'ours constitue un progrès naturel. L'éthique de la volonté de puissance et l'éthique de la solidarité doivent donc se compléter l'une l'autre. Elles trouvent, selon nous, leur unité dans l'éthique de la conscience de soi enveloppant autrui, que nous développerons plus tard dans notre *Morale des idées-forces*.

III. — Nécessité de dépasser les idées de vie et de puissance.

En son livre posthume, Nietzsche s'efforce d'opposer la volonté de puissance au « vouloir vivre » et de dépasser l'idée même de la vie. La vie, dit-il (p. 325-335), n'est « qu'un cas particulier de la volonté de puissance, et il est arbitraire d'affirmer que tout s'efforce de se manifester en cette forme spéciale de volonté ». Remarque excellente, qui réfute Nietzsche par lui-même et réduit le côté proprement biologique de ce que nous appelons vivre à sa vraie valeur, c'est-à-dire à une valeur *partielle, particulière, subordonnée.* Mais alors, comment Nietzsche maintient-il avec tant de persévérance dans ce même ouvrage, en épistémologie comme en morale, son point de vue biologique et exclusivement biologique, qui ramène la vérité à l'utilité pour la vie, la moralité à cette même utilité?« Toute la vie consciente », dit-il, expressément, « quand elle n'est pas un luxe, travaille pour le plus grand perfectionnement possible des moyens des fonctions animales fondamentales (moyens de nutrition et de croissance) ». A cette réduction de toute notre activité aux fonctions motrices et reproductrices on peut opposer, en le prenant dans le sens où *nous* l'avions pris nous-même, le principe d'expansion mis en avant par Nietzsche. Si l'expansion de la puissance que nous avons décrite dans *La liberté et le déterminisme* n'a pas nécessairement pour forme et pour unique objet la vie (ce que Nietzsche admet contre Schopenhauer), si nous pouvons, nous hommes, par notre pensée et ses idées, concevoir pour la puissance d'autres manifestations possibles, pourquoi notre propre puissance serait-elle bornée à ce que notre pensée dépasse? Pourquoi notre *idée* d'autre chose que les fonctions vitales ne serait-elle pas comme nous l'avons démontré, une puissance, une *force* capable de nous faire dépasser et *surmonter* les fonctions vitales, surtout les fonctions égoïstes et concentrées sur le moi? Un pouvoir indéfini de se surpasser sans cesse, tel que nous l'avions admis, tel que Nietzsche l'admet à son tour, déborde manifestement la nutrition et la reproduction.

Selon Nietzsche, pourtant, c'est « le corps », c'est « la chair » qui ont l'importance : « le restant est une petite adjonction. Continuer à tisser la toile de la vie, de façon *à ce que le fil devienne de plus en plus puissant* (Nietzsche souligne), voilà la tâche. » Mais voyez, ajoute-t-il, « comme le cœur, l'âme, la vertu, l'esprit se conjurent littéralement pour retourner cette tâche essentielle, comme si c'était *eux* qui fussent le but! La dégénérescence de la vie dépend essentiellement de l'extraordinaire faculté d'erreur de la conscience : celle-ci est très peu tenue en bride par les instincts et se méprend par conséquent de la façon la plus aisée et la plus familière[1]. » Dans cette page d'un matérialisme « charnel » où tout est réduit à la vie et où la vie est réduite à augmenter la force du fil qu'elle tisse, Nietzsche ne s'aperçoit pas qu'il revient de la volonté de puissance au simple vouloir-vivre de Schopenhauer, par lui rejeté, et même à l'effort pour être un bon animal, que Spencer avait mis en avant. Est-ce que le *cœur* et l'*esprit* ne sont pas aussi des *puissances* ; est-ce que la *conscience* n'est pas aussi une *puissance* ? Est-ce que, en préférant certaines choses d'ordre intellectuel, moral, social, au simple souci de la chair et du corps, la conscience ne se fraie pas une voie vers une *puissance* d'ordre supérieur ? Dès lors, au point de vue même de Nietzsche, la conscience ne se « méprend » pas d'une façon si foncière. C'est Nietzsche qui se méprend, lui, en voulant tout ramener à une seule des formes de la puissance, toujours avide de se dépasser ; et il choisit, comme Épicure, la forme la plus inférieure, la « chair » ; pourquoi ne va-t-il pas, avec Épicure, jusqu'à dire : le ventre ? « Le reste est une petite adjonction. »

« Ce n'est pas l'augmentation de la conscience qui est le but, reprend Nietzsche, mais l'élévation de la puissance, dans laquelle élévation l'utilité de la conscience est comprise ; il en est de même du plaisir et du déplaisir. Il ne faut pas considérer de simples moyens comme des valeurs supérieures (par exemple des états de la conscience tels que la douleur et le plaisir, quand la conscience elle-même n'est qu'un moyen[2]. » Ainsi raisonne notre amoraliste ; lui qui s'est moqué des cause-finaliers, il ne voit pas qu'il est lui-même un cause-finalier en s'imaginant que l'être poursuit la puissance pour la seule fin de la puissance, sans tenir ni à jouir de cette puissance ni à en avoir conscience. Si l'être ne sent rien de ce qu'il *peut* et ne sait pas *ce* qu'il peut, s'il n'en a ni conscience ni perception, le voilà bien avancé ! Il est comme un canon qui pourrait en-

1. *Volonté de puissance*, § 314.
2. *Volonté de puissance*, § 316.

voyer un boulet à vingt kilomètres, mais n'en saurait rien et vomirait machinalement feu et fumée.

On peut enfermer Nietzsche et ses disciples contemporains dans un triple dilemme d'où nous les mettons au défi de sortir. Ou la volonté de puissance et de force est une formule abstraite ; et alors, bonne à tout, elle n'est bonne à rien et n'explique rien. Ou elle désigne des rapports concrets et observables ; mais alors, nous l'avons vu, il est anti-scientifique de prétendre que tous les rapports expérimentaux soient réductibles à des rapports de puissance ou à des recherches de puissance ; c'est biffer d'un trait de plume les trois quarts de la réalité, les trois quarts des relations réelles que l'expérience découvre. L'ivrogne qui s'enivre ne songe pas à la puissance, même inconsciemment, et l'ivresse n'est pas un rapport de puissance ; le débauché aux bras de la courtisane ne recherche pas la puissance ou la domination, mais le plaisir ; la sympathie pour les malheureux, nous l'avons montré, n'est pas un instinct de domination ; ni la honte, ni la pudeur, ni la modestie, etc. Tout peut sans doute se falsifier et se sophistiquer, nos sentiments comme le reste : Nietzsche y excelle ; on peut d'ailleurs trouver partout un réel élément de bassesse à côté des germes de grandeur ; ce n'est pas une raison pour tout confondre en une prétendue faim de puissance et de force à laquelle tous les êtres se borneraient aveuglément et stupidement, au lieu d'élargir leur horizon et leur activité, au lieu de « surmonter la puissance » comme tout le reste.

Un second dilemme fondamental où nous enfermons Nietzsche et ses disciples, c'est celui qui concerne la *vérité*. Ou « rien n'est vrai » et la vérité n'est que notre « optique biologique », et alors, il n'y a pas même de rapports d'utilité vitale et de puissance qui soient vrais, relativement vrais et déterminables. De plus, s'il n'y a rien de vrai, pourquoi le chaos des phénomènes se plie-t-il à notre optique ? Pourquoi les rayons de Wéga ou d'Antarès laissent-ils décomposer leur spectre, de façon à nous révéler la constitution chimique d'étoiles étrangères à notre « vie », parfaitement indifférentes à notre » optique » ? Ou il y a des rapports relativement vrais, indépendamment de nos sensations, et alors notre optique animale ou humaine n'est plus la mesure de toutes choses. Le progrès des sciences est la quotidienne réfutation du subjectivisme absolu de Protagoras et même de ce subjectivisme relatif qui fait la première assise du kantisme.

Enfin le troisième dilemme où nous enfermons Nietzsche n'est pas moins insoluble. Ou « tout est permis », et alors il n'y a pas lieu d'établir des « échelles de valeurs », même relatives, biologiquement *utilitaires*, ou biologiquement *dynamiques*; ou il y a vraiment des rapports de puissance, d'intelligence, de sensibilité qui sont plus ou moins dans le sens de la « vie *montante* », non « descendante », dans le sens de l'expansion du réel, non de sa « décadence »; et alors tout n'est pas équivalent pour la volonté d'un être intelligent, capable de déterminer et d'apprécier ces rapports. Comme le scepticisme absolu, l'amoralisme absolu devrait se renfermer dans l'absolu silence; il ne devrait prononcer ni aucun jugement de vérité, ni aucun jugement d'utilité, ni aucun jugement de valeur dynamique; encore moins devrait-il s'enthousiasmer jusqu'au délire, comme Zarathoustra, pour l'idéal du surhomme.

Les disciples les plus récents de Nietzsche se débattent dans ces trois difficultés inextricables et ils n'en paraissent sortir qu'à la faveur de l'ambiguïté des termes. « L'effort humain en vue d'inventer une valeur supérieure à la force, a dit un partisan français de Nietzsche, se résume, en définitive, en un déguisement de la force sous des apparences de nom contraire. L'œuvre de Nietzsche atteint entièrement le but qu'elle s'est fixé. Elle fait voir qu'il n'est pas de force au-dessus de la force et que là où avec le monde moral, un principe différent semble triompher, on ne découvre à l'analyse qu'un état masqué de la force[1]. » Nous ne saurions admettre cette réduction de toutes choses à la force, à moins qu'on ne prenne le mot force en un sens qui y fasse tout rentrer: force intellectuelle, force morale, etc., etc. Ce sont les nietzschéens qui « déguisent » des choses différentes sous les apparences d'un « nom »

---

[1]. M. Jules de Gaultier, *Nietzsche et la croyance idéologique*. Revue des Idées, 15 septembre 1904.

semblable : la force. S'il faut en croire le même ingénieux commentateur de Nietzsche, « dès que, pour expliquer la vie, on supprime tout recours possible à un principe téléologique situé en dehors d'elle, — soit dans la divinité, soit en une idée pure de la raison, forme déguisée de la divinité, — il reste que la vie ne peut se *différencier* d'elle-même, ne peut *évoluer* et *progresser* que par accumulation de sa propre substance, en vertu d'un principe de force créateur de toute diversité, de toute existence, de toute moralité et de toute beauté[1]. » C'est précisément, si on le prend en un bon sens, ce que nous avions soutenu dans la *Liberté et le déterminisme* et dans la *Critique des systèmes de morale contemporains*. Mais il n'en résulte pas que la force créatrice de toute moralité et de toute beauté soit uniquement volonté de *puissance* : elle est volonté de l'idéal, elle est idée-force. Un autre nietzschéen dit à son tour que, « en dehors des anciens impératifs et des anciennes téléologies, il n'y a de recours que dans un principe de *force* créateur de toutes les *énergies* et de toutes les *formes* de la vie[2]. » Cela est certain : en dehors du transcendant, il n'y a que l'immanent, et, dans l'immanent, il faut un principe d'existence et de développement capable d'expliquer les caractères de l'existence et de son développement. Mais la question est toujours de savoir si l'on explique quelque chose par la seule formule : volonté de « puissance », ou de « force », ou de « vie ». On expliquera ainsi, peut-être, les « énergies » de la vie, mais par une tautologie manifeste : la puissance explique les puissances, la force les forces, l'énergie les énergies. On ajoute : « les *formes* » de la vie, on ajoute : « la beauté », on ajoute même : « toute moralité ». C'est ici que Nietzsche et ses disciples sont réduits à une impuissance absolue, à un amoralisme absolu, tant qu'ils n'introduisent pas dans leur puissance primitive et universelle un principe d'intelligence et même d'amour, des idées-forces et des sentiments-forces. Chez les disciples comme chez le maître, la prétendue explication par une volonté de puissance demeure verbale et ne se nourrit que d'elle-même.

1. J. de Gaultier, *Flegrea* du 20 novembre 1901, p. 345.
2. Palante, *Revue philosophique*, juillet 1903, p. 97.

IV. — Les conséquences amoralistes de la volonté de puissance.

La conséquence nécessaire de l'amoralisme, c'est qu'il ne faut rien « condamner ». Nietzsche s'appuie ici sur le fatalisme et le déterminisme universels. Selon lui, dans le monde réel, « où tout s'enchaîne et se limite absolument », c'est-à-dire où le déterminisme règne, « *condamner* quelque chose et l'*éloigner* en imagination, ce serait tout éloigner et tout condamner ». Condamner un parricide, par exemple, ce serait condamner la nature entière. « Le mot : — Cela ne devrait pas être, il n'aurait pas dû en être ainsi, — est une farce. » Il est absurde, selon Nietzsche d'imaginer par exemple les conséquences qui se seraient produites s'il n'y avait pas eu tel parricide ; « on détruirait la source de la vie, si l'on voulait supprimer ce qui, dans un sens ou dans un autre, est *dangereux, destructeur*[1]. » Par là Nietzsche revient non pas seulement au déterminisme, contre lequel il lance ailleurs des flèches mal aiguisées, mais au fatalisme le plus absolu, tel que celui de Spinoza, pour lequel il n'y a rien de vil dans la maison de Jupiter. Il revient même à l'argument paresseux du fatalisme mahométan. Vouloir supprimer ou fuir ce qui est dangereux pour la vie, comme la peste, c'est vouloir « détruire la source de la vie » ; accueillons donc la peste, accueillons-la sans prétendre « l'écarter » ni en imagination, ni en action.

« Nous voyons », conclut Nietzsche après avoir exposé une fois de plus dans toute son ingénuité l'antique λόγος ἀργός, « nous voyons comment la morale *empoisonne* toute la conception du monde ». Il aurait dû ajouter : — Nous voyons comment la médecine empoisonne toute la conception du monde en voulant nous donner des contre-poisons, en croyant que tel homme « *ne devrait pas* » mourir, que telle maladie infectieuse « ne devrait pas être ». D'ailleurs, puisqu'il ne faut jamais dire qu'une chose ne devrait pas être, il ne faut pas dire non plus, comme Nietzsche, que la morale ne

---

1. *Volonté de puissance*, § 288.

devrait pas être. Condamner la condamnation qu'elle fait d'une partie du monde, celle où l'homme vit et souffre, celle où il fait souffrir autrui, ce serait, selon les principes mêmes de Nietzsche, condamner une des conséquences du monde et se révolter contre le Tout, à laquelle la morale elle-même est indissolublement liée.

La philosophie amoraliste, à en croire Nietzsche, produit un optimisme conscient se fait, d'abord « plus nihiliste que le nihilisme actuel », elle pousse le nihilisme à ses plus extrêmes conséquences ; mais ce n'est pas pour y rester, c'est pour en sortir. Elle ne peut pas « s'arrêter à un *non*, à une négation, à la volonté de la négation ». Elle veut plutôt pénétrer jusqu'au contraire, « jusqu'à une *affirmation* dionysienne du monde *tel qu'il est*, sans défalcation, sans exception et sans choix : elle veut l'éternel mouvement circulaire, les mêmes choses, le même illogisme de l'enchaînement. » Tel est « l'état supérieur qu'une philosophie puisse atteindre : être dionysien en face de l'existence. Ma formule pour cela est *amor fati*[1] ». Gœthe approche parfois de cet état ; aussi Nietzsche veut-il à son tour jeter sur le monde tel qu'il est « un regard gœthien, un regard plein d'amour et de bonne volonté » : c'est par là qu'il « surmonte le pessimisme ». Il le surmonte en déclarant que le pire des mondes est le meilleur des mondes ; en disant oui et tant mieux à la souffrance, à la mort, au vice et au crime, cette mort morale. Grâce à l'ivresse dionysienne, sans rien changer à ce qu'il constate de maux dans le monde, le pessimisme se transforme en optimisme absolu. Nietzsche ne se contente plus de dire comme le stoïque : douleur, tu n'es pas un mal, il dit : douleur, tu es un bien parce que tu résultes du tout, qui d'ailleurs n'a ni fin, ni but, ni sens.

Nietzsche ne voit pas qu'en disant oui au monde, au mal, à la douleur, il tombe aussi bien que les autres dans le vice de vouloir *évaluer* ce qui est. Dire oui, c'est évaluer aussi bien que dire non. « Une critique de l'*être*, basée sur UNE quelconque de ses valeurs, est quelque chose d'insensé et d'incompréhensible ; en admettant même qu'un procès de destruction s'y introduit, ce procès sera encore *au service de*

---

1. *Volonté de puissance*, § 476.

cette volonté¹. » « *Évaluer l'être lui-même!* mais cette évaluation fait encore partie de l'être —, et, en disant non, nous *faisons* encore ce que nous *sommes*... » — Eh bien, répliquerons-nous, en disant oui, ne *faisons-nous* pas encore ce que nous *sommes* et conformément à ce que nous sommes ? — « Il faut se rendre compte de *l'absurdité* de cette attitude qui veut juger l'existence, et chercher à deviner encore ensuite de quoi il retourne. C'est symptomatique. » — Mais vous, en approuvant l'existence, en donnant au *fatum* votre *amor*, en disant *oui* à toutes choses, vous jugez l'existence, vous la jugez bonne, soit en elle-même, soit pour vous ; vous êtes bien plus illogique que celui qui dit : — Je souffre, donc il y a du mal dans le monde, au moins pour moi. Vous, vous dites : je souffre, donc tout est bien. Cette ivresse, dionysienne ou non, est, comme toute ivresse, une sorte de démence. Je veux bien que ce soit aussi une poésie et une religion, comme celle d'Orphée et des bacchantes ; à coup sûr, ce n'est pas une philosophie².

1. *Volonté de puissance*, § 309.
2. Nietzsche, qui traite de charlatans les romantiques et Wagner, pratique un charlatanisme plus ou moins inconscient. Artiste et poète, il avait blâmé avec raison dans le romantisme « le faux renforcement », ce « continuel *espressivo* » qui, disait-il, n'est pas un signe de force, mais d'indigence*. Que fait-il lui-même en philosophie, sinon de tout « renforcer », exagérer, pousser à l'extrême, — signe d' « indigence » intellectuelle ? — La passion, disait-il encore, à laquelle les romantiques ont sans cesse recours, est « affaire des nerfs et des âmes fatiguées ». Le grand art, l'art classique est calme et serein. S'il en est ainsi, la philosophie de Nietzsche n'est pas plus le grand art que la grande science. Le grand art est « le besoin de quelque chose qui se trouve au delà des passions ». Mais qui fut plus passionné que Nietzsche contre la morale ? Qui mit plus de « nerfs » dans ses attaques contre la bonté, la pitié et la justice ? Frénétique en philosophie, jamais il n'habita les temples sereins des sages, jamais sa pensée n'éprouva le besoin de quelque chose « qui se trouve au delà des passions ». Il fut, en psychologie et en morale, le dernier des romantiques. Ne représente-t-il pas lui-même éloquemment le « livre parfait », c'est-à-dire le sien, comme un « monologue idéal et passionné, où tout ce qui a une apparence savante est absorbé dans les profondeurs, comme une espèce de *mémoires* de la pensée, où les choses les plus abstraites sont dites « de la façon la plus corporelle et la plus sanglante » ? Nietzsche prétend ainsi « surmonter la démonstration, être absolument personnel* ». C'est un merveilleux idéal du lyrisme, non la méthode de la science et de la philosophie. Pour le philosophe et le savant, il serait trop commode de « surmonter les démonstrations » ; cela est bon pour les mystiques, comme pour les poètes et prophètes.

* *Volonté de puissance*, préface, trad. fr., p. 19.

CHAPITRE IV

PRÉTENDU PROGRÈS DE LA PENSÉE MODERNE ET FUTURE VERS L'AMORALISME

Dans la *Volonté de puissance*, Nietzsche décrit à sa manière le progrès de la pensée moderne vers l'éthique de l'égoïsme radical et vers l'amoralisme. On vit d'abord, selon lui, les instincts égoïstes, méchants, féroces, orgueilleux et voluptueux, bref, « tous les instincts calomniés » chercher, eux aussi, « à obtenir un *droit* (par exemple la réforme de Luther) ». Plus tard, les instincts appelés immoraux cherchèrent à « démontrer » qu'ils sont nécessaires, car « autrement les instincts altruistes ne seraient pas possibles : il faut *vivre* pour *vivre pour autrui* ». Système naïf, et dont Nietzsche ne semble pas voir le côté sophistique. On pourrait lui répondre : — Si « vivre pour les autres hommes implique vivre, vivre n'implique pas attaquer les autres hommes ». La pensée humaine, continue-t-il, alla plus loin encore. Les utilitaires firent un effort pour « conférer un droit d'existence tant aux impulsions égoïstes qu'aux impulsions altruistes[1] ». Ils firent même un pas de plus avec Bentham : ils représentèrent les instincts égoïstes comme « utiles à l'humanité pour le bonheur du plus grand nombre ». Puis vient le système de Guyau, que Nietzsche, on le sait, avait commenté dans ses annotations marginales à l'exemplaire de l'*Esquisse d'une morale sans obligation ni sanction*. « On cherche, dit-il, à concilier la façon d'agir altruiste avec le *naturel*; on cherche le courant altruiste *à la base de la vie*; on considère l'égoïsme et l'altruisme comme également

---

1. *Volonté de puissance*, § 23.

fondés dans l'essence même de la vie et de la nature. »
C'est proprement la thèse de l'*Esquisse d'une morale
sans obligation ni sanction*, et Nietzsche la formule en
termes précis. Après le système de Guyau vient logiquement celui de Spencer, plus utopique au gré de
Nietzsche. On rêve, dit Nietzsche, « la disparition de
l'antinomie dans un avenir quelconque, où, par une
adaptation continuelle, ce qui est égoïste sera en même
temps altruiste ». Enfin arrive Nietzsche, qui seul
dévoile l'énigme : — « On comprend, dit-il, que les
actions altruistes ne sont qu'une catégorie des actions
égoïstes. » — La Rochefoucauld et Helvétius l'avaient
déjà dit, ce semble, avant Zarathoustra, mais Nietzsche
oublie ses devanciers en psychologie. Quant à la
morale, d'après son *origine* psychologique, dit Nietzsche,
elle *est* « *la somme des conditions d'existence* d'une
espèce d'hommes *pauvre* et *mal venue* ». Celle-ci peut
d'ailleurs être le grand nombre, « de là le *danger* de la
morale ». Chez qui, en effet, la morale a-t-elle protégé
l'existence contre le désespoir et le saut dans le néant ?
« Chez les hommes et les classes qui étaient violentés
et opprimés par d'autres hommes »; car, ajoute Nietzsche
(sans en faire la preuve), « c'est l'impuissance en face
des hommes et non pas l'impuissance en face de la nature qui produit l'amer désespoir de vivre ». La morale
« a traité en ennemis les hommes autoritaires et violents, les maîtres en général, contre lesquels le simple
devait être protégé, c'est-à-dire avant tout *encouragé* et
fortifié ». Par conséquent, la morale a enseigné à *haïr*
et à *mépriser* ce qui forme le trait de caractère fondamental des dominateurs : *leur volonté de puissance*. Qu'une
psychologie plus savante parvienne aujourd'hui à supprimer, à nier, à décomposer cette morale, et le philosophe arrivera à regarder « l'instinct le plus haï avec un
sentiment et une évaluation *contraires* » : il admirera ce
qu'on haïssait. Certes, si l'opprimé, si celui qui souffre
« perdait la croyance en son *droit* à mépriser la volonté
de puissance, sa situation serait désespérée »; et cependant, selon Nietzsche, la volonté de puissance n'est
que « dissimulée dans la volonté morale elle-même[1] ».

1. *Volonté de puissance*, § 10, trad. fr., p. 49.

Dans la volonté immorale, elle éclate telle qu'elle est, telle qu'il vaut mieux qu'elle soit. L'amoralisme est devenu immoralisme : l'immoral est vraiment le *bon*.

L'intention de Nietzsche, à l'opposé du christianisme et de tous les moralistes, c'est, il le déclare expressément (*Volonté de puissance,* § 413), de montrer par la psychologie la réelle amoralité, conséquemment, « l'*homogénéité absolue* de tout ce qui arrive et de ne prêter à la différenciation morale qu'une valeur de perspective ». Il soutient, comme il le dit encore lui-même, « que tout ce qui est loué comme moral est identique », par son essence psychologique, à tout ce qui est immoral et n'a été rendu possible, « comme toute amplification de la morale », que « par des moyens *immoraux* et en vue de fins immorales ». Bien plus encore, il veut démontrer « comment tout ce qui est décrié comme immoral est, au point de vue économique, supérieur et essentiel » ; comment l'évolution vers une plus grande abondance de vie a aussi « pour condition nécessaire le progrès de l'immoralité ». L'amoralisme se change ainsi chez Nietzsche en immoralisme. A l'en croire, c'est là « son chemin nouveau qui mène au *oui* ». — La philosophie, telle que je l'ai vécue et entendue jusqu'à présent, dit-il, est « la recherche volontaire des côtés les plus détestés et les plus infâmes ». Descendant dans l'âme humaine, Nietzsche y a cherché tout ce qui y grouille de brutal, de haineux, de vicieux, pour y reconnaître les forces vives et fécondes prêtes au déploiement de la puissance. Avec la longue expérience que lui a procurée une telle pérégrination « à travers les glaces et le désert », il croit pouvoir « regarder d'un autre œil, d'un œil nouveau tout ce qui avait philosophé avant lui. » Il croit pénétrer l'histoire cachée de la philosophie ; il croit voir surgir à la lumière la vraie psychologie des *grands noms*. « Combien de vérité *supporte*, combien de vérité *ose* un esprit ? » La réponse à cette question lui donne la mesure de la valeur des philosophes. « L'erreur », dit-il, avec une éloquence généreuse, oubliant qu'il a combattu lui-même le culte du vrai, « l'erreur est une *lâcheté* ; toute conquête de la connaissance provient du courage, de la dureté à l'égard de soi-même. » C'est donc par courage et par culte du vrai qu'il analyse et combat les instincts de bonté, de pitié, d'amour pour les hommes ; c'est par dureté envers soi qu'il devient dur pour autrui. Il regarde la nature humaine en face et y découvre les forces méchantes, diaboliques, qui lui semblent avoir droit à l'existence autant et plus que les forces bienfaisantes et divines. « Une pareille *philosophie expérimentale*, dit-il, telle que je l'ai vécue, anticipe même, à l'essai, les possibilités du *nihilisme par principe*[1]. »

Descendons, avec Nietzsche, les spirales de cet enfer où à l'en croire, l'avenir trouvera la vraie vérité, le vrai et seul paradis. C'est d'une « *erreur psychologique* » que, selon Nietzsche, est sortie l'*opposition* entre les idées « moral » et « immoral ». Le « désintéressement », l'« altruisme », le « renoncement à soi », tout cela est irréel et imaginaire. On trouve d'abord dans ces vieilles conceptions « un dogmatisme erroné par rapport à l'« ego ». Celui-ci « est pris au point de vue *atomique,* dans une fausse opposition avec le non-moi ». De plus, dans les antiques conceptions morales, le *moi* est dégagé du *devenir*, « comme quelque chose qui *est* ». Il y a là, selon Nietzsche, une « *fausse substantialisation du moi* », laquelle, par la croyance à l'immortalité personnelle, est mise au rang des « articles de foi », principalement sous la pression de la discipline religieuse et morale. Après avoir opéré cette séparation artificielle du moi d'avec le reste, « cette déclaration d'autonomie du *moi* », la pensée humaine a trouvé devant soi une « contradiction de valeurs qui semblait irréductible : celle du moi individuel et du « *non-moi* ». Il sembla alors évident que la valeur du moi individuel ne pouvait résider que dans son rapport avec l'énorme non-moi, à quoi il se subordonnait pour n'exister qu'à cause de lui. « Là les *instincts de troupeau* étaient déterminants : rien ne s'oppose à ces instincts plus que la souveraineté de l'individu. » Quand on admet, comme Kant, que le moi existe en tant que chose en soi, on est entraîné à croire qu'il faut précisément que sa valeur « réside dans la négation de soi[1] ». Or, au contraire, dans quelles actions l'homme s'*affirme-t-il* le plus for-

1. *Volonté de puissance*, trad. fr., p. 138.

tement : « Dans les actions dites mauvaises. » C'est donc « autour de ces actions (de sexualité, d'avidité, d'ambition, de cruauté, etc.), que l'on a accumulé les anathèmes, la haine, le mépris ». On *croyait* qu'il existait des instincts non-égoïstes, « on *réprouva* tous les instincts égoïstes, on exigea tous ceux qui étaient altruistes ». Que fit-on en conséquence ? On mit au ban tous les instincts les plus « rigoureux », les plus « naturels », mieux encore, les « seuls instincts *réels* ». Il fallut, dès lors, pour qu'un acte devînt louable, y *nier* la présence de pareils instincts : « *énorme* falsification psychologique. » Toute espèce de « contentement de soi », pour se rendre possible, dut se faire faussement interpréter *sub specie boni,* sous les apparences du bien moral.

À la fin de ce processus, nous nous trouvons en présence, selon Nietzsche : 1° d'une fausse conception de l'individu et de son indépendance sous forme d'atome : 2° d'une appréciation de troupeau, « qui condamne le désir de rester atome et y voit un côté d'inimitié ». 3° La conséquence, c'est la victoire que les moralistes remportaient sur l'individu « par le déplacement de son but ». 4° Dès lors, il semblait y avoir « des actions qui se niaient elles-mêmes, les actions vertueuses ». On imagina autour d'elles toute une « sphère de contradictions »; par exemple, le prêtre et le philosophe surent montrer, d'une façon subtile et avec beaucoup de sagacité psychologique, « comment, malgré tout, l'égoïsme règne partout ». Conclusion chrétienne : « Tout est péché, même nos vertus. L'homme est absolument mauvais. L'action désintéressée *n'est pas possible*. Péché originel ! » Bref, après avoir mis ses instincts en contradiction avec un monde purement imaginaire du bien, l'homme finit par le mépris de soi et devient incapable de se livrer à ces actes vraiment « bons » qu'il avait précisément imaginés pour s'y livrer. Avec le christianisme, d'ailleurs, « il y a *progrès* dans l'affinement du regard psychologique » : témoin La Rochefoucauld, témoin Pascal. Le christianisme a compris « *l'identité complète des actions humaines* et leur égalité de valeur dans les grandes lignes (elles sont toutes immorales) ». Le christianisme se mit donc sérieusement à former « des hommes en qui l'égoïsme serait tué : — les *prêtres*, les *saints* ». Lors même que l'on doutait de la possibilité de devenir « parfait », on ne doutait pas de la *connaissance* de ce qui « est parfait ». La psychologie du saint, du prêtre, de l' « homme bon » devint naturellement « une pure fantasmagorie ». On avait déclaré *mauvais* « les motifs réels d'agir », les passions égoïstes; il fallut donc, pour pouvoir agir encore, pour pouvoir ordonner à l'homme des actions, « décrire comme possibles des actions qui n'étaient pas possibles du tout, et les sanctifier en quelque sorte ». C'est ainsi qu'on sanctifia les actes désintéressés, altruistes, charitables. Le moment est venu de brûler ce qu'on avait adoré, d'adorer ce qu'on avait brûlé.

Selon nous, toute cette histoire psychologique et cette justification de l'amoralisme constituent une série de sophismes. En premier lieu, il n'y a pas « homogénéité absolue », mais simplement relative, entre l'acte de jeter quelqu'un à l'eau par vengeance et l'acte de tirer quelqu'un de l'eau par dévouement. Les deux *intentions* sont inverses. Et si l'amoraliste répète une fois de plus que celui qui se dévoue se dévoue encore à son moi, en ce sens qu'il se dévoue à une idée par lui conçue et aimée, ce paradoxe n'établit l'homogénéité qu'au moyen du mot vague *moi*, en profitant de ce que nous ne pouvons pas cesser d'être nous-mêmes, agir sans notre moi, plus ou moins ouvert ou fermé. Il n'en reste pas moins vrai que l'humanité établira toujours une différence entre le moi qui sacrifie les autres à soi et le moi qui se sacrifie lui-même aux autres. De là la condamnation de l'éthique amoraliste.

En second lieu, Nietzsche s'efforce vainement d'établir une identité de valeur entre les actes bons et mauvais, en les rattachant à une même énergie de puissance initiale. Tournant à l'envers ce que Guyau avait montré, à savoir que le degré qu'on met à aimer, à se dépenser donne une preuve du degré de la *puissance* individuelle et de la personnalité, Nietzsche en conclut psychologiquement l'égoïsme des actions altruistes, preuve à ses yeux de leur amoralité et même de leur immoralité. Il faut beaucoup de *puissance* sur soi pour accomplir son serment à la manière de Régulus et revenir se faire torturer par les Carthaginois ; il faut avoir pour cela une *personnalité* énergique et haute : donc, pour le psychologue, les Régulus sont identiques aux Catilina et aux Caligula ; ils sont tous amoraux. Tel est l'argument dont Nietzsche revendique l'invention. Voyez plutôt la conclusion qu'il tire de ce que la bonté exige puissance et personnalité : « En *rendant l'homme plus méchant*, dit-il, *on le rend en même temps meilleur* (c'est lui qui souligne triomphalement) et l'on ne saurait être l'un sans être l'autre en même temps. Conclusion : il n'existe que des intentions et des actes immoraux : ceux que l'on prétend être moraux sont, en réalité, des immoralités[1]. » Raisonnement aussi élégant que celui d'un géomètre qui dirait : l'isocèle et le scalène sont également des triangles, donc ils sont identiques ; les grandes vertus et les grands crimes exigent de la puissance et de la volonté personnelle (ce qui est une banalité), donc ils sont identiques (ce qui est une insanité). Presque tous les arguments de Nietzsche se ramènent à ce type. Selon lui, « les actes d'amour, d'héroïsme sont si peu *désintéressés* qu'ils sont justement la *preuve* d'un moi très fort et très riche[2] ». Ainsi, de ce que la source d'où les actions jaillissent est forte et riche, Nietzsche conclut derechef que leurs directions finales, — vers moi ou vers autrui, — sont identiques. La main qui m'attaque et la main qui me défend contre une attaque sont la même main et la même « puissance » : donc m'attaquer et me défendre sont un. De ce qu'un grand bienfaiteur des hommes a une nature forte, une richesse de cœur et de volonté surabondante, — fait que Guyau avait mis en lumière avant Nietzsche, et bien mieux que lui, — Nietzsche conclut, juste à l'opposé de Guyau, que le don à autrui d'un moi abondant et riche est de l'égoïsme. Comme si on pouvait donner ce qu'on n'a pas, donner beaucoup sans avoir beaucoup, sans être riche de cœur, riche aussi de pensées par la conception d'un idéal supérieur ! Que les *pauvres* de cœur ne soient pas « libres d'abandonner

---

1. *Volonté de puissance*, § 347.
2. § 455.

rien d'eux-mêmes », tant ils sont réduits à leur *moi chétif*, c'est encore ce que Guyau avait montré ; mais comment en conclure que la libéralité d'une grande âme soit de l'avarice et de l'égoïsme ?

La raison dernière que Nietzsche en donne nous dévoile une fois de plus son aveuglement systématique, la fascination maladive qu'exerce sur lui l'idée de *puissance*. En effet, s'il faut l'en croire, « ce n'est pas de *se sacrifier* qui est le but », mais c'est, par un simple déploiement de puissance et d'activité, « de *faire aboutir* des fins dont les conséquences ne vous inquiètent pas, à cause de la confiance que l'on a en soi-même, des fins qui vous sont *indifférentes*[1] ». — Si donc, pour reprendre le plus banal et le plus glorieux des exemples, un d'Assas crie au prix de sa vie, c'est que la *fin*, qui est le salut de l'armée et de la patrie, lui est *indifférente* ; il crie simplement pour exercer ses poumons, ou pour exercer sa volonté de puissance sur soi et sur autrui ; il crie par une vigueur de caractère et une générosité de cœur qui sont la plus flagrante preuve d'égoïsme ! « Psychologie des actes que l'on appelle non égoïstes », conclut notre nouveau Gorgias : « en réalité ils sont réglés strictement par l'instinct de conservation ». C'est pour se conserver que d'Assas meurt.

En troisième lieu, Nietzsche a prétendu prouver que « ce qui est loué comme moral », par exemple le dévouement, est au fond immoral, n'ayant été « rendu possible que par des moyens immoraux en vue de fins immorales » ; cette prétention, à nos yeux, est une nouvelle erreur. Où sont les fins immorales et les moyens immoraux d'un acte de bonté, d'amour, de sacrifice ? Qu'y a-t-il d'immoral en soi à être juste et à souffrir plutôt que de léser autrui ? Comment, sinon par un tour de passe-passe, identifier ici les contraires ? « La morale, dit Nietzsche, est tout aussi immorale que toute autre chose sur la terre ; la moralité elle-même est une forme de l'immoralité. » Et il s'extasie devant « le grand soulagement que procure cette conviction ». Lui qui s'est tant raillé du besoin d'unité que l'homme éprouve, du besoin humain de simplifier la

---

1. *Volonté de puissance*, trad. fr., Appendice, p. 310.

complexité infinie, il admire le résultat « unifiant » de la réduction du moral à l'immoral : « La contradiction, dit-il, disparaît dans les choses, l'unité qu'il y a dans tout ce qui arrive est *sauvée* (c'est lui qui souligne). » Ce salut par l'unité est aussi raisonnable que l'opinion qui soutiendrait que, dans le monde, il y a partout souffrance sans un atome de joie, afin de sauver la contradiction de la souffrance et de la joie et de sauver aussi « l'unité de tout ce qui arrive ».

En quatrième lieu, l'idée que Nietzsche se fait du progrès et de la décadence est fausse. On peut lui accorder que le progrès a lieu vers une plus grande abondance de vie. Mais que, par cela même ce soit un progrès vers l'immoralité, voilà encore une conception déséquilibrée. Malgré certains maux transitoires qu'entraîne la complexité d'une civilisation encore imparfaite, nous ne voyons nullement que le civilisé dépasse le sauvage cannibale en immoralité : ces déclarations à la Rousseau ne sont plus de mise pour les psychologues modernes. En se compliquant, la vie sociale donne occasion à plus de fautes variées, comme le soutient M. Durkheim; mais elle donne lieu aussi à un plus grand nombre d'actes honnêtes et bons. Nietzsche s'imagine-t-il qu'il a fait la balance exacte des uns et des autres et que le résidu est une croissante immoralité, une croissante injustice, une croissante férocité, une croissante haine, etc. ? Enfin, pourquoi abuser de nouveau ici du sens ambigu de « *vie* » et « *abondance de vie* » ? Il y a vie animale et vie humaine, vie matérielle et vie intellectuelle ou morale. En admettant que la civilisation rende plus précaire et plus courte la vie animale de l'homme (ce qui n'est pas), il n'en résulterait nullement que la vie intellectuelle et morale des Allemands du xixe siècle soit inférieure à celle des Troglodytes de l'âge de pierre. Ce sont les *distinctions* et les *restrictions* de toutes sortes apportées aux *affirmations* qui caractérisent le vrai savant et le vrai philosophe. Nietzsche affirme, nie, tranche par oui et par non, sans nuances, comme font les enfants terribles dont l'inexpérience ne voit qu'un côté des choses.

En dernier lieu, Nietzsche confond l'énergie du vouloir avec la concentration du vouloir sur soi. « Toute force, dit-il, toute santé, toute vitalité, par le fait qu'elles augmentent la *tension*, visent à l'instinct souverain du *moi*. Tout relâchement est décadence. » C'est du stoïcisme à l'envers. Que le relâchement soit décadence, les Zénon et les Épictète l'accorderont ; que la vertu soit une *tension*, τόνος, ils l'ont dit et répété ; qu'elle implique une « personnalité forte », ayant le droit de dire *moi*, c'est ce qu'ils admettaient encore ; mais que la tension de la volonté ait toujours le moi pour fin, la conservation et domination du moi pour fin, c'est ce qu'ils ont nié, c'est ce que le christianisme a nié, c'est ce qu'a nié l'humanité entière. La prétention que met en avant l'amoralisme dynamiste : — ne considérer que l'énergie de la volonté et de la puissance, en posant les fins comme absolument indifférentes, — est un culte idolâtrique de l'énergie pour l'énergie, c'est-à-dire du moyen pour le moyen en dépit de toute fin. Sentiment aussi rationnel que celui de l'avare qui entasse l'or pour l'entasser ou celui du prodigue qui dépenserait pour dépenser, sans chercher ni plaisirs, ni renom de générosité, ni joie de faire aucun bien aux autres ; jeter pour jeter, par un geste machinal, comme un jet d'eau qui retombe sans savoir pourquoi ! Autant dire que l'homme, prétendu intelligent, est une force brute.

La théorie de la décadence est, chez Nietzsche, à l'avenant de la théorie du progrès. « On attache du prix dans les livres philosophiques, dit-il, au renoncement, à la résignation, à la vertu, à l'objectivité. » Tout cela, selon lui, peut déjà être le signe « qui révèle que le principal commence à *manquer*[1] ». Le principal, c'est l'énergie de volonté, qui ne renonce pas, ne se résigne pas, mais combat ; qui ne prétend pas à la vertu, mais à la force ; qui ne prétend pas à l'objectivité, mais au déploiement de la puissance subjective : en avant, plus loin, plus haut : *sursum volontas* ! Tout cela, selon le Rousseau contemporain, disparaît par la prétendue civilisation ou culture. Par bonheur, « la domestication (la « culture ») de l'homme n'atteint pas de couches très profondes », mais partout où elle pénètre profondément, « elle devient aussitôt dégénérescence. Tel le

1. § 310

type du Christ ». Dès lors, « l'homme sauvage (ou, pour m'exprimer au point de vue moral, l'homme *méchant*) est un retour à la nature, — et en un certain sens, un rétablissement, une *guérison* de la culture »[1]. Nietzsche revient sans cesse sur cette idée que l'altruisme moral est une valeur de déclin. Lorsque l'individu, dit-il, « ne se cherche une valeur qu'au service des autres, on peut conclure, avec certitude, à de la fatigue et à de la dégénérescence. L'altruisme du sentiment sincère et sans tartuferie correspond à l'instinct qui nous pousse à nous créer *du moins* une *seconde valeur* au service d'autres égoïsmes [2] ». Nietzsche a raison de démasquer tout faux homme de bien qui *ne se cherche une valeur qu'au service* des autres ; mais qui jamais vit là le véritable altruisme ? Selon son habitude, Nietzsche profite d'une *demi-vérité* pour généraliser son paradoxe et condamner l'amour vraiment désintéressé. Se *mettre au service d'autrui* et rendre *service à autrui* sont une de ces synonymies fausses où se complaît la sophistique. Nietzsche oublie encore ici qu'il faut beaucoup de valeur *personnelle* et même de *puissance* sur soi pour rendre service à autrui par dévouement et amour, au prix des plus grandes peines et au risque de son existence. Se mettre passivement au service d'autrui, se laisser exploiter comme la race moutonnière, c'est tout autre chose que la vraie abnégation. La psychologie amoraliste de Nietzsche, en prêchant le progrès vers l'immoralisme, devient une contradiction déguisée sous la recherche de l'identité et de l'unité, une inconsciente mystification psychologique.

1. *Volonté de puissance*, § 323.
2. § 341.

CHAPITRE IV

CRITIQUE AMORALISTE DE L'HOMME BON ET APOTHÉOSE DU MÉCHANT

L'amoralisme, on l'a vu, s'est représenté comme une simple conclusion de la psychologie moderne, enfin éclairée sur la vraie nature de l'homme. Il va maintenant se faire l'amoralisme agressif : il va s'attaquer à son grand ennemi, l'homme bon. Ces attaques auront l'avantage de nous montrer vers quels horizons nouveaux nous mène le nouvel Évangile.

En esquissant le plan de son futur « chef-d'œuvre », Nietzsche poursuit l'homme bon de ses railleries :

L'homme bon, dit-il, invente des actions *qui n'existent pas*, les actions non égoïstes, les actions saintes..., des facultés *qui n'existent pas* : l'âme, l'esprit, le libre arbitre ; des êtres *qui n'existent pas* : les saints, Dieu, les anges ; un ordre des événements *qui n'existe pas*, l'ordre *moral*, avec la récompense et la punition (une destruction de la causalité naturelle). » Par ces inventions, « l'homme bon *déprécie* : 1° les seules actions, les actions égoïstes ; 2° le corps ; 3° les espèces d'hommes véritablement *précieuses* (les violents et les durs), les impulsions véritablement *précieuses* (les impulsions égoïstes) ; 4° toute la raison qu'il y a dans ce qui arrive : il empêche d'en tirer des enseignements ; il empêche l'observation, la science, tout *progrès* de la vie par le savoir[1] ».

On s'est donné, de tous temps, et surtout aux époques chrétiennes, dit Nietzsche, la peine de réduire l'homme à cette « *demi*-activité qui est *le bien* ». Aujourd'hui encore il ne manque pas d'êtres déformés et affaiblis

---

1. *Volonté de puissance*, préface, trad. fr., p. 8, : 175.

par l'Église, pour qui cette intention est identique à l' « humanisation » en général, ou à la « volonté de Dieu », ou encore au « salut de l'âme ». On exige, avant tout, que l'homme ne fasse pas le mal, que, dans aucune circonstance, il ne nuise ou n'ait l'intention de nuire. Pour y réussir, on recommande d'extirper « toutes les possibilités d'inimitié », de supprimer « les instincts du ressentiment », on recommande la « paix de l'âme, mal chronique ». Nietzsche prétend que cette tendance des psychologues et moralistes chrétiens, développée par un type d'homme particulier, « l'homme bon », a son point de départ dans une « supposition absurde » : elle considère le bien et le mal « comme des réalités en contradiction l'une avec l'autre, et non point comme des *valeurs complémentaires,* ce qui répondrait à la réalité ». Elle conseille de prendre le parti du bien ; elle exige que l'homme bon renonce et résiste au mal jusqu'en ses plus profondes racines. « *Par là elle nie véritablement la vie,* qui recèle dans tous ses instincts l'affirmation aussi bien que la négation. »

Voici maintenant ce que Nietzsche appelle la « psychologie du bon » : « *A.* Un *décadent* ou la *bête de troupeau*[1]. *B.* Son caractère absolument *nuisible* : forme parasitaire au détriment de la vérité et de l'avenir. » La bonté est « la plus subtile ruse des esclaves.... donnant partout, donc *recevant* partout[2] ». Ce *donc* résume le plus étonnant des enthymèmes. On pourrait demander à Nietzsche ce que *reçoit* le médecin qui, s'embarquant pour un pays pestiféré, *donne* sa vie et meurt victime de la peste. Et qui a jamais défini la bonté un don ayant pour but de recevoir? A en croire Nietzsche, la bonté « se présente chez les familles et chez les peuples en même temps qu'apparaissent les *névroses* ». Il entend abusivement par bonté la fausse bonté, l'égoïsme de celui qui ne donne quelque argent aux malheureux que pour se débarrasser du spectacle ou de la pensée de leurs misères : c'est cela qu'il appelle la « charité chrétienne ». L'homme bon, ajoute-t-il, est l' « hémiplégique de la vertu ». Pour toute

---

1. *Vol. de puissance.* Trad. fr., p. 304.
2. *Ibid.*, p. 305.

espèce d'homme demeurée vigoureuse et près de la nature, l'amour et la haine, la reconnaissance et la vengeance, la bonté et la colère, l'action affirmative et l'action négative sont inséparables : « On est bon, à condition que l'on sache aussi être méchant ; on est méchant parce que, autrement, on ne saurait être bon. » Tel est le sophisme de Nietzsche, dépassant ceux de Calliclès ou de Polus, et qui eût fait la joie de Socrate. Ce dernier n'aurait pas manqué de dire : — D'après ton raisonnement, ô mon ami, l'homme n'est bien portant qu'à la condition d'être malade ; une bonne santé est l'hémiplégie de la santé ; bien plus, l'hémiplégie elle-même est nécessaire pour le plein et entier usage du corps. — D'où vient, continue Nietzsche, cet « état maladif », cette « idéologie contre nature, qui nous refuse une double tendance, qui nous enseigne comme vertu suprême de ne posséder qu'une « demi-valeur » ? D'où vient cette « invention de l'homme bon » ? C'est qu'on exige de l'homme qu'il « s'ampute de ces instincts qui lui permettent de faire de l'opposition, de nuire, de se mettre en colère, d'exiger la vengeance ! » A cette « dénaturation » correspond alors cette conception dualistique « d'un être *purement bon* et d'un *être purement mauvais* (Dieu, l'esprit, l'homme) ». On résume, dans le premier, toutes les forces, intentions et conditions positives, dans le dernier, toutes les négatives. « Une pareille évaluation se croit idéaliste ; elle ne doute pas que c'est dans sa conception du *bien* qu'elle a fixé le but des désirs suprêmes. » Lorsqu'elle a atteint son sommet, elle imagine une condition « où tout le mal serait annulé et où il ne resterait véritablement que les êtres bons ». C'est ainsi que Platon arrive à concevoir des *perfections*. Elle n'admet donc même pas comme certain que, dans cette opposition, « le bien et le mal sont conditionnés l'un par l'autre » ; elle veut, au contraire, que le mal disparaisse et que le bien demeure : « l'un a le droit d'exister, l'autre ne *devrait pas exister du tout*... » Socrate aurait encore demandé à Nietzsche : — Mon ami, puisque la santé et la maladie sont conditionnées l'une par l'autre, ne sera-t-il pas rationnel de dire que, pour le médecin, la maladie a le droit d'exister tout comme la santé ? Que ne vois-tu aussi dans la folie une valeur complémentaire de la sagesse, dans l'ignorance un complément de la science, dans l'intempérance un complément de la tempérance, dans l'indigestion un complément de la bonne digestion? De ce que les existences imparfaites ne peuvent se défaire entièrement de leurs imperfections, s'ensuit-il donc, à ton gré, que l'imperfection soit un élément essentiel de la perfection?

Outre que l'homme bon, selon Nietzsche, n'est pas « complet » ni, en conséquence, vraiment parfait, puisqu'il manque d'imperfection, il appartient encore à une espèce inférieure parce qu'il n'est pas une vraie « personne ». En effet, sa valeur lui vient de ce qu'il est « conforme à un schéma humain fixé une fois pour toutes »; dès lors, « il n'a pas sa valeur par lui-même »; il peut être « comparé », il a des « semblables », il ne doit pas être unique[1]. Ce passage ressemble tellement à ce que dit Stirner de son *unique*, qu'on croirait à une réminiscence. L'argument n'en est pas pour cela plus légitime. Prétendre que l'homme vertueux, qui fortifie à la fois son intelligence, sa volonté, son cœur, n'est pas une « personne », prétendre que, parce qu'il réalise en soi un idéal universel et humain, il n'a plus de valeur par soi, c'est se railler des autres et de soi-même[2].

---

1. *Volonté de puissance*, § 226.
2. Voulez-vous un portrait encore plus fantastique de l'homme bon? Lisez celui que propose Nietzsche (*Volonté de puissance*, Appendice), sous ce titre : *L'instinct de décadence chez l'homme bon* : « 1º La paresse : il ne veut plus se transformer, il ne veut plus apprendre, il se replie sur lui-même, se confinant dans sa *belle âme*. » — C'est ce pharisien flétri par l'Évangile dont Nietzsche veut nous persuader qu'il est l'homme évangélique. 2º « *L'incapacité de résister* : par exemple dans la *pitié*, — il cède (« indulgent », « tolérant », « compréhensif »; « paix sur la terre et bonne volonté envers les hommes... ») — Comme si la vraie bienfaisance consistait à *céder*, à *s'abandonner* et à *tout abandonner*; comme si la bonne volonté et l'esprit de paix maîtrisant les instincts de guerre ou de vengeance n'étaient que passivité et lâcheté! 3º « Il est *dirigé* par tous ceux qui souffrent, par les déshérités »; comme si les Jésus étaient des hommes *dirigés* et n'ayant que l'esprit de suite! — « il est une conspiration instinctive contre les forts. » — Comme si les Néron et les Caligula étaient les vrais *forts*! 4º « Il a besoin des grands *narcotiques*, tel que l'idéal, le grand homme, le *héros*, — il *s'exalte*... » Nietzsche, lui, ne s'exalte pas dans son enthousiasme pour la Volonté de puissance! il n'a pas son narcotique : l'idéal du grand homme, appelé surhomme; il n'a pas son *héros* dio-

II. — La mise de l'homme bon au pilori a pour pendant naturel l'apothéose du méchant.

L'homme, selon Nietzsche, est « le *monstre* et le *suranimal*; l'homme supérieur est le *monstre* humain, le surhumain »; et il « doit en être ainsi ». A chaque croissance de l'homme qui augmente sa grandeur et sa hauteur, « l'homme augmente aussi sa profondeur et son

nysien ! 5° « La *faiblesse*, qui se manifeste dans la crainte des passions, de la volonté forte, la crainte d'un oui ou d'un non : il est aimable pour ne pas être forcé d'être ennemi, — pour ne pas être obligé de prendre parti. » Encore le faux homme de bien, sans conviction et sans volonté, le faux bonhomme que Nietzsche veut nous faire prendre pour le vrai juste. 6° « La *faiblesse*, qui se révèle dans l'aveuglement *volontaire*, partout où la résistance pourrait être nécessaire (*humanité*). » — Nietzsche croit son lecteur assez naïf pour confondre le sentiment d'humanité, qui nous fait lutter contre les maux du genre humain, avec la *veulerie* qui ne sait pas ce que c'est que vouloir, résister, lutter. — 7° « Le bon est séduit par tous les grands *décadents* : la *croix*, l'*amour*, le *saint*, la *pureté* ; au fond, des idées et des personnes dangereuses pour la vie. » C'est Nietzsche qui déclare sans le prouver, et pour cause, que Jésus est un fléau de Dieu et Attila une bénédiction du ciel. 8° « Le *vice* intellectuel : — haine de la vérité, parce qu'elle n'apporte pas avec elle de « beaux sentiments », — haine de la véracité. » Nietzsche oublie la parole : « Je suis la *vérité* et la *vie*. » Quant à la haine de la véracité, comme caractéristique de l'homme de bien ou de l'homme bon, c'est encore là une opinion d'autant plus extraordinaire que, si je ne me trompe, l'homme aux yeux duquel « rien n'est vrai » s'appelait précisément Nietzsche. De telles pages indiquent une frénésie d'immoralisme qui ferait pressentir la fuite prochaine de la raison si cette frénésie n'avait toujours existé chez Nietzsche, même au temps où il avait la plénitude de ses hautes facultés. Il n'est pas *fou*, il est sophiste sans le savoir et sans le vouloir, sophiste par nature et instinct, sophiste par outrance de dogmatisme, au lieu de l'être par scepticisme ; et quand il est sceptique, c'est en vue d'un dogmatisme foncier, intransigeant, implacable : *Wille zur Macht*! « Le manque de méfiance ; — la piété ; — la soumission à la volonté de Dieu (« la piété »); le « bon cœur », la « main secourable » — cela *suffit* ; — le sérieux dirigé vers les choses *élevées*, — il ne faut pas prendre trop au sérieux les choses des sphères inférieures, telles que le corps et son bien-être ; — le devoir : il faut faire son dû ; — ce qui est au delà, il faut le laisser à Dieu. — *Je demande très sérieusement* : n'ai-je pas ainsi *décrit* l'homme bon ? Ne voudrait-on pas être fait ainsi ? désire-t-on que ses enfants soient autrement conformés ? — *Ecco*! Et cette espèce d'homme est l'espèce d'homme la plus dangereuse ! » — Non, vous n'avez pas *décrit* l'homme bon, mais vous en avez fait la satire ; non, vous ne l'avez pas jugé « sérieusement », mais vous l'avez calomnié ; non, vous n'avez pas fait de la science, mais des épigrammes mensongères ; et comme vos mensonges sont sincères, comme votre sincérité est contagieuse, surtout quand elle met le langage de la poésie au service des passions égoïstes, c'est de votre côté qu'est « l'espèce d'homme la plus dangereuse ».

caractère *redoutable* »; on ne doit pas vouloir une chose sans l'autre, — ou plutôt : « plus on aspire radicalement à l'une d'elles, plus radicalement on atteint précisément l'autre. » Les philosophes qui platonisent considèrent l'idéal comme « quelque chose à quoi l'on enlève son caractère nuisible, méchant, dangereux, problématique, destructeur. » Nietzsche possède, lui, la conviction contraire : chaque fois que l'homme grandit, le revers de ses qualités doit grandir également, de sorte que « l'homme *le plus élevé*, en admettant qu'une telle conception soit permise, serait l'homme qui représenterait le plus fortement le *caractère d'opposition de l'existence*, étant la gloire de celle-ci et sa justification »... — « L'homme doit devenir meilleur et plus méchant, c'est là ma formule pour cette chose inévitable [1]. » Notre Gorgias aurait dû ajouter, comme nous le remarquions tout à l'heure : l'homme doit devenir plus chaste et plus voluptueux, plus colère et plus doux, plus malade et mieux portant; de cette façon il représentera plus fortement « le caractère d'opposition » de la vie. Le mendiant qui étale ses ulcères a des parties du corps blanches et d'autres maculées : il est donc un homme plus complet et plus sain. De même pour le vicieux et le criminel.

Une des idées fixes qui hantent le cerveau fumeux de Nietzsche, c'est que « tout penseur sincère et libre est forcé de considérer *toute supériorité* comme immorale [2] », bien plus, comme un « crime ». « Tous les grands hommes étaient des criminels... Le crime fait partie de la grandeur (ceux qui ont scruté les reins ont conscience de cela, et aussi ceux qui sont descendus le plus profondément dans les grandes âmes). Se mettre hors la loi de la tradition, de la conscience, du devoir, tout grand homme connaît ce danger. Mais il le veut ainsi : il veut le grand but et aussi le moyen pour parvenir à ce but [3]. » On voit comment Nietzsche, fidèle à sa méthode, altère peu à peu une idée juste, mais banale : le grand homme s'élève au-dessus de la « tradi-

---

1. *Volonté de puissance*, § 470.
2. *Volonté de puissance*, § 414.
3. *Ibid.*, § 332.

tion », il se dévoue à un idéal plus haut et sa conscience individuelle lui présente cet idéal comme une nécessité morale. Nietzsche, lui, en veut conclure : Le grand homme, Socrate par exemple, se met en contradiction avec sa « conscience », avec son « devoir »; il accomplit sciemment ce qu'il reconnaît être un vrai « crime », non pas seulement au regard de lois sociales imparfaites, mais au regard de sa propre conscience ! La banalité est, une fois de plus, devenue chez Nietzsche insanité. A moins que Nietzsche ne veuille parler uniquement des Césars, des Catilinas, des Borgias et des Napoléons, c'est-à-dire des grands politiques sans scrupule ou des grands tueurs d'hommes. Et il est banal encore de dire que ceux-là se mettent au-dessus de la loi, même de la loi morale, qu'ils considèrent une « maladresse » comme pire qu'un « crime ». Mais quel rapport y a-t-il entre Thraséas et Catilina, entre Régulus et Borgia, entre Vincent de Paul et Bonaparte ou Talleyrand? Science et philosophie ne consistent pas à tout brouiller et à tout confondre en jouant sur les mots crime, immoralité, grandeur. « Grandir en *hauteur,* c'est augmenter son caractère *redoutable* », prétend Nietzsche [1]. Quel psychologue admettra cette synonymie des âmes généreuses avec les terribles, de celles qui se font aimer avec celles qui font trembler? Les tyrans seuls sont grands, mes frères ! Nietzsche insiste sur cette prédication nouvelle. On n'a pas osé comprendre, dit-il, « l'augmentation du *caractère redoutable* de l'homme comme un phénomène qui accompagne toute croissance de la culture »; en cela on est encore soumis à l'idéal chrétien, et on prend le parti de celui-ci contre le paganisme, de même que contre la *virtù* comprise au point de vue de la Renaissance. Mais, de cette façon, on ne trouve pas la clef de la culture. En pratique, on en reste « au faux monnayage de l'histoire en faveur de *l'homme bon* (comme s'il représentait à lui seul le *progrès* de l'humanité) et à l'*idéal socialiste*. Nietzsche, d'ailleurs, avec une rare finesse, définit ce dernier idéal « un résidu du christianisme et de Rousseau dans le monde dé-

---

1. *La volonté de puissance,* trad. fr., p. 300.

christianisé¹. » « Prendre à *son service* tout ce qui est redoutable, par morceaux, pas à pas et à l'essai, ainsi le veut la tâche de la culture; mais, jusqu'à ce que celle-ci soit *assez forte pour cela*, il faut qu'elle *combatte* ce qui est redoutable, qu'elle le modère, le masque et le maudisse même... » De là la condamnation des instincts naturels par la civilisation. Partout où une culture *tient compte du mal*, c'est-à-dire tient compte d'instincts qu'elle est obligée de refréner pour ne pas engendrer ce qu'on nomme le *mal*, « elle exprime un rapport de crainte, donc une *faiblesse* ». Si elle était plus puissante, elle laisserait pleine liberté aux instincts. « Toutes les passions sont *utiles*, les unes directement, les autres indirectement ; par rapport à leur utilité, il est absolument impossible de fixer une gradation de valeur, — bien qu'il soit certain qu'au point de vue économique toutes les forces de la nature sont bonnes, c'est-à-dire utiles, quelle que soit la part de fatalité terrible et irrévocable qui découle d'elles... » Tout au plus pourrait-on dire que « les passions les plus puissantes sont les plus précieuses: en ce sens qu'il n'existe pas de plus grande source de force¹ ». La théorie n'est pas neuve depuis Fourier, pour ne pas remonter plus haut ; mais de ce que les passions *peuvent*, bien employées, donner de la force, il ne s'ensuit pas qu'elles soient toutes bonnes par elles-mêmes et quel que soit leur emploi.

L'admiration du méchant *puissant* a pour conséquence l'adoration de toutes les forces agressives. La « lutte » et l'agression sont d'ailleurs le fond de la théorie nietzschéenne. En effet, « l'accroissement fait partie du concept de la chose vivante : ce qui est vivant doit augmenter sa puissance et *absorber* par conséquent des puissances étrangères² ». Bien plus, selon Nietzsche, ce n'est pas la défense, c'est l'*attaque* qui est le vrai droit. « Sous l'influence des brumes du narcotique moral, on parle du droit de l'individu à se défendre ; dans le même sens, on pourrait parler aussi de son droit d'attaquer, car les deux choses, — la seconde plus

---

1. § 466.
2. *Volonté de puissance*, § 351.

que la première, — sont des nécessités pour tout ce qui est vivant. » Autrement dit : l'animal doit manger, conséquemment attaquer au besoin les animaux inférieurs à lui pour se procurer une proie. De cette banalité Nietzsche conclut cette nouvelle insanité que l'homme a tout aussi bien le droit d'attaquer les autres hommes, ses semblables, — pourquoi pas de les manger ? — Il oublie que l'ordre social et vraiment humain, contrairement à l'ordre animal et préhumain, n'exige nullement, mais exclut le droit d'attaquer, restreint même le droit de défense à la nécessité du moment. Partant de tels principes, Nietzsche aboutit à une autre banalité de la métaphysique allemande : l'adoration de la conquête et de la guerre, non plus pour des raisons mystiques et idéalistes, mais pour des raisons matérielles et matérialistes. Un peuple « pourrait avec raison appeler *droit* son besoin de conquête, son désir de puissance, soit par les armes, soit par le commerce, l'échange et la colonisation ; ce serait alors le droit de croissance ». « Une société qui repousse définitivement et par *instinct* la guerre et l'esprit de conquête est en décadence ; elle est mûre pour la démocratie et le régime des épiciers. » L'éloquence de Nietzsche s'enflamme quand il s'agit d'opposer les belliqueux aux paisibles, les forts aux dégénérés. « Es-tu l'homme qui porte en lui les instincts du guerrier ? Si c'est vraiment le cas, il reste encore à résoudre une seconde question : Es-tu, par instinct, un guerrier qui attaque, un guerrier qui se défend ? Tout le reste de l'humanité, tout ce qui n'est pas d'instinct belliqueux, veut la paix, la concorde, la *liberté*, les *droits égaux*... On veut créer des conditions où il n'y aura plus aucune espèce de guerre ; c'est ce que conseille, par exemple, l'instinct chrétien. Chez les guerriers de naissance, il y a quelque chose comme de l'armement dans le caractère, dans le choix des conditions, dans la formation de toutes les qualités ; l'*arme* est la mieux développée dans le premier type, la défense dans le second. » Ainsi reparaissent, chez le « bon Européen sans patrie », tous les préjugés nationalistes de la patrie des Moltke et des Bismarck. « *Le maintien de l'État militaire,* conclut Nietzsche, est le dernier moyen soit pour conserver les grandes traditions, soit pour développer le type supérieur de l'homme, le *type fort*. Et toutes les *conceptions* qui éternisent l'*inimitié* et les distances sociales des États peuvent trouver là leur sanction ».

Les Indiens, pour assiéger un fort entouré d'un fossé, y jettent le bélier conducteur du troupeau : tout le troupeau le suit, comble le fossé, et les soldats passent par-dessus. C'est à peu près d'une manière analogue que, dans le système de Nietzsche, avance et se développe la puissance de l'espèce, à la conquête d'une puissance supérieure. Que l'humanité se rue dans la haine, la guerre, le sang, la mort, la conquête, l'extermination des plus faibles ; qu'elle s'enorgueillisse de sa puissance, qu'elle se livre à toutes les voluptés d'une vie sans frein, sans règle, sans loi, et elle aura surmonté l'homme pour atteindre le surhomme.

Nietzsche appelle la morale « la Circé des philosophes » ; ne serait-ce point plutôt l'immoralisme qui nous changerait en pourceaux ou en tigres ?

CHAPITRE V

RÉPONSE AUX CRITIQUES DIRIGÉES CONTRE NOUS PAR NIETZSCHE

Dans sa *Volonté de puissance*, Nietzsche, qui avait annoté de sa main la *Science sociale contemporaine*, a lancé contre les idées de justice égale pour tous, d'autonomie individuelle et de solidarité sociale, une de ces boutades dont il est coutumier (§ 396) : « La *croissante autonomie de l'individu!* s'écrie-t-il, c'est de cela que parlent des philosophes parisiens comme Fouillée. Qu'ils regardent donc la race moutonnière dont ils font partie eux-mêmes ! Ouvrez donc les yeux, messieurs les sociologues de l'avenir ! L'individu est devenu fort dans des conditions *opposées*. » Nietzsche veut dire: dans des conditions d'hétéronomie et d'esclavage pour la masse des individus. — Sous ce nom de croissante autonomie pour le plus grand nombre d'individus possibles, continue Nietzsche, « vous décrivez l'affaiblissement extrême et le dépérissement de l'homme ». Cette faiblesse et ce dépérissement « correspondent même à vos désirs, et vous vous servez pour cela de l'appareil mensonger de l'ancien idéal. Vous êtes fait de telle sorte que vos besoins de bête de troupeau vous apparaissent véritablement comme un idéal ! » — En lisant ces lignes, nous n'avons été nullement étonné qu'un idéal d'« organisme contractuel », de contrat implicite ou de « quasi-contrat », ait paru à cet autoritaire prussien une « valeur de décadence ». Notre critique des préjugés aristocratiques de Renan et de Taine a dû produire sur Nietzsche l'effet d'une attaque personnelle. L'idée de « justice réparative », introduite comme enveloppant les anciens devoirs de charité et de fraternité dans un rapport plus fondamental et plus synthétique, a réveillé l'hostilité de Nietzsche à l'égard de toute « justice », de toute « répartition » plus ou moins « équivalente et équitable ». Quant à la conception de la philanthropie comme forme d'une justice supérieure et plus profonde, elle ne pouvait que provoquer, chez l'adversaire de la *pitié* et le chantre de la *cruauté*, un nouvel accès d'immoralisme. Nietzsche conclut que l'idéal de la bête de troupeau « culmine maintenant dans la plus haute *évaluation de la société* ». La *Science sociale contemporaine* et la *Critique des systèmes de morale contemporains* avaient représenté le point de vue de la *société* comme ayant une valeur supérieure en philosophie, non seulement pour l'établissement de la morale, mais pour l'intelligence du monde entier et de la vraie nature des êtres. Le Cosmos était, à nos yeux, « une vaste société de consciences en voie de formation ». Faisant allusion à cette doctrine, Nietzsche s'écrie avec stupeur : — « Tentative pour prêter à la société une valeur cosmique et même métaphysique ! Je défends contre elle l'aristocratisme. » — Ce qui n'empêche pas le bouillant et combatif amoraliste de se contredire bientôt. En effet, dans toute société fondée sur les principes de la liberté et de l'égalité, « qu'est-ce qui diminue ? » se demande-t-il. Et il répond avec regret : — La volonté *d'être responsable*, signe que l'*autonomie diminue*[1]. » Il veut donc au fond, lui aussi, que dans la société supérieure il y ait « autonomie croissante », non « décroissante » ; il veut la même chose que nous avec cette différence qu'il laisse subsister, au-dessous des autonomes, un troupeau d'esclaves plus ou moins déguisés. Les attaques de Nietzsche contre une société de citoyens libres sont d'autant plus étranges qu'il a toujours revendiqué, pour sa part, l'absolue autonomie de son moi et même l'absolue anomie. Il est vrai qu'il se considère comme étant, avec quelques

---

1. *Volonté de puissance*, § 334.

autres hommes ou surhommes, le seul qui ait droit à une telle autonomie. Mais il aura beau dire, chacun voudra faire partie de la bande émancipée et passer dans le camp des maîtres; chacun trouvera dans l'anarchisme individualiste un moyen commode de secouer toutes les chaînes morales et sociales.

Nous venons de dire que nos pages sur la philanthropie, dirigées contre Spencer, ont dû causer quelque impatience à Nietzsche, qui avait adopté pour son compte la théorie du philosophe anglais. Il prétend en effet, avec Spencer, que la philanthropie si large qui est maintenant entrée dans nos mœurs est, non seulement inutile, mais nuisible. La société entretient des dégénérés, rebut de l'humanité, et leur prodigue des soins maternels, alors qu'ils sont pour l'avenir et la puissance de la race une menace toujours plus redoutable. « Périssent les *faibles* et les ratés. » — Mais, répondrons-nous, s'il y a abus dans une philanthropie mal entendue et mal organisée, la vraie *morale* sociale condamnera toute la première cet abus, loin de l'ériger en devoir. Si, par exemple, les criminels ou même les fous criminels sont de nos jours trop bien traités et trop peu châtiés, sous prétexte qu'ils ne sont pas métaphysiquement responsables, s'ils inspirent une pitié sentimentale qui serait mieux placée sur la tête des victimes que sur celle des assassins, le « moraliste » et le « sociologue de l'avenir » seront parmi ceux qui se plaignent de ces aberrations, non parmi ceux qui les admirent. Si une nation laisse la bride sur le cou à tous les dégénérés moraux, qu'on a justement appelés ouvriers de désordre et de désorganisation, si même elle en fait, sans condition et sans contrôle, des électeurs égaux à ses membres les plus instruits et les plus honnêtes, si elle sacrifie l'aristocratie naturelle à ce que Nietzsche appelle la « canaille », si son gouvernement pousse encore à l'augmentation de la dégénérescence par des lois sur la liberté des cabarets, par la licence accordée à la pornographie, aux cafés-concerts, aux fumeries d'opium, aux maisons de jeu clandestines, à toutes les institutions de débauche et de vice, est-ce que les « moralistes » et les « philanthropes » applaudiront? Est-ce qu'il n'y a pas à leurs yeux des sévérités qui sont la meilleure des philanthropies, et ne faut-il pas appliquer à la société entière le dicton : qui aime bien châtie bien [1] ?

Les disciples de Nietzsche et de Darwin reprochent amèrement aux sociétés modernes leurs « hospices pour incurables », qui, disent-ils, enlèvent le pain aux travailleurs valides pour le donner aux invalides. Certes, la « charité chrétienne » est souvent mal entendue, imprévoyante, antiscientifique. Parfois sous prétexte de charité envers les uns, on viole la justice envers les autres. Si, profitant du silence de lois mal faites, qui ne soumettent même pas à l'autorisation préalable la création des hôpitaux privés, une charité aveugle élève au milieu d'habitation un hôpital destiné à recevoir des maladies contagieuses et crée ainsi un foyer de contamination pour tout un quartier, les philantropes s'extasieront-ils devant cette bienfaisance malfaisante ? Mais les abus de la charité n'en condamnent pas l'usage. Les ouvriers valides sont les premiers à admirer dans les hospices, scientifiquement entendus et situés à l'écart, une des formes prises par le respect du travail humain et de la personnalité humaine, par la justice réparative et la fraternité envers tous les travailleurs, fussent-ils incapables et infirmes, par cette « religion de l'humanité » qui, loin de mériter les anathèmes de Nietzsche, fait la grandeur des temps modernes. Faut-il regretter qu'on ne jette plus au gouffre les enfants chétifs ou mal conformés, qu'on n'abandonne plus les lépreux, qu'on s'efforce de ramener les fous à la raison ? Les incurables d'aujourd'hui peuvent être les curables de demain ; en soignant leurs maladies de manière à empêcher toute contagion, on découvrira peut-être le moyen de les guérir ou d'en guérir d'autres plus ou moins connexes. En fait de science, l'utilitarisme est mortel, même quand il fait consister l'utilité dans la « puissance ». Si les savants avaient mesuré l'utilité et la force au lieu de chercher la vérité, ils n'auraient rien découvert : ce sont les inventions en apparence les plus inutiles qui se sont trouvées à la fin les plus fécondes. Il en est des sciences morales et sociales comme de toutes les autres

---

1. Voir la *Science sociale contemporaine* et *La propriété sociale et la démocratie*.

sciences: ne leur demandez pas sans cesse: « A quoi bon ? »

Comme nous l'avons fait observer dans notre *Science sociale contemporaine*, loin de constater un « affaiblissement de la vie » par suite d'une philanthropie qui conserve les débiles et soigne les malades, la statistique montre l'abaissement de la mortalité générale et la proportion croissante d'individus qui vivent très vieux. De plus, contrairement à l'opinion de Spencer et de Nietzsche, la philanthropie bien entendue favorise la sélection naturelle des forts et des « puissants ». Cette sélection naturelle a pour résultat de trier les supériorités, et c'est pour cette raison que les darwiniens et nietzschéens veulent la laisser libre; mais quel est le meilleur moyen d'aider au dégagement des supériorités naturelles de puissance, quelle qu'en soit la forme? — Supprimer les inégalités factices, celles qui viennent non de l'intérieur même des cerveaux, mais des imperfections et obstacles artificiels du milieu physique ou social. Des enfants bien doués corporellement, vrais « centres de puissance physique », mais élevés dans une atmosphère malsaine, seront exposés aux maladies et à la mort. D'autres, bien doués moralement, vrais centres de puissance intellectuelle, mais élevés dans un milieu social qui les condamne à l'ignorance, à la misère, au surtravail déprimant, à la paresse et au vagabondage, deviendront un danger pour la société : mieux dirigés, ils auraient pu augmenter sa force.

Toutes les objections à la philanthropie ne s'adressent donc qu'à la bienfaisance aveugle, ignorante et maladroite qui, voulant faire du bien, fait trop souvent du mal. En ce cas, le remède n'est pas dans la « dureté du cœur » : il est dans les lumières de l'intelligence. La philanthropie, en elle-même et par elle-même, malgré les nombreuses erreurs qu'elle peut commettre, demeure une des choses les plus utiles à la société entière. Et la preuve de fait, c'est qu'elle s'accroît avec l'évolution sociale. Si elle survit et progresse, c'est qu'elle a son utilité et sa nécessité, tout comme la justice proprement dite, qui, quoi qu'en dise Nietzsche, est une des conditions vitales de toute collectivité. L'humanité a intérêt à ce que les hommes se respectent mutuellement ; elle a encore plus intérêt à ce qu'ils s'aiment et s'entr'aident, mais dans les limites de la justice. Sans les sentiments de sympathie et de solidarité, la justice serait impossible. Un égoïste exclusif ne respectera pas plus les autres qu'il ne les aimera.

Au reste, dans le paragraphe même dirigé contre la « race moutonnière » par l'admirateur des loups et félins, Nietzsche finit par approuver avec nous, contrairement aux idées de Spencer, « la préservation des faibles, puisqu'il faut, dit-il, qu'une quantité énorme de *petit* travail soit faite »[1]. Il consent aussi à la conservation « d'une croyance qui rende l'existence encore possible pour les faibles et pour ceux qui souffrent ». Que dis-je ? il admet qu'il faut implanter la solidarité « comme un instinct contre l'instinct de la crainte et de la servilité ». Mais alors, Nietzsche reconnaît tout ce qu'il y a de juste dans la thèse de ces adversaires contre lesquels il lançait tout à l'heure des foudres indignées. De même qu'il a fini par restituer l'autonomie dans les relations humaines, il finit par y restaurer la sympathie, la bienveillance, la bienfaisance. Nietzsche a d'ailleurs la conscience haute et droite, s'il n'a pas l'esprit droit. C'est par conscience qu'il croit devoir s'élever contre la morale, « empoisonnement de la nature », affaiblissement de l'animal humain, c'est par amour du bien que cet excellent homme fait l'éloge du mal. On ne mit jamais tant de bonne volonté à louer la mauvaise volonté. Mais, s'il est vrai, comme le soutient Pascal, que le pire mal est celui qu'on fait en conscience, on peut ajouter que la pire erreur philosophique est celle que l'on commet par conscience philosophique.

Le panégyriste de la tyrannie, de l'orgueil, de la volupté et de la cruauté n'en fut pas moins lui-même, toute sa vie, un homme doux, modeste, rangé, tempérant ; lui qui eût voulu être un Tamerlan ou un Borgia, il fut plein de respect et de pitié pour les autres ; lui qui a écrit l'apothéose du méchant, il fut un de ces « bons » qu'il stigmatise. Brebis débonnaire autant que ceux qu'il appelle bêtes de troupeau, son imagina-

---

[1]. *Vol. de puissance*, § 400.

tion malade était seule hantée par le « rêve du jaguar » :

> Faisant mouvoir sa queue et frissonner ses flancs,
> Il rêve qu'au milieu des plantations vertes,
> Il enfonce d'un bond ses ongles ruisselants
> Dans la chair des taureaux effarés et beuglants.

Nietzsche a fait d'ailleurs lui-même la plus magnifique réfutation de sa doctrine en esquissant un portrait de la « bonté » qui rappelle les pages annotées par lui dans l'*Esquisse d'une morale sans obligation ni sanction*. Guyau avait dit : « Les enfants sont égoïstes : ils n'ont pas encore un surplus de vie à déverser au dehors. » Le vieillard, le malade ont les mêmes tendances : « Toutes les fois que la source de vie est diminuée, il se produit dans l'être entier un besoin d'épargner, de se garder pour soi : on hésite à laisser filtrer au dehors une goutte de la sève intérieure. » Au contraire, « la vie la plus *riche* se trouve être aussi la plus portée à se *prodiguer*, à se sacrifier dans une certaine mesure, à se partager aux autres... c'est ce que nous avons appelé la *fécondité morale*[1] ». Et que dit Nietzsche à son tour dans sa *Volonté de puissance*[2] ? Exactement la même chose. Lisez plutôt cette page de haute psychologie : — « Type. La vraie bonté, la noblesse, la grandeur d'âme qui jaillissent de l'*abondance*, qui ne donnent point pour prendre, qui ne veulent point se *relever* par le bien qu'elles font ; la prodigalité comme type de la vraie bonté, la *richesse* de personnalité comme condition première. » Après avoir écrit ces nobles paroles, pourquoi se moquer des « bons » de la « bonté » et de la philanthropie ? Pourquoi y voir une faiblesse, un appauvrissement, une mutilation de notre nature ? Pourquoi soutenir que, dans la vraie grandeur, il y a toujours du crime ? Dans le « type » précédemment décrit par Nietzsche, qu'y a-t-il de « méchant » et de « criminel ? » On ne voit pas que ce portrait de la bonté soit celui des Borgias et des Melatestas. Ainsi, en quelques lignes, le cœur généreux de Nietzsche a détruit tous les paradoxes amoncelés par son cerveau.

1. *Esquisse d'une morale sans obligation ni sanction*, p. 96, 102, 246.
2. § 438.

CONCLUSION

Moralité et nature.

I

NÉCESSITÉ DE DÉPASSER LE MORALISME ET L'AMORALISME

La conclusion qui ressort de ce volume, c'est que le moralisme et l'amoralisme, dont le conflit a rempli le xixe siècle, sont, chacun à sa manière, faux ou incomplètement vrais. Tous les deux présupposent la notion d'une absolue antinomie entre la moralité et la nature, antinomie déclarée possible par le moralisme, impossible par l'amoralisme. Dans les deux systèmes, la moralité est représentée comme transcendante. Kant a cru que nous *pouvons* cependant *concevoir* et *réaliser* cette moralité transcendante en sa forme universelle, bien que le fond nous échappe. L'amoralisme contemporain a déclaré chimérique de dépasser et « transcender » la nature, qu'il se représente comme une invincible gravitation du moi sur soi. C'est, en somme, le dualisme qui est la présupposition des deux systèmes.

Nous rejetons le dualisme. Nous accordons que la nature *incomplètement* interprétée est amorale ; mais, prise dans sa vraie et entière signification, que fait entrevoir l'expérience intérieure, la nature est pensée et désir de l'idéal, non pas seulement du réel; elle est conception et amour d'une réalité supérieure ; elle est donc morale, ou plutôt elle se fait elle-même morale par les idées-forces qui sont en elle, qui sont en nous, qui sont nous-mêmes.

Nous aurons lieu de voir, dans des travaux ultérieurs, si les systèmes adverses, une fois rectifiés, ne peuvent pas être l'objet d'une conciliation. Moralisme kantien et amoralisme, voilà deux opinions extrêmes ; morale des idées-forces, voilà, selon nous, la synthèse à laquelle tendent les systèmes opposés. Nous verrons qu'on peut intercaler entre eux des moyens-termes empruntés à l'expérience et propres à fournir une solution fondée sur l'expérience même.

Si cette solution est possible, il en résulte qu'il y aura toujours une morale, quoi qu'en disent les hédonistes et les dynamistes amoralistes. La morale ne sera pas simplement la science positive des mœurs de fait ; elle ne sera pas non plus un ensemble de principes indépendants, qui subsisteraient à côté ou au-dessus de la nature, un ordre supra-naturel. Un monisme est possible et nécessaire, qui ramènera à l'unité l'idéalisme et le naturalisme. Avant d'en faire l'exposition dans un ouvrage spécial, il importait de montrer l'insuffisance des points de vue dualistes ; c'est ce que nous avons fait dans ce volume, par l'examen successif du moralisme kantien et de l'amoralisme contemporain.

Résumons les résultats acquis. En premier lieu, nous avons vu que la science, selon le moralisme kantien, repose à la fois sur la *raison* et l'*intuition*, parce qu'elle trouve à sa disposition l'intuition sensible ; mais que la morale, elle, repose uniquement « sur la *raison*, sans *intuition correspondante* » ; elle ne peut donc être, selon Kant, ni une science théorique, ni une métaphysique. — Une telle doctrine suppose que nous n'avons, nous autres hommes, d'intuition que d'*objets* et d'objets *sensibles,* non du *sujet* pensant ; d'où il résulte que nous avons seulement l'intuition de biens sensibles.

En second lieu, l'intuition d'un bien sensible n'est, à en croire Kant, qu'un sentiment de *plaisir* passif et organique, qui ne peut engendrer qu'une loi hypothétique d'utilité ou de bonheur, non une loi certaine de devoir. Donc, s'il y a une morale distincte de l'amoralisme hédoniste ou dynamiste, il faut, selon Kant, que nous *puissions* et *devions* agir par *raison pure,* en vertu de la raison pure, dont la loi du devoir exprime simplement la *forme* d'universalité.

En troisième lieu, le moralisme de Kant admet qu'il existe en effet et incontestablement une *raison pure* sans intuition, saisissant de simples formes sans contenu et les saisissant en dehors de toute expérience, même interne, même réduite à la conscience immédiate.

Ces trois points essentiels du moralisme nous ont paru prêter à la critique. Kant n'a pas démontré que la seule expérience immédiate soit celle d'objets sensibles et extérieurs. Il n'a pas démontré que la conscience ne saisisse rien de réel, indépendamment des *objets* dont nous avons conscience, ni que, au delà de ces objets, le *sujet conscient* (quelle qu'en soit la nature) n'ait aucune réalité à nous saisissable. Il n'a pas démontré que, au-dessus de l'expérience des objets extérieurs au sujet, il existe purement et simplement une faculté de *formes* appelée raison pure. Cette faculté ne pourrait exister que si elle était une *activité spontanée a priori*; mais alors nous aurions conscience de notre causalité spontanée *a priori,* de notre liberté. Or Kant ne l'admet pas. Il n'a donc pas plus le droit de nous accorder une raison pure, douée de causalité théorique et pratique, qu'une liberté pure.

Un autre postulat du kantisme, — application possible des catégories aux choses en soi du point de vue pratique, — n'est pas plus établi que l'existence de la raison pure pratique. Si Kant est fidèle à sa doctrine, la « causalité » attribuée par lui aux choses en soi ne peut pas être la causalité *comme catégorie,* pas plus que la « réalité » attribuée aux choses en soi ne peut être la réalité *comme catégorie.* Mais alors que peut-elle être? Kant répond: Une « causalité intelligible ». — Nous avons fait voir que cette causalité intelligible est précisément inintelligible. En effet, elle ne peut être conçue par une application de la catégorie de causalité, qui ne s'applique qu'au sensible; elle ne peut être saisie par une intuition intérieure de la conscience, puisque nous n'avons en rien, selon Kant, conscience d'être causes, surtout causes libres. Elle est donc, elle aussi, une présupposition et une pétition de principe.

De même pour la réalité des choses en soi, autre postulat essentiel de la doctrine, Kant, dès le début de son système, suppose une réalité ou existence qui est supérieure à la catégorie d'existence proprement dite. Sans cette présupposition, son système serait contradictoire. Dire, d'une part, que les catégories ne peuvent s'appliquer à aucune autre réalité que le sensible ; ajouter cependant, d'autre part, qu'en dehors des réalités sensibles, qualifiées d'« apparences », il y a application possible de la catégorie de réalité, c'est une contradiction. Donc, ou Kant s'est contredit, ou il a présupposé dès le début une réalité en soi, supérieure à notre catégorie même de réalité. Mais alors il y a lieu de demander pour quelle raison il l'a présupposée ? Ce ne peut être en vertu d'une « intuition », puisque nous n'avons l'intuition que des phénomènes, objets des sens. Ce ne peut être, nous l'avons vu encore, par l'application de nos catégories, puisque celles-ci, hors du sensible, posent simplement des problèmes, non des solutions, des possibilités pour nous de penser, non des réalités. Donc l'affirmation de l'existence et de la réalité des choses en soi demeure chez Kant gratuite et arbitraire : elle constitue une pétition de principe.

La raison profonde de cette pétition de principe est dans la conception kantienne de la conscience comme d'un *sens* intime qui ne saisit que des apparences. Placés ainsi dès le début hors de l'être, nous ne pouvons plus atteindre l'être ni par l'intuition, qui ne saisit que le phénomène, ni par la pensée, qui n'enfante que des conceptions de possibles relatifs à nous, dont nous ne savons pas s'ils sont intrinsèquement possibles.

La vraie « chose en soi », qui est sous les apparences sensibles, n'est autre que le fondement quelconque du sensible ; et il est certain que tout homme place quelque chose hors de lui, au delà de ses sensations. C'est précisément ce que l'on appelle la « matière ». Mais qui nous dit que la réalité par nous sentie et différente de nos sensations soit, comme Kant le présuppose, l'*intelligible, l'esprit ?* Qui nous dit que le fondement du *sensible* soit précisément un fondement du *supra-sensible ?* Le caractère intuitif accordé par Kant aux sens nous permet bien d'admettre avec lui un fondement réel du *sensible* ; mais, selon lui, la pensée ou intellection n'a pas un caractère intuitif ; rien ne nous oblige donc à admettre avec lui un fondement de l'*intelligible*. Surtout, rien ne nous oblige à convertir le fondement du sensible en un fondement de l'intelligible, c'est-à-dire à métamorphoser la vieille *matière*, admise dès l'origine par l'humanité, en *esprit*, en *spiritualité*, en *liberté*, en *éternité*, en *divinité*. On peut, il est vrai, supposer que la chose sentie, la prétendue matière est elle-même un *intelligible* ; mais c'est encore là une *supposition* qui est sans aucun fondement dans le kantisme, puisque l'intelligible y demeure essentiellement incertain. Faire avec lui de la chose en soi un objet d'intuition intellectuelle possible, c'est spéculer sur l'inconnaissable et le déterminer après s'être interdit ce genre de spéculation. L'intelligible est une pure hypothèse par jeu de conceptions ; la réalité est une thèse. Nous sommes dans la réalité, voilà le point de départ, que jamais homme ne pourra nier sérieusement et dont on ne peut manifestement donner de preuve *logique*. L'intelligible, au contraire, est une construction de notre pensée. Cette construction n'est possible qu'avec les matériaux donnés à la pensée et selon les procédés ou lois de la pensée. Les matériaux sont ce dont nous avons conscience. Mais, si notre conscience n'appréhende vraiment que des *apparences*, non du *réel*, nous restons à la fin suspendus dans le vide, sans pouvoir ni saisir la *réalité* sensible, ni concevoir les *possibilités* intelligibles.

Tel est, selon nous, le point faible de la doctrine kantienne. Son beau côté, c'est ce qu'elle partage avec toutes les grandes philosophies, je veux dire la distinction de l'apparent et du réel, l'attribution aux sens d'une valeur relative, subjective, phénoménale. Mais Kant, encore une fois, n'a pas seulement, comme tous les vrais philosophes, cherché le monde réel au delà des *sens* externes ; il l'a cherché au delà de notre *conscience* intime, dans une sphère qui demeure spéculativement indéterminée et indéterminable, la sphère des noumènes. Il a exilé la réalité vraie en dehors et au delà de toute expérience, même intérieure : il l'a conçue comme transcendante. C'est cette conclusion qui, nous l'avons fait voir, n'est ni nécessaire ni justifiable, soit au point de vue de la théorie, soit au point de vue de la pratique, où elle ne peut engendrer qu'un moralisme formaliste sans soutien dans la réalité. Aux « formes » rationnelles de Kant il faut substituer l'*expérience*, mais en poursuivant l'expérience la plus *radicale* et la plus *totale,* d'où finit par sortir l'universalité. A la théorie kantienne de la *conscience* de soi, que Kant représente soit comme *sens* intérieur, soit comme conscience *intellectuelle* d'une simple *forme* vide, nous opposerons, dans un autre ouvrage, la conscience comme expérience la plus profonde du *réel.*

En outre, Kant s'en est tenu à la forme impérative de la loi et n'en a pas vu le fond persuasif de bonté ou de beauté ; or il faut que nous soyons préalablement *persuadés* par l'objet *idéal* de la loi pour nous déclarer obligés ou plutôt pour nous obliger nous-mêmes[1].

Le point de vue de la forme universelle sans bien réel, qui est le point de vue du moralisme, comme celui du bien réel sans forme universelle et sans moralité proprement dite, nous ont paru deux aspects abstraits, artificiellement séparés, rationnellement insuffisants, pratiquement insuffisants : aucun d'eux ne satisfait notre être à la fois raisonnable, actif et sensible ; aucun d'eux, en définitive, n'offre la vraie universalité. Un bien que je ne conçois pas comme devant être aussi le bien de tous n'est assurément pas le bien *universel* où ma pensée peut se reposer et dont l'universalité fait la moralité : c'est ce que Kant a le mérite d'avoir mis en pleine lumière. Mais une législation universelle dont je ne vois pas d'abord les raisons dans le bien ne me fournit pas non plus une raison d'agir complète et vraiment universelle. C'est ce que nous avons amplement démontré. L'école éclectique, au siècle dernier, s'est contentée de juxtaposer les deux termes, sans parvenir à justifier ni l'un ni l'autre en lui-même, ni l'un par l'autre, ni tous les deux par quelque principe supérieur à chacun d'eux pris isolément. Selon nous, il faut trouver une synthèse qui assigne à chaque chose sa place, attribue à chaque idée sa vraie valeur pratique et théorique, sans appeler certain ce qui est incertain ou n'est que probable, sans appeler catégorique ce qui reste soumis à quelque condition.

Il est faux que l'impératif catégorique soit une « forme nécessaire » de la conduite, une « catégorie » de l'action.

---

[1]. Voir notre *Critique des systèmes de morale contemporains* et la conclusion de notre *Philosophie de Platon.*

Quand on dit que nous concevons notre action future, comme nous concevons notre représentation scientifique, sous la catégorie de loi, on abuse de l'ambiguïté des termes. Sans doute nous ne pouvons agir sans imposer par l'intelligence à notre action une loi de causalité, qui précisément consiste à l'expliquer par un déterminisme de sentiments, d'idées et d'impulsions. Sans doute aussi nous ne pouvons agir sans attribuer à notre action une loi de finalité, qui consiste précisément à poursuivre un but, un bien quelconque, une satisfaction de notre volonté sensible et intelligente. Mais tout cela n'est pas l'impératif catégorique formel ; c'en est même le contraire, et cet impératif catégorique formel n'est en rien nécessaire à notre conduite, ni comme *forme* à priori, ni comme *catégorie*. Fût-il nécessaire, il n'aurait pas plus de valeur en soi que les autres catégories et formes réduites par Kant à la subjectivité. Toute assimilation de la causalité supra-naturelle et supra-scientifique, attribuée à un impératif catégorique avec la causalité scientifique, régie par une loi naturelle, constitue donc un paralogisme.

Le dernier postulat du kantisme, la liberté intelligible, n'est pas plus justifié que l'existence de la raison pure pratique et que l'application pratique des catégories à l'intelligible. La loi naturelle selon laquelle se manifeste dans le temps et dans l'espace la causalité d'une cause, c'est-à-dire son « caractère », est une loi éminemment empirique, qui n'a aucun sens en dehors de l'expérience. Un « caractère intelligible » est un empirisme intelligible et supra-empirique, c'est-à-dire une contradiction ou un non sens.

Le seul refuge ouvert à Kant, lorsqu'il passe de la spéculation sur la liberté à la pratique morale, serait d'intervertir franchement l'ordre des facteurs et de dire avec nous : l'idée de la liberté et celle du devoir, objectives ou non pour la « raison pure », produisent pratiquement leur objet *en ce qu'il a de réalisable selon les lois de l'expérience*. Ce serait la théorie même des idées-forces. Il semble parfois que Kant gravite vers cette théorie, comme quand il dit : « *L'idée* de la loi d'une causalité (de la volonté), a elle-même de la causalité ou est le principe déterminant de cette causalité ».

Mais, en réalité, la force causale qu'il attribue à l'idée de la loi n'est pas du tout, comme dans la doctrine des idées-forces, une causalité *naturelle* ou un principe *naturellement* déterminant de cette causalité ; elle est, nous l'avons vu, une causalité supra-naturelle et purement intelligible. Cette causalité est *négativement libre* en ce sens qu'elle n'est plus soumise aux conditions du déterminisme naturel et des idées-forces, sans que nous *sachions* ce qu'elle est, ni si elle est *positivement libre*. Kant n'admet cette dernière hypothèse que pour être d'accord avec son idée du devoir pur impliquant pouvoir positif. Il platonise en vue de la pratique morale et finit par considérer les idées sans le rapport de leur causalité, comme s'il avait le pressentiment d'une philosophie des idées-forces ; mais la vraie philosophie des idées-forces, encore une fois, ne représente pas la causalité des idées comme s'exerçant dans un monde non moins supérieur à la conscience de soi qu'aux sens. La causalité immanente aux idées, selon nous, quelle qu'en soit la racine dans le fond de notre être, agit dans l'expérience selon les lois psychologiques de l'auto-déterminisme intérieur. Or, tout en insistant de plus en plus sur le caractère pratique des idées, Kant n'a pas cessé de représenter cette valeur pratique sous la forme d'un ordre moral engendrant des affirmations morales ou croyances morales. Il n'a pas fait vraiment pénétrer la « raison » et ses idées dans l'expérience : il ne leur a pas donné un caractère de plus en plus scientifique. Il leur a laissé le caractère proprement religieux. Il en a fait des actes de foi plutôt que des auto-réalisations dues à la force efficace de l'intelligence dans le monde même de l'expérience. Le dualisme subsiste donc, ici encore ; le monisme n'est pas fondé.

A notre avis, la conception kantienne d   al a besoin d'être transformée et ramenée aux lois de l'expérience. Ceux qui s'efforcent d'extraire du kantisme la vérité qu'il renferme sont d'ailleurs obligés eux-mêmes de le ramener de plus en plus à la théorie des idées-forces. Selon M. Delbos, par exemple, pour être fidèle à ce qu'il y a de plus profond dans la pensée de Kant, il faut considérer les conceptions de la raison « non pas comme déterminées dans leur sens et leur valeur par la réalité dont elles paraissent être les représentations, mais comme susceptibles de se déterminer par la fonction qu'elles sont aptes à remplir »; il faut les mesurer, autrement dit, moins à leur puissance de représenter des choses en général qu'à leur puissance de « s'actualiser utilement[1] »; autant dire : à leur valeur d'idées-forces. Il n'est, grâce à cette méthode, aucune des notions traditionnelles du rationalisme qui, dans la doctrine de Kant, ne puisse « recevoir la consécration d'un certain juste usage ». Principes constitutifs, principes régulateurs, d'application théorique ou d'application pratique, maximes de recherche, postulats, etc., ce sont là comme « les formes différentes sous lesquelles leurs rôles se redistribuent ». On obtient ainsi non pas seulement une réfutation mais, en un autre sens, « une transposition critique de la pensée du dogmatisme », selon laquelle les idées étaient des existences ou représentaient des existences : pour une doctrine peu moderne, les idées, uniquement parce qu'elles sont telles, « doivent être aptes à quelque fonction, qu'il s'agit seulement de bien définir[2] ». Cette *fonction*, qui est avant tout *pratique*, n'est autre, selon nous, que l'*efficace inhérente aux idées pour leur autoréalisation*. La volonté intelligente, dont nous avons l'expérience en nous, ne *représente* pas simplement, comme la Raison des platoniciens, une liaison de l'idéal au sensible; elle *réalise* cette liaison en la concevant et en la désirant[3]. Il ne faut pas retirer toute vérité aux idées de Platon, mais il ne faut pas croire que leur vérité consiste à *refléter* des réalités qui seraient objets d'intuition supérieure ou de connaissance supraexpérimentale. Leur valeur est dans la transformation qu'elles font subir au réel selon les lois du réel le plus profond, qui est la volonté intelligente concevant et aimant l'universel. Et cette valeur est « pratique ». Elle donne aux *idées* une *force*, donc une vérité en nous; elle nous permet même de leur attribuer une valeur et

---

1. Delbos, *Philosophie pratique de Kant*, p. 196.
2. Delbos, *ibid.*, p. 196.
3. Voir la conclusion de notre *Critique des systèmes de morale contemporains*.

une vérité en dehors de nous. Kant a dit lui-même que Platon trouvait principalement les Idées dans ce qui est pratique, « c'est-à-dire dans ce qui repose sur la liberté[1] ». Le véritable emploi des idées, selon nous, est en effet pratique et immanent, mais on ne saurait trop le répéter, il repose sur leur force efficace dans le domaine de la conscience, non dans celui des noumènes.

Ou la morale formelle de Kant vient s'absorber dans une morale réelle des idées-forces, fondée, 1° sur le contenu des idées, 2° sur leur causalité psychologique et physiologique, 3° sur la causalité des sentiments et impulsions que les idées enveloppent; et alors il faut, avant tout, établir théoriquement la valeur scientifique et philosophique des idées-forces, en prolongeant les lignes de l'expérience dans un monde idéal qui est encore un monde d'expérience possible[2]. Ou la morale formelle de Kant se fonde sur une causalité vraiment supérieure à l'expérience interne comme à l'externe : et alors, pour demeurer conforme aux principes de la « Raison pure », cette causalité se réduit à une abstraction problématique, x, dont on ne peut plus rien déterminer même pour la pratique; elle s'évanouit en une idée sans objet théoriquement définissable ni pratiquement réalisable, conséquemment sans action sur l'homme et sans « force ». La morale des idées-forces est donc, pour la pensée contemporaine, la seule issue possible, à égale distance d'un moralisme chimérique et d'un amoralisme insoutenable.

II

LA MORALITÉ ET LA NATURE SONT-ELLES EN ANTINOMIE

La grande présupposition du kantisme, nous l'avons

---

[1]. L'observation est d'ailleurs contestable : Platon *spécule* avant tout. L'idée du « bien » ne désigne pas pour Platon ce qui repose sur la liberté, mais ce qui est fondé au plus profond de l'être même, par delà ce que nous appelons l'essence et l'existence déterminées.

[2]. Voir notre livre : *l'Avenir de la métaphysique fondée sur l'expérience*.

vu, c'est que la sensibilité est essentiellement et naturellement égoïste, si bien qu'elle a besoin d'être refrénée par une Raison qui, seule, est essentiellement désintéressée, mais qui ne l'est que par la conception d'un ordre supra-naturel. La nature humaine offrirait ainsi une polarisation complète: au pôle sensibilité, tout l'égoïsme, au pôle raison, tout le désintéressement. Supprimez, avec Nietzsche, le pôle raison : il ne restera plus que l'égoïsme foncier des amoralistes. De plus, le kantisme refuse de *qualifier* naturellement les plaisirs en dehors de la moralité ; il cherche leur unique qualification possible et leur seule évaluation dans leur rapport avec la forme universelle recouvrant le fond supra-naturel. Supprimez cette *forme*, vous aurez de nouveau l'amoralisme, qui rejette toute distinction proprement morale entre les actes.

Pour nous, nous ne saurions admettre que la « bonne volonté » ne soit en rien *naturelle*, que la tendance à penser universellement, à aimer universellement, à vouloir universellement, soit contre la nature, du moins contre la nature *humaine*, et impossible au point de vue psychologique. C'est encore une synthèse qu'il faut ici chercher, au lieu de s'en tenir à l'antithèse où s'enferment également le moralisme et l'amoralisme. M. James, dans une conférence sur ce sujet, n'a pas craint de dire : « La nature n'est point un univers, mais un multivers... ce n'est pas chez cette prostituée que nous trouverons le principe de l'ordre moral. » D'autres répètent, avec Huxley : « Le progrès moral de la société n'est pas d'imiter le procès cosmique, encore moins de suivre à l'écart son propre chemin ; il est de *combattre* le procès cosmique. » L'*affirmation de soi*, à en croire Huxley, est l'essence du procès cosmique, tandis que la moralité sociale implique un principe nouveau et tout opposé : l'*affirmation d'autrui*. — Ces oppositions absolues nous semblent superficielles. En premier lieu, remarquons que la « nature », au sens où la science empirique prend ce mot, n'est qu'une partie de l'Univers, la partie accessible à nos sens humains ; elle est donc un produit de notre conception humaine, une grande image de notre cerveau ; elle n'est pas l'Univers absolument réel. Or, c'est de ce dernier que le « procès moral » doit faire partie intégrante, non de l'univers empirique, qu'il peut sembler parfois contredire, quoique, en réalité, il le complète.

En second lieu, il n'est pas exact de croire que le combat partiel contre la nature, ou plutôt contre une portion de la nature, soit exclusivement propre à la vie morale, de manière à constituer un processus « nouveau » et un « renversement » de l'ordre des choses. Ce genre de combat appartient sans doute à la vie même comme telle et à toutes ses phases ; il est un des deux aspects constants de la vie ; mais il n'empêche nullement l'autre aspect, plus fondamental, qui est l'accord profond avec la nature, l'adaptation finale au vrai procès universel et « cosmique ». Aussi Huxley n'a-t-il pas convaincu tous les naturalistes. Considérez, par exemple, le progrès accompli par le vertébré en passant du type à sang froid au type à sang chaud. Ce progrès avait pour condition une *lutte* contre un des éléments de l'évolution cosmique, à savoir contre cette loi particulière qui tend à maintenir la température animale au niveau de la température du milieu. Mais la tendance à perdre sa température selon les variations extérieures a été combattue avec succès chez l'animal à sang chaud : la difficulté y a été tournée par le développement d'un mécanisme spécial. Je veux parler du mécanisme grâce auquel le froid extérieur excite la production d'une quantité croissante de calorique dans le corps, tandis que la chaleur externe, amenant des effets opposés, diminue la production de chaleur et assure une perte continuelle de calorique. De là une constance finale de la température. « Cette heureuse résistance à certaines conditions défavorables du milieu place-t-elle le développement et le fonctionnement du mécanisme régulateur de calorique en dehors du cours de l'évolution ? Tout au contraire, ce mécanisme n'est pas seulement, pour l'être animé, un des éléments de conservation ou de survivance ; il sert directement à promouvoir un plus haut degré de vie ; il marque une importante avance dans la vie animale[1]. »

---

1. Dr Frances Emily White, in *International Journal of Ethics*, juillet 1895.

En troisième lieu, les partisans du moralisme et ceux de l'amoralisme, quand ils s'accordent à représenter le progrès moral comme la *négation* du procès cosmique, se font de la moralité une notion toute *négative*. Ils la conçoivent à tort comme une simple *inhibition* des activités naturelles et « pré-sociales », inhibition utile selon le moralisme, nuisible selon l'amoralisme. A notre avis, la vraie moralité est le développement de qualités et capacités positives, qui, elles-mêmes, sont dans le sens de l'évolution universelle bien entendue, non à contre-sens de cette évolution. Loin de se borner à contrarier la nature, la moralité finit par l'aider et par la développer. L'homme moral n'est pas moins *homme*; il n'est pas non plus moins *vivant,* ni moins *existant*; il l'est, au contraire, davantage : car il est, à la fois, plus lui-même et plus les autres. Le point de vue de l'opposition à la nature est donc provisoire et doit aboutir à l'harmonie finale. S'il n'y avait dans la nature que lutte et haine, on comprendrait que la moralité fût, comme l'en accuse Nietzsche, une aveugle « *négation de la nature* »; mais il y a aussi dans la nature concours ou amour, et la lutte même n'est qu'une nécessité inférieure qui ne vaut pas en soi et pour soi. Bien loin que le progrès social soit en contradiction avec le progrès naturel, il y a continuité entre la nature et la société [1].

— Mais, objectent les partisans de Kant, comment faire sortir la morale, c'est-à-dire « la détermination de ce qui doit être », d'une « réalité dépouillée de toute parenté avec l'intelligence et la volonté [2] » ? — Nous répondrons que le problème de la morale scientifique ne doit nullement se poser en ces termes. Nous n'avons pas le droit de représenter *a priori* la « réalité » comme dépouillée de toute parenté avec l'intelligence et la volonté. Est-ce que celles-ci ne font pas partie de la réalité ? Ne sont-elles pas des réalités, et celles-mêmes qui nous constituent, nous *hommes* ? La nature humaine ne doit pas être exclue de la nature totale.

---

1. C'est ce que nous démontrerons tout au long dans notre prochain volume sur les *Éléments sociologiques et biologiques de la morale.*
2. M. Boutroux, *Questions de morale et d'éducation*, p. 38.

La vraie science est absolument désintéressée sur les résultats et exclut tout préjugé ; elle doit donc exclure le préjugé d'une opposition entre la réalité intelligente et la nature, tout comme elle exclut celui d'une harmonie. Cette opposition, cette harmonie, ou peut-être ce mélange d'opposition et d'harmonie entre le désir humain et la nature, ce sera le résultat des recherches de la science à la fois biologique, psychologique, sociologique et cosmologique. Et c'est ce résultat, quel qu'il soit, que nous essaierons plus tard de déterminer méthodiquement. Comment donc pourriez-vous savoir d'avance que « la morale et la science sont orientées en sens inverse »? C'est seulement à la fin que vous pourrez le dire, *si cela est*; c'est quand vous aurez résumé et interprété toute la science d'une part, toute la morale de l'autre, et constaté une vraie antinomie. Selon nous, cette antinomie n'existe pas.

Les Kantiens ajoutent que la science de la nature ne peut en rien justifier la morale, justifier la charité, justifier la justice même. Selon M. Darlu, la conscience « *répudie* la nature, pour proclamer les lois proprement humaines » ; elle nous demande expressément de « renverser certaines lois de la nature, d'aider les faibles à vivre; de « détourner le cours de cette dure loi de la concurrence vitale qui semble bien être, en effet, le destin des êtres vivants ». La charité, ajoute M. Boutroux, « est absurde dans un système où la destruction des faibles par les forts est la seule loi sociale que connaisse la nature et le seul principe de ce que nous appelons le progrès ». — Mais, selon nous, c'est ce système lui-même qui est absurde et faux. Il n'est pas vrai que la destruction des faibles soit la seule loi sociale connue de la nature, car, chez les animaux, à côté des forts détruisant les faibles, on trouve aussi les forts conservant les faibles; les mères, les pères des animaux et jusqu'à leurs simples compagnons veillent sur eux. La protection des faibles est donc, en maints cas, une loi du règne animal, tout comme l'est, dans d'autres cas, la destruction des faibles[1]. En outre, ce

---

[1]. Voir, dans notre livre sur les *Éléments sociologiques de la morale*, le chapitre sur le darwinisme.

qui se passe chez les animaux fût-il tout autrement, ce ne serait pas une raison pour assimiler les démarches des sociétés humaines aux luttes destructives entre bêtes[1]. On ne peut donc rien arguer contre la charité de lois biologiques qui, cosmologiquement, sont incomplètes et, sociologiquement, encore plus incomplètes. La conscience, veut-on conclure avec Renan, est « la protestation de l'homme contre la nature ». — Oui, sans doute, si vous entendez la nature infra-humaine, la nature telle qu'elle est ou serait *sans* l'homme, sans l'être pensant et aimant ; la nature minérale, végétale ou animale, *moins* l'homme et *moins* la société humaine, ou même *moins* les sociétés animales. Mais, encore une fois, l'homme fait partie du *Cosmos* en sa *totalité* ; il doit donc trouver en soi, à cause de cela même, un point de coïncidence entre la nature et la pensée, entre le réel et l'idéal.

Les kantiens se sont demandé s'il n'y a pas une intime *contradiction* à ce qu'une loi de nature puisse devenir une règle morale de notre volonté. — Il serait contradictoire en effet, répond M. Darlu, que j'agisse avec la science totale des choses, parce que chacune de mes actions change cet état de choses et que, si j'en avais une connaissance parfaite, je les changerais radicalement, et comme d'un seul coup[2]. — Il est vrai, répondrons-nous, que non seulement mon action change l'état des choses, dont j'ai l'idée, mais que cette idée même s'introduit comme force modificatrice dans le déterminisme par moi conçu[3] ; mais qu'y a-t-il là de « contradictoire » ? M. Darlu, allant plus loin, trouve aussi une contradiction à croire « que la connaissance du *milieu* au sein duquel je dois agir (supposé connu même à l'état dynamique), puisse déterminer mon action. Elle peut contribuer au choix des moyens par lesquels j'en assure le succès ; elle ne peut rien pour me la faire vouloir elle-même[4] ». — Cela est vrai de la nature-milieu, de la nature extérieure, ou encore de la société au milieu de

---

1. *Ibid.*
2. M. Darlu, *Revue de métaphysique et de morale*, janvier 1897, p. 127.
3. Voir la *Liberté et le déterminisme*.
4. *Revue de métaphysique*, janvier 1897.

laquelle je vis; mais, moi aussi, j'ai une nature, partie de la nature considérée en son tout. Dès lors, il s'agit de savoir si la connaissance de ma propre réalité, de ses lois, de ses rapports avec la réalité totale, ne peut influer sur le choix de la *fin* par moi voulue, non plus seulement sur le choix des moyens. Je devrai sans doute en venir à *poser* cette fin; mais, si je ne la pose pas arbitrairement et par liberté d'indifférence, il faudra que je la conçoive intelligible en quelque manière, et surtout que je la désire, que je sente en mon être, à un point quelconque, l'attrait du bien voulu, quelle que soit la nature de cet attrait, de cette joie, de ce « déploiement de puissance », comme on voudra l'appeler. Le transcendant de Kant, pour n'être pas un x vide de sens, doit donc être de quelque façon immanent; si mystérieuse que l'on conçoive l'idée du bien, encore faut-il qu'elle soit conçue par une pensée: nous l'avons vu, ce qui est en dehors de toutes les conditions de la réalité à moi connue ou connaissable est pour moi égal à zéro et n'a rien de moral. Toute loi de l'idéal doit avoir une communauté avec quelque loi du réel; et le réel, ici, c'est l'activité consciente de l'homme, c'est, pour les uns, la *raison*; c'est, pour les autres, le *cœur*; c'est, pour tous, quelque chose d'intime qui est l'homme véritable, qui est la réalité humaine, non pas uniquement telle qu'elle est *donnée,* mais telle que, déjà donnée en partie, elle peut *se donner* et se parfaire en *se concevant* et en se désirant. Si nous avions une connaissance complète des choses, nous n'aurions pas à les changer « radicalement »; nous aurions, au contraire, à les réaliser dans leur tendance la plus intime.

Les objections du moralisme kantien n'ont de valeur que contre la morale incomplètement naturaliste. Celle-ci prétend faire du mécanisme et de ses lois le fond des choses, tout au moins leur seule forme à nous connaissable; elle n'est alors qu'une application pratique de la *métaphysique matérialiste.* Encore est-elle obligée d'introduire au moins un élément psychique, le *plaisir,* et même un deuxième élément psychique, l'*intelligence* capable de calculer les plaisirs, enfin un troisième élément psychique, l'*impulsion* vers le plaisir et l'aversion pour la douleur. Et ces trois éléments, auxquels on peut encore ajouter la puissance et la « volonté de puissance », ne rentrent plus dans le pur mécanisme. On a beau les traiter dédaigneusement d' « épiphénomènes »; ils sont l'essentiel pour le moraliste[1]. Que m'importeraient les lois mécaniques de la *Nature* si je n'éprouvais de leurs effets ni plaisir ni douleur, ni augmentation ni diminution de puissance ; si je n'avais aucune impulsion vers le plaisir plutôt que vers la douleur, vers la puissance plutôt que vers l'impuissance? La Nature des soi-disant *naturalistes* est une fausse nature dépouillée d'un de ses côtés, l'intérieur, tout comme la matière des soi-disant matérialistes est une fausse matière, dans laquelle il ne reste plus que des formes mathématiques et logiques, sans rien qui la constitue au dedans. Vouloir tirer une morale quelconque d'une telle nature ou d'une telle matière, c'est assurément vouloir tirer le plus du moins, l'être, la vie, le sentiment et la puissance d'une machine formée de rouages abstraits tournant dans le vide selon des lois abstraites. Les matérialistes sont des idéalistes sans le savoir et sans le vouloir[2].

Mais le sens matérialiste du mot Nature est un sens métaphysique, finalement abusif, qu'on n'a pas le droit de lui donner. La Nature peut sans doute désigner le monde matériel, le mécanisme universel, dans lequel les matérialistes veulent faire rentrer les phénomènes de la vie mentale. Mais la Nature peut désigner aussi l'être universel avec ses lois fondamentales, la *Natura naturans* de Spinoza; et c'est ce dernier sens qui est seul légitime. La vraie morale des idées-forces, est alors celle qui veut que l'homme vive conformément aux lois profondes de la Nature universelle, telle que nous pouvons en avoir l'idée non seulement par les sciences objectives, mais encore et surtout par les sciences subjectives.

S'il en est ainsi, le moraliste ne doit pas, avec Kant ou avec Nietzsche, établir un dualisme, sans pont possible, entre la valeur morale et la valeur scientifique

---

1. Voir notre *Évolutionnisme des idées-forces*.
2. Voir *Ibid.*

des actions ou des êtres. Le réel, objet de l'expérience, et l'idéal, poursuivi par la moralité, ne sont pas essentiellement séparés. Reconnaître une valeur morale des actions n'est pas, comme le prétend l'amoralisme, *nier* la science, encore moins la philosophie ; le point de vue moral, loin d'être radicalement opposé au point de vue naturel et scientifique, n'est qu'un plus complet développement de la vérité tout entière touchant les faits d'expérience extérieure ou intérieure. Les sciences positives ne nous donnent de ces faits qu'une description partielle et relativement abstraite. Le philosophe et le moraliste doivent s'efforcer de les embrasser dans leur ensemble, dans leur principe, dans leur fin. Par la morale des idées-forces, comme nous essaierons de le faire ailleurs, on déterminera à la fois et la réalité et l'idéalité morale des choses ; la loi de la conduite se trouvera fondée tout ensemble en *vérité* et en *réalité*. En vain Kant met à part l'un de l'autre le monde sensible et le monde supra-sensible, la raison et la nature ; nous croyons que l'un, au lieu d'être une simple « manifestation » de l'autre et une simple « apparence », en est le prolongement, que la « raison » et la nature sont au fond identiques, que la raison et l'amour, par conséquent, se pénètrent et produisent le vrai bonheur. Kant n'a pas démontré que la sensibilité et la « raison » soient essentiellement hétérogènes. Selon la morale des idées-forces, l'individuel, objet de l'expérience sensible, et l'universel, objet de ce que Kant nomme la raison, ne sont pas extérieurs et étrangers l'un à l'autre. Il y a dans la réalité union de la raison et de l'expérience ; l'homme doit, dans sa volonté, maintenir et parfaire cette union. La raison, qui, selon nous, n'est que l'expérience la plus radicale, la plus constante et la plus intime, est, à nos yeux, l'achèvement aussi bien que la transformation du monde sensible. Concluons que, si la nature n'était que le mécanisme matériel, Kant aurait raison de dire que la moralité est supérieure à la nature, d'autant que la moralité implique une loi de finalité différente de la pure loi de causation matérielle. Mais, si la nature est le tout qui nous comprend nous-mêmes, le tout de la vie et de la pensée, la moralité, avec la finalité intelligente qu'elle implique, n'est pas supérieure à la nature : elle est la nature supérieure. La nature, c'est le grand Tout, et la moralité, que veulent en vain supprimer les adorateurs du plaisir ou de la puissance, est une partie du Tout, mais qui, grosse de l'avenir, vaut plus que le tout considéré tel qu'il est actuellement :

πλέον ἥμισυ παντός.

APPENDICE

Un métaphysicien converti au moralisme kantien.

CHARLES SECRÉTAN [1]

S'il est vrai qu'on doive, selon le mot de Platon, se tourner vers la vérité avec son âme entière, il est peu de philosophes qui aient mieux observé le précepte platonicien que Charles Secrétan. Et l'on peut ajouter que, s'il a philosophé avec toute son âme, il a philosophé aussi en vue de toutes les âmes, avec la préoccupation perpétuelle du bien de tous. C'est ce qui donne à sa doctrine un caractère tout ensemble profondément humain et religieux. Cette philosophie commence par une sorte de vision de Dieu où est virtuellement figurée l'humanité entière, et elle finit par des spéculations sociales qui ont pour but de réformer l'humanité conformément à l'idée divine. « Le vrai, le beau, le bien, est une belle devise, avait écrit Sainte-Beuve ; et il ajoutait : ce n'est point la mienne, oserai-je l'avouer ? Si j'avais une devise, ce serait *le vrai*, le vrai seul ; et que le bien et le beau s'en tirent ensuite comme ils pourront. » La devise de Secrétan fut tout l'opposé de celle de Sainte-Beuve : le bien, le bien seul, avant le beau, avant le vrai même, qui dépend, selon lui, d'un principe plus profond, l'absolue liberté.

I

Charles Secrétan naquit à Lausanne en 1815. Sa famille appartenait à l'ancienne bourgeoisie et donna des magistrats à son pays durant plusieurs siècles [2]. Il se livra d'abord à la théologie qu'il

---

1. Notice lue à l'Académie des Sciences morales et politiques. Voir les *Comptes rendus*, nouvelle série, t. XLVIII.
2. Son père, Samuel Secrétan, fut un avocat distingué et aimé. Son grand-père, Louis Secrétan, était aussi avocat et prit une part active à la Révolution qui, en 1798, émancipa le pays de Vaud du joug des Bernois ; il fut un des premiers présidents du Conseil d'État au ministère de la République Vaudoise, qui, en 1803, devint l'un des cantons de la Confédération suisse.

abandonna ensuite pour le droit. Au cours de ses études, il passa une année (1837) à Munich, où il suivit les leçons de Schelling [1]. Il pratiqua le barreau pendant fort peu de temps. En 1838, il était professeur de philosophie à l'Académie de Lausanne. C'était le moment où l'enseignement de cette ville jetait tant d'éclat. Sainte-Beuve déclare, dans une note de son *Port-Royal*, que le grand, l'incomparable profit moral qu'il retira de son séjour dans le pays de Vaud, ce fut de mieux comprendre, par des exemples vivants ou récents, ce que c'est que le « christianisme intérieur ». Lausanne avait alors le privilège de posséder Vinet. Ce dernier fut le maître et plus tard l'intime ami de Secrétan, qui devait devenir un maître à son tour.

Ne transigeant jamais avec sa conscience, toujours fidèle à ses convictions, Charles Secrétan heurtait souvent de front ses adversaires, sans se soucier des conséquences que pourrait avoir sa polémique sur sa situation matérielle. Aussi, en 1846, son enseignement philosophique fut brusquement interrompu par la révolution cantonale qui amenait la prépondérance de la démocratie rurale sur la population urbaine. Le jeune professeur partagea le sort de tous ceux de ses collègues dont l'indépendance et aussi la haute culture portaient ombrage au gouvernement nouveau. Ce grand penseur chrétien fut révoqué par mesure de salut public. Dure épreuve, qui entraîna la gêne matérielle, mais sans abattre l'énergie morale. Des amis lui offrirent la rédaction du *Courrier suisse*, feuille d'opposition libérale où il exprima tout son mépris pour un régime issu de la violence. De ces temps troublés il ne parlait jamais qu'avec l'indignation frémissante que cause une injustice imméritée. Bientôt la ville de Neuchatel l'appela dans son « académie ». Les seize années durant lesquelles il y fut professeur furent une période de vie intellectuelle très intense, et qui l'eût été plus encore si les événements de 1866 n'avaient fait une fâcheuse diversion aux choses de l'esprit. Lorsque l'académie de Neuchatel fut réorganisée en 1866, le Conseil d'État commit la faute de ne pas confirmer dans leurs fonctions quelques-uns des professeurs les plus distingués ; l'esprit de parti, fatal aux démocraties, prévalut sur toute autre considération. Les

---

D'un esprit très ouvert, Louis Secrétan s'était fait une réputation à l'étranger par un ouvrage d'histoire naturelle : *La Mycographie suisse*. Charles Secrétan était le second de cinq frères dont l'aîné fut professeur de droit dans sa ville natale.

1. Pendant ce séjour en Bavière, il fit la connaissance de la femme distinguée qu'il épousa à 25 ans et qui fut sa compagne pendant 48 ans. Il lui dut beaucoup. Intelligente, ferme, d'un dévouement absolu, d'une grâce digne, elle se tint à ses côtés durant les bons et les mauvais jours. Elle mourut cinq ans avant son mari. Ils avaient eu huit enfants, dont cinq sont vivants, quatre filles et un fils, deux petites-filles et quatre petits-fils, dont l'un vient de subir à Paris les examens de la licence ès lettres.

victimes de cette mesure furent le philologue Charles Prince et le philosophe Charles Secrétan.

Secrétan rentra à l'Académie de Lausanne en 1862, d'abord comme professeur suppléant, puis, en 1866, après vingt ans d'absence, comme professeur ordinaire. Dès lors, entouré d'un respect universel, il ne quitta plus sa chaire, et quand sa notoriété l'eut mis au-dessus des discussions politiques, il put enseigner en paix jusqu'à la dernière heure.

Ses écrits furent d'abord peu remarqués dans son propre pays ; puis de l'étranger vinrent des témoignages de sympathie et d'admiration qui le rendirent enfin prophète même parmi les siens. M. Paul Janet, en 1877, par une très belle étude sur la « philosophie de la liberté », que publia la *Revue des Deux Mondes*, fut un des premiers qui firent connaître au public français, après vingt-huit ans d'attente, l'œuvre du philosophe de Lausanne. Nombreux devinrent plus tard, dans l'Université de France, ceux qui ressentaient l'influence de Secrétan ; les leçons de l'agrégation en témoignèrent plus d'une fois. Depuis Vinet, nul homme de la Suisse n'avait exercé autant d'action sur la pensée française. L'accueil fait en France à sa philosophie contribua à la joie de ses dernières années. Le vendredi 6 janvier 1893, sur l'invitation d'amis et de disciples, il vint à Paris pour développer et soutenir, dans une conférence contradictoire présidée par M. Ravaisson, les principales thèses de philosophie morale et sociale contenues dans son beau livre sur la *Civilisation et la croyance*. Le lendemain, les étudiants en philosophie de la Faculté des lettres, de l'École normale, de la Faculté de théologie protestante, etc., fêtèrent, sous les auspices de leurs maîtres, le philosophe de la liberté. Et l'un de ces maîtres les plus en renom, M. Boutroux, prenant la parole au nom des professeurs de l'Université de France, adressait à Secrétan ces paroles : « Nous avons tant vécu de votre pensée que nous vous tenons pour un des nôtres. Il y a des présences réelles qui ne tombent pas sous les sens. »

Depuis ce dernier voyage à Paris, où la jeunesse universitaire de France lui avait fait une si magnifique réception, la santé de Secrétan avait faibli. Quoique l'hiver fût rigoureux, il n'avait pas voulu se refuser à l'appel qu'on lui avait adressé. Pendant le retour, il prit froid et fut gravement malade. Il ne se releva pas entièrement de cette secousse. En janvier 1895, une pneumonie l'emporta presque brusquement.

Ceux qui ont connu Secrétan nous le représentent comme une âme simple et grande, ardente en ses affections, éprise de l'humanité et de la nature, avec des parties d'une rare délicatesse, exquises, frêles, tendres ; et pourtant de la force, de la hardiesse, un premier jet inattendu, une rare puissance dialectique, je ne sais quelle abondance native de sang et de génie. Joignant à l'audace du philosophe la candeur de l'humble croyant, Secrétan était resté toujours, selon ses propres déclarations, fidèle à la foi de sa jeunesse; toujours il avait cru lire dans le christianisme « le secret du monde »; toujours il attendait la rédemption de l'humanité « de l'accommodation des rapports sociaux à l'esprit du Christ ». Mais, si attaché qu'il fût à la tradition chrétienne, il était respectueux devant toute pensée sincère. Bienveillant par nature et par habitude, il ne tolérait pas la médisance et jugeait les autres toujours meilleurs qu'ils ne paraissaient. Un de ses amis s'étant extasié devant lui au sujet d'un mot spirituel et méchant d'Henri Heine : « Je ne puis comprendre, s'écria Secrétan, que vous, qui êtes un homme de cœur, vous admiriez tant l'esprit ! » Au témoignage de ses disciples, l'absolue sincérité faisait sa force et sa maîtrise : avant d'être un savant, un philosophe, il était « une conscience ».

Se dépasser toujours soi-même, se renouveler sans cesse, s'ouvrir à toutes les pensées et retrouver en toutes comme la même divine aimantation, voilà ce que voulait Secrétan. Il allait jusqu'à oublier ce qu'il avait pu jadis écrire et en faisait souvent bon marché, comme tous ceux dont l'esprit vivant et mouvant refuse de se cristalliser dans un système. Le jour où il vint soutenir au cercle Saint-Simon quelques thèses que devaient discuter ses collègues français, on lui présenta des objections tirées de son grand ouvrage : « C'est moi qui ai écrit cela ! » s'écria-t-il avec étonnement ; « je ne m'en souviens pas ». Aux étudiants suisses qui l'avaient un jour porté en triomphe, il répondit modestement : « Je n'ai pas fait une œuvre. Pourquoi donc me témoigner de la reconnaissance ? Peut-être pour avoir formulé un programme et élevé un drapeau sur une hauteur, — sur une hauteur nue, il est vrai, mais enfin sur une hauteur. » Telle est bien, en effet, l'impression que laisse l'œuvre de Secrétan [1].

Ses élèves nous apprennent que l'orateur avait une voix puissante et nuancée ; il donnait souvent à sa pensée un tour imprévu et il trouvait sans effort le trait capable de s'enfoncer dans les esprits. Ces qualités et ces défauts se reconnaissent dans son style souple et fort

---

1. Cette œuvre est considérable. En 1840, à 25 ans, il avait publié la *Philosophie de Leibnitz* ; en 1848, il donna le premier volume de la *Philosophie de la liberté* et le second en 1849 ; en 1858, parut la *Recherche de la méthode* ; en 1863, *Raison et Christianisme* ; en 1868, le *Précis de philosophie* ; en 1869, la *Philosophie de M. Cousin* ; en 1877, les *Discours laïques* ; en 1883, *Théologie et Religion* ; en 1884, le *Principe de la morale* ; en 1887, la *Civilisation et la Croyance* ; en 1889, les *Études sociales* ; en 1892, *Mon Utopie*. Enfin, en 1896, on a publié ses *Essais de philosophie et de littérature*. Il avait collaboré activement au *Semeur*, à la *Revue de Strasbourg*, à la *Revue chrétienne*, à la *Revue de théologie et de philosophie*, à la *Revue philosophique* dirigée par M. Ribot, à la *Fortnightly Review*, etc. Il avait fondé la *Revue suisse*, qui s'ouvrit par un article de Vinet. Enfin, l'Académie des Sciences morales et politiques l'avait choisi pour correspondant.

plutôt qu'élégant, parfois hardi jusqu'à l'incorrection. Il est d'ailleurs le plus puissant écrivain, à coup sûr, qu'ait produit la Suisse romande ; il a l'énergie et l'élan qui conviennent aux œuvres métaphysiques, sans avoir toujours assez de précision et de clarté ; il a surtout des formules qui frappent le lecteur par la condensation d'idées, parfois nuageuses, en quelques mots d'où jaillit l'éclair.

Parlant de la philosophie, Secrétan a dit : « C'est une Muse austère, qu'il faut supplier longtemps avant d'en obtenir un sourire. » Ce sourire de la grande Muse, Secrétan l'avait obtenu. Il est créateur, il est, au sens antique du mot, poète en métaphysique. Ses compatriotes ont justement appelé sa philosophie une épopée ; ils l'ont justement nommé lui-même le dernier des philosophes épiques. Comme, en effet, l'épopée a précédé tous les autres genres de poésie en les résumant dans une vaste synthèse, la métaphysique constructive et imaginative des Schelling, des Hegel et de leurs successeurs a préparé les études de philosophie plus scientifiques, soumises à des méthodes plus sévères, qui caractérisent la seconde moitié de notre siècle. Dans son grand poème religieux, Secrétan avait dédaigné un peu trop les conditions philosophiques de la preuve : définitions précises et intelligibles, inductions et déductions exactes qu'il remplace trop souvent par des raisons purement verbales et par des images décevantes.

On a reconnu dans sa doctrine, non sans raison, un courant latéral du grand fleuve germanique ; mais c'est un courant qui vient aboutir en France et où se mêlent des eaux d'origines diverses. Profondément sympathique à notre pays, Secrétan disait aux fêtes de Lausanne : « Placés comme nous le sommes au carrefour des peuples, nous sentons, nous pensons que l'équilibre moral du monde a besoin, pour se maintenir, de toute la pensée française. » Lui-même combina toujours les deux influences. Il est entre deux peuples de génie différents, il est aussi entre deux époques. Sa philosophie est une doctrine de transition dans l'espace et dans le temps, résumant d'ailleurs le passé plutôt qu'elle n'annonce l'avenir et, quoique exprimée en une forte langue française, plus voisine en réalité de l'ontologie allemande que de l'esprit parfaitement cartésien. En même temps, elle est une synthèse de la philosophie et de la théologie, car Secrétan s'adresse à l'homme tout entier, sans vouloir, comme Descartes, « mettre à part les vérités de la religion ».

II

Ce que Secrétan estimait le plus, c'est la sincérité. Le meilleur moyen de le louer est donc de le soumettre à un examen sincère et de faire comprendre, par l'étendue même de la discussion, la haute importance de son œuvre ; un éloge banal ne vaut pas une critique attentive. Nous avons déjà longuement examiné ailleurs la doctrine du philosophe de Lausanne, et Secrétan lui-même nous a longuement répondu dans la préface de son *Principe de la morale* ; nous ne pouvons donc ici que mettre en relief quelques résultats généraux qui nous semblent acquis et que lui-même a fini par accepter. L'histoire et la transformation progressive de ses idées contiennent, on peut le dire, un grand enseignement qu'il importe de dégager. On y voit éclater la différence entre la méthode philosophique de la première moitié de ce siècle et la méthode de la seconde. En outre, il s'agit là des problèmes vitaux de la pensée et de la conduite. Enfin, plusieurs des idées de Secrétan, grâce à la trace profonde que son talent a laissée derrière lui, sont encore soutenues de nos jours par beaucoup de jeunes philosophes ; à ce titre, elles appellent ou une confirmation ou une réfutation. Pour notre part, ne pouvant accepter les thèses fondamentales de Secrétan, nous nous voyons, à notre grand regret, dans l'obligation de motiver cette dissidence. Nul plus que nous, pourtant, ne rend justice à cette pensée forte et féconde, si profondément religieuse, qui a dignement continué la tradition de Duns Scot et de Schelling.

La *Philosophie de la liberté* parut à l'époque même où semblait partout triompher une philosophie soit d'abstention et de doute, soit de négation. En France, où Auguste Comte avait publié (1842) le dernier volume du *Cours de philosophie positive* ; en Angleterre, où Spencer préparait sa construction mécaniste ; en Allemagne, où Büchner professait un matérialisme de troisième ordre, il semblait que la haute métaphysique fût mortellement atteinte. Secrétan proposa sa doctrine comme un remède, disait-il, à « ce siècle d'orage et d'affaiblissement que le scepticisme dévore et qui maudit son mal sans en vouloir guérir ».

Historiquement, la philosophie de Secrétan procède surtout de Schelling et de Schimper, philosophe et savant très peu connu ; cependant elle aspire à être la correction et même la réfutation du système de Schelling. Selon ce dernier, la liberté de Dieu consiste à déployer ou à ne pas déployer les « puissances divines » ; mais, s'il les déploie, il en résulte un *processus* déterminé, toujours identique. A cette liberté conditionnelle, qui est en effet une hypothèse arbitraire, Secrétan substitua une liberté absolument inconditionnelle, — sans se demander d'ailleurs si la supposition d'un arbitraire absolu n'est pas le dernier degré de l'arbitraire.

La *Philosophie de la liberté* n'est pas, comme on l'a soutenu à tort, une « déduction *à priori* » ; elle est, chose bien différente, une construction ; et c'est ce qui fait que, ayant pour fondements la bonne volonté de l'auteur et la bonne volonté du lecteur, cette belle œuvre idéale devait à la fin, aux yeux de Secrétan lui-même, s'ébranler faute de bases réelles. Charles Secrétan recherche à quelles conditions doit satisfaire l'idée de l'être pour qu'il soit évident que l'objet en existe « de lui-même ». Cette analyse le conduit à placer, — ou plutôt il conduit cette analyse de manière à placer dans la « pure liberté » l'essence absolue et la cause suprême, comme l'avaient fait, à des époques différentes, Duns Scot, Descartes et Schelling. Considérant ainsi la liberté comme le vouloir absolu, comme « l'essentiel de la substance », Secrétan reconstruit avec une grande originalité l'histoire de la philosophie, surtout depuis Scot et Descartes; et il essaie d'y montrer ce qu'il nomme « un approfondissement graduel et rationnel » de cette notion suprarationnelle.

Le premier des mérites de Secrétan sera d'avoir réagi contre un rationalisme exclusif et étroit, au profit de la doctrine, aujourd'hui prédominante, qui place l'être véritable dans la volonté. En second lieu, avec ce sens de l'unité du monde et de l'universelle parenté des êtres qui distingue les grands métaphysiciens, il a étendu l'idée de volonté et même de liberté à tous les êtres, réels et possibles; il a conçu la liberté comme l'essence universelle.

Ces hauts mérites ne vont pas sans des inconvénients qu'un philosophe, louant un autre philosophe, ne saurait passer sous silence: car, entre philosophes, il ne peut jamais être question que de la vérité. Tout, dans l'œuvre de Secrétan, est subordonné à l'idée de volonté; or, l'analyse de la volonté manque entièrement; il semble que le mot s'explique de soi et que, sans autre forme de procès, la notion puisse en être transportée à Dieu. Le terme même de liberté n'est défini nulle part; la différence entre la liberté relative chez l'homme et la liberté absolue en Dieu ne l'est pas davantage. Dès lors, comment discuter avec fruit l'antériorité, au sein de l'Absolu incompréhensible, d'une liberté indéfinissable sur une Pensée indéfinissable et un Amour indéfinissable? Des trois côtés d'un triangle inscrit dans un cercle, quel est le premier? Celui par où il vous plaira de commencer. Et le cercle lui-même, en quel point commence-t-il? Il ne commence ni ne finit, il s'enveloppe « Je suis ce que je veux », telle est, selon Secrétan, la formule de la liberté divine. Mais comment peut-on être ce qu'on veut sans savoir préalablement ce qu'on veut et par conséquent sans un acte d'intelligence? De deux choses l'une : ou la liberté absolue choisit, et alors elle implique l'intelligence et l'amour consubstantiels à elle-même; ou elle ne choisit pas, et alors, qu'on l'appelle Liberté ou Nécessité, en quoi diffère-t-elle du *Fatum* sans yeux, sans pensée et sans cœur?

« L'être absolu est ce qu'il veut; lorsqu'on l'a compris, répète Secrétan, on sait qu'on ne peut pas en savoir davantage. » Et cependant, Secrétan nous apprend que l'être absolu « n'est libre qu'en vertu de sa propre volonté et parce qu'il veut l'être ». Substance, il se donne l'existence; vivant, il se donne la substance; esprit il se donne la vie; « absolu, il se donne la liberté ». En créant le monde et en se manifestant comme bonté, alors qu'il eût pu vouloir tout autre chose et se manifester tout autrement, l'absolu « se fait Dieu ». Bien plus, l'absolu se donne l'être librement. Il est au-dessus de toute détermination. Sa volonté, qui n'est soumise à aucune loi, ni de vérité, ni de bonté, est elle-même la loi des lois et la seule loi. Le bien, c'est ce que Dieu veut qui soit bien. Telles sont les thèses fondamentales de Charles Secrétan. Ses adversaires n'ont pas manqué de lui répondre: L'absolue indétermination n'est que le non-être dont parlait Hegel, et qu'il considérait comme la plus pauvre, comme la moins divine des notions. Dieu n'est pas le non-être indéterminé, il est au contraire ce qu'il y a de plus déterminé et de plus achevé : il est l'esprit ayant la parfaite conscience de soi. Il n'est ni supérieur ni inférieur au bien, il est le bien même, ou plutôt il est la bonté. Charles Secrétan réplique:

S'il est dangereux de se représenter Dieu comme un destin absolu, il est non moins dangereux de se le représenter comme un hasard absolu. Le destin, dans son rapport à nous qui le subissons sans le comprendre, est un pur hasard ; et le hasard, dans son principe intrinsèque, est un pur destin. Au fond, l'une des deux idées est aussi païenne que l'autre et les deux divinités ont eu jadis leurs autels qu'on aurait pu réunir en un seul.

Dieu, ajoute Secrétan, étant liberté inconditionnelle, peut, selon sa volonté, être ou ne pas être parfait ou imparfait, fini ou infini; s'il est parfait, s'il est bon, c'est qu'il lui plaît de l'être. — Mais comment notre philosophe sait-il que Dieu, en fait, a voulu être parfait et parfaitement bon? Il ne peut le savoir que si le monde apparaît nécessairement comme l'œuvre d'un être parfaitement bon; or, c'est précisément ce que mettent en doute ceux qui sont choqués de tout le mal et de toute l'imperfection contenus dans le monde. Donc, à *posteriori* comme à *priori*, Charles Secrétan s'est fermé lui-même toutes les voies pour aboutir à la suprême bonté. Si Dieu n'est « qu'un fait » nécessaire à l'explication de cet autre fait, le monde, l'imperfection du monde entraîne ou l'imperfection de Dieu ou l'existence d'un autre principe opposé à lui.

En vain Secrétan veut se servir de la notion de la liberté absolue pour répondre à toutes les difficultés théologiques et morales. Par exemple, si le libre arbitre aux actes imprévisibles paraît contredire la prescience divine, Charles Secrétan répond que Dieu, en vertu de sa liberté absolue, peut se priver lui-même de la prévision de nos actes libres. « Ce que Dieu veut savoir, il le sait, dit-il; ce qu'il lui plaît d'ignorer, il l'ignore. » Dieu rend lui-même sa science finie, et nous n'avons rien à dire. Dieu peut réaliser des choses contradictoires. Enfin, il peut, s'il le veut, être injuste. — Fort bien, mais alors, demanderons-nous, à quoi sert l'idée de Dieu? Toute sa valeur consistait à assurer en quelque sorte la bonté en lui donnant un principe dans l'infini et un fondement dans l'éternel; si la bonté même est arbitraire et incertaine, ou si nous n'en avons d'autre preuve que ce pauvre monde dont parle Musset, sorti en pleurant du chaos, l'idée de la liberté absolue ne sera plus qu'un nom trompeur donné à notre ignorance du grand mystère. Mieux vaut alors s'en tenir au mot mélancolique : *Ignorabimus.*

III

Non moins périlleux, quoique aussi méritoire, est l'effort de Secrétan pour expliquer le monde réel au moyen de la liberté absolue. Considérant l'univers comme le résultat d'un acte volontaire et inconditionnel, Secrétan déclare cependant qu'il faut chercher dans le monde lui-même « le motif et le but de la création ». Or, ajoute-t-il, l'esprit ne peut s'arrêter que « sur un motif compatible avec le principe absolu ». Et l'amour seul répond à cette condition. Sensiblement nous tenons tout du soleil; mais, à mesure que l'on s'est convaincu que l'action du soleil résulte d'une nécessité de sa nature, on a cessé d'adorer le soleil. De même, dit avec raison Secrétan, si Dieu répandait ses bienfaits en vertu d'une nécessité inhérente à sa nature, comment ceux qui l'auraient compris pourraient-ils éprouver à son égard le sentiment de la gratitude? L'amour est donc le motif de la création. Mais Secrétan va plus loin et espère nous faire comprendre, en une certaine mesure, la nature de l'acte créateur. Par l'amour de la créature pour son auteur, dit-il, le but de la création est atteint : « Dieu s'est enrichi, s'étant donné la seule chose qui possède une valeur réelle. Lui, l'absolu, qui de son essence est tout, s'abaisse, en créant, à la sphère des relations; il consent à n'être pas tout, pour redevenir tout par le fait de la créature »; il se limite lui-même « pour donner place à l'existence, à la liberté finie ». Belle et généreuse doctrine, sans doute, mais qui peut étonner chez un philosophe dont le premier principe était que l'absolu est liberté absolue, supérieur par conséquent aux idées de limitation ou d'infinité, de tout ou de partie. En quoi une liberté créatrice a-t-elle besoin de se limiter elle-même pour créer, puisque, par hypothèse, elle est au-dessus de toutes les relations qui bornent l'un par l'autre les êtres finis? Nous ne pensons pas que l'idée de la création par amour ait obtenu sa plus haute expression dans un système où on prend ainsi au pied de la lettre le *seipsum exinanivit.*

Comme il a interprété philosophiquement les dogmes de la liberté divine et de la création, Secrétan interprète celui de la chute. « Pour serrer de près la réalité, dit-il, pour en saisir les grands antagonismes, pour atteindre au terrible sérieux de la vie, pour arriver à l'histoire, il ne suffit pas de l'amour, il faut aussi comprendre la haine; et pour cet effet, dès l'origine et partout, il faut déduire l'amour de la liberté et non pas l'inverse. » Là est l'originalité propre de son système. Le monde actuel n'est pas entièrement explicable comme œuvre d'amour, puisqu'il est clair que la haine y a trop de part. Dès lors, selon Secrétan, le monde ne peut être qu'une œuvre de liberté, créant des libertés, lesquelles, au lieu d'aimer, ont fait place à la haine. De même donc que Dieu n'est pas essentiellement amour, mais est ce qu'il veut être et s'est fait amour, de même la créature n'est pas essentiellement amour : elle est ce qu'elle veut être et s'est faite haine. « Le mal ne saurait devenir naturel suivant la justice, dit Secrétan, que s'il est produit par une détermination de la liberté. » Vous trouvez le mal en vous, sans pouvoir vous en débarrasser ; vous avez de mauvais penchants, vous péchez, vous souffrez. « Infailliblement c'est votre faute, dit Secrétan, car Dieu n'est point injuste. » Ma condition, ajoute-t-il, heureuse ou malheureuse, « est mon ouvrage, il faut le croire, il faut l'affirmer, quelle que soit la révolte des sens ». Or, cela n'est possible que si l'humanité entière n'est au fond qu'un seul homme. — Mais les animaux qui souffrent ? Et les végétaux, qui ne sont pas parfaits ? Il faut aussi que ce soit leur faute et, pour cela, que le monde entier ne soit qu'un seul et même être où chaque partie est solidaire et responsable du tout. Aussi, pressé par les objections que nous avions cru devoir lui adresser, Secrétan finit par répondre qu'il acceptait, à l'origine des choses, « l'opposition simple de deux volontés, l'une créatrice, l'autre créée ». — Soit ; mais comment comprendre que la volonté du monde entier, lequel, selon Secrétan, est la grande et unique créature, se soit retournée contre le créateur, à moins qu'elle n'ait été placée dans des conditions préalables d'ignorance, de souffrance, tout au moins d'imperfection naturelle? Or, ces conditions mêmes ne peuvent plus s'expliquer par la liberté de la créature ; celle-ci n'en est donc plus responsable et on ne peut plus lui dire : « Ta condition est ton œuvre; si elle est mauvaise, c'est ta faute. » La doctrine de Secrétan avait pour but, selon l'expression de Claudien, d'absoudre Dieu, aux dépens de la créature. Le malheur est que, Dieu étant pour lui la Liberté absolue et non Amour essentiel, on peut tout aussi bien, dans ce système, attribuer directement à Dieu l'imperfection du monde que l'attribuer à un péché de la créature. Invoquer la liberté absolue et inintelligible de Dieu d'une part, la liberté non moins inintelligible de la créature d'autre part, c'est simplement une manière de dire : le monde est ainsi, sans qu'on puisse savoir pourquoi il a été fait ainsi. Le créateur et la créature ont également pour devise : *Sic volo, sic jubeo*. Bien plus, Secrétan admet que Dieu et le monde sont consubstantiels; le dernier mot du système, s'il était logique, serait donc : C'est Dieu même qui a péché, qui a fait chute. Nous voilà en pleine mythologie orientale.

Schopenhauer, lui aussi, met à l'origine des choses une volonté absolue, dont le monde est la manifestation ; mais, comme il trouve le monde plus diabolique que divin, il refuse d'admettre que la volonté première soit bonne. Tel est le danger de placer à l'origine un principe supérieur à toute intelligence et à tout amour, sans avoir soin d'ajouter, avec Platon, que, si ce principe est plus qu'intelligent, plus qu'aimant, c'est qu'il a la plénitude de ce que nous appelons intelligence et amour.

En résumé, liberté divine absolue, qui fait que Dieu est parce qu'il veut être, et pourrait donc, s'il voulait, anéantir sa propre existence (problème effrayant, avoue notre philosophe) ; consubstantialité de Dieu et de la créature, unité de la créature, qui fait que l'humanité est un seul être, que le monde entier est un seul être, et Secrétan oublie d'ajouter, en vertu de son principe : que Dieu et le monde sont un seul être ; chute volontaire de la créature (qui devient logiquement une chute de Dieu même) ; solidarité de tous dans cette chute et dans la rédemption, qui fait que nous sommes responsables personnellement d'une faute impersonnelle, telles sont les idées fondamentales de ce système, un des plus hardis que l'histoire nous offre, mais qui (il faut l'avouer) donne pour explication du monde une longue série de choses inexplicables.

IV

La morale de Secrétan, comme sa métaphysique, se résume en deux mots : *liberté, solidarité*. Nous sommes libres ou, ce qui lui paraît revenir au même, nous sommes tenus de nous considérer comme tels ; cela est impliqué dans le « fait » d'une obligation. D'autre part, nous sommes solidaires les uns des autres ; la conduite de l'un influe sur la conduite, sur le sort de tels et tels autres, finalement de tous les autres ; actions et réactions incessantes qui ne font de l'humanité qu'un tout. La règle morale est donc : « Agis comme partie libre d'un tout solidaire. » Liberté et solidarité, pour Secrétan, ne s'excluent pas, parce que, selon lui, la liberté de tous n'est qu'une seule et même liberté, à laquelle chacun participe d'autant mieux qu'il se donne davantage aux autres. Nous sommes d'autant plus libres que nous nous rendons plus solidaires d'autrui : la charité est le principe de la morale. Quant à la justice, elle n'est plus qu'une conséquence de la charité. « La charité que je comprends, dit Secrétan, veut le bien de l'être aimé ; s'appliquant à l'être libre, elle doit vouloir sa liberté et, par conséquent, la respecter » ; elle implique donc la justice. « La soi-disant charité sans la justice, c'est la contradiction, c'est le mensonge, c'est le mal... La bonne volonté est le seul bien réel ; vouloir le bien d'autrui, c'est vouloir qu'il veuille le bien, résultat qui ne saurait absolument être atteint par voie de contrainte. »

On ne saurait trop louer l'effort fait par Secrétan pour montrer que les idées de liberté et de solidarité sont inséparables, que nul ne peut être vraiment libre si tous les autres ne le sont; qu'il y a même une contradiction secrète dans la notion d'une liberté exclusivement individuelle, alors qu'il faudrait plutôt dire: liberté impersonnelle et universelle.

Le défaut général de cette morale si haute, c'est de fonder la solidarité humaine sur l'unité physiologique de l'espèce et sur le dogme de la chute, identifié avec cette unité. La solidarité naturelle que Secrétan invoque, et sur laquelle on insiste tant de nos jours dans certaines écoles, n'est nullement la solidarité *volontaire*, et elle aboutit aussi bien à une doctrine d'intérêt que de désintéressement. Puisque nous sommes solidaires, dit Secrétan, dévouons-nous pour les autres; puisque nous sommes solidaires, lui répondront les égoïstes, servons-nous des autres. Si le patron et l'ouvrier sont solidaires, ce pur fait entraîne aussi bien la lutte entre eux que l'union. A vrai dire, la solidarité purement naturelle n'est, pour parler le langage de Kant, que la « causalité réciproque universelle », qui n'est autre elle-même, selon nous, que le déterminisme universel, liant les mouvements des astres aussi bien que les mouvements des cerveaux, aboutissant à l'inégalité des souffrances, comme des avantages, chez les êtres vivants; elle n'a donc rien à voir avec le dogme du péché originel, selon lequel nous aurions tous péché *également* en Adam et même (si on pousse à bout la doctrine de Secrétan) au sein de la substance divine.

Il ne semble donc pas que Secrétan ait réussi à mettre d'accord les idées naturalistes sur la solidarité nécessaire entre les êtres avec les idées morales et religieuses sur la solidarité volontaire, qui ne constate pas une union déjà existante, mais conçoit une union idéale et la réalise.

Dans la dernière période de sa vie, Secrétan se consacra tout entier à l'étude des problèmes sociaux, où l'idée de solidarité joue un si grand rôle. Pour résoudre ces problèmes, il propose une sorte de « libéralisme philosophique », aussi distinct à ses yeux du libéralisme conservateur des économistes que de ce qu'il considère comme une autre forme de l'économisme exclusif: le collectivisme révolutionnaire. *Mon utopie*, tel est le titre d'un livre publié en 1892 par notre philosophe, dont le cœur était resté aussi jeune que la pensée était devenue mûre. A vrai dire, cette utopie en contient plusieurs : en premier lieu, pour résoudre le problème économique, c'est la nationalisation de la terre, doctrine un peu simple, autrefois prêchée par Colins, et qui oublie combien les rapports des hommes entre eux sont plus complexes que les rapports des hommes à la terre. Secrétan fait d'ailleurs une critique très forte du collectivisme, auquel il pose trois questions : 1º Comment faire passer les outils, les capitaux entre les mains du gouvernement sans déposséder du fruit de leur travail ceux qui les possèdent? Suffirait-il pour cela d'assurer à ces derniers un « menu choisi » jusqu'à leur mort « sans rien stipuler pour leurs enfants »? 2° Comment surmonter, sans l'emploi de la contrainte, l'indolence et l'imprévoyance naturelles d'un ouvrier qui, ne pouvant plus rien ni pour son avenir, ni pour celui de sa famille, n'aura d'autre souci personnel que le pain du jour? 3° Comment trouver, pour *fixer* et *régir* les destinées individuelles, « un personnel de gouvernement exclusivement préoccupé du bien public, sans égard à ses avantages particuliers », lorsqu'on n'en trouve pas pour la besogne, incomparablement plus restreinte, qui lui incombe aujourd'hui? Aux entrepreneurs, Secrétan conseille de faire participer les ouvriers à leurs bénéfices; aux salariés, il recommande les magasins coopératifs, en vue de l'épargne collective et de l'association de production; aux gouvernements, impuissants à réparer leurs erreurs passées, il demande du moins « un minimum de protection » pour les déshérités jusqu'à ce qu'ils soient en mesure de se protéger eux-mêmes. A tous il conseille la patience, l'espoir invincible, la persévérance et l'accord dans la paix. Et c'est là, en effet, la vraie solidarité morale, que nous ne trouvons pas dans la nature, mais que nous devons faire passer du domaine des idées dans celui des faits.

L'autre « utopie » dont parle Secrétan dans son livre, c'est l'établissement d'une religion sans dogmes. Sur les rapports de la philosophie et de la religion, Secrétan avait toujours professé une doctrine originale, qui nous livre le secret de sa vie entière. Il n'était pas de ces croyants qui, divisant pour ainsi dire leur âme en deux compartiments, ferment leur oratoire pour entrer dans leur laboratoire, et surtout leur laboratoire pour rentrer dans leur oratoire. Il ne voyait pas dans la religion une « dispensation miraculeuse » superposée à l'œuvre naturelle, qu'elle bouleverserait; ne séparant point le sacré du profane, il croyait découvrir dans la religion la « vérité » en son unité intégrale. Mais il n'admettait pas que la vérité pût trouver accès dans l'esprit « autrement que sur la foi de sa propre évidence ». Il n'attribuait donc, selon son expression, « aucune autorité définissable aux écrits, aux traditions, aux établissements qui nous l'apportent ». Toute infaillibilité extérieure, selon lui, mettrait « un obstacle insurmontable à l'œuvre de pénétration qui doit s'accomplir. Si l'inspiration divine souffle quelque part, elle se fera sentir d'elle-même. » Et il ajoutait à ce propos une de ces belles formules qui abondent en ses œuvres: « L'esprit seul parle à l'esprit, l'esprit seul discerne l'esprit. » La méthode d'apologétique qu'il avait adoptée consistait, selon ses propres expressions, « à accueillir le christianisme historique sur la foi du christianisme éternel ». Est-il besoin de remarquer que ce christianisme éternel est, au fond, la *perennis philosophia* jointe à la *perennis religio*, et que la méthode de Secrétan se fût appliquée tout aussi bien à un bouddhisme éternel ou à un mahométisme éternel? Aussi une telle méthode manquait-elle, en réalité, de force démonstrative. Cela est si vrai que notre philosophe, entraîné dans un cercle qui justifiait la foi par l'intelligence et l'intelligence par la foi, finit par faire appel à une révélation personnelle, à une expérience intérieure, analogue à celle que tous les mystiques ont admise. « Dans ses pages les moins oubliées, écrit-il, Jouffroy retrace avec une éloquence un peu voulue la nuit où s'écroulèrent les croyances de sa jeunesse : si j'ai quelquefois envié ce don de l'éloquence, c'eût été pour fixer l'instant où, dans une soirée d'hiver, sur la terrasse d'une vieille église, je sentis entrer en moi, avec le rayon d'une étoile, l'intelligence de l'amour de Dieu. Il y a bien cinquante ans de cela, car mon foyer n'était pas fondé ; je rentrai avec quelque hâte, j'essayai de me concentrer et d'adorer. Pressé de traduire l'impression reçue en pensées distinctes, j'écrivis avec une impétuosité que j'ignorais et qui ne m'est jamais revenue ; je m'efforçai de graver l'éclair sur des pages que je n'ai jamais relues. Je crois que le cahier qui les renferme est encore là, mais je n'ose l'ouvrir, certain que l'écart serait trop grand entre la lumière aperçue et les mots tracés alors par ma plume. Depuis ce temps, j'ai vécu, j'ai souffert... ; j'ai essayé de bâtir des systèmes, que j'ai laissé tomber avec assez d'indifférence ; j'ai vu les difficultés se dresser l'une au-dessus de l'autre, j'ai compris que je n'avais de réponse à rien, mais *je n'ai jamais douté...* »

Dans cette belle page, Secrétan se peint merveilleusement lui-même. Il voit en tout le pour et le contre, autant et plus le contre que le pour, et cependant il affirme, parce qu'il veut affirmer. Aussi M. de Rémusat s'étonnait-il de trouver dans ses écrits un perpétuel contraste entre le parti-pris des conclusions, fixées d'avance, et la liberté presque illimitée de l'argumentation. « Rarement, disait-il, une forte conviction en faveur de la cause s'est montrée plus indifférente au danger du plaidoyer. » Bien périlleuse, en effet, était la méthode apologétique de notre philosophe théologien. Nous venons de le voir se livrer, toute sa vie, à une double transposition : d'une part, il a traduit en style métaphysique, non sans leur faire quelque violence, les dogmes chrétiens de la création, de la chute et de la rédemption ; d'autre part, il a voulu traduire en croyances chrétiennes, avec plus de témérité encore, les principes purement scientifiques de la solidarité universelle et de l'universelle évolution. Sa doctrine fut, en quelque sorte, une longue et aventureuse métaphore, et les raisons y étaient surtout des comparaisons. Chaque philosophe de l'Allemagne, selon une méthode analogue, avait écrit son chapitre ou son livre sur la philosophie de la religion. En France, ce genre de spéculation était rare, malgré les essais si différents de Lamennais et de Comte ; un des mérites de Secrétan fut d'écrire dans notre langue un vrai traité de philosophie religieuse, ou plutôt de religion philosophique ; car, chez lui, encore une fois, nous trouvons moins un examen analytique et critique des religions, qu'une traduction de croyances, préalablement admises, en concepts métaphysiques ; sa vraie devise est : *Fides quærens intellectum*. Mais, comme il aboutit précisément à placer *supra intellectum* la liberté divine, dont il fait tout dériver, il en résulte que sa foi devient, elle aussi, purement gratuite. Le point de départ étant la Liberté absolument indéterminée et le point à atteindre étant le dogme précis du christianisme, la quantité de routes possibles était infinie et chacune était, en somme, parfaitement arbitraire. Que fait donc notre métaphysicien poète? Kant avait écrit *la Religion dans les limites de la raison* ; Secrétan écrit ce qu'on pourrait appeler : la Religion au delà des limites de la raison. Il projette un rayon du phare tournant de la pensée sur les nuages de l'impensable et, selon les jeux de la lumière, les images prennent des formes différentes, reçoivent des noms divers : c'est, si vous voulez, le chêne d'Idrazil, c'est le dolmen des druides, c'est Saint-Pierre de Rome, c'est le tombeau de Mahomet.

Selon nous, il ne faut ni sophistiquer les vérités scientifiques pour pouvoir y retrouver les dogmes, ni sophistiquer les dogmes pour vouloir les ramener à des métaphores scientifiques. La méthode de Secrétan abandonne presque tout à la fantaisie individuelle. Aussi ne contentera-t-elle ni les croyants, ni les incroyants. Il admet, par exemple, la divinité de Jésus, mais il la fait consister uniquement dans la sainteté parfaite ; il rejette la juxtaposition des deux natures divine et humaine en la personne du Christ ; de même il repousse les conceptions traditionnelles de l'incarnation et de la rédemption, jugeant « blasphématoire » le dogme de la « satisfaction vicaire ». En revanche, il admet le péché originel et le salut par le Christ entendus à sa façon ; mais, quand on a posé en principe que l'absolu peut tout ce qui lui plaît, même les contradictoires, même l'injustice, en quoi la satisfaction vicaire est-elle plus incompréhensible que notre solidarité de volonté avec Adam? Secrétan était trop théologien pour un philosophe et trop philosophe pour un théologien. A vrai dire, il fut plus théologien que philosophe. N'est-il pas allé jusqu'à refuser à la philosophie une existence indépendante en disant : « La philosophie n'est elle-même qu'un effort pour atteindre par la pensée l'objet de la religion. La conscience d'une religion, telle serait, à notre sens, la vraie définition d'une philosophie. » Et il est certain que sa propre doctrine vise à être simplement une conscience du christianisme. Mais on peut lui répondre que, si l'homme est doué de raison, la philosophie a sa valeur et son existence propre, sans être obligée d'attendre que la religion lui fournisse « son objet ». Le platonisme, par exemple, n'est pas purement et simplement une conscience du paganisme. Au reste, le genre de théologie adopté par Secrétan ne pouvait manquer d'aboutir à une foi tellement indéterminée qu'elle ne se distingue plus guère d'une croyance purement philosophique. Après avoir dit d'abord : « Les dogmes sont nécessaires dans la mesure où ils inspirent et nourrissent la charité », Secrétan finit par prêcher une « religion sans dogmes ».

Comme sa théologie, nous allons voir à la fin sa philosophie se sublimer en quelque sorte jusqu'à perdre toute consistance et toute substance, jusqu'à s'évanouir pour la pensée dans l'impalpable éther.

V

Charles Secrétan, en effet, a fini par reconnaître la témérité de ses spéculations sur l'absolu inconnaissable. Il a senti qu'il valait beaucoup mieux, au lieu de disserter sur la face de l'astre qui se cache pour jamais aux yeux, se préoccuper de celle qui nous envoie ses rayons. Rien n'est plus admirable que la franchise avec laquelle, parvenu à l'âge de la maturité, il a fini par dissiper lui-même les prestiges ontologiques qui avaient ébloui sa jeunesse.

Il commence par abandonner sa méthode et, dans son *Principe de la morale*, il fait la déclaration suivante : « Aujourd'hui cette forme de construction dialectique, souvenir de la spéculation allemande, nous est devenue suspecte. En philosophie aussi bien qu'en théologie, nous craignons de définir ce que nous ne saurions entendre. » Secrétan n'était point de ceux qui s'enfoncent de plus en plus dans leurs idées quand une critique sincère leur en a montré l'insuffisance. En réponse aux objections de M. Janet, il finit par attribuer à « l'absolue liberté » non un sens dogmatique, mais uniquement un sens critique ; en quoi il fit preuve de sagesse. Il faut voir là, dit-il, moins une connaissance que la borne de nos connaissances. « L'absolue liberté, ajoute-t-il, se pose devant mon esprit comme la limite inévitable où tout se confond. » Mais alors comment lui donner le nom de liberté, plutôt que tout autre, plutôt que l'inconnaissable égal à X ?

Après la « liberté absolue », la création. « Sans l'obligation morale, dit-il, qui atteste en nous une volonté supérieure à nous, la création ne serait qu'une hypothèse gratuite, sur laquelle le pur monisme présenterait l'inconcevable avantage d'une plus grande simplicité. »

Enfin, après avoir tant insisté jadis sur l'idée de la chute et l'avoir défendue contre nos propres objections, il finit par déclarer en 1887, dans *la Civilisation et la Croyance*, ne plus trouver une explication suffisante du mal physique ni dans un péché originel placé sur la terre, ni dans un péché originel qui aurait précédé l'évolution du monde entier. A quelque époque qu'on le place, le mal moral primitif ne peut, dit-il, rendre compte de « l'inégale distribution de la fortune et de la santé, des lumières et des exemples, des occasions et des tentations ». C'est précisément ce que nous nous étions permis de lui représenter. Il ajoute : « L'opinion qui attribue notre inclination vicieuse et la solidarité du mal à la chute du premier homme ne rend pas compte du fait assez évident que les souffrances de la mort, la lutte pour l'existence ont précédé son apparition. » Enfin, conclut-il : « quand nous aurions reculé la chute par delà le monde où règne la mort, nous n'en serions pas beaucoup plus avancés... Nous en serions toujours à nous dire : L'être libre est celui qui se fait lui-même ce qu'il est, et cependant un choix libre implique une conscience accessible à des motifs qui répondent à des besoins, une nature devenue et déterminée. »

Ainsi Secrétan, prenant à son compte les objections qui lui étaient venues de différents côtés, les exprime avec une précision supérieure et une force décisive. Il est impossible de se retourner plus vigoureusement et plus noblement contre soi-même.

Aux étudiants français qui, en 1893, le félicitaient sur ses superbes constructions métaphysiques et sur son système de la liberté, il répondait que « l'affirmation morale, qui en avait été le principe, en était devenue pour lui, à cette époque, presque toute la substance ». « Je ne pense plus, ajoutait-il encore, à déduire le système du monde d'un principe où j'atteins à peine sans pouvoir l'embrasser et le définir ; Dieu n'est plus pour moi le point de départ, mais le terme ; je consulte à la fois la conscience et l'expérience pour découvrir la vérité morale concrète, et pour conclure enfin, s'il se peut, de la vérité morale à la vérité théologique. »

Tout en reconnaissant ce qu'il y a de légitime dans cette substitution de la philosophie inductive et « régressive » (selon ses expressions) à la philosophie déductive et « progressive », on serait presque tenté de prendre, sur certains points, la défense de notre philosophe contre lui-même. Tout n'est pas illégitime dans la méthode de construction dialectique ni dans l'analyse des idées, en particulier de ces hautes idées de perfection qui, en leur ensemble, constituent l'idéal. Il faut sans doute rejeter toute métaphysique qui imagine à son gré des *possibilités* sans autre garantie que l'absence de contradiction dans la pensée ; cette absence de contradiction, en effet, n'implique que la possibilité de la pensée même, non celle des choses. On joue alors, comme le remarque Kant, avec des concepts, qui ne sont nullement susceptibles d'être représentés dans l'intuition, et qui n'ont d'autre valeur que de ne pas être pour nous contradictoires. Une telle métaphysique est évidemment une sorte de jeu mental, d'art et de poésie ; c'est le roman de la pensée abstraite. Et cependant, ce roman métaphysique lui-même pourra encore avoir sa vérité relative (comme un roman psychologique peut avoir la sienne) si, outre qu'il est construit *logiquement*, il relie d'une façon vraisemblable les données des sciences positives. Une construction liée est toujours utile, pourvu qu'elle ne se présente pas dogmatiquement. Nous devons donc maintenir contre Secrétan les droits de la spéculation, qui sont ceux de la philosophie.

Revenu de son périlleux voyage à travers l'absolu, Secrétan ne nous paraît pas avoir pris le meilleur parti qui restait à adopter. Il essaya de fonder la philosophie tout entière sur la morale et sur une simple croyance volontaire à l'obligation. N'était-ce point passer d'un abus de dogmatisme à un semi-scepticisme métaphysique? « Finalement, dit-il, nous ne savons rien de rien, nous ne comprenons rien à rien; nous devons croire et nous croyons, au mépris de toutes les apparences contraires. » C'est vraiment, répondrons-nous, compter trop sur notre bon vouloir. Le système de Secrétan, sous cette dernière forme, n'est plus qu'une affirmation du devoir fondée sur le devoir même de l'affirmer. Un des principes les plus chers à Secrétan, en effet, c'est que le devoir n'a ni évidence logique, ni nécessité intellectuelle, et que la croyance au devoir est pourtant un devoir, un acte libre, non pas sans doute un simple « pari » à motif arbitraire, mais un acte obligatoire. « On peut, dit-il, mettre le devoir en question, mais on ne doit pas le faire. » Bien plus, c'est un devoir, selon lui, de croire à tout ce qui se déduit ou s'induit du devoir. Croire au libre arbitre, par exemple, est une obligation. Kant et Fichte considéraient les « postulats » de la loi morale, Dieu et l'immortalité, comme de simples modes de représentation anthropomorphique, nécessairement incomplets et inexacts, par lesquels nous essayons de nous figurer humainement les conditions d'un règne final du bien; mais ils ne considéraient pas comme « obligatoire » d'adopter et d'affirmer telle ou telle forme de représentation. Secrétan, lui, ne sachant plus où appuyer ses constructions théoriques, finit par ériger pratiquement ses croyances en devoirs. « Sans prétendre, dit-il, qu'il ne puisse s'y mêler aucune erreur, nous sentons l'obligation de les maintenir, de nous en pénétrer, d'y croire. » Et pourtant lui-même aboutira à séparer la religion de toutes les formules et de tous les dogmes; on se demande donc comment une croyance philosophique à laquelle ne peut pas, selon lui, ne pas se mêler quelque erreur devrait cependant être élevée au-dessus du doute motivé par cette chance d'erreur. Il y a là, à côté d'une tolérance religieuse presque illimitée, une sorte d'intolérance philosophique et morale qu'il est difficile d'accepter. Poussez ce procédé jusqu'au bout, ne reviendrez-vous pas à cette réfutation des systèmes spéculatifs par leurs conséquences pratiques dont on a tant abusé jadis? Il n'y a point de « questions préalables » pour la philosophie; c'est à elle de les poser, non de les subir; c'est à elle de formuler des principes après en avoir éprouvé la solidité, ce n'est pas à elle d'en recevoir d'ailleurs. S'il y a quelque chose qu'on doive être libre de discuter, c'est la liberté même, et en morale comme partout le philosophe doit admettre le droit d'examen le plus absolu. De deux choses l'une. Si le devoir a un caractère de certitude spéculative, il n'y a pas lieu de dire qu'on *doit* en être certain, ce qui suppose la possibilité de n'en être pas certain : la proposition serait contradictoire. S'il n'y a pas certitude spéculative, comment le philosophe, dont c'est la tâche de tout soumettre à l'épreuve, ne rechercherait-il pas la nature, les raisons, les limites de cette incertitude ? Il est autant et plus nécessaire d'analyser l'idée de devoir que celle d'espace, de temps, de causalité, et d'en chercher la justification théorique. Au reste, le mot de devoir est ambigu et demande une explication. Veut-on dire simplement par là : il serait meilleur que les choses fussent autrement qu'elles ne sont, et elles *devraient* être autrement ; alors la certitude est possible pour nous ; veut-on dire : je puis, moi, faire que les choses soient autrement ? La certitude est ici encore possible, car il est évident que nous pouvons agir sur le cours des choses en nous et même hors de nous, ne fût-ce que par l'idée et le désir d'un ordre meilleur. Maintenant, ce pouvoir enveloppe-t-il la possibilité absolue des contraires pour moi au même moment et dans les mêmes conditions ? Ici reparaît le doute : et quel est le philosophe qui, s'attribuant une sorte de papauté infaillible, prétendra imposer comme « obligatoire » sa solution d'un problème aussi ardu ? Faire dépendre le vrai de notre volonté, c'est, autant qu'il est en nous, le rendre faux. La volonté a pour tâche de faire exister son objet en vertu d'un pouvoir inhérent au sujet ; mais l'intelligence, au contraire, a pour tâche d'éliminer la part du sujet pour voir l'objet tel qu'il existe. Les doutes de ceux qui, selon le mot de Pascal, « cherchent en gémissant » contiennent plus de vraie foi que les professions de foi de ceux qui suivent machinalement la tradition. Nous n'avons donc pas, comme Secrétan le dit et comme on le répète sans cesse à notre époque, le devoir de croire, mais le devoir d'être sincère et, par conséquent, de ne pas croire là où nous ne voyons pas des raisons de croire. La croyance qui ne se fonde pas, en définitive, sur quelque vérité dont on aperçoit la lumière n'est pas un hommage, mais, qu'on le veuille ou non, une injure à la vérité.

Nous ne saurions donc admettre que les disciples de Secrétan et de quelques autres philosophes, par un renversement de la vraie méthode, fassent reposer la philosophie sur la morale, encore moins sur la religion et sur telle religion. Aussi préférons-nous la première philosophie de Secrétan, avec ses hardiesses spéculatives et ses dangers, à l'apparente tranquillité de sa seconde philosophie, préoccupée surtout de la pratique. La construction spéculative de la liberté divine restera un effort grandiose, héroïque, pour concilier la métaphysique la plus mouvante avec la foi la plus inébranlable. Il est beau de s'élever ainsi, le plus possible, dût-on éprouver le vertige des hauteurs. Ce que nous reprochons à cet édifice dialectique, dont son auteur finissait par faire si bon marché, ce n'est pas d'être une tour d'idées, mais de ne pas être toujours conforme aux lois de l'architecture mentale; d'avoir une base mal choisie dans la pseudo-idée d'une « cause de soi » absolument indéterminée; d'avoir ses parties non reliées entre elles, sans escalier pour monter d'étage en étage jusqu'au sommet. C'est l'absence de logique, c'est l'arbitraire qui est le grand défaut de cette construction et qui explique comment l'auteur, après s'être égaré si loin et si haut finit par un retour désabusé sur terre. On pourrait certainement, étant donné l'idée de perfection, aboutir à une analyse plus rigoureuse. Au lieu de s'abîmer dans l'absolu, ce profond théologien n'eût-il pas mieux fait de prendre pour point de départ la magnifique définition de l'Être parfait à laquelle il aboutit plus tard, par une voie malheureusement arbitraire : « La perfection, dit-il, c'est la volonté éternelle, immuable, que le bien soit. Le bien est voulu d'une volonté absolue, parce que nous devons le vouloir invariablement nous-mêmes, et que nous ne pouvons le vouloir ainsi que si nous y voyons la vérité. » On ne saurait mieux poser la question. Reste à savoir, sans doute, si la vérité du bien en entraîne l'éternelle réalité; si et comment notre volonté du bien en implique la volonté éternelle. Voilà le grand problème. Or, sur ce point, il nous semble que le croyant sera toujours obligé d'en revenir, pour motiver sa croyance, au grand principe platonicien et aristotélique que Secrétan a eu le tort de mettre en doute : antériorité de l'actuel sur le possible, du déterminé sur l'indétermination. Si donc on voulait dégager le vrai sens de toutes les grandes religions et de toutes les philosophies religieuses, tâche que Secrétan avait entreprise, on pourrait, au lieu de se perdre dans la considération de l'inconnaissable, les ramener pour l'essentiel aux réflexions suivantes. Nous nous efforçons de réaliser l'idéal et nous y arrivons en le concevant, en le désirant, or, par cela même, nous supposons l'idéal réalisable ; nous lui attribuons un fondement quelconque de possibilité. Par exemple, l'idéal suprême de la morale, c'est une société de tous les êtres unis par l'amour, c'est la bonté universelle. En travaillant à cet idéal, nous supposons qu'il n'est pas en contradiction avec la nature essentielle de l'être, qu'il est même en harmonie avec cette nature essentielle et que la bonté est une révélation des lois les plus profondes de l'existence. Or, c'est ici que platoniciens et péripatéticiens diront également : toute possibilité est fondée sur quelque réalité. Dans le domaine des idées, dans le domaine de l'éternel, autant que nous pouvons le concevoir de notre humaine conception, les choses sont ou impossibles ou déjà réelles ; c'est seulement dans la sphère du devenir, de la « génération », γένεσις, que possible et réel se séparent. La possibilité de l'idéal, pour notre intelligence, implique donc la réalité de ses conditions. Et ces conditions, à leur tour, nous éprouvons le besoin de les ramener à quelque unité suprême. C'est là l'Ἀγαθόν et l'Ἕν du platonisme. Agir sous cette idée du bien réalisable dans le « devenir » et dont les conditions inconnues doivent être déjà réalisées dans l'éternel, c'est avoir la belle espérance, καλὴ ἐλπίς, et courir le beau risque, καλὸς κίνδυνος dont parle Platon.

Sous cette forme, malgré ce qu'il y a de hasardeux dans toute spéculation sur le rapport du réel au possible, le platonisme subsiste dans le christianisme et pourra longtemps subsister dans toutes les religions, soit positives, soit naturelles et purement morales. C'est ce que Secrétan, croyons-nous, aurait dû mieux mettre en lumière. Il doit y avoir au fond même de l'univers une sorte de pulsation éternelle d'où dérive l'universelle aspiration à aimer; il doit y avoir quelque chose de plus ou moins analogue à notre bonne volonté, pour que cette bonne volonté ne soit pas une chimère d'ordre purement humain. Tel est, vrai ou faux, le principe philosophique de toute religion, tel est, pour employer l'expression de Secrétan, le « christianisme éternel », qui n'est autre que l'idéalisme éternel.

TABLE DES MATIÈRES

PRÉFACE

Pages.

I. — Le problème contemporain.. v

II. — Plan et méthode de cet ouvrage. x

INTRODUCTION

CHAPITRE PREMIER
MORALE RATIONNELLE RÉELLE. — L'ANTIQUITÉ ET LE CHRISTIANISME. 1

CHAPITRE II
MORALE FORMELLE DE L'ENTENDEMENT LOGIQUE. . . 14

CHAPITRE III
LE FAUX KANTISME. — LES NÉO-CRITICISTES ET LE « DEVOIR-FAIRE ».. 20

PREMIÈRE PARTIE
Le Moralisme.

LIVRE PREMIER
LE DOGMATISME MORAL

CHAPITRE PREMIER
MORALE FORMELLE DE LA RAISON PURE. — CARACTÉRISTIQUE DU MORALISME KANTIEN. 33

CHAPITRE II

L'EXISTENCE DE LA RAISON PURE PRATIQUE ET DU DEVOIR EST-ELLE ÉTABLIE. 38

I. — L'existence de la raison pure est-elle établie. 38

II. — L'existence de la raison pure pratique est-elle établie. . . 40

 1. — L'existence du devoir ne peut se montrer par aucun exemple. 41

 2. — L'existence du devoir ne peut se prouver par induction. 43

 3. — L'existence du devoir ne peut se prouver par déduction. 44

 4. — L'existence du devoir comme fait de raison est-elle établie. 46

 5. — La conception du devoir pur est une application des catégories au supra-sensible. 59

 6. — Illégitimité de l'application des catégories à la conception du devoir. 65

 7. — Illégitimité de l'application des catégories à l'affirmation du devoir. 73

 8. — Insuffisance de la distinction entre le point de vue théorique et le point de vue pratique. 76

 9. — Impossibilité du problème pratique tel que le pose Kant. 87

 10. — Résumé et conclusion. 89

CHAPITRE III

LA RAISON PURE PRATIQUE DOIT-ELLE ÊTRE CRITIQUÉE. . . 92

I. — Insuffisance de la méthode kantienne. 93

II. — Légitimité, nécessité et objet d'une vraie critique de la raison pure pratique. 98

III. — La nature et l'origine de l'idée de devoir ont besoin d'être critiquées. 103

IV. — La réalité objective de l'idée du devoir a besoin d'être critiquée. 108

LIVRE DEUXIÈME

LE FORMALISME MORALISTE

CHAPITRE PREMIER

L'UNIVERSALISATION DES MAXIMES, COMME CRITERIUM MORAL. 123

I. — Côté vrai de la méthode d'universalisation. 124

II. — Objections de Hegel, de Renouvier, de Guyau et de Nietzsche. 125

CHAPITRE II
CRITIQUE DE L'IMPÉRATIF COMME FORME PURE SANS INTUITION. 133

I. — La forme a-t-elle une valeur morale sans son contenu . . . 134

CHAPITRE III
CRITIQUE DE L'IMPÉRATIF COMME JUGEMENT SYNTHÉTIQUE A PRIORI. 147

CHAPITRE IV
CRITIQUE DE L'IMPÉRATIF COMME JUGEMENT NÉCESSAIRE ET ABSOLU.. 154

LIVRE TROISIÈME
LA LIBERTÉ SELON LE MORALISME

CHAPITRE PREMIER
CONCEPTION KANTIENNE DE LA LIBERTÉ.. . . . 157

CHAPITRE II
DÉMONSTRATION DE LA LIBERTÉ PAR LA MORALITÉ. . . 161

CHAPITRE III
CONCILIATION DE LA LIBERTÉ NOUMÉNALE ET DE LA NÉCESSITÉ PHÉNOMÉNALE.. 179

DEUXIÈME PARTIE
L'amoralisme contemporain.

LIVRE PREMIER
L'HÉDONISME PSYCHOLOGIQUE

CHAPITRE PREMIER
LE PLAISIR EST-IL LA SEULE FIN DES ACTIONS . . . 195

CHAPITRE II
LE PLAISIR EST-IL LA SEULE CAUSE DES ACTIONS. . . 200

CHAPITRE III

L'ÉGOISME RADICAL COMME PRINCIPE DE L'HÉDONISME PSYCHOLOGIQUE ET DE L'AMORALISME.. 210

CHAPITRE IV

RAPPORTS DE L'ÉGOISME ET DE L'ALTRUISME AU POINT DE VUE PSYCHOLOGIQUE. 221

CHAPITRE V

L'HÉDONISME ÉTHIQUE. 231

LIVRE DEUXIÈME
L'AMORALISME DE LA PUISSANCE

CHAPITRE PREMIER

MÉTAPHYSIQUE AMORALISTE DE LA PUISSANCE. . . . 241

CHAPITRE II

PSYCHOLOGIE AMORALISTE DE LA PUISSANCE. . . . 258

I. — La puissance et le plaisir. 258
II. — La vie et le plaisir. 267
III. — Psychologie amoraliste des passions. 270

CHAPITRE III

ÉTHIQUE AMORALISTE DE LA PUISSANCE.. . . . 283

I. — Les valeurs de puissance. 283
II. — La vie. Synthèse des idées de Nietzsche et de Guyau sur la génération. 287
III. — Nécessité de dépasser les idées de vie et de puissance.. . . 291
IV. — Les conséquences amoralistes de la volonté de puissance. . 297

CHAPITRE IV

PRÉTENDU PROGRÈS DE LA PENSÉE MODERNE ET FUTURE VERS L'AMORALISME.. 300

CHAPITRE V

CRITIQUE AMORALISTE DE L'HOMME BON ET APOTHÉOSE DU MÉCHANT. 311

CHAPITRE VI

RÉPONSE AUX CRITIQUES DIRIGÉES CONTRE NOUS PAR NIETZSCHE. 321

CONCLUSION
Moralité et nature.

I. — Nécessité de dépasser le moralisme et l'amoralisme. . . . 329
II. — La moralité et la nature sont-elles en antinomie. 338

APPENDICE
Un métaphysicien converti au moralisme kantien :

Charles Secrétan 349

www.ingramcontent.com/pod-product-compliance
Lightning Source LLC
Chambersburg PA
CBHW071908230426
43671CB00010B/1525